U0506672

中華歷史文化獎勵基金

CHINESE HISTORY AND CULTURE
ENHANCEMENT FUND

本書承蒙
中華歷史文化獎勵基金
贊助出版，謹此致謝！

勉齋論學雜著

單周堯　著

上海古籍出版社

圖書在版編目(CIP)數據

勉齋論學雜著 / 單周堯著. —上海：上海古籍出版社，2017.10

ISBN 978-7-5325-8584-7

Ⅰ.①勉… Ⅱ.①單… Ⅲ.①經學—研究 Ⅳ.①Z126.27

中國版本圖書館 CIP 數據核字(2017)第 203726 號

勉齋論學雜著

單周堯 著

上海古籍出版社 出版、發行

(上海瑞金二路 272 號 郵政編碼 200020)

(1)網址：www.guji.com.cn

(2)E-mail：gujil@guji.com.cn

(3)易文網網址：www.ewen.co

惠敦印務有限公司印刷

開本 890×1240 1/32 印張 14.5 插頁 4 字數 326,000

2017 年 10 月第 1 版 2017 年 10 月第 1 次印刷

ISBN 978-7-5325-8584-7

G·667 定價：68.00 元

如有質量問題,請與承印公司聯繫

揚

搉

今

古

百歲

選堂

序

　　上年即 2012 年，香港單周堯先生來訪北京，得再聚首，臨別時承他以新輯成的這部論文集稿本賜示，殷殷囑爲作序。單先生是我多年知友，我又曾爲他的幾種大著寫過序，自以爲對其治學大要略窺涯涘，便一口應承下來。未想到隨後數月，反覆繹讀論文集中各篇，深覺涉及學術方面廣博重要，所作論析更是深入精審，不少問題竟非粗淺如我得以置喙，因而序文再三輟筆，難於愜意。現在論文集出版在即，祇能在這裏説一些感想，不知是否有負單先生的雅意。

　　記得 2000 年初，爲單周堯先生的《左傳學論集》作序，已説明“他治學功力深湛，規模宏遠，尤能於小中見大，發前人所未發”。這裏説的“小中見大”，主要是講單先生治學爲文，長於在廣闊的學術史視野中，抉發和考察具體的學術問題，並由此具體的學術問題，返回來探索學術史上有重要意義的一些關捩。這也就是説，對待學術上的具體問題，即使小至一字一義，也一定要放到有關學術史的宏大背景中去思考，去論析。正由於具有這樣的眼光，對這一具體問題的性質和意義，所得到的認識自然會與一般不同,在見解上有其獨到之處。

這種方法論層面的特點,在這部論文集中有衆多的體現。例如上海博物館所藏戰國楚簡《詩論》,自公佈以來,學者群起討論,已歷有年所,文章積纍甚多。單周堯先生卻從簡文的分析出發,對在清代《詩》學中影響甚大的陳啓源《毛詩稽古編》重加評價,實可稱別具慧眼。他還據《詩論》簡有"文王唯谷"之句,聯繫到阮元《揅經室集》關於《大雅·桑柔》"進退維谷"的解讀,也是難能可貴。如此以新見材料重新評述前賢,若非於學術史源流能上下通貫,是不可能做到的。

我們還可以看到,這部論文集有若干篇,本身便是學術史性質的工作。單周堯先生怎樣根據新的材料和研究成果,去評論近現代學術史上的前輩名家,從章太炎、王國維,到錢鍾書、饒宗頤,這裏表現出單先生的積學灼見,也反映了他對學術史傳統的紹續和發展。

中華五千年的文化學術,綿延不絕,本來重視傳統的接續繼承。整個學術史的進展,各時代皆有特色,仔細考慮,也必有因有革,有一貫的脈絡可尋。衆多的學人學派,雖或自稱無所依傍,但是究其本源,在某種程度上也必是前人學術的繼續推衍。祇有明辨前人的優點與其不足,去其短而取其長,纔真正談得上推陳出新。單周堯先生長期精治《左傳》,著有《左傳學論集》,本於前賢專一經而通群經的旨趣;深研小學,著有《文字訓詁叢稿》、《勉齋小學論叢》,又正合樸學由小學而入經學、史學的途徑。在深厚的傳統基礎上發展創新,乃是單先生著述優長之處。

我還想提到,單周堯先生不僅深於中華文化傳統,對於西方漢學更有甚深造詣。他執教於香港大學多年,主持中文系教務,而香港從來是中西兩大文化體系遇合交融之地,與漢學的興起和傳播有相當密切的關係。單先生的學術研究,不拘是《左傳》之學還是小學,也都對西方漢學界的有關著作做出深入的評述。讀過他前述幾部論集的,不會忘記他談論英國理雅各的《左傳》譯本、瑞典高本漢的修訂本《漢文典》等等的精彩文字。在新編的這部論文集裏,又有《高本漢的經籍研究》等幾篇大文,使我們對單先生學貫中西的博識有更多的了解。

在《文字訓詁叢稿》我所草序中,曾說到單周堯先生鑒於戰國文字上承商周,下啓秦漢,在文字流變間居重要環節地位,有意關注研究,現看新輯論文集,其中已經有不少篇這方面的論作了。最近這幾年,《清華大學藏戰國竹簡》正在分輯出版,已獲單先生的注意。這批簡中有些重要內容,如《繫年》一篇,同《左傳》關係密切,並在文字訓詁方面有其特點,十分希望單周堯先生撥冗研究,賜以指教。

李學勤

2013 年 5 月 14 日

於清華大學荷清苑

目　次

據古形古音研釋古文字舉隅

段玉裁（1735—1815）《廣雅疏證·序》云：

> 小學有形、有音、有義，三者互相求，舉一可得其二。
> 有古形、有今形，有古音、有今音，有古義、有今義，六者互
> 相求，舉一可得其五。……聖人之制字，有義而後有音，有
> 音而後有形。學者之考字，因形以得其音，因音以得
> 其義。①

文字之形、音、義，關係密切，於此可見一斑。清代研究文字本
義者，多祖述《說文》，尠所逾越。《說文》固識字之梯栿，惟許
慎（30? —124?）所據者爲小篆，未盡符合文字之本形，往往毫
釐之差，遂致霄壤之謬。近世地不愛寶，清末以來，甲骨文字相
繼出土，金文研究亦纂述日夥，其於文字之本形本義，往往有指
微抉奧之功。而古音於古文字朔義之研究，亦往往有助鉤賾索

① 見王念孫《廣雅疏證》（南京：江蘇古籍出版社，1984年）頁2。

隱。茲舉數例如下：

一、"王"

（一）"王"字與火無關

《説文解字》云：

> 王，天下所歸往也。董仲舒曰："古之造文者，三畫而連其中謂之王；三者，天地人也，而參通之王者也。"孔子曰："一貫三爲王。"②

許慎説解，乃據小篆字形爲説。觀乎附錄一、③附錄二④所載《甲骨文編》、《金文編》之"王"字，知其畫本不限於三，中亦不必貫以一，許君之説，實不足據。

於許君之説，首倡異議者，爲清代吳大澂（1835—1902），其《字説》云：

> 王字古文作 𐀀 或作 𐀀，从＝从 𐀀，不从三畫。𐀀 爲古文火，然虎敢（"然"爲"滕"之誤釋——引者） 𐀀 字、董 跋鼎 𐀀 字皆從火；舊釋董爲堇山，非也。王伐鄫侯敢金作 𐀀，仲偁父鼎作 𐀀，公違鼎作 𐀀，知古金字亦從火，象以火鎔金之器也。《華嚴經音義》引《易》韓注："王，盛也。"＝爲地，地中有火，其氣盛也。火盛曰王，德盛亦曰王，故爲

---

② 《説文解字》（香港：中華書局，1972 年）頁 9。
③ 錄自《甲骨文編》（香港：中華書局，1978 年）頁 15。
④ 錄自《金文編》（北京：中華書局，1985 年）頁 18—21。

王天下之號。⑤

其後朱芳圃(1897—?)補充吳説云：

　　甲文作 ，象火炎地上之形。金文作 ，《考工記》
　　云："畫繢之事……火似圜。"鄭注："形如半環。"此即其形
　　象矣。其上橫畫或一或二，指火之炎上而大放光明也。
　　　　祀火爲原始社會普徧之習俗。其始也以火爲神，繼則
　　以熊熊之光象徵其威嚴，因謂之王。逮進入階級社會後，
　　宰制者之權力無限擴大，前之以尊崇其神者，今則移以尊
　　崇其首領，此人王名號之所由來也。韓康注《易》曰："王，
　　盛也。盛德之至，故曰王天下也。"……潤飾以儒家之言，
　　掩蓋王之初形本義矣。⑥

商承祚(1902—1991)則認爲"王"乃"旺"之本字。⑦ 高鴻
縉(1892—1963)於此闡述尤詳，高氏曰：

　　前四、31、一、前一、7、五、前四、14、三、後下、
　　16、十八……按字之本意爲旺盛，故從 。(爲火炷之
　　古文，甲文具匡郭，金文小篆填實作 ，篆文另作 。——
　　高氏原注)而以一或二或三指明其部位，正指其處，言此處
　　最旺盛也。……後世借爲帝王之王，久而爲借意所專，乃
　　另造旺字。⑧

　———————
⑤　《字説》(臺北：藝文印書館，1975 年)頁 5—6。
⑥　《殷周文字釋叢》(北京：中華書局，1962 年)頁 17—18。
⑦　見《説文中之古文考》，《金陵學報》第 4 卷第 2 期頁 184。
⑧　見《中國字例》(臺北：三民書局，1960 年)頁 376—377。

稽諸甲文、金文，"王"字實不從"火"；李孝定（1917—1997）於此嘗加辨明，李氏云：

> 卜辭"火"字作🔥，"王"字數十百見，固無一從🔥作者，即金文諸從"火"之字，據容庚《金文編》所載，除媵虎簋一器媵字所從"火"字作🔥與少數"王"字作王所從相同外，其餘均作🔥🔥🔥🔥🔥諸形，兩側各着一小點，與王字所從有別。然則王字從"火"，其說之誣，昭然可見。[9]

（二）"王"字非象牡器

郭沫若（1892—1978）謂"王"字乃男性生殖器之象形，郭氏《甲骨文字研究》曰：

> 卜辭王字極多，其最常見者作王，與士之或體相似。繁之則爲王（前六卷卅葉七片）若王（後下十六葉十八片），省之則爲王（前四卷三葉六片）若王（前三卷廿八葉三片）。金文王字多作三畫一連，然中直下端及第三橫畫多作肥筆，其第三橫畫之兩端尤多上拳，如宰峀殷作王，盂鼎作王，其最顯著者。姑馮句鑃"佳王正月"作王，四畫。……王若王實即且若士字之變……其在母權時代用毓以尊其王母者，轉入父權時代則當以大王之雄以尊其王公。且已死之示稱之爲祖，則存世之示自當稱之爲王。祖與王、魚陽對轉也。……余謂士、且、王、土，同係牡器之象形，在初意本尊嚴，並無絲毫偎褻之義。入後文物漸進，則字涉於嫌，遂多方變形以爲文飾。故士上變爲一橫畫，

---

⑨　見《甲骨文字集釋》（南港：中研院歷史語言研究所，1970 年）頁 125—126。

而王更多加橫筆以掩其形。……⑩

　　郭氏之説，純屬主觀臆度，缺乏有力佐證。甲文"王"字，多不肖男性生殖器之形，與"且"、"土"等字形，亦不相類。且若謂"王"字本象牡器，則難以解釋甲文取（前 2、8、5）、（乙 4768）等字形。又"吉"字甲文作（鐵 159、1）、（戩 40、14）、（前 6、23、1）、（前 7、16、4）、（甲 2448）、（戩 13、9）、（佚 247）、（前 2、4、6）諸形，于省吾（1896—1984）《殷契駢枝三編》曰："吉之初文，象置句兵於筥盧之上。"⑪李孝定申之曰："置兵於 ，以示措而弗用。夫兵，凶器；戰，危事也。既措而弗用，自有吉善之義。"⑫其説頗爲有理。若謂"王"字象牡器，則無以解釋"吉"字甲文作一形。

（三）"王"字非象帝王端拱而坐

　　徐中舒（1898—1991）謂甲骨文"王"字象帝王端拱而坐之形，並舉漢畫像、銅器之花紋及銘文、舊石器時代洞壁之繪畫及原始民族所作偶像爲證。⑬甲骨文"王"字僅寥寥數筆，實難以斷定其所象爲何。贊同徐説者，亦不乏人，李孝定即爲其一，李氏曰：

　　　　徐氏之説，洞中肯綮，於王、皇二字溶會而參通之，無所往而不賅，覩此則諸説立破，可無深辨。⑭

---

⑩　見《甲骨文字研究》（香港：中華書局，1976 年），《釋祖妣》頁 16—17（總頁 45—47）。

⑪　《雙劍誃殷契駢枝三編》（北京：大業印刷局，1943 年）頁 28b。

⑫　見《甲骨文字集釋》頁 380—381。

⑬　見《土王皇三字之探原》，《中研院歷史語言研究所集刊》第 4 本第 4 分頁 441—446。

⑭　見《甲骨文字集釋》頁 126。

董作賓(1895—1963)則從麽些文[15]與甲骨文之比較,説明
"王"字本象挫手端坐之形,董氏曰:

> ……現在把麽些文作證,確有正面端坐的字,像"坐"
> 字、"王"字、"帝王"字、"客人"字皆是,又都和甲骨早期
> 的"王"字相像。正面坐的人形是一樣的,造字人用同樣
> 心理把他寫出,自然相同。[16]

董氏復於其文中附圖如下:

麽些文	坐	王	帝王	客
甲骨文	王	王	皇	士
	(早期)	(晚期)	(金文)	

董文附圖,頗能爲徐説提供有力佐證。惟"王"字本象帝王端
拱而坐之説,似仍有可商之處。張日昇曰:

> 徐氏之説,就甲骨文字形論之,頗爲近似,且更易於解
> 釋"皇"字之字形。然無以釋金文西周早期"王"字下畫作
> ╰╯之普遍現象,又"立"古文字作 ,金文用作即位字,
> "位"與"坐"意義相關連,端拱而坐則兩臂當與"立"字同
> 作向下垂之形,作一横畫者非臂可知。[17]

---

⑮ 麽些文又稱納西文字,乃居於雲南省麗江縣一帶自稱"拿喜"(納西)之麽些民
族所用之文字。
⑯ 見《從麽些文看甲骨文》,《大陸雜誌》第3卷第3期頁21。
⑰ 見《金文詁林》(香港:香港中文大學,1974—1975年)頁229。

張氏論點,似仍不足以徹底推翻徐説。徐文中之插圖,[18]即頗
有人形底部作╰╯形,及雙手不下垂者。筆者以爲徐説最大之
問題,乃無法解釋甲骨文"吉"字之異體——♁中之♁象兵器,
若謂♁中之♁象人端拱而坐,似不合理。

　　徐説之優點,在其有助解釋金文"皇"字之字形。[19] 若謂
"王"字象帝王端拱而坐,而"皇"字象帝王著冠冕形,合而觀
之,似頗合理。惟金文"皇"字僅有美大誼,而無帝王誼,"皇"
字本義,似與帝王無關;[20]借"皇"爲帝王字,或爲秦以後事;金
文"皇"字下半,及甲文、金文之"王"字,似皆不必釋爲象帝王
端拱而坐。

　　(四)"王"字本象斧鉞
　　吳其昌(1904—1944)謂"王"字本象斧鉞,[21]其證據如下:

圖中♀、♀、中爲單,[22]♀爲矛,皆兵器,據此則♀亦當爲兵器,吳
氏謂應爲斧鉞。吳氏又引經籍及典禮爲證,其説云:

　　　《爾雅·釋器》:"斧,謂之黼。"又《釋言》:"黼黻,彰

---

⑱　參附錄九。
⑲　參附錄三(錄自《金文編》頁21—24)。
⑳　有關"皇"字本形本義之解釋,衆説紛紜,汪榮寶據《禮記·王制》"有虞氏皇而
　　祭",謂"皇"字像宗廟之冠,⊙像冠卷,川像冠飾,土像其架(汪説見《釋皇》,
　　《國學季刊》第1卷第2號頁387—389)。朱芳圃謂"皇"即"煌"之本字,其下作
　　星,即"燈"之初文;上作川或卅,像燈光參差上出之形(朱説見《殷周文字釋
　　叢》頁49)。筆者則認爲"皇"字上半可能象頭飾,下半"王"字可能是聲符。以
　　上三説,均認爲"皇"字下半非象帝王端拱而坐。
㉑　吳説見《金文名象疏證》,《武大文哲季刊》第5卷第3期頁498—509。
㉒　文字學家多以單爲盾。吳氏謂所引三形皆爲單,不無可疑,惟本文於此暫不
　　討論。

也。"孫炎注:"黼,文如斧,蓋半白半黑,如斧刃白而身黑。"……蓋黼即斧之同聲假借後起字耳。今考《儀禮·覲禮》云:"天子設斧依于户牖之間。"此斧依,在《周禮》則作"黼依",《周禮·春官·司几筵》云:"凡大朝覲、大饗射,凡封國、命諸侯,王位設黼依。"……蓋古之王者皆以威力征服天下,遂驕然自大,以爲在諸侯之上而稱王,以王之本義爲斧故。斧,武器,用以征服天下,故引申之,凡征服天下者稱王。斧形即王字,故繪斧于扆,不嘗書王字于扆,以表示此爲王者。及至後之遺制,終不敢忘,故於朝天下、覲諸侯、封藩服、會卿事之時,仍設繪斧之扆以紀念之,既以示王者威德,且告人以此爲王者。惟王者可設斧依,則王字之本義爲斧,益彰明矣。

其後林澐復爲吳説提供佐證如下:

王字在甲骨文中最常見的形體有 太、禾、专、王、王 等幾種,而以作 太 者最早,武丁時甲骨文均作此形。太形,乃 𠦆 即戉㉓字上半部豎置之形。戉字在廩辛康丁時代的甲骨文中多作 𠦃 或 𠦂 形,而王字在廩辛康丁時代正好也多作 禾 形,可見王字確與戉字有關。有時戉㉔也寫作 𠦃 (如綴合 238、摭續 174、京津 4862 等),本象斧鉞形,由此可知 太 乃象斧鉞類武器不納柲之形。甲骨文中王間有作 王 者(如甲 3358),商代金文中王字間有作 王 者(小臣系卣,三代 13.35),尤可爲王字本象不納柲斧鉞形之證。其

㉓ 《考古》1965 年第 6 期頁 311 誤作"戍"。
㉔ 《考古》1965 年第 6 期頁 311 誤作"戍"。

橫畫,乃像"闌"之形。至於**太**字又加橫畫變爲**丟**或**去**,
這和金文**𡴋**字又作**𡴋**等形是同一演變規律,只是橫豎之別
而已。西周金文王字之所以有**王**、**王**㉕兩類寫法,底畫或
曲或直,正是早期王字對斧鉞鋒刃部的兩種不同表現法的
簡化。《説文》王字古文作**玉**、小篆作王即源於此。㉖

林氏又謂"王"字字音與斧鉞古名有關,其説曰:

> 《詩·大雅·公劉》:"弓矢斯張,干戈戚揚。"毛《傳》云:
> "揚,鉞也。"是鉞有稱揚者。《國語·晉語》:"夫人美於中,必
> 播於外而越於民。"韋注:"越,揚也。"可爲越、揚字通之證,
> 揚、王疊韻,又同爲喻母字,然則王字之得聲,當由於鉞之本名
> 揚,揚之音轉而爲王。可見王字之本象斧鉞形,可以無疑。

案:"鉞"字古音匣紐月部,"揚"字餘紐陽部,"王"字匣紐陽
部。"王"、"鉞"雙聲,"王"、"揚"疊韻,可爲"王"與"鉞"、
"揚"二字有關之旁證。

林氏復嘗試指出"王"字象斧鉞之原因,其説曰:

> 斧鉞這種東西,在古代本是一種兵器,他是用於"大
> 辟之刑"的一種主要刑具。不過在特殊意義上來説,它又
> 曾長期作爲軍事統率權的象徵物。西周時代的虢季子白
> 盤銘云:"賜用弓,彤矢其央;賜用戉,用征蠻方。"《左傳》
> 昭公十五年:"鏚鉞、秬鬯、彤弓、虎賁,文公受之……撫征

㉕ 《考古》1965年第6期頁311誤作"**王**"。
㉖ 見《考古》1965年第6期頁311—312。

東夏。"《史記·殷本紀》:"賜(周文王)弓矢斧鉞,使得征伐,爲西伯。"都是弓矢和斧鉞並賜而使專征伐的。如果分析起來,弓矢是用於作戰的,而斧鉞則主要是用於治軍的。因爲斧鉞不僅是武器,而且是砍頭的刑具。試看《尚書》中幾篇作戰前的誓辭,如《甘誓》云:"用命賞於祖,不用命戮於社。"又如《湯誓》、《牧誓》中也都是以死刑來保證軍事首領的統率權的。當然,這些誓辭未必就是當時的實錄,但從民族志的材料來看,死刑最早的對象之一,就是臨陣脫逃,不聽軍令者,《尚書》的記載,也不無歷史真實的"內核"。所以斧鉞成爲象徵軍事統率權的權杖是很自然的事情。《牧誓》說:"(武)王左杖黃鉞,右秉白旄以麾。"《說文》引《司馬法》云:"夏執玄戈,殷執白戚,周左杖黃戉,右秉白髦。"都明白的反映了"鉞"是指揮軍隊的權杖,看來不是沒有根據的。漢代的《淮南子·兵略訓》說,君主授命於將軍時,要"親操鉞,持頭授將軍其柄曰:從此上至天者,將軍制之。復持斧,持頭授將軍其柄曰:從此下至淵者,將軍制之。"這種儀式,顯然是有其歷史淵源的。

林氏謂中國之王權發展,其過程與古希臘、古羅馬相似——握有最高行政權力之王,其初皆爲軍事首長。此即爲"王"字本象斧鉞之原因。林氏復云:

　　商周時代的"王"固然已是世襲的統治者,權力並不限於軍事統率了,不過他們和靠以"起家"的斧鉞卻一直是形影不離的。如古籍中記載:"武王(成湯)載斾,有虔秉鉞,如火烈烈,則莫我敢遏。"(《詩·商頌·長發》)"湯自把鉞,以伐昆吾,遂伐桀。"(《史記·殷本紀》)"(周武)王左杖黃鉞,

右秉白旄以麾。"（《尚書·牧誓》）這是王親秉斧鉞督戰的
情景。又如"（周武）王秉黄鉞正國伯……王秉黄鉞正邦
君"（《逸周書·世俘解》），這是王親秉斧鉞聽政的情景。
"凡大朝覲、大饗射，凡封國命諸侯，王位設黼依。"鄭注：黼
謂之斧，其繡黑白采，以絳帛爲質，依，其製如屏風然。（《周
禮·司几筵》）"天子設斧依於户牖之間，左右几，天子袞冕
負斧依。"（《禮記·覲禮》）"天子負斧依南面而立。"（《禮
記·明堂位》）"天子之位，負斧宸，南面立。"（《逸周書·明
堂解》）"狄設黼宸綴衣。"（《尚書·顧命》）這是王以畫繡斧
鉞圖形的屏風作爲自己的重要陳設。

"槍桿子出政權"，於是以象徵軍事統率權之斧鉞象徵王
權，此固爲假設之説。然揆諸字形，甲、金文"王"字實像斧鉞
之形。又古文字中象刑具之"辛"、"辛"，及象斧鉞類兵器之
"戌"、"戊"等字，其字形均與"王"字相類，附錄四、[27]附錄五、[28]
附錄六、[29]附錄七、[30]附錄八[31]足以爲證。且若"王"字本象斧鉞
之形，則甲文"吉"字之異體 😊、😊，及 😊、😊 等字形，皆易於解
釋。故以"王"象斧鉞，可爲定案。

二、"不"

（一）"不"字不象花柎之形
《説文解字》十二篇上：

---

[27]　録自《甲骨文編》頁98—99。
[28]　同上，頁553。
[29]　録自《金文編》頁972—974。
[30]　録自《甲骨文編》頁572—573。
[31]　録自《金文編》頁964—965。

丕,鳥飛上翔,不下來也。从一,一猶天也。象形。[32]

段玉裁《説文解字注》於"象形"下云:

<blockquote>謂丕也。象鳥飛去,而見其翅尾形。[33]</blockquote>

按丕不象鳥飛形。宋鄭樵(1104—1162)《六書略》云:

<blockquote>丕……象華萼蒂之形。[34]</blockquote>

鄭氏之後,以"不"字本義爲花柎者甚夥,周伯琦(1298—1369)、程瑤田(1725—1814)、王筠、徐灝(1810—1879)、羅振玉(1866—1940)、王國維(1877—1927)、郭沫若諸氏皆是也。程瑤田《解字小記·丕字義説》曰:

<blockquote>《小雅·常棣篇》:"鄂丕韡韡。"鄭氏《箋》云:"承華者曰鄂。丕,當作拊;拊,鄂足也。"丕字義人鮮知者,鄭氏以"拊"曉人,非謂"拊"譌爲丕,而欲改其字也。故左氏《傳》曰:"三周華丕注山。"酈氏《水經注》言華丕注山單椒秀澤,不連陵以自高,而説者以爲山如華跗之著於水。又《爾雅·釋山》曰:"再成英,一成坯。"蓋亦以華狀之坯,即丕一成者,如華之有鄂足;華英在丕上,故山再成者,如鄂丕之承華英也。此皆丕字本義見於經傳可考者。丕字</blockquote>

---

[32] 《説文解字》頁 246。

[33] 《説文解字詁林》(臺北:商務印書館,1970 年 1 月臺 3 版)頁 5278b。

[34] 《六書略》(臺北:藝文印書館,1976 年)卷 1 頁 8b。

象形，一下 ∪ 象鄂足著於枝莖，三垂象其承華之鄂蕤
蕤也。㉟

王筠《說文釋例》曰：

> ……使"不"字第由不然、不可之語而作，則是虛字
> 也。然古人造字，不爲文詞而起，必無所用虛字，如之者出
> 也、焉者鳥也、然者火也、而者毛也，皆古人之實字，後人借
> 爲虛字耳。恐"不"字以《常棣》篇"鄂不"爲本義，鄭箋
> 云："承華者曰鄂（吾鄉沿此語——《說文釋例》原注）。
> 不，當作柎。柎，鄂足也。"……不字之形，即鄂足之形，乃
> 象形字，非指事字。∪ 正是花萼形，⋔ 之中直爲枝莖，
> 左右垂者爲細葉，凡葉之近花者，皆細於它葉而下垂也。
> 是"鄂不"爲其本義，後爲借義所奪耳。左成元年《傳》：
> "三周華不注。"杜《注》第云"山名"，《釋文》亦未爲"不"
> 字作音。十六年《傳》："有韎韋之跗注。"杜《注》："跗注，
> 戎服若袴而屬於跗，與袴連。"案杜以"屬"釋"注"，知"華
> 不注"即"華跗注"也，即"鄂不"也。"華跗注"者，上華下
> 跗，相連屬也。……㊱

程、王二氏，於"不"字之字形，皆據小篆爲說。案"不"字甲骨
文作 𣎯（乙 8685 反）、𣎯（鐵 3、2）、𣎯（鐵 7、1）、𣎯（鐵 119、2）、
𣎯（佚 54）、𣎯（存下 160）、𣎯（後 1、16、11）、𣎯（乙 9094）、𣎯（拾
5、10）、𣎯（戩 15、2）、𣎯（戩 15、4）、𣎯（戩 48、1）、𣎯（佚 215）、𣎯

㉟　《皇清經解》（臺北：復興書局，1972 年）頁 6131a。
㊱　《說文解字詁林》頁 5279a。

（佚 230）、□□□（佚 897）、□（粹 899）、□（甲 2363）、□（甲 2382）、□（乙 3400）、□（鐵 11、2）、□（鐵 107、3）、□（前 4、35、3）、□（甲 1565）、□（粹 1004）、□（後 1、32、10），金文作□（大豐段）、□（敔段）、□（盂鼎）、□（頌鼎）、□（王孫鐘）、□（齊医壺）、□（者沪鐘）、□（鄦医段）、□（蔡医鐘）、□□（縣妃段），與小篆字形不盡相同，疑所錄甲骨文首 24 字字形較爲近古。

郭沫若《甲骨文字研究》云：

> 王國維曰：“帝者蒂也，不者柎也，古文或作□□，但象花萼全形。……”（見《觀堂集林》卷六《釋天》）……王謂象花萼全形者，是也。分析而言之，其□若□象子房，□象萼，□象花蕊之雌雄。以“不”爲柎，説始於鄭玄。《小雅·常棣》：“常棣之花，鄂不韡韡。”《箋》云：“承華者曰鄂。不當作柎，柎，鄂足也。古音不、柎同。”王謂“不”直是柎，較鄭玄更進一境，然謂與帝同象萼之全形，事未盡然。余謂“不”者房也，象子房猶帶餘蕊，與帝之異在非全形。房熟則盛大，故“不”引申爲丕。其用爲“不是”字者迺假借也。[37]

李孝定《甲骨文字集釋》云：

> 王國維氏取《小雅》鄭《箋》之説，謂“不”即柎，其説至塙；郭説尤精當，或作□者，但象殘蕊萎敗之狀。[38]

---

[37] 《甲骨文字研究·釋祖妣》頁 17—18。
[38] 《甲骨文字集釋》頁 3497。

觀李氏之説,以"不"字本義爲花柎,似爲定論。然細察甲骨文
"不"字字形,似不象花柎。郭、李二氏之説,皆有可商之處:
(一)果如郭氏所言,个象花蕊之雌雄,何以"不"字中之花蕊
皆倒懸而位於子房之下?(二)甲骨文中"不"字多作 个、个之
形,果如李氏所言,个象萎敗之殘蕊,則甲骨文中"不"字之花
蕊,何以呈萎敗之狀者,竟較作壯盛之形者爲多?(三)《山海
經·西山經》:"淵有木焉,圓葉而白柎。"郭璞《注》:"今江東
人呼草木子房爲柎,音府。一曰:柎,花下鄂。"㊴郭沫若云:
"余謂'不'者房也。"柎爲草木子房抑鄂足,兹不具論;然甲骨
文"不"字有但作 个,全無子房或鄂足形者,似不可解,竊以爲
"不"字實不象花柎之形。

　(二)"不"字本象植物之根
　考"㞿"字甲骨文作 (前 4、42、1)、(前 4、42、2)、(後
2、7、3)、(京津 4359)者;《説文解字》七篇下云:"㞿,物初生
之題也。上象生形,下象其根也。"㊵甲骨文"㞿"字下半所象之
根,與甲骨文"不"字下半頗相似,"不"字本義當爲植物之根。
《説文解字》六篇下木部"本"字下云:"木下曰本。"㊶是"本"之
本義爲樹木之根。案"不"、"本"二字幫紐雙聲、物文對轉。據
甲骨文之字形及古音,"不"字似皆與植物之根有關。㊷姚孝遂
先生(1926—1996)曰:

㊴　《古今逸史》第 6 册(《山海經》)(臺北:商務印書館,1969 年)卷二頁 8b。
㊵　《説文解字詁林》頁 3196a。
㊶　同上,頁 2449b。
㊷　筆者案:上文有關"不"字之意見,見於拙著《"不"字本義爲花柎説質疑》一文,
　　刊於 1984 年出版之《中國語文研究》第 5 期。承《歷史語言學研究》編輯部轉來
　　隱名評審者審稿意見,始知陳世輝先生發表於《古文字研究》第 10 輯(1983 年
　　出版)之《釋㞿——兼説甲骨文不字》一文,已先於筆者指出"不"象植物之根。
　　《甲骨文字詁林》第 3 册所載姚孝遂先生有關"不"字之案語,則可補拙説之
　　不足。

契文字本象草根形，自用爲否定詞，久假不歸，本義久湮，遂别出"棓"字，《説文》訓爲"棁"，今字則作"棒"。然《廣雅·釋草》："棓、杜、蔽、茇、荄、株，根也。"王念孫《疏證》云："棓茇聲之轉。根之名茇又名棓，猶杖之名柭又名棓也。""根"當爲"棓"之本訓，"不"則爲"棓"之本形，其音則一。

字亦作"茇"，《説文》訓爲"草根"。《方言》："荄、杜，根也。東齊曰杜，或曰茇。"《廣雅疏證》："茇之言本也。本茇聲義相近。故槀本謂之槀茇。《中山經》云：青要之山有草焉，其本如槀本；《西山經》云：皋塗之山有草焉，其狀如槀茇。郭璞注《上林賦》云：槀本，槀茇也。草本之爲茇，猶燭本之爲跋。《曲禮》'燭不見跋'，鄭注云：跋，本也。《淮南·墜形訓》云：'凡根茇草者，生於庶草。'字亦作菝。《玉篇》云：'菝葀，狗脊根也'。"

草之根曰茇，木之根曰本，而音義俱相因，可通。朔其原始，草根實作，即"不"字。"茇"、"棓"乃其孳乳之形聲字也。典籍以"柸"爲"杯"，《説文》訓"棓"爲"棁"，即今"棒"字，實本同源。"棓"本義爲"根"又久湮，乃别出"茇"字以代之。

《説文》以木爲"从屮，下象其根"，丁福保《説文詁林後敘》據希麟《續音義》引《説文》"下象其根，上象枝也"，謂"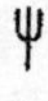即上象其枝，即下象其根"。草根曰茇，木根曰本，實乃後世區别之文，其初形均作"不"。易言之，"不"即象一切草木之根形。[43]

其説甚辨。

---

[43] 《甲骨文字詁林》(北京：中華書局，1996年)頁2511。

以上"王"、"不"二字,所據以釋者,以古字形爲主,以古音爲旁證。

三、𦍌

(一)"養"字古文何以從攴

《説文解字》卷五上食部:

> 養,供養也。从食,羊聲。𦍒,古文養。㊹

𦍒,小徐本作羖。㊺　案:《説文》从𠃬之字,其古文、籀文皆从𠩺,如𣶒之古文作𣲽,㊻𣶒之古文作𣲬,㊼𣶒之籀文作𣲵,㊽是也。王筠《説文釋例》曰:

> 養之古文羖,《玉篇》在攴部。案此字從攴,殊不可解;不如附之養下,胡塗了事。古文傳久,或有譌誤,故許君於古文或體,往往不言所從,闕疑之法。㊾

(二)甲文𦍌之釋讀

案:甲骨文有𦍌(甲1131)、𦍌(乙409)、𦍌(乙2626)、𦍌(乙3935)、𦍌(粹1589)、𦍌(前5、45、7)、𦍌(後2、12、15),㊿

㊹　《説文解字》頁107。
㊺　《説文解字詁林》頁2191。
㊻　《説文解字》頁67。
㊼　同上,頁69。
㊽　同上,頁68。
㊾　《説文釋例》(同治四年〔1865〕王彦侗刻本)卷六頁20—21。
㊿　見《甲骨文編》頁142。

金文有🔣（敊又彞）、🔣（父丁彞）、🔣（父乙觶）、🔣（敊又戈），[51]其構造均與《説文》養之古文羖無異，惟釋者家各一説，不盡從《説文》，殆亦以《説文》養之古文從攴不可解邪！屈萬里（1907—1979）釋殺，曰：

> 🔣，從羊🔣。按：甲骨文般庚之般，其偏旁或作🔣，知🔣即殳。從可知🔣即殺字。《爾雅・釋畜》：“夏羊牡羭牝羖。”《説文》：“夏羊牡曰羖。”義適相反。（夏羊，山羊也。王夫之《詩經稗疏》卷二有説——屈氏原註。）説者謂《説文》是而《爾雅》誤，蓋可信也。[52]

案：甲骨文攴作🔣、🔣、🔣、🔣，[53]殳作🔣，[54]二者作偏旁偶或通用。惟《説文》自有羖字，且讀🔣爲殺，於卜辭頗有不通者，如李孝定曰：

> 辭云：“貞乎王羖羊。”（乙二六二六）如讀爲殺羊，似覺不辭。[55]

是🔣非殺字矣。羅振玉及金祥恒（1918—1989）則釋牧，羅振玉曰：

> 《説文解字》：“牧，養牛人也。从攴，从牛。”此或从

51　見《金文編》頁 358。

52　《殷虚文字甲編考釋》（南港：中研院歷史語言研究所，1961 年）頁 165。

53　參《甲骨文編》頁 137—146。

54　同上，頁 130—134。

55　《甲骨文字集釋》頁 1770。

牛,或从羊,牧人以養牲爲職,不限以牛羊也。⑤⑥

金祥恒曰:

> 羅(振玉)説是也。容氏(謂容庚——引者案。)以金
> 文字形與《説文》古文合,且爲隻字單詞,文義無從稽考,
> 故以《説文》養釋之。而敊,甲骨卜辭除斷爛過甚,僅存一
> 二字外,其餘較爲完整者如《小屯乙編》第二六二六片:
> "貞:乎王敊羊?"《殷契佚存》一三〇片:"丙申卜,貞:敊,
> 其出巛?""貞:敊,亡(巛)?六月。"其"敊羊"與"敊",果
> 然可釋爲"養羊"與"養",猶如今語。但古多言"牧"而不
> 言"養"。如《孟子·公孫丑章》"今有受人之牛羊而爲之
> 牧之者",《告子章》"牛羊又從而牧之",《詩·小雅·無
> 羊》"爾羊來思……爾牧來思"。由是言之,敊爲牧羊之
> 牧,牧之別書,非養之古文。王筠疑"古文傳久,或有譌
> 誤"者,誤牧之古文爲養之古文也。⑤⑦

案:《周禮·夏官·圉人》:"圉人掌養馬芻牧之事。"⑤⑧《管子·
形勢解》:"其養食馬也,未嘗解惰也。"⑤⑨《晏子春秋·諫上》:
"景公使圉人養所愛馬,暴死;公怒,令人操刀,解養馬者。"⑥⓪
《史記·老子傳》:"子獨不見郊祭之犧牛乎? 養食之數歲,衣

---

⑤⑥ 《增訂殷虛書契考釋》(臺北:藝文印書館,1975 年)卷中頁 70。
⑤⑦ 《釋敊》,見《中國文字》第 21 册,臺灣大學中國文學系,1966 年 9 月。
⑤⑧ 《十三經注疏》本《周禮注疏》(臺北:藝文印書館景印清嘉慶二十年〔1815〕南
昌府學重刊本,1973 年 5 月)卷三三頁 8(總頁 497)。
⑤⑨ 《管子校正》(《諸子集成》本,香港:中華書局,1978 年)頁 330。
⑥⓪ 《晏子春秋校注》(《諸子集成》本)頁 34。

以文繡，以入大廟。"[61]《漢書·五行志》："董仲舒以爲鼷鼠食郊牛，皆養牲不謹也。"[62]皆用養字。

（三）〔羊〕本爲養羊之專字

李孝定《甲骨文字集釋》曰：

> 古多分別字，於牛爲牧，於羊爲養（羧），亦猶於手爲
> 盥，於足爲洗，於髮爲沐，於面爲沬也。[63]

案：李氏謂牧本爲養牛之專字，羧本爲養羊之專字，以語源觀之，是也。牧之於牛，羧之於羊，均有語音關係——牛字上古疑紐之部，牧字明紐職部，二字之、職對轉；羊、羧二字則同屬餘紐陽部。是羧本爲養羊之專字，引申爲凡飼養牲畜之稱，又引申爲人之供養，[64]《説文》遂以之爲養之古文矣。

四、〔甲骨文字〕

（一）王國維之釋讀

卜辭中〔甲骨文字〕字屢見，作〔字形〕（佚270）、〔字形〕（佚199）、〔字形〕（佚266）、〔字形〕（佚226 背）、〔字形〕（佚519）、〔字形〕（佚542）、〔字形〕（佚428）、〔字形〕（佚875）、〔字形〕（福20）、〔字形〕（鐵3、2）、〔字形〕（鐵73、3）、〔字形〕（鐵98、3）、〔字形〕（鐵100、2）、〔字形〕（鐵114、3）、〔字形〕（鐵115、1）、〔字形〕（鐵129、4）、〔字形〕（鐵162、1）、〔字形〕（拾3、4）、〔字形〕（拾8、14）、〔字形〕（前1、3、7）、〔字形〕（前1、11、7）、〔字形〕（前1、15、4）、〔字形〕（前1、37、4）、〔字形〕（前4、3、2）、〔字形〕（前4、

---

[61]　《史記》（北京：中華書局，1959 年）頁 2145。

[62]　《漢書》（北京：中華書局，1962 年）頁 1372。

[63]　《甲骨文字集釋》頁 1770。

[64]　參張舜徽《説文解字約注》（河南：中州書畫社，1983 年）卷十頁 10。

6、5)、□(前5、4、4)、□□(前5、4、7)、□(前5、29、1)、□(前6、8、7)、□(前6、13、3)、□(前7、31、1)、□□(前7、44、1)、□(前8、12、6)、□(後1、1、7)、□(後1、2、10)、□□(後1、4、10)、□(後1、8、8)、□□(後1、17、1)、□(後1、20、13)、□(後1、24、3)、(後1、32、1)□(後2、2、8)、□(後2、2、10)、□(後2、23、5)、□(後2、33、1)、□(後2、39、17)、□(菁10、2)、□(林1、2、4)、□(林1、2、12)、□(林1、11、15)、□(林1、13、5)、□(林2、25、11)、□(林2、27、2)、□(戩5、5)、□(戩26、3)、□(戩47、5)、□(燕194)、□□□□(燕20)、□(燕635)、□(燕22)、□(燕211)、□□(燕230)、□□(燕231)、□(甲60)、□(甲82)、□(甲101)、□(甲1236)、□(甲2371)、□(甲2416)、□(甲2502)、□(甲2765)、□(甲2799)、□(甲2831)、□(甲3271)、□(乙163)、□(乙778)、□(乙1152)、□(乙1908)、□(乙1952)、□(乙7577)、□(乙7766)、□(乙8638)、□(京津4850)、□(粹84)、□(粹108)、□(粹181)、□(粹190)、□(粹402)、□(河125)、□(珠61)、□(珠244)、□(安3、22)、□(京都3115)諸形,[65]變狀至夥,孫詒讓(1848—1908)釋鼠,讀爲獵,[66]惟據之以讀卜辭,則詰屈難通。王國維讀《小盂鼎》,見有□字,與□之異體□□□相似,其文云"粵若□乙亥",與《書·召誥》"越若來三月"、《漢書·律曆志》引逸《武成》"粵若來二月"文例正同,而《漢書·王莽傳》載群臣奏言:[67]"公以八月載生魄庚子,奉使朝用書,臨賦營築,越若翊辛丑,諸生、庶民大和會。"此奏摹仿《康誥》、《召誥》,王氏遂悟《召誥》之"若翌日乙卯"、"越翌日戊午",今文《尚書》殆本

[65] 參《甲骨文編》頁167—169。
[66] 見《契文舉例》(《吉石盦叢書》第17冊)卷上頁4b。
[67] 此據《漢書》頁4069,《觀堂集林》(香港:中華書局,1973年)頁284作"太保王舜奏云"。

作"越若翌乙卯"、"越若翌戊午"。故《小盂鼎》"粵若[甲骨文]乙亥",當釋爲"粵若翌乙亥"無疑。又其字从日从立,與《説文》訓明日之昱正同,因悟卜辭中[甲骨文]諸體皆昱字。以王氏此説解釋卜辭有此字者,無乎不合,惟卜辭諸昱字雖什九指斥明日,亦有指第三日、第四日以至十餘日以後者,視《説文》明日之訓稍廣耳。[68] 王氏此説,若抽關啟鑰,發精微之蘊,解學者之惑,其功可謂偉矣!

惟王氏謂[字]即鼠之初字,[69]則有可商。王氏曰:

> 石鼓文:"君子員邋。"字作[字],从[字]。《説文·囟部》:"鼠,毛鼠也。象髮在囟上及毛髮鼠鼠之形。"[字]則但象毛髮鼠鼠之形,本一字也。[70]

案:[字]殊不象毛髮鼠鼠之形。唐蘭(1901—1979)《殷契卜辭考釋》曰:

> 鼠字上半與子字之古文召伯毀作[字]、宗周鐘作[字]者正同,象人首之有毛髮,則[字][字]二字不當相混也。[71]

(二)[字]象羽形邪? 象翼形邪?

王襄(1876—1965)《古文流變臆説》云:

> 殷契昱之初文作[字][字]諸形,凡百數十名,繁簡任意,無一同者。蓋製字之始,取象于蟬翼,因摹寫匪易,故無定

---

68 見《觀堂集林》頁284。
69 同上,頁285。
70 同上。
71 原書未見,錄自《甲骨文字詁林》頁1858。

形,疑爲翼之本字,借爲翌日字。天寶時,衛包盡改《尚書》之翌爲翼,或見古文固如此歟。[72]

葉玉森(1880—1933)《説契》亦謂象蟲翼,上有網膜,當即古象形翼字;其後葉氏著《殷虛書契前編集釋》,則謂其字多肖蟲翼或鳥翼形,其作🐛者尤肖矯翼形。[73]

唐蘭則改釋爲羽字,並云:

　　葉玉森謂象蟲翼,上有網膜,當即古象形翼字(《説契》),雖較釋鷻爲勝,亦未確。蓋蟲翼之象,本無佐證,且何以不象鳥翼乎?按字形,卜辭之🐦,即後世之翊,則其所從之🐛,即應是羽字,本皎然無可疑,然昔人卒未悟此。故知文字之學,不自分析偏旁入手,終是歧路也。

　　羽字所象,則鳥羽之形也。作🪶,作🪶,猶可見其髟髯。余嚮者謬謂羽象羽翼之形,乃翼之本字(《殷契卜辭釋文》二葉),今乃悟其非是。蓋毛羽皮革,咸共日用,而其形可象,故原始文字已可有之。若翼字則用既不繁,形復難象,古初殆借異字以爲之,蓋異象人舉兩手,有類夫翼也。形聲字興,乃製糞翼兩字。則翼不當有象形字也。[74]

案:唐氏之意,蓋謂翼字用既不繁,形復難象,當爲原始文字所無。考納西象形文字翼作🪶🪶🪶諸形,[75]則唐氏所謂原

[72] 原書未見,錄自《甲骨文字詁林》頁 1857。
[73] 見《殷虛書契前編集釋》(臺北:藝文印書館,1966 年)卷一頁 10b。
[74] 見《殷虛文字記》(北京:中華書局,1981 年)頁 12。
[75] 見方國瑜《納西象形文字譜》(昆明:雲南人民出版社,1981 年)頁 164。

始文字所當無,未必是也。

唐氏釋⊞爲羽,孫海波(1910—1972)《甲骨文編》從之,[76]李孝定《甲骨文字集釋》更以爲其説不可易,並云:

> ⊞正象鳥羽之形,它體雖詭變無常,皆書者徒逞姿媚,不以肖物爲工,然于羽形猶能得其髣髴也。[77]

惟仍有以⊞爲翼者,其中以康殷(1926—1999)之説最詳。康氏謂父己尊之⊞,像鳥之雙翼覆抱一子之形,與下列古籍,可互爲印證:[78]

1.《詩・大雅・生民》:"厥初生民,時維姜嫄……克禋克祀,以弗無子,履帝武敏歆……載生載育,時維后稷……居然生子。誕寘之隘巷,牛羊腓字之。……誕寘之寒冰,鳥覆翼之。鳥乃去矣,后稷呱矣……"

2.《楚辭・天問》:"稷惟九子,帝何竺之? 投之于冰上,鳥何燠之?"

3.《史記・周本紀》:"有邰氏女曰姜原……出野,見巨人跡……踐之而身動如孕者,居期而生子,以爲不祥,棄之隘巷,馬牛過者,皆辟不踐……棄渠中冰上,飛鳥以其翼覆薦之……因名曰棄……。"

康氏謂父己尊之⊞,即甲文之⊞⊞⊞⊞⊞,爲⊞⊞⊞等鳥翼形之文字化。⊞⊞則象鳥翼翻折之狀。[79]

近年出版之甲骨文辭典,有認爲⊞象羽形者,如徐中舒主

---

[76]　見《甲骨文編》頁 167。

[77]　見《甲骨文字集釋》頁 1237。

[78]　見康殷《古文字發微》(北京:北京出版社,1990 年)頁 31、32、34、58。

[79]　同上,頁 34、53、54。

編之《甲骨文字典》、[80]方述鑫等編之《甲骨金文字典》;[81]亦有認爲⊞象翼形者,如崔恒昇編著之《簡明甲骨文詞典》、[82]劉興隆著之《新編甲骨文字典》。[83] 然則⊞象羽形邪? 象翼形邪? 茲試裁以管見如下:

1. 甲骨文諸⊞字詭變劇繁,綜而觀之,多肖翼形,而不肖羽形者則甚夥。

2. 納西象形文字翼作 🪶 🪶 諸形,與甲骨文諸⊞字近似。

3. 若⊞本爲翼字,假爲同屬餘紐職部之昱字,固無問題;若⊞本爲羽字,羽字古音匣紐魚部,則與餘紐職部之昱字,韻部遠隔,聲亦不近,則何以假爲昱?

4. 甲骨文⊞字有異體作 🔣 者,王國維、[84]王襄、[85]魏建功(1901—1980)[86]、李孝定[87]皆以立爲聲符,唐蘭則以爲从立羽聲,若此字從羽得聲,音亦當與羽相近,羽、昱韻部遠隔,聲亦不近,則此字何以能假爲昱? 故當以立爲聲符。立古音來紐緝部,昱、立分隸餘來二紐,或爲上古 dl-複聲母之遺,[88]職、緝則有旁轉關係,[89]故⊞當本爲翼字,借爲昱日字,後加立爲聲符。

以上二例,🔣爲"牧"抑"養",⊞爲"羽"抑"翼",主要皆

---

80 見《甲骨文字典》(成都: 四川辭書出版社,1988 年) 頁 386。

81 見《甲骨金文字典》(成都: 巴蜀書社,1993 年) 頁 287。

82 見《簡明甲骨文字典》(合肥: 安徽教育出版社,1992 年) 頁 372。

83 見《新編甲骨文字典》(北京: 國際文化出版公司,1993 年) 頁 214。

84 見《觀堂集林》頁 285。

85 見《古文流變臆説》,參注 72。

86 魏氏之説,見《卜釋》,原書未見,《甲骨文字集釋》頁 1229—1230 及《甲骨文字詁林》頁 1863 均有引錄。

87 見《甲骨文字集釋》頁 1241。

88 魏建功已有是説,見《卜釋》,參注 86。

89 《詩·小雅·六月》二章以飭服熾國(職)韻急(緝),《大雅·思齊》四章以式(職)韻入(緝)。《易·井》九三以食惻福(職)韻汲(緝),《大戴禮·五帝德篇》以急(緝)韻服食(職),《虞戴德篇》以集(緝)韻福服德(職),《爾雅·釋訓》以極德直力服息德忒食則懲職(職)韻急(緝),皆職緝旁轉之證。

據古音以定之。以下一例，則古形、古音並重。

五、若

（一）若之釋形

甲骨文有作若（甲 205）、若（甲 411）、若（甲 896）、若
（甲 1153）、若（1164）、若（1237）、若（2443）、若（2504）、
若（甲 2905）、若（甲 2992）、若（拾 7、11）、若（前 5、20、5）、
若（前 7、38、1）、若（後 2、21、14）、若（佚 745）、若（存下
402）、若（掇 2、395）、若（金 620）、若（鐵 125、3）、若（後 2、
7、8）、若（後 2、20、10）、若（乙 3400）、若（乙 766）者，[90]
羅振玉謂“象人舉手而跽足，乃象諾時異順之狀”；[91]葉玉森
謂“象一人跽而理髮使順形”；[92]白川靜（1910—2006）謂象女巫
於神附身時之狀態；[93]三説均有可商。案此字於卜辭中有順意，
殆即經籍中訓順之若字。又此字孳乳爲諾，故羅氏謂象諾時異
順之狀，惟何以甲骨文中此字均呈披頭散髮形，實不可解；葉説
頗能解釋此字於卜辭訓順之理，惟此字是否象理髮使順，觀字形
似尚難確説，且跽而理髮使順，何以能孳乳爲諾，亦不可解；白川
靜謂女巫於神附身時，陷於迷亂之狀態，頭髮亂如雲，兩手舉而
跪坐，其説頗能解釋甲骨文之字形，然何以卜辭此字有順意，且
又孳乳爲諾，豈女巫所傳達之神意皆順人意，且於人之請求，盡
皆應諾之邪！竊疑此字象俘虜散髮舉手之狀，故凡事異順，無不

---

[90] 《甲骨文編》頁 20—21。
[91] 參《增訂殷虛書契考釋》卷中頁 56a。
[92] 參《説契》（見《説契》、《掌契枝譚》合訂本，香港：香港書店，1972 年）頁 5a。
[93] 參《説文新義》林潔明譯文，見《金文詁林補》（南港：中研院歷史語言研究所，
1982 年）頁 1677—1678。

應諾也。甲骨文有 （續 2、16、1）字，⑨象人舉手跽足與 同，惟頭上有 ，與童、妾等字同，⑨殆即郭沫若所謂"古人於異族之俘虜或同族中之有罪而不至於死者，每黥其額而奴使之"者也。⑨又甲骨文有 （乙 3307）字，⑨象人散髮形，與 略同，其上有 拘持之，蓋亦降服之意，與 𢎢 字作 （甲 1020）⑨者意略同。

（二）據古音以證筆者之説

字音若，與虜、奴二字鐸魚對轉（若字日紐鐸部，虜字來紐魚部，奴字泥紐魚部。日古歸泥，則若、奴二字古音尤近），與臧字鐸陽對轉（臧字精紐陽部），與獲字則同屬鐸部（獲字匣紐鐸部）。臧獲者，被虜獲爲奴隸者之稱也。⑨ 又若與臧同有善意，《爾雅·釋詁》曰："……若……臧……善也。"⑩于省吾先生（1896—1984）曰："施威武以征服臣妾，自爲得意之舉，故引申有臧善之義。"⑩是則稽之字形，覈之音韻，驗諸古籍，皆以 象俘虜散髮舉手之狀爲勝。

觀乎上述諸例，古形古音於古文字之研釋，實有稽疑抉奧之功。本文開首所引段玉裁《廣雅疏證·序》云："小學有形、有音、有義，三者互相求，舉一可得其二。"信焉。

---

⑨　《甲骨文編》頁 646。

⑨　參《金文編》頁 154—155 及《甲骨文編》頁 99。

⑨　參《甲骨文字研究·釋干支》頁 14a—17a（總頁 177—183）。

⑨　參《甲骨文編》頁 795。

⑨　同上，頁 120。

⑨　《文選》司馬遷《報任少卿書》："且夫臧獲婢妾，由能引決。"《注》："晉灼曰：'臧獲，敗敵所破虜爲奴隸。'"又《方言》卷三："臧、甬、侮、獲，奴婢賤稱也。"又《荀子·王霸》："如是，則雖臧獲不肯與天子易埶業。"《注》："臧獲，奴婢也。"又《楚辭》嚴忌《哀時命》："釋管晏而任臧獲兮。"《注》："臧，爲人所賤繫也；獲，爲人所係得也。"

⑩　《十三經注疏》本《爾雅注疏》（臺北：藝文印書館景印清嘉慶二十年〔1815〕南昌府學重刊本，1973 年 5 月）卷一頁 11a（總頁 8）。

⑩　《雙劍誃殷契駢枝三編》（北京：大業印刷局，1943 年）頁 30b。

附錄一

王

甲三九四一鹿頭刻辭　甲三九四〇鹿頭刻辭之一

附錄二

附錄三

附錄四

辛

乙七八一二　河五七九

後二·三六·七　後二·三七·六　青四·一

頡一·八　掇一·三三二　粹九八七　人名　寧滬一·四二六　存

二二七·六　珠七一七　明藏三六二　明藏五七二　庫一九三八

于亭

雩庫一九五○

附錄五

辛

鐵一六四·四　佚一·一　前三·七·五　前四·二

四·二　前七·三三·二　後二·八·三　林一·九·一　林

二·二七·一四　燕一四一　粹二五　粹一八六　桴二十七

甲二二八·二　佚八·○　掇一·三九·八　寧滬一·五九·七

寧滬三·三二　庫二七○·八　存二七一二　乙

六六九·○　乙七六八九　乙九○○七四　蕭庫一三　續二一四三

0284

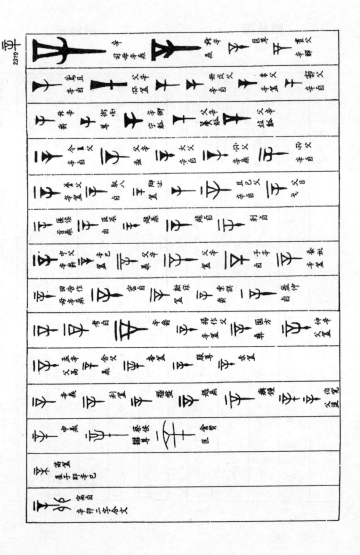

附錄六

附錄七

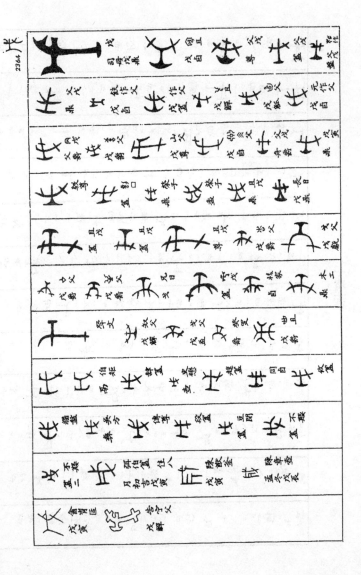

附錄九

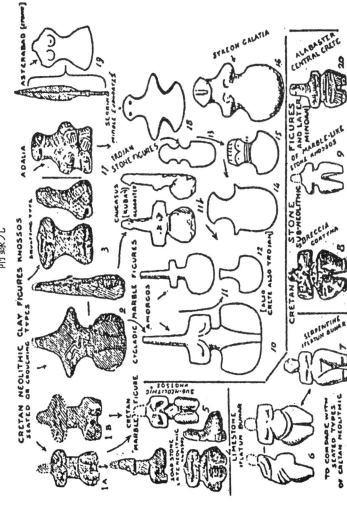

楚竹書《周易》符號命名管見

一

　　楚竹書《周易》中出現一組亡佚了兩千多年的易學符號，濮茅左先生認爲符號的形式有六種：第一種是紅色的"■"，第二種是黑色的"■"，第三種是紅色的"▢"內置黑色的"■"，第四種是黑色的"▢"內置紅色的"■"，第五種是紅色的"■"內置一稍小的黑色"▢"，第六種是單獨的黑色"▢"符號。①

　　除了濮先生的六類外，李尚信先生懷疑《頤》卦的首符很可能是紅色的大"■"中叠以黑色的小"■"，而其尾符亦可能是這個符號，只是其紅色的大"■"已色褪。② 濮先生的六類加上李先生這一類，便有七類。

---

① 參濮茅左《〈周易〉釋文考釋・説明》、《附錄二：關於符號的説明》，載馬承源主編《上海博物館藏戰國楚竹書（三）》（上海：上海古籍出版社，2003 年 12 月）頁 133、頁 251。

② 參李尚信《楚竹書〈周易〉中的特殊符號與卦序問題》，《周易研究》2004 年第 3 期頁 25。

　　房振三先生則認爲共有八類。他認爲《咸》卦的尾符,《恒》
卦、《遯》卦、《睽》卦的首符和尾符等七個符號與《革》卦、《艮》卦、
《漸》卦、《旅》卦的首符,《豐》卦、《小過》卦的尾符等六③個符號有
明顯區別,前者黑半框粗重,且紅塊填實黑半框内的空白;後者
的黑半框則較細,其紅塊也較小,且居框内空白的中部。④

　　日本學者近藤浩之則根據其三層結構構思,把符號分爲九類。⑤

　　這些易學符號,或稱之爲"黑色、紅色符號",⑥或稱之爲
"紅、黑六種標號",⑦或稱之爲"易學符號"、⑧"符號",⑨或稱
之爲"特殊符號",⑩或稱之爲"彩色符號",⑪或稱之爲"特有的

---

③　案: 房先生之文章誤植"六"爲"五"。

④　參房振三《竹書〈周易〉彩色符號初探》,《周易研究》2005 年第 4 期頁 22。

⑤　詳參近藤浩之撰,曹峰譯《上海博物館藏戰國楚竹書〈周易〉的"首符"與"尾符"》,《周易研究》2006 年第 6 期頁 40—42。

⑥　張立行《戰國竹簡露真容》,《文匯報》1999 年 1 月 5 日頭版。

⑦　陳燮君《上海博物館藏戰國楚竹書(一)·序》,載馬承源主編《上海博物館藏戰國楚竹書(一)》(上海: 上海古籍出版社,2001 年 11 月)頁 2;《戰國楚竹書的文化震撼》,《解放日報》2001 年 12 月 4 日第 8 版。

⑧　濮茅左《〈周易〉釋文考釋·説明》,《附錄二: 關於符號的説明》,《上海博物館藏戰國楚竹書(三)》頁 133、頁 251;謝向榮《試論楚竹書〈周易〉紅黑符號對卦序與象數的統合意義》,《周易研究》2005 年第 4 期頁 10—21、32。

⑨　參濮茅左《〈周易〉釋文考釋·説明》,《附錄二: 關於符號的説明》,載馬承源主編《上海博物館藏戰國楚竹書(三)》(上海: 上海古籍出版社,2003 年 12 月)頁 133、頁 251。

⑩　姜廣輝《上博藏楚竹書〈周易〉中特殊符號的意義》,簡帛研究網,2004 年 5 月 16 日 (後收入梁濤主編之《中國思想史研究通訊》第 2 輯〔2004 年 6 月〕頁 15—17 及卜憲群、楊振紅主編之《簡帛研究 2004》〔桂林: 廣西師範大學出版社,2006 年 10 月〕頁 53—58)。又李尚信《楚竹書〈周易〉中的特殊符號與卦序問題》,《周易研究》2004 年第 3 期頁 21—27。又陳仁仁:《上海博物館藏戰國楚竹書〈周易〉研究綜述》,簡帛研究網,2004 年 12 月 19 日 (後收入《周易研究》2005 年第 2 期頁 16—27);《上博易特殊符號的意義與標識原則》,簡帛研究網,2005 年 3 月 31 日;《上海博物館藏戰國楚竹書周易研究——兼論早期易學相關問題》(武漢大學哲學學院博士學位論文〔蕭漢明教授指導〕,2005 年 5 月);《論楚竹書〈周易〉特殊符號所體現的觀念》,載丁四新主編《楚地簡帛思想研究(三)》(武漢: 湖北教育出版社,2007 年 4 月)頁 346—355;《論上博特殊符號的類型與分布及其標識原則》,《湖南大學學報(社會科學版)》2008 年第 4 期頁 123—130。

⑪　房振三《竹書〈周易〉彩色符號初探》,簡帛研究網,2004 年 5 月 27 日　(轉下頁)

符號",⑫或稱之爲"奇特符號標識",⑬或稱之爲"紅黑符號",⑭或稱之爲"易符"。⑮

房振三先生分析上列名稱説：

概而言之,多是從以下幾個層面予以命名的,一是從符號色彩本身出發,如"黑色、紅色符號"、"紅、黑六種標號"、"彩色符號"等；二是從符號的獨特性出發,如"特殊符號"、"特有的符號"、"奇特符號標識"等；三是從廣泛的意義上出發,如"易學符號"、"易符"等。……

我們認爲,給一個新事物命名,當如概念一般,這一新的名稱應該能夠反映對象特有的屬性或本質屬性。所謂"特有屬性",是指只爲該類事物所獨有,而其他事物不具有的屬性；所謂"本質屬性",是指決定一事物之所以成爲該事物並區別於他事物的屬性。楚竹書《周易》這組失佚兩千多年的符號,如果僅以"易學符號"、"易符"稱之,顯然失之寬泛,無法反映出這組符號的特有屬性,而且也與傳統的名稱相混淆,因爲《周易》古經本來就具有兩個系統,一個是由六十四卦的卦爻辭所組成的文字系統,另一個就是由六十四卦的卦畫所組成的符號系統。更進一步説,卦畫所由組成的陽爻"—"與陰爻"--"何嘗不也是一種"符號"或"易學符號"？這些卦畫自然可以而且確實稱

（接上頁）（後收入《周易研究》2005 年第 4 期頁 22—24）;《楚竹書周易彩色符號研究》（安徽大學中文系博士學位論文〔何琳儀教授指導〕,2006 年 5 月）。

⑫ 王振復《上博館藏楚竹書〈周易〉初析》,《周易研究》2005 年第 1 期頁 10—16。

⑬ 王新春《哲學視域中戰國楚竹書〈周易〉的文獻價值》,《周易研究》2004 年第 5 期頁 20—29。

⑭ 注 8、10 所引謝向榮、陳仁仁二君論文。

⑮ 注 8 所引謝向榮君論文。

爲"易學符號"或"易符",因此,這一類名稱用來稱呼楚竹書《周易》新出現的這組符號顯然是不夠準確的。既然如此,那⑯將其稱爲"特殊符號"、"特有的符號"、"奇特符號標識"是否就已經反映出這一特定對象的本來面貌呢?誠然,這些名稱確實指出對象的獨特性,也在一定程度上揭示了物件的"特有屬性",但稱"特殊"、"特有"、"奇特"等,卻並沒有把對象"特殊"在何處、"奇特"在何處顯現出來,通過這些名稱我們仍然無法直接獲取對象的獨特性。因此,這一類名稱雖較前一類有一定的合理性,但仍然是不夠準確的。

　　通過以上分析,不難看出將楚竹書《周易》這組失佚兩千多年的符號成⑰爲"黑色、紅色符號"、"紅、黑六種標號"、"彩色符號"是相對比較合理的。因爲,它們既標明了這組符號的"特有屬性",也揭示了這組符號的"本質屬性"——色彩。出土文獻中的各種符號並不罕見,如西周銅器銘文和戰國文字中的重文符號"＝"、戰國文字中的合文符號"＝"、省形符號"＝"、對稱符號"＝"、區別符號"／"、標點符號"└、▄、／、▄、▉、●"等等……這些符號雖爲我們認識先秦古籍的一些面貌提供的⑱彌足珍貴的資料,但它們只有一種顏色——黑色,因而遠沒有像楚竹書《周易》新出現的這組符號如此引人注目。既然楚竹書《周易》新出現的這組符號中有一種前所未見的紅色,那麽這些符號自然可以稱作"黑色、紅色符號"或"紅、黑六種標號",又因其還有一種顏色——紅色,故稱"彩色符號"也

---

⑯　案:原文"那"後有"稱爲"二字,當爲衍文。
⑰　案:"成"當爲"稱"之誤。
⑱　案:"的"當爲衍文。

未爲不可。然則,何種稱呼更好呢? 稱"黑色、紅色符號"
或"紅、黑六種標號",當然能準確地揭示出這些符號的
"特有屬性"和"本質屬性",但兩種顏色何者爲先、何者爲
後呢? 如依其在楚竹書《周易》中出現的先後順序則當稱
作"紅黑符號",但如果稱爲"黑紅符號"也並無大錯,這不
免造成同一對象名稱的多樣化,以致不便稱引。我們認
爲,"彩色符號"這一名稱,不僅可以將這組新出現符號的
"特有屬性"——色彩予以標明,也有很好的區分度,因爲
前此出土文獻所見符號並未有兩種顏色,因而不會引起混
淆或誤解。⑲

　　房先生提議稱楚竹書《周易》新出現符號爲"彩色符
號"。不過,無論根據《漢語大詞典》⑳和《現代漢語詞典》㉑的
解釋,以至一般人的理解,"彩色"都是多種顏色的意思。因
此,稱這些紅、黑兩色的符號爲"彩色符號"是不妥當的。至
於說"紅黑符號"與"黑紅符號"哪一個比較好,筆者認爲稱
"紅黑符號"較好,原因有二:(一)正如房先生所說,如依其
在楚竹書《周易》中出現的先後順序,當稱作"紅黑符號"。
(二)根據《漢語大詞典》,"黑紅"意爲黑裏透紅,㉒而非黑色
和紅色。此與"黑青"爲黑裏透青、㉓"黑紫"爲深紫色、㉔"黑

⑲　房振三《楚竹書周易彩色符號研究》頁 49—50。
⑳　《漢語大詞典》第 3 卷(香港:三聯書店;上海:漢語大詞典出版社,1989 年
　　8 月)頁 1123。
㉑　中國科學院語言研究所詞典編輯室編《現代漢語詞典》(香港:商務印書館,
　　1977 年 11 月)頁 90。
㉒　參《漢語大詞典》第 12 卷(香港:三聯書店;上海:漢語大詞典出版社,
　　1994 年 8 月)頁 1330。
㉓　同上,頁 1328。
㉔　同上,頁 1333。

褐”爲深褐色、㉕“黑緑”爲深緑色情況相同。㉖　而“紅黑”則爲紅色和黑色，㉗情況與“紅白”爲紅色和白色、㉘“紅紫”爲紅色和紫色、㉙“紅緑”爲紅色和緑色㉚相同。説“紅黑”、“紅白”、“紅紫”、“紅緑”而不説“黑紅”、“白紅”、“紫紅”、“緑紅”，大概是由於“紅”是平聲，而“黑”、㉛“白”、㉜“紫”、“緑”是仄聲的緣故。上述兩個原因之中，第二個原因比較重要。如果要更完整一點，可將這些符號命名爲“紅黑易學符號”或“紅黑易符”。

二

濮茅左先生認爲楚竹書的“紅黑易學符號”乃由“▢”與“■”兩個基本符號組成。濮先生認爲“▢”應讀爲“方”，他引述古字書、韻書和古籍説：

> 《説文解字・匚部》：“匚，受物之器，象形。讀若‘方’。”《玉篇》：“匚，甫王切，受物之器也。”《汗簡》：“匚，甫亾切。”《類篇》：“匚，受物之器，象形。凡匚之類皆从匚，讀若方。”《集韻》：“放，古作匚。”在經籍中“方”、“匚”亦互用，《書・堯典》：“方命圮族。”《群經音辨》引“方”作“匚”。㉝

㉕　同上，頁 1337。
㉖　同上。
㉗　參《漢語大詞典》第 9 卷（香港：三聯書店；上海：漢語大詞典出版社，1993 年 4 月）頁 712“紅黑帽”條。
㉘　同上，頁 704。
㉙　同上，頁 711。
㉚　參《漢語大詞典》第 9 卷頁 714“紅緑帖”條。
㉛　“黑”《廣韻》“呼北切”，屬入聲德韻。
㉜　“白”《廣韻》“傍白切”，屬入聲陌韻。
㉝　濮茅左《楚竹書〈周易〉研究——兼述先秦兩漢出土與傳世易學文獻資料》（上海：上海古籍出版社，2006 年 11 月）上册頁 23。

濮先生指出,《説文解字》匸部中的字多爲藏器,有受物之義;而楚竹書《周易》符號"匚"也有"受物之義","匚"中可受"■"而成"匫"。濮先生認爲兩者所承的形、義是一致的。因此,他提議把黑色的"匚"讀爲"黑方",把紅色的"匚"讀爲"紅方"。

至於"■",濮先生認爲即甲骨文的"丁"字,於甲骨文中用作干支和王名。濮先生又指出"丁"有"强"、"壯"義,他説:

> 《説文解字》:"夏時萬物皆丁實。象形,丁承丙,象人心,凡丁之屬皆从丁。當經切。"《説文繫傳》:"丁,夏時萬物皆丁壯成實,象形也。丁承丙,象人心也。凡丁之屬皆從丁。臣鍇曰:'物挺然成立之皃,夫萬物方茂,非成之謂,衰殺乃見其成之也。方剛之謂,守柔乃見其剛,陰氣盛於外,陽氣營於内,故萬物炳然,非所謂成,得一陰之贊,摯斂之乃爲成,故盛於丙,成於丁,其形正中,故象心,《律曆志》曰:"大成於丁。"'的冥反。"《釋名·釋天》:"丁,壯也。物體皆丁壯也。"《釋名·釋長幼》:"三十曰壯,言丁壯也。"《廣雅疏證》:"丁、兀、姜、羌,强也。"《玉篇》:"丁,多庭切,强也,壯也。太歲在丁曰强。"[34]

濮先生又指出,竹書符號中,"■"也包含著"强"、"盛"的含義。他提議把紅色的"■"讀爲"紅丁",把黑色的"■"讀爲"黑丁"。

堯案:濮先生把"紅黑易學符號"的"匚"比附"匸"字而讀

---

[34]　濮茅左《楚竹書〈周易〉研究——兼述先秦兩漢出土與傳世易學文獻資料》上册頁24—25。案:濮氏原文引徐鍇《説文繫傳》有奪字、衍字,而標點亦有誤,今正。

之爲"方",把易學符號"■"比附甲骨文"丁"字而讀之爲
"丁",似有可商。"紅黑易學符號"是符號而非字,其寬度僅及
竹簡之半(參附錄一、附錄二),而竹簡上的文字,其寬度則幾
與竹簡寬度相等,二者明顯不同。而且,在部分竹簡中,易學符
號黑"□"部分特粗(如簡28、簡29、簡30、簡31、簡32、簡34、
簡56,參附錄二;其實部分易學符號紅"□"部分也很粗),更顯
出這些是符號而非文字。符號不同文字,一般不是語言的載
體,是沒有讀音的。濮先生把易學符號"■"比附甲骨文"丁"
字,也是有問題的,戰國與殷商,時代畢竟相隔頗遠,何況易學
符號"■"(包括長方形的"■"和正方形的"■")的形狀跟甲
骨文"丁"字(參附錄三㉟)也不完全相同,跟戰國楚系簡帛文字
(參附錄四㊱)則距離更遠。

附錄一　　　附錄二

簡12(節錄)　　簡28(節錄)

㉟　錄自孫海波《甲骨文編》(香港:中華書局,1978年)頁549。

㊱　錄自滕壬生《楚系簡帛文字編(增訂本)》(武漢:湖北教育出版社,2008年
10月)頁1211—1212。

附錄三

个

□ 甲六三〇
● 甲二三二九
〇 甲二九〇四
□□ 乙七七九五

〇乙九〇八三
□ 鐵一二四一
〇 前一二二三
〇 前六八七
□ 後一

四二七
□ 後一五一
〇 後一二七七
□ 後二四一六
後二

六二
□ 後二三七五
〇林一〇一五
□ 林二三一四
存二七

四八〇
佚四一四
佚四二七
知中大四丁巳
見合文三〇

附錄四

丁

包二·一二 [illegible]公—
包二·八一 競— 人名
天卜 藍—
天卜 藍—
望一·一〇 —巳之日

郭·窮·四 堣(遇)武—也
新甲一·三 —巳之日
新甲二·六、三〇、一五 —巳之日
新甲三·四二 —酉之日

新甲三·三四 —酉☐
新甲三·二五八 —巳之日
新乙四·一〇五 —嬛(亥)之日
新乙四·一〇二 —睘(亥)之日

新零·二〇六 ☐☐尹—，㠯(以)長☐
新零·二七一 ☐—丑之日
新甲三·一七八 —巳之日

秦一三·二 —丑之日
包二·四 —巳之日
九·五六·九四 —巳夊(終)丌(其)身
九·五六·四〇 昺(丙)、—城日
九·五六·三九 昺(丙)、—吉

九·五六·九四 —亥又(有)靁(靈)

包二·一二一 —巳之日
包二·二六七 —亥之日
秦一三·八 —丑之日
天卜 藍— 人名

包二·一二八 王—司敗逷
包二·一四一 王—司敗逷
包二·一四三 王—司敗逷
包二·一九六 所詎於王—司敗逷

新甲二·二二、二三、二四 —巳之日

從《孔子詩論》看《毛詩稽古編》之《詩序》不可廢説

　　研讀《詩經》之難，首在辨明詩旨。由於世代邈遠，《詩經》某詩之爲賦爲比爲興，固然難以斷言；而作詩之義，采詩之義，編詩之義，賦詩之義，引詩之義，又不一定相同，因此長期以來，《詩經》許多詩的主旨，一直辨而不明，聚訟紛紜，莫衷一是。

　　漢儒説《詩》有魯、齊、韓、毛四家。《齊詩》魏代已亡，《魯詩》亡於西晉，《韓詩》雖存，無傳之者，後卒亡於北宋，僅存《外傳》，亦非完軼；只有《毛詩》經東漢鄭玄（127—200）作箋，唐初孔穎達（574—648）作疏，獨行於世，整個唐代，除韓愈（768—824）、成伯璵（？—？）外，《詩》家悉宗《毛序》，莫之敢違。①

　　到了宋代，懷疑《毛序》者漸多，他們懷疑《毛序》所言，是否得詩人本意，認爲捨《序》言詩，涵詠《詩經》本文，以意逆志，

① 有關漢代至唐代的《詩經》學，請參考蔣善國《三百篇演論》（臺北：商務印書館，1969年9月）頁36—84、胡樸安《詩經學》（臺北：商務印書館，1973年12月臺2版）頁88—96。

反可得詩人本旨,於是有廢《序》之説。② 自此以後,尊《序》與廢《序》,引起了不少爭論。

清代陳啟源(?—?)《毛詩稽古編》,力主《毛序》不可廢,其言曰:

> 歐陽永叔言孟子去《詩》世近,而最善言詩,推其所説詩義,與今《敘》意多同,斯言信矣。源因攷諸孟子所論讀詩之法,其要不外二端:一曰誦其詩,不知其人,可乎?是以論其世。一曰説詩者,不以文害詞,不以詞害意。然則學《詩》者,必先知詩人生何時,事何君,且感何事而作詩,然後其詩可讀也。誠欲如此,舍《小敘》奚由入哉?何則?凡記載之文,以詞紀世,議論之文,以詞達意,故觀其詞而世與意顯然可知;獨《詩》則不然,除《文王》、《清廟》、《生民》數篇外,其世之見於詞者,寥乎罕聞矣!又寓意深遠,多微詞渺旨,或似美而實刺,或似刺而實美,其意不盡在詞中,尤難臆測而知。夫論世方可誦詩,而詩不自著其世;得意方可説詩,而詩又不自白其意,使後之學《詩》者,何自而入乎?古國史之官,早慮及此,故詩所不載者,則載之於敘。其曰某王、某公、某人者,是代詩人著其世也。其曰某之德、某之化、美何人、刺何人者,是代詩人白其意也。既知其世,又得其意,因執以讀其詩,譬猶秉燭而求物於暗室中,百不失一矣。故有詩必不可以無敘也。舍敘而言詩,此孟子所謂害意者也,不知人、不論世者也,不如不讀《詩》之愈也。③

---

② 有關宋代的《詩經》學,請參考胡樸安《詩經學》頁 97—100。

③ 見《皇清經解》(臺北:復興書局,1961 年)卷八四頁 1a—1b(總頁 1054)。

陳氏又曰:

　　朱子辯説,力詆《小敘》,而於國風尤甚。謂其傅會書
史,依託名謐,鑿空妄説,以欺後人。源竊怪其言之過也,
《小敘》傳自漢初,其後敘或出後儒增益,至首敘則采風時
已有之,由來古矣。其指某詩爲某君事某人作,皆師説相
傳如此,非臆説也。若必求其證驗的切,別見他書史而後
信之,則《詩敘》與他書史皆秦以前文字,而漢世諸儒傳之
者也。安見他書史可信,而《詩敘》獨不可信乎? 至依託
名謐之語,尤屬深文;《邶・柏舟》之刺頃,《唐・蟋蟀》之
刺僖,猶與謐義相近也。若宣非信讒之名,昭非好奢之號,
而《陳》之《防有鵲巢・敘》,以爲刺宣公;《曹》之《蜉蝣・
敘》,以爲刺昭公,何所依託乎? 朱子又謂《小敘》之説,必
使《詩》無一篇不爲美刺時君國政而作,不切於情性之自
然。又使讀者疑當時之人絶無"善則歸君,過則歸己"之
意,非温柔敦厚之教。斯語尤不可解。夫詩之有美刺,總
迫於好善嫉邪、忠君愛國之心而然耳。……況刺時之詩,
大抵是變風變雅,傷亂而作也。處汙世,事暗君,安得不
怨? 怨則安得無刺? 孔子曰:可以怨。孟子曰:不怨則愈
疏。未嘗以怨爲非也。惟其怨,所以爲温柔敦厚也。而朱
子大譏之。是貢諛獻媚,唯諾取容,斯謂之忠愛;而厲王之
監謗、始皇之設誹謗律,足稱盛世之良法矣,有是理哉? 史
遷有言,《詩》三百篇,大抵聖賢發憤之作。朱子所見,何
反出遷下也?④

----

④　同上,頁 2a—3a(總頁 1054—1055)。

陳氏認爲:

> 《詩》之有《小敍》,猶《春秋》之有《左傳》乎!《春秋》
> 簡而嚴,《詩》微而婉,厥旨渺矣,俱未可臆求而懸定也。
> 無《左傳》則《春秋》不可讀,無《小敍》則《詩》不可讀。⑤

陳氏認爲詩多微言渺旨,往往寓意深遠,或似美而實刺,或似刺而實美,其意不盡在詞中,尤難臆測而知,而《小序》傳自漢初,由來久遠,且師説相傳,非臆説可比,故《小序》可信,而《詩經》無《小序》,則不可讀。

但也有學者認爲《毛序》比附書史、穿鑿附會、歪曲詩義,因此決不能按《序》説詩。⑥

1992年,朱冠華君《風詩序與左傳史實關係之研究》一書出版,索序於余,余序其書曰:

> 我輩讀《詩》,每苦文獻不足,無以確説詩旨;近世地不愛寶,他日或能使數千年來之祕蘊,大明於世,是固余所引領而望者也。⑦

“引領而望”,是當時絶望中的一絲希望。不意上海博物館所藏之新出土戰國楚簡中,竟有《孔子詩論》,所言詩旨,多與《毛序》不同,《孔子詩論》除指出《雨亡政》、《即南山》(今本《詩經》作《雨無正》、《節南山》)二詩“皆言上之衰也,王公恥之”外,便再没有《毛序》的美刺内容。《上海博物館藏戰國楚竹書

⑤ 同上,頁3a—3b(總頁1055)。
⑥ 參夏傳才《思無邪齋詩經論稿》頁132。
⑦ 見《風詩序與左傳史實關係之研究·序》(臺北:文史哲出版社,1992年7月)。

（一）·孔子詩論·篇後記》曰：

> 《國風》諸篇小序言“刺”者竟有七十篇，《小雅》諸篇
> 言“刺”者三十五篇，大約爲《國風》之半數，其中“刺”宣
> 王者五篇，“美”宣王者五篇，規勸性質的二篇。而“刺”幽
> 王之詩多至三十篇。在《大雅》諸篇中“美”宣王者六篇，
> “刺”厲王者五篇，“刺”幽王者二篇。是以《大雅》、《小
> 雅》、《邦風》除美刺邦君之外，多爲對厲、宣、幽三朝國君
> 的刺和美，如果説詩是西周史官采風而得，那末爲何沒有
> 指出厲王以前的國君的美刺？所以這許多實指的美刺是
> 很難説得通的，《小序》中的美、刺之所指，可能多數并非
> 如此，之所以寫得這麽明確，可能相當部分是漢儒的
> 臆測。⑧

承胡楚生教授賜寄《經學研究論集》一書，書中《詩序與詩
教——從〈詩序〉內容看〈詩經〉之教化理想》一文指出：

> 《詩序》之作者，與《詩經》詩篇之作者，並非一人，也
> 非同時之人，以相隔懸遠後世之人，推測前人作詩之詩旨，
> 自難一一切合。……《詩序》之説，往往於《詩經》本文詞
> 面之中，不易覓得佐證，故其解説詩旨，不易取信於人。⑨

胡教授所言，甚爲有理。胡教授又説：

---

⑧ 見《上海博物館藏戰國楚竹書（一）》（上海：上海古籍出版社，2001 年 11 月）頁
166。
⑨ 見《經學研究論集》（臺北：臺灣學生書局，2002 年 11 月）頁 48—49。

　　其實,漢人之作《詩序》,用以説詩,本自另外有其教化之理想存在,推其用意,本不用爲解説《詩經》作者作詩之本義而發,後人根據《詩序》,以求《詩經》每篇詩作中之本義,自然不能一一相符相合。……因此,以《詩序》解《詩經》,或者説,《詩經》附加了《詩序》之後,其體質既已改變,《詩經》則已經背負了教化的理想,則"詩猶此詩,義非此義",《詩序》作者所希望的,是人們在誦讀《詩經》之時,自然地接受另一番他們所預設的道理,感染另一重他們所希盼的意義,那才是《詩序》作者的真正目的,因此,如果我們一定要從《詩序》中去探索《詩經》每首詩篇的本義,那自然不免會有所失望。⑩

胡教授之見,誠爲卓識。今觀《孔子詩論》,内容與《毛序》大不相同。⑪載有《孔子詩論》的竹簡屬於戰國晚期,時代較《毛序》早。若説愈古的記載愈可信,則《孔子詩論》較《毛序》可信。當然,《孔子詩論》所説的,也不一定是詩人本旨。不過,《毛序》之説既與《孔子詩論》不同,大概非先秦之舊。其實,漢儒不但説《詩》不仍先秦之舊,闡釋其他典籍,也往往根據當時的政治需要而給予新的詮釋。因此,據《毛序》以理解漢人之教化理想則可,據《毛序》以探求詩人之本旨則不可。《毛詩稽古編》認爲只有根據《毛序》,始能探知詩人本旨;今據《孔子詩論》,知《毛詩稽古編》此説,未爲知言。

　　作者案:本人之楚文字研究,承中國香港研究資助局贊助,謹此致謝。

---

⑩　見《經學研究論集》頁49、68。
⑪　參《上海博物館藏戰國楚竹書(一)》頁162—165。

從楚簡《詩論》之“文王唯谷”
反思阮元之“進退維谷”説

一

《詩·大雅·桑柔》:“瞻彼中林,甡甡其鹿。朋友已譖,不胥以穀。人亦有言:‘進退維谷’。”[1]“進退維谷”之“谷”,毛《傳》訓爲“窮”,《鄭箋》引申毛《傳》説:“前無明君,卻迫罪役,故窮也。”[2]《孔疏》進一步解釋訓“谷”爲“窮”之理:

谷謂山谷,墜谷是窮困之義,故云谷窮。[3]

孔穎達(574—648)之説,不免有“增字解傳”之嫌。到了段玉裁(1735—1815),則以通假解釋“谷”訓爲“窮”,段氏説:

<hr/>

① 見《十三經注疏》本《詩經注疏》(臺北:藝文印書館景印清嘉慶二十年〔1815〕南昌府學重刊本,1973年5月)總頁656下。
② 同上。
③ 同上,總頁657上。

　　《詩》:"進退維谷。"段"谷"爲"鞫",毛《傳》曰:"谷,窮也。"即《邶風·傳》之"鞫,窮也"。④

"谷"字上古見紐屋部,"鞫"字見紐覺部,二字雙聲,又屋覺旁轉,因此具有通假條件。不過,"鞫"字實爲《説文》所無,段玉裁認爲是"籟"的俗字。⑤《説文》訓"籟"爲"窮理罪人",⑥"窮理罪人"之"籟",與"進退維谷"之"谷"終隔一層,段玉裁、陳奐之説,似未爲的論。朱駿聲(1788—1858)《説文通訓定聲》認爲"進退維谷"之"谷",乃"敠"之假借。⑦"敠"疑爲"窾"之誤刻,"窾"乃"竅"之或體。"竅"字古音亦見紐覺部,與"谷"字也有通假條件。王紹蘭(1760—1835)《説文段注訂補》説:"宀,家也。家道窮,故窾從宀。"⑧家道窮,與《詩·大雅·桑柔》之"進退維谷",仍有所隔。與其説"進退維谷"之"谷"是"籟"或"窾"之假借,不如説是"趜"之假借。"趜"字與"鞫"、"窾"二字同音,與"谷"字也有通假條件。"趜"從走,《説文》訓"窮",⑨徐鍇(920—974)《説文解字繫傳》解釋説:"步所窮也。"⑩"步所窮",與"進退維谷"義較切合。

　　不過,阮元(1764—1849)對"進退維谷",卻有與毛《傳》、《鄭箋》完全不同的看法,阮氏説:

　　　　《毛詩·大雅·桑柔》曰:"朋友已譖,不胥以穀。人

---

④　見《説文解字詁林》(臺北:商務印書館,1970年1月臺3版)頁5159a。
⑤　同上,頁4599a。
⑥　同上。
⑦　同上,頁5159b。
⑧　同上,頁3256b。
⑨　同上,頁689b。
⑩　同上。

亦有言,進退維谷。"《傳》、《箋》皆訓"谷"爲"窮"。考"谷"無"窮"訓,此望文生義也。案:"谷"乃"穀"之假借字,本字爲"穀"。(《爾雅·釋天》:"東風謂之谷風。"郭《注》:"谷之言穀。"《書·堯典》"昧谷",《周禮·縫人注》作"柳穀"。——阮氏原注)進退維穀,穀,善也。此乃古語。詩人用之,近在"不腎以穀"之下,嫌其二穀相竝爲韻,即改一假借之"谷"字當之,此詩人"義同字變"之例也。此例三百篇中往往有之,元始稱之,前人無言之者。(即如《小雅》"褒姒威之",近在"寧或滅之"之下,嫌其二滅相竝,即改"滅"而書爲"威"。——阮氏原注)或曰毛公訓《詩》古矣,今訓爲"善",有據耶? 元曰:漢人訓《詩》,究不如周人訓《詩》之爲有據也。《晏子春秋》:叔向問晏子曰:"齊國之德衰矣,今子何若?"晏子對曰:"嬰聞事明君者,竭心力以没其身,行不逮則退,不以誣持禄;事惰君者,優游其身以没其世,力不能則去,不以諛持危。且嬰聞君子之事君也,進不失忠,退不失行。不苟合以隱忠,可謂不失忠;不持利以傷廉,可謂不失行。"叔向曰:"善哉!《詩》有之曰:'進退維谷。'其此之謂歟!"《韓詩外傳》:田常弑簡公,乃盟於國人曰:"不盟者,死及家。"石他曰:"古之事君者,死其君之事。舍君以全親,非忠也。舍親以死君之事,非孝也。他則不能。然不盟,是殺吾親也。從人而盟,是背吾君也。嗚呼! 生亂世不得正行,劫乎暴人,不得全義,悲夫!"及進盟,以免父母。退,伏劍以死其君。聞之者曰:"君子哉! 安之命矣!《詩》曰:'人亦有言,進退維谷。'石先生之謂也。"此二書,一則叔向之言,一則魯哀公時齊人之言。曲體二人引《詩》之意,皆謂處兩難善全之事而處之皆善也,歎其善,非嗟其窮也。且叔向曰

"善哉","善"字即明訓"谷"字也。（段氏《説文注》謂《詩》"進退維谷"之"谷"字爲"鞫"字〔堯案：當爲"鞠"字〕之同音假借。《爾雅》曰："鞫，窮也。"元謂鞫、谷同部，聲相近，究非如谷、穀之同聲。或曰：《左傳》"深山窮谷"，則"谷"亦有"窮"義。元謂"谷"皆通川之名，義近于"通"，不近于"窮"。其曰"窮谷"者，言谷之有窮也，乃變義，非常義也。《爾雅》："窮瀆，氾。"亦言瀆有窮者，非瀆訓窮也。——阮氏原注）⑪

阮元認爲：（一）"谷"無"窮"訓。（二）"進退維谷"，本應作"進退維穀"，"穀"是善的意思。但由於"人亦有言，進退維穀"之上爲"朋友已譖，不胥以穀"，爲了避免兩個"穀"字放在一起押韻，於是"進退維穀"的"穀"字改爲"谷"，這是《詩經》義同字變之例，那就是説，"進退維谷"之"谷"，乃"穀"之假借。（三）《晏子春秋》、《韓詩外傳》引《詩》"進退維谷"，意思都是"進退維善"，⑫可進一步證明"谷"是"穀"之假借。案：阮元所説，都有例證支持；此外，馬瑞辰（1782—1853）撰有《詩人義同字變例》一文，⑬足以證成阮元"義同字變"之説。

---

⑪　見《揅經室集》（臺北：世界書局，1982 年 3 月再版）上册頁 104—105。

⑫　《韓詩外傳》引《詩》"進退維谷"以説石他事，胡承珙（1776—1832）《毛詩後箋》認爲"生亂世不得正行，劫乎暴人不得全義，正是進退皆窮之意"。（見《皇清經解續編》〔臺北：藝文印書館，1965 年 10 月〕第 8 册，頁 5659—5660。）不過，胡氏之説實難成立。詳參劉玉國同學在香港大學撰寫的博士論文《揅經室集》釋詞例釋》頁 12—15 及他在第一屆國際訓詁學研討會宣讀的論文《"進退維谷"解》（見《第一屆國際訓詁學研討會論文集》〔高雄中山大學中國文學系、中國訓詁學會主編，1997 年〕）頁 100—103。

⑬　見《毛詩傳箋通釋》（北京：中華書局，1989 年 3 月）上册頁 19—20。

二

不過,上海博物館藏戰國楚簡《詩論》"文王唯谷"一語,卻可能使我們需要反思阮元之説。兹錄上海博物館藏戰國楚簡相關文字如下:

(1)　〔古文字〕(簡2)

(2)　〔古文字〕(簡2)

(3)　〔古文字〕
　　　〔古文字〕
　　　〔古文字〕(簡7)

馬承源先生(1927—2004)考釋首條文字説:

> 寺也,文王受命矣。[14]

釋次條文字説:

> 大顯(夏)盛惪(德)也,多言。[15]

釋第3條文字説:

> 襄(懷)尔纍(明)惪(德)害(曷),城(誠)胃(謂)之也。又(有)命自天,命此文王,城(誠)命之也,信矣。孔=(孔子)曰:此命也夫。文王佳(唯)谷(裕)也,导

---

[14]　見《上海博物館藏戰國楚竹書(一)》(上海:上海古籍出版社,2001年11月)頁127。

[15]　同上。

（得）虗（乎）？此命也。⑯

劉信芳先生著《孔子詩論述學》,第 9 頁討論《詩論》對《大雅》
之評述,引述此三條簡文,與馬承源先生稍異:

> 時也,文王受命矣,（簡2）
> 大夏,盛德也,多言……（簡2）
> 懷爾明德,蓋成謂之也。有命自天,命此文王,成命之
> 也,信矣。孔子曰:此命也夫。文王唯谷也,得乎此命也。
> （簡7）⑰

劉先生說:

> 值得注意的是"文王唯谷"一句,整理者將"唯"字隸
> 定爲"隹",讀爲"唯";又讀"谷"爲"裕"。按"文王"後一
> 字原簡字形從"口"作,應直接隸定作"唯"。"唯"字楚簡
> 習見,不應有誤釋。⑱

案:"文王"下一字原簡字形左下確從"口"作,劉先生所說甚
是。馬承源先生讀"谷"爲"裕",他說:

> "谷"或當讀爲"裕","裕"有寬義。何尊銘"龏德谷
> 天",讀作"恭德裕天"。⑲

---

⑯　同上,頁 134。
⑰　見《孔子詩論述學》（合肥:安徽大學出版社,2003 年 1 月）頁 9—10。
⑱　同上,頁 10。
⑲　《詩經注疏》總頁 135。

堯案:"文王唯谷",與何尊"龔德谷天"句式不盡相同。龐樸先生讀"唯"[20]爲"雖",讀"谷"爲"欲",他説:

> 帝謂文王乃誠謂之,天命文王是誠命之。文王所以能得此寵遇,並非他空有此種願望,而是由于他具有大德,所謂"故大德者必受命"(《中庸》)。《詩·大明》説,文王出生以來,便知道"小心翼翼,昭事上帝",天帝看到這種情況,便將治理天下的使命授給了他,所謂的"天監在下,有命既集"。所以孔子曰:"此命也夫!文王隹(雖)谷(欲)已,得乎?此命也。"這是天命。文王雖想不幹,行嗎?不行的!
>
> "欲"是主觀願望,"命"是客觀授與。勿論你欲已欲不已,只要天帝授了命,欲望便不起作用。釋文釋"隹"爲唯,釋"谷"爲裕,誤"已"爲"也",整個句子的意思便不甚明了了。[21]

劉信芳先生不同意龐樸先生的説法,他説:

> 按文王"陰行善","伐犬戎"、"伐密須"、"敗耆國"(《史記》),其謀奪天下,步步爲營,恐怕不能解釋爲"想不幹"。[22]

劉信芳先生於"文王唯谷"另有新解,他説:

---

[20] 龐文"唯"作"隹"。
[21] 見《上博藏簡零箋》,《上博館藏戰國楚竹書研究》(上海:上海書店出版社,2002 年 3 月)頁 235。
[22] 《孔子詩論述學》頁 10 注 1。

　　"唯谷"若依今本,當讀爲"維谷"。《詩·大雅·桑柔》:"人亦有言,進退維谷。"毛《傳》:"谷,窮也。"史載殷紂王囚西伯于羑里(《史記·周本紀》),此所謂"文王唯谷"歟?"得乎此命也",整理者讀作"得乎?此命也"。按此當作一句讀。"此命"承上文"有命自天,命此文王"而來,謂文王有羑里之困,得乎天命也。郭店《窮達以時》簡1:"有天有人,天人有分。"又謂舜耕于歷山,陶拍于河浦,遇堯而爲天子。則《詩論》謂文王由"唯谷"而得天下,蓋受命于天,此與《窮達以時》所表述的思想相一致。㉓

　　筆者在香港中文大學 2003 年 10 月舉辦的第四屆國際中國古文字學研討會中,發表了一篇題爲《楚簡〈詩論〉"文王唯谷"說》的論文,指出"進退維谷"之"谷",似當從阮元訓"善",疑"文王唯谷"之"谷"亦訓"善"。《詩論》簡 7 開首即強調"懷爾明德",隨即強調天命,其下引孔子語,也是強調這兩點。"文王唯谷"之"谷"訓"善",正好與"懷爾明德"相呼應。因此,"文王唯谷"並不一定像劉信芳先生所說言文王受困。此外,"唯谷"似爲當時習用語,楚簡《詩論》用之,不一定跟《桑柔》的"進退維谷"有關,而《桑柔》的"進退維谷",也不一定跟文王有關。現在再想一下,覺得阮元之說,可能也值得我們反思:阮元認爲《詩·大雅·桑柔》的"進退維谷",本應作"進退維穀","穀"是善的意思,但由於"人亦有言,進退維穀"之上爲"朋友已譖,不胥以穀",爲了避免兩個"穀"字放在一起押韻,於是"進退維穀"的"穀"字改爲"谷",這是《詩經》義同字變之例,那就是說,"進退維谷"之"谷",乃"穀"之假借。可是,楚

㉓　同上,頁 10。

簡《詩論》没有兩個"榖"字放在一起的問題，爲甚麼"文王唯谷"不寫作"文王唯榖"？阮元的説法是否一定對？經過反覆考慮，我想，《晏子春秋》、《韓詩外傳》引《詩》"進退維谷"，意思都是"進退維善"，可以證明阮説可信。楚簡"文王唯谷"不寫成"文王唯榖"，可能是受當時《詩經》寫本的影響。在當時的寫本中，《大雅・桑柔》的詩句寫作"進退維谷"，楚簡《詩論》受其影響，因此寫作"文王唯谷"而不寫作"文王唯榖"。至於"唯谷"之"唯"，不跟《桑柔》作"維"，大概是因爲虛詞用字較靈活、隨便的緣故。

作者案：本人之楚文字研究，承中國香港研究資助局贊助，謹此致謝。

論"士斲本"與"士首之"及
相關問題

《春秋》莊公二十三年、二十四年記載魯莊公準備從齊國迎娶夫人哀姜回魯,即將廟見,於是修飾魯桓公廟,把桓公廟的楹柱漆紅色,又雕刻桓公廟之桷。三傳均指出此二事不合於禮。《穀梁傳》莊公二十四年"刻桓宮桷"下曰:

> 禮:天子之桷,斲之礱之,加密石焉;諸侯之桷,斲之礱之;大夫斲之;士斲本。刻桷,非正也。[1]

史建橋、賀陽語譯如下:

> 禮,天子廟堂的椽子要經過砍削和打磨,還要在上面嵌加細石,諸侯廟堂的椽子只經過砍削和打磨,大夫的椽

① 見《十三經注疏》本《穀梁傳注疏》(臺北:藝文印書館景印清嘉慶二十年〔1815〕南昌府學重刊本,1973年5月)卷六頁6a(總頁59)。

子只經過砍削,士的椽子只砍去木頭的根鬚。在椽子上雕刻花紋是不合乎正禮的。②

薛安勤則譯爲:

> 按禮,天子廟的椽木,砍削後要磨,還要用細石磨。諸侯廟的椽木,砍削後要磨光。大夫的砍了就可以。士人的祇消砍去樹根就可以。椽木上刻花是不合乎禮的。③

顧寶田譯爲:

> 按禮制,天子宮廟之方椽,要經過砍削磨光,在上面鑲嵌細石;諸侯廟之方椽只須砍削磨光,大夫只須砍削成方形,士之椽只須把木料砍削成兩端粗細相應即可,在方椽上雕刻紋飾不合乎禮。④

承載譯爲:

> 根據禮制的規定,天子廟寢的木桷要經過砍削和打磨,然後鑲上光潔細密的磨石;諸侯廟寢的木桷要經過砍削和打磨;大夫廟寢的木桷只須砍削光滑就可以了;士的廟寢的木桷只砍掉木棍的根鬚就行了。在木桷上雕刻花紋是不符合正規禮制的。⑤

---

② 見《評析本白話公羊傳·穀梁傳》(北京:北京廣播學院出版社,1993 年 3 月)頁 216。
③ 見《春秋穀梁傳今注今譯》(臺北:臺灣商務印書館,1994 年 8 月)頁 157—158。
④ 見《新譯穀梁傳》(臺北:三民書局,1998 年 4 月)頁 149。
⑤ 見《春秋穀梁傳譯注》(上海:上海古籍出版社,1999 年 5 月)頁 165。

周何譯爲:

> 依照禮制,天子宗廟裏的桷,用斧頭砍削成爲方形,用
> 粗糙的石頭打磨平整之後,還要用細緻的石頭加工磨出光
> 澤。諸侯宗廟裏的桷,用斧頭砍削之後,只要粗石打磨平
> 整就可以了。大夫宗廟裏的桷,則只要用斧頭砍削成形,
> 不須打磨。士的宗廟,則只需把原木的根部砍掉就可以用
> 了。因此把方桷刻上圖案花紋,當然是不合情理的。[6]

李維琦譯爲:

> 禮制:天子的方椽頭,砍削它,打磨它,再加細磨石去
> 磨。諸侯的方椽頭,砍削它,打磨它。大夫的砍削它。士
> 人的只砍去樹根。雕刻椽頭,不是正當的。[7]

　　案:《穀梁傳·釋文》曰:"桷音角,榱也。方曰桷,圓曰
椽。斲,丁角反,削也。"[8]榱、椽、桷都是放在檁上架着屋面板
塊或瓦片的木條,椽圓形而桷方形。椽與檁、板塊、瓦片的關
係,可參考附圖。[9] 根據羅哲文主編之《中國古代建築》,附圖
所展現的建築構架,至遲在春秋時代已初步完備。[10]

　　《穀梁傳·釋文》曰:"礱之,力公反,磨之。"[11]又晉范甯

---

⑥　見《新譯春秋穀梁傳》(臺北:三民書局,2000 年 4 月)頁 252。
⑦　見《春秋穀梁傳譯注》(臺北:建安出版社,2002 年 3 月)頁 97。
⑧　《穀梁傳注疏》卷六頁 6a(總頁 59)。
⑨　見《中國古代建築》(上海:上海古籍出版社,2001 年 12 月)頁 109。
⑩　同上,頁 108。
⑪　《穀梁傳注疏》卷 6 頁 6a(總頁 59)。

（339—401）《集解》於《穀梁傳》"加密石焉"下曰："以細石磨之。"⑫因此，薛安勤把"天子之桷，斲之礱之，加密石焉"譯爲"天子廟的椽木，砍削後要磨，還要用細石磨"，大致符合《傳》意。史建橋、賀陽的語譯："天子廟堂的椽子要經過砍削和打磨，還要在上面嵌加細石。"顧寶田的譯文："天子宮廟之方椽，要經過砍削磨光，在上面鑲嵌細石。"以及承載的譯文："天子廟寢的木桷要經過砍削和打磨，然後鑲上光潔細密的磨石。"均弄錯了"加密石"的意思。

清鍾文烝（1818—1877）《春秋穀梁經傳補注》於"諸侯之桷，斲之礱之"下曰："無密石。"⑬又於"大夫斲之"下曰："不礱。"⑭周何把"天子之桷，斲之礱之，加密石焉；諸侯之桷，斲之礱之；大夫斲之"譯爲"天子宗廟裏的桷，用斧頭砍削成爲方形，用粗糙的石頭打磨平整之後，還要用細緻的石頭加工磨出光澤。諸侯宗廟裏的桷，用斧頭砍削之後，只要粗石打磨平整就可以了。大夫宗廟裏的桷，則只要用斧頭砍削成形，不須打磨"，最能清晰表達《傳》意。

各家譯文最大的問題出於"士斲本"的語譯。鍾文烝《春秋穀梁經傳補注》"士斲本"下曰："但斲其首。"⑮鍾氏的解釋，大概取自《國語·晉語·韋解》。《晉語》中有一段話，其中一部分與上引《穀梁傳》文很相近：

> 趙文子爲室，斲其椽而礱之，張老夕焉而見之，不謁而歸。文子聞之，駕而往，曰："吾不善，子亦告我，何其速

---

⑫　同上。
⑬　見《春秋穀梁經傳補注》（北京：中華書局，1996 年 7 月）頁 201。
⑭　同上。
⑮　《春秋穀梁經傳補注》頁 201。

也?"對曰:"天子之室,斲其椽而礱之,加密石焉。諸侯礱
之,大夫斲之,士首之。備其物,義也;從其等,禮也。今子
貴而忘義,富而忘禮,吾懼不免,何敢以告。"文子歸,令之
勿礱也。匠人請皆斲之,文子曰:"止!爲後世之見之也,
其斲者,仁者之爲也,其礱者,不仁者之爲也。"⑯

"天子之室,斲其椽而礱之,加密石焉。諸侯礱之,大夫斲之,
士首之"與《穀梁傳》之"天子之桷,斲之礱之,加密石焉;諸侯
之桷,斲之礱之;大夫斲之;士斲本",何其相似!很明顯,《晉
語》之"士首之",相等於《穀梁傳》之"士斲本"。韋昭(204—
273)《國語解》釋"士首之"曰:"斲其首也。"⑰鍾文烝《春秋穀
梁經傳補注》"士斲本"下曰:"但斲其首",很明顯取自韋
《解》。

薛安勤、王連生把"天子之室,斲其椽而礱之,加密石焉。
諸侯礱之,大夫斲之,士首之"語譯爲:

> 天子的宮室,椽頭砍去後要磨,還要用光滑細密的磨
> 石;諸侯家的椽頭要磨;卿大夫家的椽頭,要細緻地砍削一
> 番;士人的房子只要砍掉椽頭就可以了。⑱

汪濟民、仲坤、徐玉侖、張學賢則譯爲:

> 天子住的宮室纔將放在檁上架屋瓦的木條砍削並粗
> 磨光,再用細密文理細磨石磨光;諸侯的只粗磨光,不用細

磨石再加工;大夫只砍削、不粗磨,士只砍去樹頭不再
砍削。⑲

董立章譯爲:

　　天子的居室,椽條砍削後再先後用粗石、細石磨光;諸
侯則僅用粗石光磨;大夫僅加砍削便鋪設屋瓦;士連砍削
也不必,僅截首尾便可。⑳

李維琦譯爲:

　　天子的宮室,椽經砍削後磨光它,再用細紋的磨石加
磨,諸侯的只磨光,大夫的只砍削,士的只砍削椽頭。㉑

鄔國義、胡果文、李曉路譯爲:

　　天子的宮殿,砍削房椽後要粗磨,然後再用密紋石細
磨;諸侯宮室的房椽要粗磨;大夫家的房椽要加砍削;士的
房子只要砍掉椽頭就可以了。㉒

黄永堂譯爲:

　　天子的宮室,要砍削房椽條還加以細磨,而且還要用

⑲　見《國語譯注》(南昌:百花洲文藝出版社,1992 年 3 月)頁 296。
⑳　見《國語譯注辨析》(廣州:暨南大學出版社,1993 年 5 月)頁 552—553。
㉑　見《白話國語》(長沙:岳麓書社,1994 年 4 月)頁 311。
㉒　見《國語譯注》(上海:上海古籍出版社,1994 年 12 月)頁 442。

細磨石;諸侯的椽頭要磨;卿大夫家的椽頭要細緻地砍削;
士人建房砍去椽條的頭。㉓

來可泓譯爲:

> 天子的宮室,將椽子砍削後加以磨光,然後再用密紋
> 石細磨;諸侯的宮室,將椽子砍削後加以磨光,不再用密紋
> 石細磨;大夫的家室,將椽子砍削即可,不加以磨光;士的
> 房舍,只要將椽子的梢頭砍去就行了。㉔

劉倩、魯竹譯爲:

> 天子的宮殿,把椽子砍削整齊後,先用粗石打磨,再用
> 細石打磨;諸侯用的椽子只用粗石磨光;大夫用的椽子只
> 需要砍削;士人用的椽子只需要截去木材的首尾部分。㉕

　　薛安勤、王連生把"天子之室"後的"斲其椽"譯爲"椽頭砍
去",以及把"士首之"譯爲"士人的房子只要砍掉椽頭就可以
了",都很有問題,因爲"砍"的意思是"劈"、"斬",而"斲"的意
思是"削"(參上文所引《穀梁傳·釋文》)。如把"斲"理解爲
"砍"、"劈"、"斬",則天子之桷、諸侯之桷、大夫之桷,豈非都
劈爲兩截? 因此,凡把"斲"理解爲"砍"的,都有問題,如汪濟
民等之譯文末句"士只砍去樹頭不再砍削",董文章譯文末二
句"士連砍削也不必,僅截首尾便可",鄔國義等之譯文末句

㉓　見《國語全譯》(貴陽:貴州人民出版社,1995年2月)頁534。
㉔　見《國語直解》(上海:復旦大學出版社,2000年6月)頁679。
㉕　見《國語正宗》(北京:華夏出版社,2008年6月)頁261。

"士的房子只要砍掉橡頭就可以了"，黃永堂譯文末句"士人建
房砍去橡條的頭"，來可泓譯文末二句"士的房舍，只要將橡子
的梢頭砍去就行了"，以及劉倩、魯竹譯文末句"士人用的橡子
只需要截去木材的首尾部分"，皆非《晉語》原意。另一方面，
李維琦譯文末句"士的只砍削橡頭"，則大致能表達"士首之"
的意思。

　　同樣地，在上述《穀梁傳》"士斲本"的譯文中，史建橋、賀
陽語譯爲"士的橡子只砍去木頭的根鬚"，薛安勤譯爲"士人的
只消砍去樹根就可以"，承載譯爲"士的廟寢的木桷只砍掉木
棍的根鬚就行了"，周何譯爲"士的宗廟，則只需把原木的根部
砍掉就可以用了"，李維琦譯爲"士人的只砍去樹根"，都有問
題。顧寶田譯爲"士之橡只須把木料砍削成兩端粗細相應即
可"，則大致能表達"士斲本"的意思。

　　在上述《穀梁傳》的譯文中，我們多次見到"根鬚"、"樹
根"、"根部"等詞語，那是因爲譯者以爲"士斲本"的"本"，所
用是本義。《説文》："本，木下曰本。从木，一在其下。"[26]"本"
的本義，是樹木下部的根。不過，"士斲本"的"本"，所用不是
本義，而是引申義，情況跟"耑"有些相似。《説文》："耑，物初
生之題也。上象生形，下象其根也。"[27]段《注》："題者，額也。
人體額爲最上，物之初見，即其額也。古發端字作此，今則端行
而耑廢。"[28]"耑"本指植物初生的頂端，現在用"端"爲"耑"，
"端"指事物之一端或兩端，但不一定是頂端。同樣道理，"士
斲本"的"本"，指的是桷之一端或兩端，但不限於底部，更非樹
木之根。鍾文烝《春秋穀梁經傳補注》"士斲本"下曰："但斲其

㉖　見《説文解字》（香港：中華書局，1972 年 7 月）頁 118。
㉗　同上，頁 149。
㉘　見《説文解字詁林》（臺北：商務印書館，1969 年）頁 3196b。

首。""本"和"首",義似相反,其實無別,均指桷之一端或兩端,
其中以兼指桷之兩端可能性較大。總之,"本"所指不限於底
部,"首"所指不限於頂端。如附圖所示,椽桷斜置,非如楹柱
直立,實在很難分哪一端是頂部,哪一端是底部。

附　圖

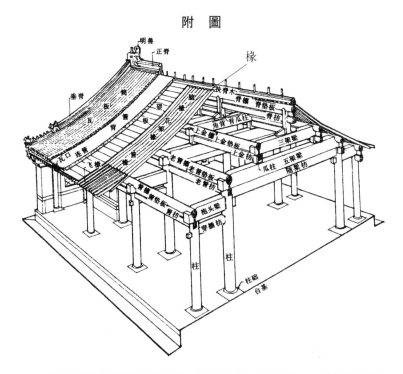

　　把"士斲本"的"本"理解爲樹根的,不限於上述《穀梁傳》
譯文,楊伯峻先生(1909—1992)的《春秋左傳注》,引述《穀梁
傳》時,也把"士斲本"理解爲"士人之桷,砍斷樹根而已"。[29]

　　從上文所述《穀梁傳》和《國語·晉語》的記載中,我們還
可以看到:(一)周代自天子至士,事事物物皆有等差,椽桷爲

──────────
[29]　見《春秋左傳注》(修訂本)(北京:中華書局,1990年5月第2版)頁229。

物雖小,亦然。(二)後世橡桷,往往作精細雕刻,如《西京雜記》云:"〔昭陽殿〕橡桷皆刻作龍蛇,縈繞其間,麟甲分明。"③⓪但古禮尚儉,雖貴如天子諸侯,必有其節,而不得逾越。刻桷過奢,故非正禮。《論語・八佾篇》載:"子曰:'禮,與其奢也,寧儉。'"③①孔子所説的,正是古禮的精神。

---

③⓪　見《西京雜記校注》(上海:上海古籍出版社,1991 年 5 月)頁 41。

③①　見《十三經注疏》本《論語注疏》(臺北:藝文印書館景印清嘉慶二十年〔1815〕南昌府學重刊本,1973 年 5 月)卷三頁 3a(總頁 26)。

《左傳》新注小學補釋芻議

　　長期以來，研究《左傳》者，必參考杜預（222—284）的《春秋經傳集解》（簡稱杜《注》）和孔穎達（574—648）的《春秋正義》（簡稱孔《疏》）。1981 年，北京中華書局出版了楊伯峻先生（1909—1992）的《春秋左傳注》（簡稱楊《注》），由於楊先生在作注過程中，吸收了古今中外各家的成果，研精究微，詳稽博辨，楊《注》是迄今最佳的《左傳》注本。不過，千慮一失，在所難免。此外，隨着電腦科技日益進步，現在如果要編寫一本《左傳》新注，可以把古文字字形掃描入注中，這將有助於加深讀者對傳文的理解。本文題目中的"小學"，是文字學、訓詁學、音韻學之總稱。本文提議通過小學，提升《左傳》注釋的素質，加深讀者對《左傳》的理解。現舉例說明如下：

一、透過文字初形加深讀者的理解

　　例一：僖公三十三年《左傳》記載，晉敗秦師於殽，秦穆公身穿白色衣服駐紮在郊外等候，對着被釋放回國的將士號哭。

《左傳》原文是：“秦伯素服郊次，鄉師而哭。”杜《注》“鄉”字無注；[1]楊《注》則曰：“鄉同今向字。”[2]然則“鄉”何以同今“向”字？堯案：甲骨文“鄉”字作𨚫，[3]羅振玉（1866—1940）謂“象饗食時賓主相嚮之狀”，[4]故有“向”義。

　　例二：隱公元年《左傳》記載，鄭武公夫人武姜生鄭莊公及共叔段。莊公出生時逆生，使武姜受到驚嚇，因此武姜不喜歡他而喜愛共叔段，想立叔段爲太子。她多次向武公提出請求，武公沒有同意。等到莊公即位，武姜爲共叔段請求封於制地。莊公説：“制是個巖險的地方，從前虢叔死在那裏。至於其他都邑，我一定同意。”武姜於是爲共叔段請求京地，莊公也就讓共叔段住在京，稱之爲京城大叔。祭仲對莊公説：“都城的城牆超過三百丈，就會成爲國家的禍害。根據先王的制度：大的都城不得超過國都的三分之一，中等的不得超過五分之一，小的不得超過九分之一。如今京的城牆不符合制度的規定，您將來一定會受害。”其後，叔段命令西部及北部邊境地區，除了聽莊公命令外，又要聽自己的命令。《左傳》原文是：“既而大叔命西鄙北鄙貳於己。”杜《注》“既而”二字下無注；[5]楊《注》則曰：“既而，猶言不久。”[6]然則“既而”何以有“不久”義？堯案：甲骨文“既”字作𣀡、𣂂諸形，[7]羅振玉曰：“既象人食既。”[8]李

---

① 參《十三經注疏》本《左傳注疏》（臺北：藝文印書館景印清嘉慶二〇年〔1815〕南昌府學重刊本，1973 年 5 月）卷一七頁 16b（總頁 290）。
② 見楊伯峻《春秋左傳注》（修訂本）（北京：中華書局，1990 年 5 月第 2 版）頁 500。
③ 見《甲骨文編》（香港：中華書局，1978 年 2 月）頁 281。
④ 《增訂殷虛書契考釋》（臺北：藝文印書館，1975 年 11 月第 3 版）卷中頁 17a。
⑤ 參《左傳注疏》卷二頁 18a（總頁 36）。
⑥ 見楊伯峻《春秋左傳注》（修訂本）頁 12。
⑦ 見《甲骨文編》頁 234。
⑧ 《增訂殷虛書契考釋》卷中頁 55a。

孝定曰:"契文象人食已顧左右而將去之也。"⑨甲文"既"象食畢,引申爲凡畢之稱。此處謂祭仲向莊公進諫既畢,大叔又命西鄙、北鄙貳於己。二事相距不遠,故楊注謂"猶言不久"。

　　例三:僖公二十七年《左傳》記載,晉文公一回到晉國,就教化他的百姓,二年後,想使用他們。子犯説:"百姓還不知道道義,還没有安居樂業。"晉文公便去安定周襄王的王位,在國內則致力做對百姓有利的事,人民都安於他們的生活。晉文公又準備用他們,子犯説:"人民還不認識信用,還没有明白信用的作用。"晉文公便攻打原地,讓百姓明白甚麼是信用。百姓做買賣不再求謀取厚利,説話算話。晉文公説:"可以用了嗎?"子犯説:"百姓還不知禮儀,還没有産生恭敬之心。"《左傳》原文是:"子犯曰:'民未知禮,未生其共。'"杜《注》"共"字無注,⑩楊《注》則曰:"共同恭,金澤文庫本作'恭'。"⑪然則"共"何以同"恭"?堯案:"共"字甲骨文作𐤀,⑫金文作𐤀、𐤀、𐤀、𐤀,⑬象兩手恭敬持物與人,故有恭敬義。王玉樹《説文拈字》曰:"疑古文恭止作共,秦人始加心,古實無此字……今經典中如文十八年《傳》'兄友弟共'之類,作共者尚有。《檀弓》俗刻'恭世子',《釋文》:'恭音共,本亦作共。'宋刻則作'共世子',《釋文》亦互異,可見古文止作共也。"⑭其説是也。

　　例四:僖公三十三年《左傳》記載,晉襄公在箕地打敗狄

---

⑨　《甲骨文字集釋》(臺北:中研院歷史語言研究所,1970年10月再版)頁1751—1752。

⑩　參《左傳注疏》卷16頁13a(總頁268)。

⑪　見楊伯峻《春秋左傳注》(修訂本)頁447。

⑫　見《甲骨文編》頁104。

⑬　見《金文編》(北京:中華書局,1985年7月)頁164。

⑭　《説文解字詁林》(臺北:商務印書館,1970年1月臺3版)頁4671b。

人。在這一戰役中，先軫脱下頭盔衝入狄陣，死於軍中。狄人把他的頭歸還晉國，面容與活着時一樣。《左傳》原文是："狄人歸其元，面如生。"杜《注》、楊《注》皆訓"元"爲"首"。[15] 堯案：元作父戊卣"元"字作𗊌，象人形而其首特巨，"元"之本義爲"首"，[16]昭然可見。

例五：隱公十一年《左傳》記載，鄭莊公準備攻打許國，五月甲辰，在太廟分發兵器。《左傳》原文是："授兵於大宮。"杜《注》"兵"字無注；[17]楊注曰："兵，武器。"[18]現代人見到"兵"字，多理解爲"士兵"，不知道"兵"字本義爲"兵器"。堯案：《説文》："𠂤，械也，从廾持斤。"[19]"兵"字的本義，就是兵器。甲骨文"兵"字作𠂤、𠂤，[20]結構與小篆相同。

例六：宣公二年《左傳》記載，晉靈公不遵循爲君之道，趙盾屢次進諫，晉靈公覺得他很討厭，於是派鉏麑暗殺他。《左傳》原文是："使鉏麑賊之。"杜《注》"賊"字無注；[21]楊《注》曰："《晉世家》云'使鉏麑刺殺趙盾'，以刺釋賊。高誘《呂氏春秋注》亦云：'賊，殺也。'"[22]一般人只知"賊"字有"盜賊"義，不知道"賊"字本義爲"殺害"。堯案：《説文》："𧵅，敗也，从戈則聲。"[23]"賊"字从戈，戈爲兵器，故"賊"有殺害義。金文"賊"字作𧵅[24]，結構與小篆相同。

---

[15] 參《左傳注疏》卷一七頁 17a（總頁 291），及楊伯峻《春秋左傳注》（修訂本）頁 501。

[16] 參《金文詁林》（香港：香港中文大學，1974 年）頁 12—23。

[17] 參《左傳注疏》卷四頁 21a（總頁 80）。

[18] 見楊伯峻《春秋左傳注》（修訂本）頁 72。

[19] 《説文解字》（香港：中華書局，1972 年 7 月）頁 59。

[20] 見《甲骨文編》頁 101。

[21] 參《左傳注疏》卷二一頁 10a（總頁 364）。

[22] 見楊伯峻《春秋左傳注》（修訂本）頁 658。

[23] 《説文解字》頁 266。

[24] 見《金文編》頁 824。

　　以上六例,分別透過甲骨文、金文、小篆字形,加深讀者對
《左傳》的理解。

二、透過闡釋引申義加深讀者的理解

　　例七：莊公二十八年《左傳》記載,晉獻公與其父武公之妾
齊姜發生不尋常關係。《左傳》原文是："烝於齊姜。"杜《注》
"烝"字無注;[25]楊《注》曰："上淫曰烝。"[26]然則上淫何以曰烝?
堯案：《說文》："烝,火氣上行也。从火,丞聲。"[27]徐灝(1810—
1879)《說文解字注箋》曰："凡烝物火氣上行,則水氣上升淫淫
然,故謂'上淫曰烝'。"[28]由此可見,透過闡釋字詞的引申義,可
加深讀者的理解。

　　例八：僖公二十二年《左傳》記載子魚跟宋襄公分析戰爭
的道理說："強大的敵人由於地形阻隘無法布陣,是上天幫助
我們。乘著險阻鳴鼓進攻,不也是可以的嗎? 即使如此,還擔
心不能取勝呢。更何況現在面對的強者,都是我們的敵人。即
使是老人,能夠俘獲就抓回來,對頭髮花白的人憐惜甚
麼? ……"《左傳》原文是："雖及胡耇,獲則取之,何有於二
毛?"孔《疏》："胡是老之稱也。"[29]楊《注》："胡,壽也。"[30]然則
"胡"何以是老之稱? 堯案：《說文》："胡,牛顄垂也。从肉,古
聲。"[31]張舜徽先生(1911—1992)《說文解字約注》曰："頤下下

㉕　參《左傳注疏》卷一〇頁 13a(總頁 177)。
㉖　見楊伯峻《春秋左傳注》(修訂本)頁 239。
㉗　《說文解字詁林》頁 4458b。
㉘　同上。
㉙　見《左傳注疏》卷一五頁 4a(總頁 248)。
㉚　見楊伯峻《春秋左傳注》(修訂本)頁 398。
㉛　《說文解字》頁 89。

垂者爲胡,人亦有之,惟至耄耋始見。……人與物皆有胡,許獨舉牛言者,以牛之胡爲最大而顯見也。"[32]"胡"是牛頷下的垂肉。由於上了年紀的人,頷下的皮膚會鬆弛下垂,故"胡"字有"老"義。

例九:僖公二十二年《左傳》記載宋襄公説:"君子不重傷。"意思是説:君子不傷害已經受傷的人。子魚則認爲:"明耻教戰,求殺敵也。傷未及死,如何勿重?若愛重傷,則如勿傷。"杜《注》只説大意:"言苟不欲傷殺敵人,則本可不須鬪。"[33]楊《注》則謂"愛"字意爲"憐惜"。[34]堯案:"憐惜"爲"愛"之引申義。

例十:僖公二十三年《左傳》記晉軍到蒲城討伐重耳,蒲城人想要迎戰,重耳不同意,原因是依靠君父的命令才享受到養生的俸禄。原文是:"保君父之命而享其生禄。"[35]"保"字爲甚麽有"依靠"義?堯案:金文"保"字有作 𢼒、𢃕 者,均象負子於背、予以保護之形。父保護子,則子靠其保護,故引申而有依靠義。

三、透過闡明通假關係加深讀者的理解

例十一:隱公元年《左傳》記載,鄭莊公把母親姜氏安置於城穎,並且發誓説:"不到黄泉,不再相見。"但莊公不久又感到後悔。穎考叔當時在穎谷做官,聽到這件事,向莊公獻策説:"如果掘地見到泉水,在隧道中相見,又有誰會説君主違背誓

㉜　見《説文解字約注》(鄭州:中州書畫社,1983年3月)卷八頁45b。
㉝　見《左傳注疏》卷一五頁4b(總頁248)。
㉞　見楊伯峻《春秋左傳注》(修訂本)頁398。
㉟　見《左傳注疏》卷一五頁8b(總頁250)。

言?"穎考叔的話,《左傳》原文是:"若闕地及泉,隧而相見,其誰曰不然?"杜《注》"闕"字無注;㊱楊《注》則曰:"闕,掘也"。㊲堯案:《説文》:"闕,門觀也。"門觀就是宮門、城門兩側高臺上登之可以遠觀的樓觀。"闕"在這裏是假借字,朱駿聲(1788—1858)《説文通訓定聲》謂"借爲掘"。㊳案"闕"字溪紐月部,"掘"字群紐物部,二字旁紐雙聲,月物旁轉。㊴

　　例十二:桓公六年《左傳》記載,楚武王侵伐隨國,先派薳章到隨國講和,並把軍隊駐紮在瑕地等待結果。隨人派少師主持和談,《左傳》原文是:"隨人使少師董成。"杜《注》訓"董"爲"正",㊵楊《注》則曰:"董,猶今言主持,近代'董事'之'董',正取此義。"㊶堯案:"董"本來是一種植物,似蒲而細,㊷朱駿聲《説文通訓定聲》謂"隨人使少師董成"之"董"實借爲"督"。㊸案:"董"字端紐東部,"督"字端紐覺部,二字端紐雙聲,東覺二部則旁對轉。㊹

　　例十三:僖公四年《左傳》記載,齊桓公率領諸侯的軍隊侵伐蔡國,蔡軍潰敗。桓公又攻打楚國,楚成王派使者,對桓公説:"您住在北方,我住在南方,即使牛馬發情追逐也不會走到一起。没想到您竟然踏入我們楚國的土地,這是甚麼緣故?"使者的最後兩句話,《左傳》原文是:"不虞君之涉吾地也,何

㊱　參《左傳注疏》卷二頁20b(總頁37)。
㊲　見楊伯峻《春秋左傳注》(修訂本)頁15。
㊳　參《説文解字詁林》頁5314b。
㊴　參陳新雄《古音學發微》(臺北:文史哲出版社,1975年12月再版)頁1056—1057。
㊵　參《左傳注疏》卷六頁16b(總頁109)。
㊶　見楊伯峻《春秋左傳注》(修訂本)頁110。
㊷　參《説文解字詁林》頁321b。
㊸　同上,頁322a。
㊹　參陳新雄《古音學發微》頁1088。

故?"杜注"虞"字無注;⑮楊《注》則曰:"虞,度也"。⑯ 堯案:
"虞"於此借爲"慮"。二字上古同屬魚部。

例十四:僖公三十年《左傳》記載,鄭文公派燭之武見秦穆
公,對他説:"如果赦免鄭國,讓它做往東路上的主人,使者往
來,缺少的一切皆得到供應,那對君王亦没有害處。"《左傳》原
文是:"若舍鄭以爲東道主,行李之往來,共其乏困,君亦無所
害。"杜《注》:"行李,使人。"⑰楊《注》:"行李,古代專用司外交
之官,行人之官也,亦作行理。"⑱爲甚麽司外交之官叫"行李"?
孔《疏》曰:"《國語》:'行理以節逆之。'賈逵云:'理,吏也,小
行人也。'孔晁注《國語》,其本亦作李字,注云:'行李,行人之
官也。'然則兩字通用,本多作理,訓之爲吏,故爲行人、使
也。"⑲根據孔疏,"行李"之"李",實爲"吏"之假借。"李"、
"吏"古音皆來紐之部,故可通假。

以上諸例,説明透過展現文字初形、闡釋引申義和闡明通
假關係,可提升《左傳》注釋之質量,加深讀者對《左傳》之理
解。不獨《左傳》可如此補釋,其他古籍亦莫不皆然。倘有達
者,理而董之,充而周之,固余所引領而望之者矣。

⑮ 參《左傳注疏》卷一二頁 10b(總頁 201)。
⑯ 見楊伯峻《春秋左傳注》(修訂本)頁 289。
⑰ 參《左傳注疏》卷一七頁 5a(總頁 285)。
⑱ 見楊伯峻《春秋左傳注》(修訂本)頁 480。
⑲ 參《左傳注疏》卷一七頁 5a(總頁 285)。

古籍整理古字形補釋芻議

一

利用古字形以釋古籍，非今日始。《左傳》隱公元年：

> 仲子生而有文在其手，曰爲魯夫人，故仲子歸于我。①

孔穎達(574—648)《疏》云：

> 以其手之文理自然成字，有若天之所命，使爲魯夫人
> 然，故嫁之於魯也。成季、唐叔亦有文在其手曰"友"、曰
> "虞"，"曰"下不言"爲"，此傳言"爲魯夫人"者，以宋女而
> 作他國之妻，故《傳》加"爲"以示異耳，非爲手文有"爲"
> 字，故"魯夫人"之上有"爲"字也。仲子手有此文，自然成

---

① 《十三經注疏》本《左傳注疏》(臺北：藝文印書館景印清嘉慶二十年〔1815〕南昌府學重刊本，1973年5月)總頁29。

字,似其天命使然,故云有若天命也。隸書起於秦末,手文
必非隸書,《石經》古文"虞"作"㸚",“魯”作"㐺",手文
容或似之。其"友"及"夫人",固當有似之者也。②

孔《疏》謂"《石經》古文‘虞’作‘㸚’,‘魯’作‘㐺’,手文容或
似之",即爲以古字形釋古籍之例。案:《説文解字》卷五上虍
部:"㦰,騶虞也,白虎黑文,尾長於身,仁獸,食自死之肉。从
虍,吳聲。《詩》曰:‘于嗟乎騶虞。’"③章炳麟(1868—1936)
《小學答問》云:

> 問曰:"《春秋傳》曰:‘有文在其手曰虞。’《正義》曰:
> ‘《石經》古文"虞"作"㸚",手文容或似之。’《説文》無
> ‘㸚’,然魏《三體石經》必有所據,其于六書云何?"答曰:
> "‘㸚’當爲‘牙’。古文‘齒’字从‘㸚’,《説文》以爲象
> 形,蓋其慎也。……‘牙’聲同‘虞’,故‘騶虞’或作‘騶
> 牙’。大公名望,字牙,‘牙’讀爲‘虞’,《方言》:‘虞,望
> 也。’名、字相應,《三體石經》乃亦藉‘㸚’爲‘虞’矣。"④

堯案:《説文解字》卷二下齒部:

㐺,口斷骨也。象口齒之形,止聲。…… 𪙊古文齒字。⑤

段玉裁(1735—1815)《説文解字注》"象口齒之形"下曰:

---

② 同上。
③ 《説文解字》(香港:中華書局,1972 年 7 月)頁 103。
④ 《説文解字詁林》(臺北:商務印書館,1969 年)頁 2100b。
⑤ 《説文解字》頁 44。

　　㐱者,象齒;餘凵字也。⑥

是從"㐱"者爲"齒"字小篆而非古文,章炳麟謂"古文'齒'字從'㐱'",非是。惟章氏謂"'㐱'當爲'牙'字",又謂"'牙'聲同'虞'",則甚是也。蓋"齒"、"牙"統言不別,形亦相似;又"牙"、"虞"上古同屬疑紐魚部。

　　至於《石經》古文"魯"作"㠯"者,蓋借"旅"之古文爲"魯","旅"、"魯"上古均爲來紐魚部字也。《説文解字》卷七上㫃部:

　　　　旅,軍之五百人爲旅。从㫃,从从;从,俱也。
　　　　㠯,古文旅。⑦

王筠(1784—1854)《説文釋例》曰:

　　　　旅之古文㠯,《玉篇》在止部,非也。鐘鼎文作㲋,㺃即㫃之古文,不得以爲止字,古文傳久,失其本形,遂不可解,率類此矣。⑧

案:小徐本旅之古文作㲋。又旅字甲骨文作㺃(佚735)、㺃(佚971)、㺃(鐵90.1)、㺃(後2.43.9)、㺃(前4.31.7)、㺃(掇1.301)、㺃(前6.18.1)、㺃(甲929)、㺃(甲2125)、㺃(後2.4.8)、㺃(掇1.277)、㺃(前1.15.3),⑨金文作㺃(父乙卣)、㺃(父辛

⑥　《説文解字詁林》頁843a。
⑦　同上,頁2977b。
⑧　《説文釋例》(同治四年〔1865〕王彥侗刻本)卷六頁25b。
⑨　《甲骨文編》(香港:中華書局,1978年)頁290。

卣)、(父辛觚)、(觚文)、(且丁甗)、(遇甗)、(王婦匜)、(斐鼎)、(鬲弔盨)、(作父戊簋)、(弔咢父簋)、(伯正父匜)、(鬲攸比鼎)、(旅虎簠)、(仲鑠盨)、(且辛爵)、(伯其父簠)、(陳公子甗)、(曾伯霥簠)諸形⑩。羅振玉(1866—1940)曰:

> 《説文解字》旅古文作,从。古金文皆从从,亦有从者(曾伯霥簠旅字作——羅氏原注),與許書略近。其卜辭从从,許書从者,皆㫃之變形。……从,即之譌。⑪

羅説是也。《説文》旅字之古文所从之,殆㫃之變形。細究其演變之迹,可於上列金文弔咢父簋、伯正父匜、鬲攸比鼎、曾伯霥簠諸旅字求之,茲列其演變軌迹如下:

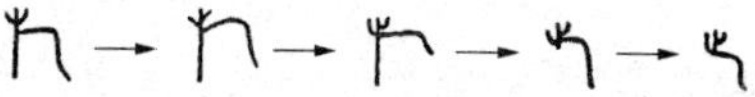

之末筆稍短,即成矣。金文偏旁㫃字作形者甚夥,如斿字作(舀壺)、(頌壺)、(趞鼎)、(師咢父鼎)、(邾公釛鐘)、(齊侯敦)、(洹子孟姜壺)、(喬君鉦),游字作(曾仲斿父壺)、(蔡侯盤),旋字作(五年師旋簋),旓字作(郐王子旓鐘),旃字作(旃弔樊鼎),旛字作(伯公父匿)者皆是也。⑫

孔《疏》謂石經古文"'魯'作'㐮',手文容或似之",蓋謂

⑩ 《金文編》(北京:中華書局,1985 年)頁 464—467。

⑪ 《增訂殷虚書契考釋》(北京:東方學會,1927 年)卷中頁 20b—21a。

⑫ 《金文編》頁 461—464、471—472。邱德修:《説文解字古文釋形考述》(臺北:學生書局,1974 年)頁 687 亦有是説,惟所引字形不盡可靠。

手紋似☒也。手紋似☒，而非似"魯夫人"三字，故《左傳》謂
"生而有文在其手，曰爲魯夫人"，而非"生而有文在其手，曰魯
夫人"。孔《疏》謂"夫人"固當有似之者，未必是也。

　　由孔《疏》之例，知以古字形釋古籍，古已有之。近世地不
愛寶，清季之末，甲骨出土，近人有以甲骨文釋古籍者，如
《詩·周南·卷耳》："采采卷耳，不盈頃筐。嗟我懷人，寘彼周
行。"⑬朱熹（1130—1200）《詩集傳》云："周行，大道也。后妃
以君子不在而思念之，故賦此詩託言方采卷耳，未滿頃筐，而心
適念其君子，故不能復采，而置之大道之旁也。"⑭屈萬里
（1907—1979）《書傭論學集》"周行"下云：

　　　　按行，甲骨文作☒，象四達之通衢。知其本義實爲
　　道路。⑮

即以甲骨文釋《詩經》之"行"字。惟其所舉，似不若☒（後
2.2.12）、☒（乙947）、☒（後2.13.4）⑯之尤肖四達通衢也。

二

　　近年電腦科技日進，電腦掃描，至爲方便。本文提議利用
電腦，將古字形掃描入古籍注釋中，以加深讀者之理解。茲舉
例説明如下：

---

⑬　《十三經注疏》本《詩經注疏》（臺北：藝文印書館景印清嘉慶二十年〔1815〕南
　　昌府學重刊本，1973年5月）總頁33。
⑭　朱熹《詩集傳》（香港：中華書局，1961年2月）頁3。
⑮　屈萬里《詩三百篇成語零釋》，《書傭論學集》（臺北：聯經出版事業公司，
　　1984年7月）頁167。
⑯　《甲骨文編》頁81。

例一：𡗜 𡗜

《易·睽》六三：“見輿曳，其牛掣，其人天且劓。无初有終。”[17]陸德明（556—627）《經典釋文》曰：“天，剠也。馬云：‘剠鑿其額曰天。’”[18]《周易集解》引虞翻（164—233）曰：“黥額爲天。”[19]案：《說文》：“𩇓，墨刑在面也。从黑，京聲。𠛬，黥或从刀。”[20]桂馥（1736—1805）《說文解字義證》曰：

> 墨刑在面也者，《易·睽卦》：“其人天且劓。”虞云：“黥額爲天。”《書·呂刑》：“墨辟疑赦。”《傳》云：“刻其顙而涅之曰墨刑。”又“爰始淫爲劓刵椓黥。”鄭注：“黥，謂羈黥人面。”《周禮》：“司刑掌五刑之法，墨罪五百。”《注》云：“墨，黥也。先刻其面，以墨窒之。”《書·傳》曰：“非事而事之，出入不以道義，而誦不詳之辭者，其刑墨。”《秦策》：“黥劓其傅。”高云：“刻其顙，以墨實其中，曰黥。”《漢書·刑法志》：“其次用鑽鑿。”韋昭曰：“鑿，黥刑也。”《志》又云：“墨罪五百。”顏注：“墨，黥也。鑿其面，以墨涅之。”《後漢書·朱穆傳》：“臣願黥首繫趾。”《注》云：“黥首，謂鑿額涅墨也。”[21]

由此足見先秦、兩漢古籍言黥刑者多矣。《廣韻》：“黥，黑刑在

---

[17] 《十三經注疏》本《周易注疏》（臺北：藝文印書館景印清嘉慶二十年〔1815〕南昌府學重刊本，1973 年 5 月）總頁 91。

[18] 《經典釋文》（上海：上海古籍出版社景印北京圖書館藏宋刻宋元遞修本，1985 年 10 月）頁 102。

[19] 李道平《周易集解纂疏》（北京：中華書局，1994 年 3 月）頁 359。

[20] 《說文解字》頁 211。

[21] 《說文解字詁林》頁 4539a。

面。"其下列"劓"、"剌"二字,云:"並上同。"㉒是"剌"爲"黥"之異體,馬融(79—166)謂"剌鑿其額曰天",猶虞翻謂"黥額爲天",即在罪人額上刺字爲罰也。《説文》:"天,顛也。"㉓額爲頭顛之一部分,故"天"引申爲剌鑿額顙之墨刑。㉔

漢人釋《睽》六三之"天"爲剌鑿額顙之墨刑,從者甚衆。惟自宋迄今,亦頗有疑之者,如宋人胡瑗(993—1059)《周易口義》曰:

> "其人天且劓"者,"天"當作"而"字,古文相類,後人傳寫之誤也。然謂"而"者,在漢法,有罪髡其鬢髮曰"而",又《周禮》梓人爲笋虡作而,亦謂髡其鬢髮也。㉕

《元史·李孟傳》引《睽》六三爻辭作"其人而且劓",㉖蓋亦因胡説而易"天"爲"而"也。又清人俞樾(1821—1906)《群經平議》曰:

> 《易》凡言"天"者,大率爲乾、爲陽,此乃以爲剌額之名,不亦異乎?馬、虞之説,皆非也。"天"疑"兀"字之誤。《説文·足部》:"跀,斷足也。"重文"趴",曰:"跀,或從

㉒ 《新校宋本廣韻》(臺北:洪葉文化事業有限公司景印清康熙四十三年〔1704〕吳郡張士俊刊澤存堂本,2001年9月)頁187。

㉓ 《説文解字》頁7。

㉔ 參黄壽祺、張善文《周易譯注》(修訂本)(上海:上海古籍出版社,2001年9月)頁133、鄧球柏《帛書周易校釋》(修訂本)(長沙:湖南人民出版社,1987年11月)頁381、張立文《周易帛書今注今譯》(臺北:臺灣學生書局,1991年9月)頁630。

㉕ 胡瑗《周易口義》,《景印文淵閣四庫全書》第8冊(臺北:臺灣商務印書館,1986年3月)卷七頁5。

㉖ 《元史》(北京:中華書局,1976年4月)頁4086。

兀。"《莊子·德充符篇》:"魯有兀者。"《釋文》曰:"李云:
'刖足曰兀。'"蓋即跀之省也。"其人兀且劓",猶《困》九
五曰"劓刖"也。古文"天"作"兂",見《玉篇》。故"兀"誤
爲"天"矣。[27]

胡、俞二氏,均疑"天"爲譌字。尚秉和《周易尚氏學》曰"《周
禮·梓人》:'作其鱗之而……'按'之而',《注》訓爲'頰頜',
《釋文》云'禿也',《玉篇》亦訓頜爲禿。賈《疏》亦无髡其鬢髮
之解。然頜之爲禿,字書皆同。則而者禿也,禿則天然无髮,不
必受刑。似胡説不如俞説優也。"[28]黃壽祺、張善文《周易譯注》
則取胡氏説。[29]惟《説文》曰:"劓(劓),刑鼻也。从刀,臬聲。
《易》曰:'天且劓。'"[30]所引亦作"天"字。又中文大學文物館
藏楚簡本及阜陽漢簡本《周易·睽》六三爻辭均作"天",[31]未見
有作"而"或"兀"者,知"天"字形譌之説非是。

　　堯案:"天"字甲骨文作👤(甲 3690)、👤(前 2.3.7)、👤(前
4.15.2)、👤(林 1.27.8)、👤(金 621)、👤(拾 10.18)、👤(京都
3165)、👤(乙 3008)、👤(乙 6857)、👤(存下 940)、👤(前
2.20.4)、👤(前 2.27.8)、👤(拾 5.14)、👤(前 4.16.4)、👤(前
8.9.2)、👤(天 50)、👤(京 2963),[32]金文作👤(象人形鼎文)、👤

---

[27]　俞樾《群經平議》,《續修四庫全書》第 178 册(上海:上海古籍出版社,1995
　　年)頁 16。

[28]　尚秉和《周易尚氏學》,《尚氏易學存稿校理》第 3 卷(北京:中國大百科全書出
　　版社,2005 年 6 月)頁 164—165。

[29]　《周易譯注》(修訂本)頁 313。

[30]　《説文解字》頁 92。

[31]　參陳松長編《香港中文大學文物館藏簡牘》(香港:香港中文大學文物館,
　　2001 年)頁 12、韓自强《阜陽漢簡〈周易〉研究》(上海:上海古籍出版社,
　　2004 年 7 月)頁 65。

[32]　《甲骨文編》頁 2—3。

（天作從尊）、（禾作父乙簋）、（天父辛卣）、（天父乙觶）、（天棘爵）、（天亡簋）、（盂鼎）、（井侯簋）、（剌鼎）、（趞曹鼎）、（彔伯簋）、（大簋）、（休盤）、（同簋）、（追簋）、（克鼎）、（守簋）、（師酉簋）、（禹鼎）、（番生簋）、（豆閉簋）、（頌壺）、（頌鼎）、（頌簋）、（史頌鼎）、（史頌簋）、（虢弔鐘）、（秦公簋）、（洹子孟姜壺）、（中山王礜鼎）㉝諸形。甲骨文首七形、金文首24形尤爲近古。王國維(1877—1927)《觀堂集林·釋天》曰：

　　古文天字本象人形，殷虛卜辭或作　，盂鼎、大豐敦作　，其首獨巨。案《說文》：“天，顛也。”《易·睽》六三：“其人天且劓。”馬融亦釋天爲鑿顛之刑。是天本謂人顛頂，故象人形。卜辭、盂鼎之　、　二字所以獨墳其首者，正特著其所象之處也。㉞

王說是也。若將部分“天”字甲骨文、金文近古者掃描入《易·睽》六三爻辭之注解以釋“天”字，當有助讀者之理解。

　　例二：　　　　
　　《詩·召南·鵲巢》首章云：“維鵲有巢，維鳩居之。之子于歸，百兩御之。”㉟毛《傳》：“百兩，百乘也。諸侯之子嫁於諸侯，送御皆百乘。”㊱鄭《箋》：“之子，是子也。御，迎也。是如鳲鳩之子，其往嫁也，家人送之，良人迎之，車皆百乘，象有百官之

㉝　《金文編》頁3—4。
㉞　王國維《觀堂集林》(香港：中華書局，1973年2月)頁282。
㉟　《詩經注疏》總頁46。
㊱　同上。

盛。"㊲《經典釋文》釋"御之"之"御"曰:"五嫁反,本亦作
'訝',又作'迓',同,迎也。王肅魚據反,云:'侍也。'"㊳清錢
人龍《讀毛詩日記》曰:

　　案:《説文·彳部》:"御,使馬也。"無"迎"義。《言
　部》:"訝,相迎也。"與《傳》合,是本字。《釋文》:"御,本亦
　作'訝',又作'迓'。"疑《三家詩》有作"訝"者。《尚書·牧
　誓》疏引《詩》作"迓","迓"乃徐鉉增入《説文》十九文之
　一,爲"訝"之後出字,經傳御、訝、迓三字通用。《公羊成二
　年傳》:"使跛者迓跛者,使眇者迓眇者。"《釋文》:"迓,本作
　訝。"《穀梁成元年傳》作"御",是其證。"御"從卸聲,"訝"
　從牙聲,並在今段玉裁《六書音均表》五部。㊴

案:《説文解字》卷二下彳部:"御,使馬也。從彳,從卸。馭,
古文御從又從馬。"㊵《説文》以"御"、"馭"爲一字之異體,訓
"使馬",故錢氏謂"御"本無"迎"義,又謂其訓"迎"者,蓋"訝"
之假借。申濩元更謂"百兩御之"之"御",不當訓"迎",而當
訓"侍",其《讀毛詩日記》曰:

　　如陸德明説,則毛《傳》經文當作"訝"。《説文》:
　"訝,相迎也,從言,牙聲。"《周禮》"諸侯有卿訝",亦或作
　"迓",而"迓"本訓"迎",故一本作"迓,迎也"。竊謂作

㊲　同上。
㊳　《經典釋文》頁213。
㊴　雷浚、汪之昌選,吳履剛、顧光昌編次《學古堂日記》(臺北:華文書局景印清光
　　緒十六至二十二〔1890—1896〕刻本,1970年)頁496。
㊵　《説文解字》頁43。

"訝"作"迓",嫌於改經,此説恐非。《思齊·傳》:"御,迎
也。"若此經"御"字本作"迎"字之訓,毛當於此先發之,不
待彼《傳》而始見矣。鄭君未會毛恉,遽以彼《傳》釋此經,
孔穎達復涉《箋》"送之"、"迎之"之文,易《傳》"送御"爲送
迎,皆誤也。"御"讀如字,與上"居"字韻,讀从本音,則誼
亦當从本訓。《釋文》引王肅云:"魚據反,侍也。"子雍説
經,雖多臆謬,顧此注卻足以發明毛《傳》所未言。《書·五
子之歌》"御其母以從"傳,《禮記·月令》"三公、九卿、諸
侯、大夫皆御"注,成十六年《左傳》"使鍼御持矛"注並云:
"御,侍也。"《儀禮·大射儀》"士御於大夫"注:"御,猶侍
也。"又《月令》"后妃帥九嬪御"注謂"從往侍祠",則《傳》
所云"送御皆百乘"者,"送"冒次章"將之"言,"御"謂隨嫁
侍從之人也。《公羊傳》曰:"諸侯一娶九女,二國往媵之,以
姪娣從。"夫以二國往媵,則百兩御從,事所固有。[41]

堯案:古籍中"御"字訓"迎"者甚夥,如《詩·小雅·甫田》:
"以御田祖。"鄭《箋》:"御,迎。"[42]《大雅·思齊》:"以御于家
邦。"毛《傳》:"御,迎也。"[43]僖公十九年《左傳》:"以御于家
邦。"《釋文》釋"御"字曰:"《詩》音五嫁反,迎也。"[44]成公元年
《穀梁傳》:"齊使禿者御禿者。"《釋文》釋"御"字曰:"音訝,五
嫁反,迎也。"[45]《莊子·至樂》:"魯侯御而觴之于廟。"成玄英
《疏》:"御,迎也。"[46]《列子·周穆王》:"御而擊之。"張湛

---

[41] 《學古堂日記》頁 373—374。
[42] 《詩經注疏》總頁 468。
[43] 同上,總頁 561。
[44] 《經典釋文》頁 921。
[45] 同上,頁 1311。
[46] 郭慶藩《莊子集釋》(北京:中華書局,1961 年 7 月)頁 622。

《注》："御，迎。"[47]又殷敬順《釋文》曰："御音訝，迎也。"[48]《楚辭‧離騷》："帥雲霓其來御。"王逸（約89—158）《注》："御，迎也。"[49]《禮記‧曲禮上》："大夫士必自御之。"鄭玄《注》："御，當爲訝。訝，迎也。"[50]案："御"字甲骨文作 ⿰ (後 2.19.2)、⿰ (前 2.18.6)、⿰ (燕 72)、⿰ (後 2.16.10)、⿰ (鐵 179.1)、⿰ (甲 2121) 諸形。[51] 聞宥（1901—1985）《殷虛文字孳乳研究》曰：

⿰⿰⿰⿰⿰　　⿰……羅叔蘊讀爲御之省文，而與⿰⿰⿰仞爲一字，諸家從之……宥按羅釋是也，惟其說則未諦。羅之言曰："⿱與午字同形，殆象馬策，人持策於道中是御也。"⿱實不象馬策，⿱與⿱體析離，亦無持意。此午實爲聲（卸字雖不古，然小徐猶曰午聲，可以爲證——宥氏原注），⿱象人跪而迎迓形，⿱道也……迎迓於道是爲御，《詩》"百兩御之"《箋》曰"御迎也"是也；迎則客止，故又孳乳加止；客止則有飲御之事，故又孳乳訓進訓侍，《詩‧小雅》《傳》《箋》所出者是也。諦言之，當曰：从行，从人（从父爲譌變——宥氏原注），从止，午聲，其作⿱者省文也；其訓迓者爲朔誼，其他訓者爲後起誼。[52]

李孝定（1918—1997）《甲骨文字集釋》曰：

---

[47]　楊伯峻《列子集釋》（北京：中華書局，1979 年 10 月）頁 107。

[48]　同上。

[49]　黃靈庚《楚辭章句疏證》（北京：中華書局，2007 年 9 月）頁 361。

[50]　《十三經注疏》本《禮記注疏》（臺北：藝文印書館景印清嘉慶二十年〔1815〕南昌府學重刊本，1973 年 5 月）總頁 63。

[51]　《甲骨文編》頁 76。

[52]　聞宥：《殷虛文字孳乳研究》，《東方雜誌》第 25 卷第 3 號，頁 56。

御當入彳部,解云:"迓也。从彳,从止,从卩,午聲。"⑤

其説與聞氏大致相同。若將"御"字甲骨文 𢓜、𢓜、𢓜、𢓜 諸形掃描入《詩·召南·鵲巢》首章之注解以釋"御"字,當有助讀者之理解。

例三: 𣪘 𣪘 𣪘 𣪘

隱公元年《左傳》載鄭武公夫人姜氏生莊公及共叔段,莊公逆生,驚姜氏,遂惡莊公而愛少子共叔段,欲立之爲太子,亟請於武公,武公弗許。及莊公即位,姜氏請求封叔段於制,莊公以制地巖險拒之。姜氏復請求封叔段於京,莊公如其所請,使叔段居京,謂之京城大叔。大夫祭仲以京城過大,勸莊公早爲之所,無使滋蔓。莊公曰:"多行不義,必自斃,子姑待之。"其後叔段命鄭之西鄙、北鄙貳於己。《左傳》原文曰:"既而大叔命西鄙、北鄙貳於己。"杜預(222—284)《注》"既而"下無注⑤;楊伯峻先生(1909—1992)《春秋左傳注》曰:"既而,猶言不久。"⑤趙生群先生《春秋左傳新注》亦以"不久"釋"既而"。⑤然"既而"何以有"不久"義?堯案:甲骨文"既"字作 𣪘(燕2)、𣪘(前7.24.2)、𣪘(前7.18.1)、𣪘(乙2093),⑤金文作 𣪘(保卣)、𣪘(師虎簋)、𣪘(召伯簋)諸形,⑤羅振玉曰:"'既'象人食既。"⑤李孝定曰:"契文象人食已顧左右而將去之

⑤ 李孝定《甲骨文字集釋》(南港:中研院歷史語言研究所,1970年)頁590—591。
⑤ 《左傳注疏》,第36頁。
⑤ 楊伯峻《春秋左傳注》(修訂本)(北京:中華書局,1990年5月)頁12。
⑤ 趙生群《春秋左傳新注》(西安:陝西人民出版社,2008年3月)頁6。
⑤ 《甲骨文編》頁234—235。
⑤ 《金文編》頁353—354。
⑤ 《增訂殷虛書契考釋》卷中頁55a。

也。"⑥甲文"既"象食畢,引申爲凡畢之稱。《左傳》此處謂祭仲向莊公進諫既畢,大叔復命西鄙、北鄙貳於己。二事相距不遠,故楊《注》謂"猶言不久"。

若將"既"字甲骨文 𣪊、𣤯、𣤰、𣤴 諸形掃描入隱公元年《左傳》之注解以釋"既而",當有助讀者之理解。

例四:﹖ ﹖ ﹖

《論語·憲問》:"原壤夷俟。子曰:'幼而不孫弟,長而無述焉,老而不死,是爲賊。'以杖叩其脛。"⑥何晏(約 190—249)《集解》云:"馬曰:'原壤,魯人,孔子故舊。夷,踞;俟,待也。踞待孔子。'"⑥邢昺(932—1010)《疏》曰:"原壤聞孔子來,乃申兩足,箕踞以待孔子也。"⑥劉寶楠(1791—1855)《論語正義》釋何晏《集解》引馬融"夷,踞"曰:

"夷,踞"者,"夷"與"跠"同。《廣雅·釋詁》:"跠,踞也。"王延壽《魯靈光殿賦》:"卻負戴而蹲跠。""蹲跠"連文同義。《説文》:"居,蹲也。蹲,居也。"段氏玉裁《注》謂"今人居處字,古衹⑥作尻。今人蹲居⑥字,古衹⑥作居"。又謂:"古人跪與坐,皆厀著於席。而跪聳其體,坐下其脾。若蹲,則足底著地,而下其脾,聳其厀曰蹲。其字亦作竣。⑥原壤夷俟,謂蹲踞而待,不出迎也。"段氏此説,

---

⑥ 《甲骨文字集釋》頁 1751—1752。

⑥ 《十三經注疏》本《論語注疏》(臺北:藝文印書館景印清嘉慶二十年〔1815〕南昌府學重刊本,1973 年 5 月)總頁 131。

⑥ 同上。

⑥ 同上。

⑥ 案:"衹",段《注》原文作"祇"。見《説文解字詁林》頁 3778a。

⑥ 案:"蹲居",段《注》原文作"蹲踞"。

⑥ 《説文解字詁林》頁 3778a。

⑥ 案:"竣"爲誤刻,段《注》本作"竣"。見《説文解字詁林》頁 3778b。

即馬義也。⑱

程樹德（1877—1944）《論語集釋》以夷俗坐姿釋"夷俟"曰：

> 按：《史記·南越趙陀傳》："椎髻箕踞，以待陸賈。"蓋古人凡坐以尻就踝，今夷俗以尻及地，張兩膝爲箕形，夷俟即箕踞也。⑲

堯案：金文"夷"字正象蹲踞之形。吳大澂（1835—1902）《字說》云：

> 古夷字作〇，即今之尸字也；古尸字作〇，即今之死字也。師袁敦："戲獲〇。"又云："撲尸眇〇。"曾伯霥簠："〇族緟尸。"兮田盤"〇于南撲二〇舊我員敔"，當讀："至于南淮夷，淮夷舊我員敔。""淮夷"二字重文，非夷字作〇也。袁卣"〇用〇曰同〇曰〇"，當讀："袁安夷伯，夷伯賂竅貝布。""夷伯"二字亦重文。夷爲東方之人，〇字與〇字相似，象人曲躬蹲居形。《白虎通》："夷者、傿夷，無禮義。"《論語》："原壤夷俟。"《集解》引馬《注》："夷，踞也。"東夷之民，蹲居無禮義，別其非中國之人，故〇與〇相類而不同。……⑳

---

⑱　劉寶楠《論語正義》，《皇清經解續編》（臺北：復興書局，1972 年 11 月）頁 11774。

⑲　程樹德《論語集釋》（北京：中華書局，1990 年 8 月）頁 1043。

⑳　吳大澂《字說》（臺北：藝文印書館，1975 年）頁 30。

　　程石泉（1909—2005）《論語讀訓解故》亦以古文字釋“夷俟”，程氏曰：

　　　夷俟，朱熹《四書集注》及段玉裁《説文解字注》云：“蹲踞而待不出迎也。”李濟之《跪坐蹲居與箕踞》一文對於殷周時代士人相見跪坐之習慣多所闡明。甲骨文中母（〔字形〕）、女（〔字形〕）字及幾從女之字如祝（〔字形〕），莒（〔字形〕）等皆作跪坐之形。而通稱之人，亦作跪坐形〔字形〕（前伍一八）或〔字形〕（同上三九）。蹲踞古人通稱居，恐無不敬之意。“夷俟”必有甚於此者。凡籀文夷皆作〔字形〕或〔字形〕或〔字形〕，乃箕踞之形，即脾著席而伸其腳於前，是乃大不敬也。《墨子·非樂中》引《太誓》云：“紂夷處。”《荀子·修身篇》云“原壤放恣無禮。”皆指其“夷俟”也。[71]

　　堯案：甲骨文“母”作〔字形〕（前1.31.1），[72]“女”作〔字形〕（前1.39.10），[73]“祝”作〔字形〕（前4.18.7），[74]跪坐之形甚顯。程氏《論語讀訓解故》一書，出版於1972年，未得電腦掃描之助，所錄字形與甲骨原文相去甚遠。今日電腦技術發達，最宜將古字形掃描入古籍注釋中，以加深讀者之理解。

[71]　程石泉《論語讀訓解故》（香港：友聯出版社，1972年1月）頁285。
[72]　《甲骨文編》頁471。
[73]　同上，頁468。
[74]　同上，頁10。

説　唔

《説文解字》卷二上口部：

　　唔（唔），塞口也。从口，毌省聲。唔，古文从甘。①

徐鍇（920—974）《説文繫傳》：

　　甘爲口實也。②

段玉裁（1735—1815）《説文解字注》：

　　戴先生曰："古文毌不省，誤爲从甘。"按《汗簡》、《古
　文四聲韻》云："唔、唔皆同厥，出古《尚書》。"唔即唔字不
　省者也。③

─────────

① 《説文解字詁林》（臺北：商務印書館，1970 年 1 月臺 3 版）頁 642a。
② 同上。
③ 同上。

段氏引《汗簡》、《古文四聲韻》證成戴震(1723—1777)之説,王筠(1784—1854)則以戴説爲不然,王氏《説文句讀》曰:

> 戴東原曰:"古文甲不省,譌爲從甘。"案如此説,則篆當作𦣞,説亦當云"古文不省"。然甘部甚從甘匹,古文㫜,從口匹,則文不成義。蓋古文多隨筆之變,彼省此增,不須執泥。④

案:王説是也,古文字中作 $\square$ 形者或增一筆作 $\square$,作 $\square$ 形者或省一筆作 $\square$,其例甚夥,如金文曾字或作𧶽(易鼎)、𧶽(曾子仲宣鼎),或作𧶽(曾伯秉匜)、𧶽(儠兒鐘);⑤尚字或作𢾸(舀鼎),或作𢾸(弔趯父卣);⑥告字或作𤵸(召伯簋二),或作𤵸(中山王譻壺);⑦咸字或作𢦏(盂鼎二),或作𢦏(國差𦉜);⑧嚴字或作𡅀(敔狄鐘),或作𡅀(井人妄鐘);⑨古字或作𡥀(瘭鐘),或作(中山王譻壺);⑩音字或作𣍘(音簋),或作𣍘(命瓜君壺);⑪鬴字或作𩰾(陳猷釜),或作𩰾(子禾子釜);⑫友字或作𠬺(召卣)、𠬺(農卣),或作𠬺(毛公旅鼎)、𠬺(曆鼎);⑬魯字或作𩵋(魯遼鐘)、𩵋(善夫克鼎),或作𩵋(麓伯

---

④　同上,頁 642b。
⑤　《金文編》(北京:中華書局,1985 年)頁 47。
⑥　同上,頁 48。
⑦　同上,頁 56。
⑧　同上,頁 66。
⑨　同上,頁 77。
⑩　同上,頁 133。
⑪　同上,頁 139—140。
⑫　同上,頁 173。
⑬　同上,頁 193。

簋)、𤳽(善夫克鼎);⑭者字或作𤳽(夨者君尊),或作𤳽(夨甲
盤);⑮敢字或作𤳽(番生簋)、𤳽(獣鐘),或作𤳽(盂鼎)、𤳽
(諫簋);⑯曆字或作𤳽(大作大仲簋)、𤳽(競卣),或作𤳽(彔
簋)、𤳽(曆鼎);⑰旨字或作𤳽(匽侯鼎),或作𤳽(伯旅魚父
𣪘);⑱嘗字或作𤳽(陳侯因𦎟錞),或作𤳽(十年陳侯午錞);⑲
彭字或作𤳽(彭女簋),或作𤳽(彭女簋);⑳壽字或作𤳽(頌
壺)、𤳽(買簋),或作𤳽(頌鼎)、𤳽(都公鼎);㉑戰國印文瘩字
或作𤳽,或作𤳽;㉒吉字或作𤳽,或作𤳽;㉓善字或作𤳽,或作
𤳽;㉔潛字或作𤳽,或作𤳽;㉕陶文沽字或作𤳽(香錄 11.1),或
作𤳽(香錄 11.1);㉖《侯馬盟書》皇字或作𤳽,或作𤳽㉗。邱德
修《説文解字古文釋形考述》云:

> 古文从口之字,每易與甘相混,蓋作𤳽形時,常易與㉘
> 訓𤳽帀之𤳽相亂,形體雷同之故,後之人,每於所以言、食
> 之口加點以別之。但字非一時一地一人所能抝,或某地已
> 有从口一之甘字,而口中加一點者竟與之混,且不易辨也。

---

⑭　同上,頁 245—246。
⑮　同上,頁 247—248。
⑯　同上,頁 276—278。
⑰　同上,頁 313。
⑱　同上,頁 326。
⑲　同上,頁 327。
⑳　同上,頁 328。
㉑　同上,頁 592—594。
㉒　《古文字類編》(北京:中華書局,1980 年 11 月)頁 57。
㉓　同上,頁 121。
㉔　同上,頁 128。
㉕　同上,頁 477。
㉖　同上,頁 464。
㉗　同上,頁 47。
㉘　原文奪與字,今補。

　　又其後也，口、甘各有其義，然所混者仍不可分，即有口、甘
於偏旁中互通之實，此文字演變過程中，實爲不可避免
者也。㉙

邱氏謂古文字每於所以言、食之口加點，以別於訓⑤帀之口，
其説非是。觀上文所舉諸例，於口加一筆作⑤者，固不限於
所以言、食之口。且古文字中作○形者或增一筆作⊖，作⊖形
者或省一筆作○，其例亦甚夥，如甲骨文莫字或作🌿（拾
1.15）、🌿（寧滬 2.107）、🌿（粹 394）、🌿（戩 13.9），或作🌿（甲
2034）、🌿（京都 278A）、🌿（京津 4608）、🌿（甲 2595）；㉚丂字
或作🌿（前 6.10.6）、🌿（師友 2.68），或作🌿（燕 128）、🌿（摭續
107）；㉛壴字或作🌿（甲 2770），或作🌿（甲 2436）；㉜彭字或作
🌿（佚 278），或作🌿（甲 1512）；㉝鼓字或作🌿（零 91），或作🌿
（前 4.1.4）；㉞豐字或作🌿，或作🌿（粹 236）；㉟即字或作🌿（簠
典 99），或作🌿（存 1625）；㊱既字或作🌿（前 7.18.1），或作🌿
（簠雜 48）；㊲食字或作🌿（簠天），或作🌿（乙 1115）；㊳餐字或
作🌿（鐵 258.1），或作🌿（明藏 188）；㊴衆字或作🌿（寧滬
1.348），或作🌿（甲 2291）；㊵金文公字或作🌿（毛公厝鼎），或作

㉙　《説文解字古文釋形考述》（臺北：學生書局，1974 年 8 月）頁 157—158。
㉚　《甲骨文編》（香港：中華書局，1978 年）頁 24—25。
㉛　同上，頁 213。
㉜　同上，頁 219。
㉝　同上，頁 219—220。
㉞　同上，頁 220—221。
㉟　同上，頁 222—223。
㊱　同上，頁 223—234。
㊲　同上，頁 234。
㊳　同上，頁 237。
㊴　同上，頁 237—238。
㊵　同上，頁 353。

（虢文公鼎）；㊶趞字或作（趞曹鼎二），或作（趞曹鼎）；㊷登字或作（鄭鄧弔盨），或作（弔侯簋）；㊸復字或作（小臣逋簋），或作（鬲比盨）；㊹喜字或作（郐王子鐘）、（沇兒鐘），或作（史喜鼎）、（王孫𦥑鐘）；㊺嘉字或作（沇兒鐘），或作（王孫鐘）；㊻鼓字或作（洹子孟姜壺），或作（洹子孟姜壺）；㊼豆字或作（豆閉簋）、（周生豆），或作（大師盧豆）、（散盤）；㊽豐字或作（豐器），或作（小臣豐卣）；㊾亯字或作（弔皮父簋）、（盂鼎），或作（邾公華鐘）、（虢弔鐘）；㊿良字或作（司寇良父簋），或作（邕子甗）；(51)晉字或作（晉姬簋），或作（晉人簋）；(52)昔字或作（善鼎），或作（卯簋）；(53)朝字或作（矢尊），或作（矢方彝）；(54)穆字或作（𤅊盤），或作（遹簋）；(55)廟字或作（吳方彝）、（無叀鼎），或作（免簋）、（同簋）；(56)貘字或作（乍册𡘳卣），或作（切卣）；(57)揚字或作（君夫簋）、

㊶ 《金文編》頁 50—51。
㊷ 同上，頁 81。
㊸ 同上，頁 85—86。
㊹ 同上，頁 111。
㊺ 同上，頁 327。
㊻ 同上，頁 329。
㊼ 同上。
㊽ 同上，頁 330。
㊾ 同上，頁 331—332。
㊿ 同上，頁 377—379。
(51) 同上，頁 381—382。
(52) 同上，頁 456。
(53) 同上，頁 458。
(54) 同上，頁 460。
(55) 同上，頁 500。
(56) 同上，頁 659。
(57) 同上，頁 670。

(善鼎),或作(大作大仲簋)、(遡盂);[58]或字或作(毛公𢉅鼎),或作(毛公𢉅鼎);[59]戠字或作(豆閉簋),或作(趩簋);[60]匽字或作(亞盉),或作(莫鼎);[61]其筆畫之增減,亦所以别於乎!邱説之誣,無待辨矣。王筠謂"古文多隨筆之變,彼省此增,不須執泥",其言是也。馬敘倫(1884—1970)《説文解字六書疏證》曰:

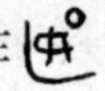

> 亦口字。口爲象形字,或作,象張口形;或作,象閉口形。此字後人加之,故曰从甘。内藤本失此字。[62]

馬氏之説,似覺臆測。張舜徽(1911—1992)《説文解字約注》曰:

> 許以塞口訓昏,謂填實其口也。古文从甘,甘从口含一,亦填實意也。今人見小兒喜多言及啼哭者,遺以甘飴,寂然而止,俗稱之曰塞口,蓋古語矣。[63]

雖亦可備一説,惟自文字演變之理觀之,終以王筠之説爲是。《説文釋例》謂"口乃可塞,甘豈可塞乎",[64]蓋謂昏之古文𠯑所從者非甘也,乃口而增一筆者耳。

---

[58] 同上,頁 778—780。
[59] 同上,頁 826。
[60] 同上,頁 828。
[61] 同上,頁 841。
[62] 《説文解字六書疏證》(北京:科學出版社,1957 年 5 月)卷三頁 96。
[63] 《説文解字約注》(河南:中州書畫社,1983 年 3 月)頁 46a。
[64] 《説文釋例》(同治四年〔1865〕王彦侗刻本)卷六頁 5b。

"㮐"非"某"之籀文辨

《説文解字》六篇上木部：

> 某，酸果也。从木，从甘。闕。㮐，古文某从口。①

已明言"㮐"爲"某"之古文矣。惟王筠(1784—1854)《説文釋例》曰：

> 某之古文㮐，既不可云從林從叩，則仍是從木從口矣。（許説本云"從口"，然從口舌字及口字皆不合，當是象形而已。——王氏原注）何取乎二之？二之而無意，恐是籀文，樹果者大抵成林，不但某也。②

蓋籀文每多重疊正篆而成，如ㄓ之籀文作𣎵，③ㄋ之籀文作

---

① 　見《説文解字》（香港：中華書局，1977 年 5 月）頁 118。
② 　《説文釋例》（同治四年〔1865〕王彥桐刻本）卷五頁 32b—33a。
③ 　《説文解字》頁 15。

［字］，④[字]之籀文作[字]，⑤皆是也。亦有重複正篆之偏旁者，如[字]之籀文作[字]，⑥[字]之籀文作[字]，⑦[字]之籀文作[字]⑧是也。王筠《説文釋例》設有"籀文多重疊"條，舉例甚夥。⑨　王氏既以重疊爲籀文之特色，復以凡重疊者皆爲籀文，即《説文》明言爲古文者，亦疑之爲籀文，故有"㮚"爲籀文之説。按持此説者不獨王筠，朱駿聲(1788—1858)《説文通訓定聲》亦於"古文作㮚，从口"下云：

按此籀文也，籀多繁重。⑩

日本明治時代學者高田忠周(1881—1946)亦云：

蓋疑㮚爲籀文增緐，古文當作[字]。⑪

近人馬敘倫(1884—1970)亦引朱駿聲之説。⑫　馬氏及高田忠周語，俱載於 2002 年 12 月出版之《古文字詁林》第五册，⑬歷來無有駁之者，似"㮚"果爲"某"之籀文矣。堯按：古文字之重疊者頗多，如甲骨文之[字](林 2.7.9)、⑭[字](後 2.12.9)、⑮[字](京

---

④　同上，頁 100。
⑤　同上，頁 143。
⑥　同上，頁 91。
⑦　同上，頁 143。
⑧　同上，頁 180。
⑨　參《説文釋例》卷五頁 34b。
⑩　見《説文解字詁林》(臺北：商務印書館，1970 年 1 月臺 3 版)頁 2446b。
⑪　見《古籀篇》(臺北：宏業書局，1975 年)卷八四頁 29a(總頁 1975)。
⑫　參《説文解字六書疏證》(北京：科學出版社，1957 年 5 月)卷一一頁 39。
⑬　見《古文字詁林》(上海：上海教育出版社，2002 年 12 月)頁 815—817。
⑭　《甲骨文編》頁 130。
⑮　同上，頁 249。

津 559）、⑯[字]（寧滬 1.444）、⑰[字]（拾 14.16）、⑱[字]（後 2.38.4）、⑲
[字]（燕 608）、⑳[字]（前 1.48.1）、㉑[字]（菁 10.18）、㉒[字]（乙 815）、㉓
[字]（鄴 3 下 42.9）、㉔[字]（林 2.14.2）、㉕[字]（前 6.50.7）、㉖[字]（甲
2002）、㉗[字]（摭續 148）、㉘[字]（續 3.31.8），㉙金文之[字]（巽尊）、㉚
[字]（智鼎）、㉛[字]（昶伯糉鼎）、㉜[字]（艾伯鬲）、㉝[字]（鬲比
盨）、㉞[字]（毛公鼎）、㉟[字]（旂鼎）、㊱[字]（冏爯觶）、㊲[字]（蔡庆嬭
盤）、㊳[字]（歔鼎）、㊴[字]（智鼎）、㊵[字]（南彊鉦）、㊶[字]（敔簋）、㊷

⑯　同上，頁 312。
⑰　同上，頁 336。
⑱　同上，頁 462。
⑲　同上，頁 548。
⑳　同上，頁 74。
㉑　同上，頁 78。
㉒　同上，頁 80。
㉓　同上，頁 130。
㉔　同上，頁 339。
㉕　同上，頁 435。
㉖　同上，頁 458。
㉗　同上，頁 465。
㉘　同上，頁 483。
㉙　同上，頁 740。
㉚　《金文編》（北京：中華書局，1985 年）頁 560。
㉛　同上，頁 892。
㉜　同上，頁 941。
㉝　同上，頁 991。
㉞　同上，頁 1022。
㉟　同上，頁 46。
㊱　同上，頁 122。
㊲　同上，頁 136。
㊳　同上，頁 151。
㊴　同上，頁 161。
㊵　同上，頁 167。
㊶　同上，頁 170。
㊷　同上，頁 172。

📷（段簋）、⁴³📷（番生簋）、⁴⁴📷（公克錞）、⁴⁵📷（父乙罍）、📷（函皇父簋）、📷（且甲罍）、⁴⁶📷（會乞盤）、⁴⁷📷（騬卣）、⁴⁸📷（師旅鼎）、📷（雷甗）、📷（盞駒尊）、📷（涪罍）、⁴⁹📷（婦闌甗）、⁵⁰📷（不㰅簋）、⁵¹📷（陳猷釜）、⁵²📷（作且年觶）、⁵³📷（冒鼎），⁵⁴皆是也。《説文》中明言爲古文而重疊者，亦復不少，如宄之古文作📷，⁵⁵某之古文作📷，⁵⁶綿之古文作📷，⁵⁷興之古文作📷，⁵⁸支之古文作📷，⁵⁹則之古文作📷，⁶⁰平之古文作📷，⁶¹雷之古文作📷，⁶²手之古文作📷，⁶³捧之古文作📷，⁶⁴堯之古文作📷，⁶⁵寅之古文作📷，⁶⁶皆其例。又魏三字石經肆作📷（案：蓋

---

⁴³　同上，頁 228。
⁴⁴　同上，頁 256。
⁴⁵　同上，頁 284。
⁴⁶　同上，頁 316。
⁴⁷　同上，頁 407。
⁴⁸　同上，頁 538。
⁴⁹　同上，頁 587。
⁵⁰　同上，頁 603。
⁵¹　同上，頁 733。
⁵²　同上，頁 770。
⁵³　同上，頁 970。
⁵⁴　同上，頁 1014。
⁵⁵　《説文解字》頁 151。
⁵⁶　同上，頁 118。
⁵⁷　同上，頁 197。
⁵⁸　同上，頁 59。
⁵⁹　同上，頁 65。
⁶⁰　同上，頁 91。
⁶¹　同上，頁 101。
⁶²　同上，頁 241。
⁶³　同上，頁 250。
⁶⁴　同上，頁 251。
⁶⁵　同上，頁 290。
⁶⁶　同上，頁 310。

叚絲爲肆），⑥⑦敗作⬚（案：蓋以則爲敗），⑥⑧京作⬚，⑥⑨遷作⬚（案：蓋叚�爲遷），⑦⓪重作⬚（案：蓋叚童爲重），⑦①衙作⬚，⑦②栗作⬚，⑦③捧作⬚，⑦④足證古文固有重疊者也。是王筠謂籀文好重疊則是，惟《說文》既明言槑爲某之古文，僅因其重疊即以之爲籀文，實不足信。

　　作者按：本人承蒙香港大學查良鏞基金贊助，參加"進入 21 世紀的中國文字研究"國際學術研討會，謹此致謝。

⑥⑦　《魏三字石經集錄》（臺北：藝文印書館，1975 年 9 月）拓本部分頁 5a。
⑥⑧　同上，頁 30b 及 38a。
⑥⑨　同上，頁 33b。
⑦⓪　同上，頁 36b。
⑦①　同上，頁 37a。
⑦②　同上，頁 41a。
⑦③　同上，《附錄》頁 2a。
⑦④　同上，頁 2b。

讀《説文》記四則

一

《説文解字》卷一上丨部：

> 丨，上下通也。① 引而上行讀若囟，②引而下行讀若
> 退。凡丨之屬皆从丨。（古本切。）③

案：馬敍倫（1884—1970）《説文解字六書疏證》云：

> 王廷鼎曰："丨爲今棍棒字。"倫按：王説是。象形，故
> 有"古本切"之音，此音必有由來也。中、朼二字皆从丨，
> 即丨爲棍棒字初文之證。④

---

① 段注本依《玉篇》作"下上通也"。見《説文解字詁林》（臺北：商務印書館，
1970 年 1 月臺 3 版）頁 218b。
② 段玉裁《説文解字注》曰："囟之言進也。"
③ 見《説文解字詁林》頁 218b。
④ 見《説文解字六書疏證》（北京：科學出版社，1957 年 5 月）頁 114。

王夢華《説文解字釋要》曰：

> "丨"象一個長而直的棍棒,後來的"棍"字便是由丨
> 的聲義變化來的。⑤

堯案:"丨"固象棍棒形,又"丨"字"古本切",古音見紐文部,
"棍"則屬匣紐文部,二字古音相近。⑥ 馬、王二氏以"丨"爲棍
棒字初文,未爲無理。惟"丨"字説解爲"上下通",則與棍棒無
涉。疑"丨"又爲"管"之初文,"上下通"即存"管"義,"管"古
音見紐元部,與"丨"見紐雙聲,元文旁轉。⑦
　　"丨"一形而爲"棍"、"管"二字之初文,與"凵"一形而爲
"口"、"坎"二字之初文相似。《説文》卷二上凵部:

> 凵,張口也。象形。⑧

徐鉉(916—991)注音"口犯切"。饒炯《説文解字部首
訂》云:

> 凵……此即古文口字……篆讀口犯切,可疑。按其
> 音,則凵又當爲坎之古文,象地穿形者。沿篆與人口之凵
> 無别……後人不知,竄亂説解,存人口之説形,坿地坎之本
> 音,各不相蒙。而偏旁猶有可辨者,如𪖰爲古文齒……則

---

⑤　見《説文解字釋要》(長春:吉林教育出版社,1990 年)頁 108。
⑥　二字同屬文部;又根據陸志韋《古音説略》(北京:中華書局,1985 年)頁 228,見
　　紐(陸書作"古")與匣紐(陸書作"胡")於《説文》諧聲者凡 289 見。
⑦　元文旁轉之例證,可參陳新雄《古音學發微》(臺北:嘉新水泥公司文化基金會,
　　1972 年)頁 1068—1069。古韻文部,陳書作諄部。
⑧　見《説文解字詁林》頁 656a。

知其凵从口凵爲義；臼爲掘地，凶象地穿……則知其凵从
地穿爲義。⑨

案："凵"字古音溪紐談部，"坎"字溪紐侵部，二字古音相近。
饒氏據"凵"篆音切，謂"臼"、"凶"所从之"凵"，當爲"坎"之初
文，推斷甚爲合理。"凵"一形而爲"口"、"坎"二字之初文，
"丨"亦一形而爲"棍"、"管"二字之初文。

<h1 style="text-align:center">二</h1>

《説文解字》卷五下青部：

> 青（青），東方色也。⑩ 木生火，从生丹。⑪ 丹青之信，
> 言必然。⑫ 凡青之屬皆从青。⑬

徐灝（1810—1879）《説文解字注箋》曰：

> 此以青之字義取於東方之木，又因木生火以爲文，而
> 字形竝無木與火，乃以丹代火，遂謂生丹爲青，義殊迂折。
> 戴氏侗曰："石之青緑者。从丹，生聲。"是也。⑭

---

⑨ 同上，頁 656b。
⑩ 段玉裁《説文解字注》："《考工記》曰：'東方謂之青。'"見《説文解字詁林》頁
2154a。
⑪ 段玉裁《説文解字注》："丹，赤石也。赤，南方之色也。"
⑫ 段玉裁《説文解字注》："俗言'信若丹青'，謂其相生之理有必然也。援此以説
从生丹之意。"
⑬ 見《説文解字詁林》頁 2153b。
⑭ 同上，頁 2154a。

惟章炳麟(1868—1936)《小學答問》則謂"青"本赤色之名。章氏云：

> 問曰："《説文》：'青，東方色也。木生火，从生丹。丹青之信，言象[15]然。'恐造字時無此義。"答曰："丹爲巴、越之赤石；青從丹生聲，宜本赤色之名。故綪從青聲而訓赤繒；青與綪，猶朱與絑矣。青部所屬惟一靜字，訓審也；小徐以爲丹青明審，青未必果爲東方色也。大抵青、蒼雙聲，清青陽唐韻近相承，借青爲蒼，猶借將爲請矣。《説文》：'蒼，艸色也。'"[16]

堯案：《説文解字》卷五下丹部："丹，巴、越之赤石也。象采丹井，丶象丹形。"[17]徐灝《説文解字注箋》云："丹有五色，赤者爲貴，遂獨擅其名；如金有五色，黃者爲貴，亦獨擅其名也。"[18]徐氏又釋青字曰："丹沙，石青之類，凡産於石者，皆謂之丹。《大荒西經》有白丹、青丹；張衡《東京賦》：'黑丹石緇。'是也。蓋丹爲總名，故青從丹生聲，其本義爲石之青者。"[19]徐氏之説甚是。許君以丹爲巴、越之赤石，未免以偏概全。章氏承許君之誤，於是謂青本赤色之名。攷章氏所據，丹字之外，僅一綪字，《説文解字》卷一三上糸部："綪，赤繒也。以茜染，故謂之綪。從糸，青

---

⑮ "象"，《説文》作"必"。《章太炎全集》(七)(上海：上海古籍出版社，1999年)所載《小學答問》已改爲"必"。

⑯ 見《章氏叢書》(臺北：世界書局，1958年)頁279。章書用《説文》字，今易之以通行字。

⑰ 見《説文解字詁林》頁2150a。

⑱ 同上，頁2150b。

⑲ 同上，頁2154a。

聲。"⑳《左傳》定公四年:"分康叔以大路、少帛、綪茷……"杜《注》:"綪茷,大赤,取染草名也。"㉑是綪从青聲者,取其與茜音近也。《説文》从青得聲之字凡十有六:"請,謁也。""精,擇也。""倩,人字也。""靚,召也。""靖,靖嶸也。""猜,恨賊也。""靖,立竫也。""情,人之陰气有欲者也。""清,寒也。""婧,竦立也。"皆與顔色無涉。"鶄,鵁鶄也。"案此鳥頭赤羽緑體白,㉒未知其制字所本。"淸,朖也,澂水之貌。"朖者,明也。是淸字與赤、青二色無涉。"彰,淸飾也。"段玉裁(1735—1815)《説文解字注》、嚴章福《説文校議議》、王筠(1784—1854)《説文繫傳校錄》,皆謂"淸飾"當作"青飾"。㉓ 又"菁,韭華也。""蜻,蜻蜓也。"韭花色白,㉔蜻蜓體色暗黑,㉕是从青得聲之字或主赤色,或主青色,或主白色,或主黑色。蓋聲旁不必兼義,㉖古籍中青字無訓赤色者,章氏據一綪字立説,而無視其他反面證據,實不足爲訓。

三

《説文解字》卷七下穴部:

⑳ 同上,頁5844a。

㉑ 參《十三經注疏》本《左傳注疏》(臺北:藝文印書館景印清嘉慶二十年〔1815〕南昌府學重刊本,1973年5月)卷五四頁17b(總頁948上)。

㉒ 參杜亞泉等編《動物學大辭典》(上海:商務印書館,1921年)頁2208。

㉓ 三家之説,竝見《説文解字詁林》頁3980a。

㉔ 參孔慶萊等編《植物學大辭典》(上海:商務印書館,1918年)頁721。

㉕ 參《動物學大辭典》頁2208。

㉖ 參梁東漢《漢字的結構及其流變》(上海:上海教育出版社,1959年)頁134—138。

突（突），深也。㉗一曰：竈突。㉘从穴，从火，从求省。㉙

卷一一上水部：

深（隸變作深），水，出桂陽南平，西入營道。从水，突聲。㉚

堯案：桂陽郡南平、零陵郡營道二志所載，與《說文》同。㉛《水

㉗　張文虎《舒藝室隨筆》："突，疑探之譌。探與禫聲近，故云'讀若三年導服之導'，蓋突即古探字。"（見《說文解字詁林》頁 3279）楊樹達《積微居小學述林》（臺北：大通書局，1971 年）頁 195 亦云："按字从穴，从又，从火，謂人手持火於穴中有所求，實探之初字也。"堯案："深"、"探"古音同屬侵部，《廣韻》分入侵、覃二韻者，蓋後起之衍化。小徐本"突"下有"讀若《禮》'三年導服'之'導'"一語，並云："古無禫字，借導字爲之，故曰'三年導服'。"（參《說文解字詁林》頁 3277）張文虎據此而謂"突"即古"探"字，蓋昧於古音也。又深淺義"從又持火在穴下會意"（參徐灝《說文解字注箋》，《說文解字詁林》頁 3278），故"从穴，从又，从火"。《說文》十二篇上手部："探，遠取之也。从手，突聲。"段《注》："探之言深也。"（並見《說文解字詁林》頁 5465）正以其深，故探之也。"突聲"者，諧聲兼會意者也。惟"突"下當作"深也"，此以今釋古字也。《詩·殷武》："突入其阻。"傳云："突，深也。"許君所訓，蓋本毛《傳》。

㉘　小徐本作"竈突"。惟大徐本及馬本竝作"竈突"，《玉篇》、《廣韻》亦然。段玉裁《說文解字注》云："《廣雅》：'竈窻謂之垗。'《呂氏春秋》云：'竈突決，則火上焚棟。'蓋竈上突起，以出烟火，今人謂之煙囪，即《廣雅》之竈窻。今人高之出屋上，畏其焚棟也。以其顚言謂之突，以其中深曲通火言謂之突。《廣雅》：'突下謂之突。'今本正奪突字耳。"（見《說文解字詁林》頁 3277b）堯案：據段說，則此當云"一曰：竈突之下曰突"。惟"突"下說解云："犬從穴中暫出也。"而無"竈突"一義，則此"一曰：竈突"四字，或當隸"突"篆下。

㉙　小徐本作"求省聲"。堯案：上古"求"屬幽部，"突"屬侵部，音理遠隔，故"求省"非聲。徐灝《說文解字注箋》云："'从求省'無義，《繫傳》作'省聲'亦非，蓋'從又持火在穴下'會意，《玉篇》正作又可證。"（見《說文解字詁林》頁 3278a）孔廣居《說文疑疑》亦云："穴深則暗，故从又持火照穴中以會深意。"（見《說文解字詁林》頁 3278b）

㉚　"深"字說解，見《說文解字詁林》頁 4867a。

㉛　參段玉裁《說文解字注》及王筠《說文句讀》（竝見《說文解字詁林》頁 4867b）。

經》：“深水，出桂陽盧聚，西北過零陵營道縣南，又西北過營浦縣南，又西北過泉陵縣西北七里，至燕室，邪入于湘。”酈道元注云：“呂忱曰：‘深水，一名邃水，導源盧溪，西入營水，亂流營波，同注湘津。’”㉜是“深”固爲水名矣，然清人謂“深”無“深淺”一義則非也。邵瑛（1739—?）《説文解字群經正字》云：

　　　按：據《説文》，“突”爲“突淺”之突，“深”爲深水，《水經》所謂“深水，出桂陽盧聚，西北過零陵營道縣南，又西北過營浦縣南，又西北過泉陵縣西北，七里至燕室，邪入于湘”是也。經典止有“突”字義，無“深”字義，而今經典卻止有“深”無“突”，則“突”字廢不用，凡義爲“突”字者，統行“深”字也。㉝

清人持此論者甚夥，㉞其失也偏。“突”、“深”古今字，“突”言穴之深淺，“深”言水之深淺也。水部言深淺之字衆矣，如：

　　洀，淺水也。㉟
　　潚，深清也。㊱
　　𣿴（汪），深廣也。……㊲
　　滲，清深也。㊳

————————————

㉜ 參《水經注》卷三九頁 3b 至頁 4a。《四部叢刊》本。
㉝ 見《説文解字詁林》頁 3279b。
㉞ 同上，頁 3277b—3279b。
㉟ 同上，頁 4933b。
㊱ 同上，頁 4947a。
㊲ 同上，頁 4953a。
㊳ 同上，頁 4953b。

泓,下深皃。㊴
測,深所至也。㊵
潗,深也。……㊶
潯,旁深也。㊷
淺,不深也。㊸
洼,深池也。㊹

上述諸字言水之深淺而皆从水,若謂獨"涿"字不从水,無是理也。又《説文》説解諸"涿淺"字並作"涿",更可証"涿淺"爲"涿"之一誼。段玉裁《説文解字注》"涿"下云:

按此無"深淺"一訓者,許意"深淺"字當作"突"。㊺

惟於"淺"下則云:

許於"深"下但云"水名",不云"不淺";而"測"下、"淺"下、"突"下可以補足其義,是亦一例。㊻

是段氏自相矛盾也。朱駿聲(1788—1858)《説文通訓定聲》云:

㊴　同上,頁4967a。
㊵　同上,頁4968a。
㊶　同上,頁4978b。
㊷　同上,頁4981b。
㊸　同上,頁4987b。
㊹　同上,頁5003a。
㊺　同上,頁4867b。
㊻　同上,頁4987b。

《説文》"突"篆下："突、深也。"此必非水名之"深"，則爲"深淺"之"深"可知，而"深淺"爲"深"之一義亦可知，文脱耳。[47]

其説勝於段氏。是"深"爲"突"之後起分別文。

四

《説文解字》卷八上人部：

保（隸變作保），養也。从人，从采省，[48]采，古文孚。采，古文保。保，古文保不省。[49]

王筠《説文釋例》：

人部保之古文采，《玉篇》見保字注中，而出諸子部，其序正在孟之下孽之上，是知《説文》采字，本在子部，後人迻之人部，而子部未刪，或又不知而改其説曰古文孟，吾懷此疑久矣，得《玉篇》乃敢自信，甚快也。采乃會意兼指事字，從子，八象抱子之形，非七八之八。印林曰："《説文》子部果有采字，自當次字、穀下，不當隔斷季、孟、孽而强廁其間。疑采自是古文孟，後人見其與古文保無別，誤於《玉篇》注加保字耳。"筠案：印林亦自有見，而吾終不

[47] 同上，頁4867b。
[48] 丁福保曰："案《慧琳音義》三十九卷四頁'保'注引《説文》：'養也。从人，采省聲。'小徐本及左莊六年《正義》引同。大徐本奪聲字，宜據補。"見《説文解字詁林》頁3469a。
[49] 見《説文解字詁林》頁3469a。

改其前説者，惟呆爲古文保，故得增人旁而爲保；采從呆
聲，褒又從采聲，古包、孚一聲故也。諸字一貫，則呆爲古
文保不可易，即不得爲古文孟矣。若保而從孟，非義非聲，
何以解之？《説文》重別，果古文保、孟二字同形，則"𣓀，
古文旅，古文以爲魯衛之魯"，當用此例。⑤⓪

王氏又於《説文釋例·補正》曰：

> 鐘鼎文孟字，皆同小篆，惟《積古齋》孟申鼎作𤓲，似
> 可爲"呆，古文孟"證，然番君鬲云"𢀛𢀛𠩺用"，"子孫永
> 用"之反文也，是知𢀛又爲子字繁文，孟申鼎所從者此也。
> 孟姬鼎作𤓲，亦然，豈可謂𤓲亦孟之古文乎！⑤①

堯案：王筠、許瀚（印林，1797—1866）之説，均有可商。保字甲
骨文作𠈹（唐立庵藏骨）、𠈹（庫 1593）、𠈹（珠 524）、𠈹（甲
936）、𠈹（後 2.14.8）、𠈹（鐵 245.1）、𠈹（拾 9.5）、𠈹（鐵 15.2）、
𠈹（掇 2.10）、𠈹（京津 2064）⑤②，金文作𠈹（大保簋）、𠈹（保
卣）、𠈹（盂鼎）、𠈹（才盤）、𠈹（保子達簋）、𠈹（縣改簋）、𠈹
（𣄦鐘）、𠈹（克鼎）、𠈹𠈹𠈹𠈹𠈹（格伯簋）、𠈹（弔向簋）、
𠈹（毛公鼎）、𠈹（秦公簋）、𠈹（䣄𢀛簋）、𠈹（鄦子匜）、𠈹（楚
子匜）、𠈹（襄鼎）、𠈹（鄶王峀）、𠈹（子仲匜）、𠈹（邾公華
鐘）、𠈹（者減鐘）、𠈹（寪兒鼎）、𠈹（沇兒鐘）、𠈹（王子申盞
盂）、𠈹（齊陳曼匜）、𠈹（陳侯午錞）、𠈹（陳逆簋）、𠈹（蔡侯

---

⑤⓪　見《説文釋例》（同治四年〔1865〕王彦侗刻本）卷六頁 28b—29a。
⑤①　同上，卷六頁 1b。
⑤②　1934 年石印本《甲骨文編》釋保（卷八頁 2b），修訂本《甲骨文編》（香港：中華
　　書局，1978 年）釋仔（頁 344），今從唐蘭釋保（參《殷虛文字記》頁 58—60，北京，
　　中華書局，1981 年）。

盤)、🔣(姑口句鑵)、🔣(中子化盤)、🔣(曾大保盤)、🔣(王
孫壽甗)、🔣(其次句鑵)、🔣(羮鼎)、🔣(司寇良父簠)、🔣(鄶
侯簠)、🔣(陳侯因資錞),[53]無作🔣者。惟《説文》卷三下爪部:
"🔣(孚),卵孚也。从爪,从子。一曰:信也。🔣,古文孚从
禾,禾,古文保。"[54]又卷七下宀部:"🔣,藏也。从宀,禾聲,禾,
古文保。"[55]是許書言"禾,古文保"者凡三矣,是古文中當有省
保爲禾者,甲骨文、金文均未之見,或出於孔子壁中書也。王筠
謂"《説文》禾子,本在子部,後人逐之人部",其説非是,蓋《説
文》人部末云:"文二百四十五,重十四。"[56]許書人部重文凡十
有四,諸家並無異説,若保之古文禾本不在人部,則人部重文止
十三耳。又《説文》子部:"字,乳也","穀,乳也","孿,一乳兩
子也","孺,乳子也","季,少偁也","孟,長也","孽,庶子
也"。[57]若禾果在子部,則當次字、穀下,不當隔斷季、孟、孽而
强廁其間也。且《説文》子部末云:"文十五,重四。"[58]若禾在子
部,而又非古文孟,則當云"文十六,重三"矣。

　　許瀚謂"禾自是古文孟",亦非。《説文》子部:"孟,長也。
从子,皿聲。🔣,古文孟。"[59]苗夔(1783—1857)《説文繫傳校勘
記》曰:"🔣,按此篆已見人部,爲保篆重文,此不當更爲孟之重
文。考古鼎銘孟作🔣,是孟或從古文保也,此蓋脱皿耳。"[60]
苗説是也,孟字金文有作🔣(鑄公匜)、🔣(陳子子匜)、🔣(區

53　《金文編》(北京:中華書局,1985 年)頁 556—558。
54　《説文解字詁林》頁 1208b。
55　同上,頁 3235a。
56　同上,頁 3626a。
57　《説文解字》(香港:中華書局,1977 年)頁 310。
58　同上,又《説文解字詁林》頁 6611b。
59　《説文解字詁林》頁 6604b。
60　同上,頁 6605a。

君壺)、(子仲匜)、(郜伯鼎)、(禾簋)[61]者,脱皿則作矣。

王筠謂本不在人部而在子部,固非;惟其辨非古文孟,則甚是也。

---

[61] 參《金文編》頁987—988。

《切韻》殘卷 S.2055 引《説文》考

　　周祖謨先生(1914—1995)在《唐五代韻書集存》中指出,《切韻》殘卷 S.2055 即王國維(1877—1927)摹寫過的《切韻》第二種,所存只有原書卷一的一部分,卷首有陸法言(約 581—617)《切韻序》和唐高宗儀鳳二年(677)長孫訥言(生卒年不詳)序,序文後爲平聲上二十六韻韻目,次爲東韻到魚韻九韻字,虞韻以下未抄。共有 79 行,抄寫頗有訛誤。① 殘卷中注文每每有案語,與長孫訥言序所説"但稱案者,俱非舊説"相合,王國維《書巴黎國民圖書館所藏唐寫本〈切韻〉後》斷定該殘卷爲長孫訥言箋注本。② 注文案語主要是根據《説文》解説字形和字義,取《説文》以訂補《切韻》。③ 劉燕文在《〈切韻〉殘卷 S.2055 所引之〈説文〉殘析》一文④中指出,長孫訥言箋注本《切韻》序於唐高宗儀鳳二年

---

① 參周祖謨編:《唐五代韻書集存》(北京:中華書局,1983 年)下册,頁 834。
② 見《觀堂集林》(香港:中華書局,1973 年)頁 352—353。
③ 《唐五代韻書集存》頁 835。
④ 見《1983 年全國敦煌學術討論會文集》(蘭州:甘肅人民出版社,1987 年)下册,頁 320—333。

（677），其成書早於李陽冰（約 721—787）、大小徐（徐鉉〔916—991〕及徐鍇〔920—974〕）校定的《説文》，⑤由於李陽冰和大小徐對《説文》都有所改動，劉氏認爲：“因《殘卷》所引《説文》的本子年代較早，接近許書原作地方更多一些。”⑥因此，“把《切韻》殘卷 S.2055 所引《説文》材料搜集起來，與今大徐本進行比較，是有意義的”。⑦

　　經過比較後，劉氏指出，《切韻》殘卷 S.2055 中，共有130 字的訓解引用了《説文》。其中 104 字引《説文》與今大徐本相同，26 字與今本《説文》不同。⑧ 可是，我們把殘卷和《説文》細加核對，卻發現劉燕文所提供的數目很不可靠。爲了讓讀者瞭解真實的情況，我們把《切韻》殘卷 S.2055 引録《説文》各條和《説文解字詁林》所收録的大徐本《説文》相關各條加以電腦掃描，展現在讀者眼前。殘卷所引《説文》與大徐本《説文》之相同相異情況如下：

一、相　　同

（一）完全相同

　　下列各字所引《説文》，均與《説文解字詁林》所收録之大徐本《説文》完全相同（請注意：完全相同的僅限於《説文》説解部分，不包括所釋字字形）：

---

⑤　李陽冰治《説文》於唐肅宗乾元二年(759)。徐鍇《説文繫傳》成於南唐、宋初之際，世稱小徐本；徐鉉等人奉詔校《説文》，則在北宋雍熙三年(986)，徐鉉所校本，世稱大徐本。
⑥　《1983 年全國教煌學術討論會文集》頁 332。
⑦　同上，頁 321。
⑧　同上。

1.1.1

英藏 229⑨　　　詁林 5824⑩

案：殘卷所引《説文》及大徐本《説文》“終”字同訓“絿絲”。

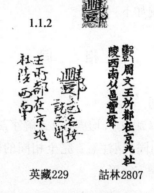

1.1.2

英藏229　　　詁林2807

案：殘卷及大徐本“酆”字訓解全同。

---

⑨　“英藏”爲《英藏敦煌文獻》(成都：四川人民出版社,1990 年)之簡稱；“英藏”後
　　之數目爲該書頁碼。下同。
⑩　“詁林”爲《説文解字詁林》(臺北：商務印書館,1970 年 1 月臺 3 版)之簡稱；
　　“詁林”後之數目爲該書頁碼。下同。

1.1.3

英藏229　　　詁林1494

案：殘卷及大徐本"翁"字同訓"頸毛"。

1.1.4

英藏230　　　詁林3282

案：殘卷及大徐本"窻"字同訓"通孔"。

1.1.5

英藏230　　　詁林440

案：殘卷及大徐本"蒌"字同訓"食牛"。

1.1.6

英藏230　　　詁林5895

案：殘卷及大徐本"縻"字同訓"牛轡"，又皆以"絼"爲或體。

1.1.7

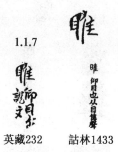

英藏232　　　詁林1433

案：殘卷及大徐本"睢"字同訓"仰目"。

1.1.8

英藏230　　　詁林2695

案：殘卷及大徐本"垂"字同訓"遠邊"。

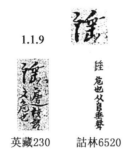

1.1.9

英藏230　　　詁林6520

案：殘卷及大徐本"陲"字同訓"危"。

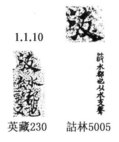

1.1.10

英藏230　　　詁林5005

案：殘卷及大徐本"汝"字同訓"水都"。

1.1.11

英藏231　　　詁林332

案：殘卷及大徐本"菻"字同訓"茅秀"。

1.1.12

英藏231　　　詁林6250

案：殘卷及大徐本"鏊"字同訓"金屬"及"剝"。

1.1.13

英藏231　　　詁林4746

案：殘卷及大徐本"愗"字同訓"恨"及"怠"。

1.1.14

英藏232　　　詁林6518

案：殘卷及大徐本"陕"字同訓"築牆聲"。

1.1.15

英藏233　　詁林4473

案：殘卷及大徐本"熹"字同訓"炙"。

1.1.16

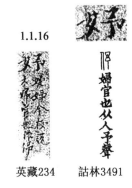

英藏234　　詁林3491

案：殘卷及大徐本"伃"字同訓"婦官"。

1.1.17

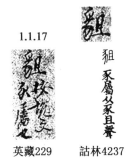

英藏229　　詁林4237

案：殘卷及大徐本"豜"字同訓"豕屬"。

1.1.18

英藏232　　詁林3001

案：殘卷曰：“今按《説文》古從日，今從月。”考《説文》無“朞”，“朞”即“期”之異體，[11]“期”之古文從日作，篆文從月，作。

1.1.19

英藏231　　詁林583

案：殘卷及大徐本“咨”字同訓“謀事”。

1.1.20

英藏229　　詁林4939

---

⑪　參《説文解字詁林》頁6869。

案：殘卷及大徐本"洚"字同訓"水不遵道"及"下"。

　　上述最末的"洚"、"咨"二字，跟其餘各字有少許不同。"洚"的不同，是殘卷在訓解"下也"之上重出"洚"字，其他與大徐本完全相同。"咨"的不同，是殘卷作"謀事也"，大徐本作"謀事曰咨"，那是表達方式的少許不同，訓義則完全相同。

　　（二）基本相同，説解個別字形不同

　　下列各字，也與大徐本《説文》基本相同，但訓解中個別字的字形有所不同：

1.2.1

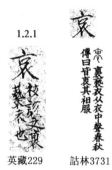

英藏229　　　　詁林3731

案："衷"，殘卷誤書作"哀"。"襲"，殘卷所書與大徐本《説文》異。⑫

1.2.2

英藏229　　　　詁林2807

⑫　殘卷所引《説文》訓解"裏"字，姜亮夫《瀛涯敦煌韻書卷子考釋》（杭州：浙江古籍出版社，1990 年）誤作"衷"。

案：殘卷"蛊"字訓解置《老子》語後，又大徐本引《老子》"道蛊而用之"，殘卷作"道蟲而用之"，但基本上二者相同。

1.2.3

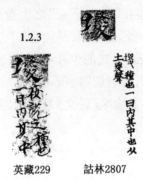

英藏229　　　詁林2807

案：殘卷訓"種"，大徐本作"穜"。

1.2.4

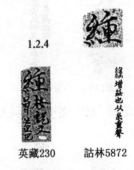

英藏230　　　詁林5872

案：殘卷作"曾益"，大徐本作"增益"。

1.2.5

英藏230　　　詁林4105

案：殘卷作“圓器”，大徐本作“圜器”。

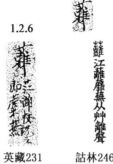

1.2.6

英藏231　　　詁林246

案：殘卷作“藶蕪”，大徐本作“蘼蕪”。

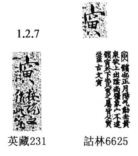

1.2.7

英藏231　　　詁林6625

案：殘卷所引《說文》“寅”字與大徐本基本相同，惟大徐本作
“寅”，殘卷則將字中橫畫寫成兩點。

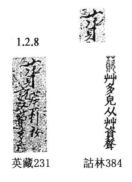

1.2.8

英藏231　　　詁林384

案：殘卷"草多兒"，大徐本作"艸多兒"。

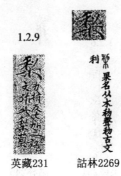

1.2.9

英藏231　　　詁林2269

案：殘卷作"蘽"，大徐本作"果"。

1.2.10

英藏232　　　詁林1509

案："隹名"之"隹"，殘卷所書與大徐本異。

1.2.11

英藏229　　　詁林286

案：殘卷"草多兒"，大徐本作"艸多兒"。

1.2.12

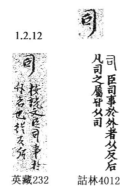

英藏232　　　詁林4012

案：殘卷及大徐本"司"字同訓"臣司事於外者"，惟形構殘卷作"從反后"，大徐本則作"从反后"。

1.2.13

英藏234　　　詁林1829

案：殘卷"從刀"，大徐本作"从刀"。

1.2.14

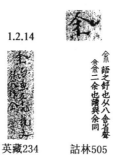

英藏234　　　詁林505

案：殘卷"從八"，大徐本作"从八"。

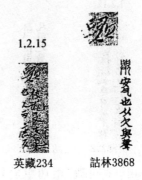

1.2.15

英藏234　　　詁林3868

案：殘卷"安氣也"，大徐本作"安气也"。

（三）標示字形，所標字形相同

殘卷有時只標示《説文》字形，而没有引述《説文》相關説解，所標示的字形，有些與大徐本相同，有些則相異，其相同者如下：

1.3.1

英藏229　　　詁林3271

案：殘卷所引《説文》"躬"字作𦝠，結構與《大徐本》所録正篆相同。

1.3.2

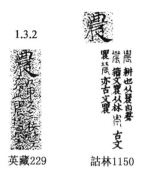

英藏229　　　　詁林1150

案：殘卷所引《説文》"農"字不甚清晰,周祖謨《唐五代韻書集
存》以爲結構與大徐本《説文》相同。

1.3.3

英藏230　　　　詁林6036

案：殘卷將《説文》"蜂"字寫成"逢䖵",可見抄寫者文字學修
養不高。若"逢䖵"書爲一字,則與大徐本相同。

1.3.4

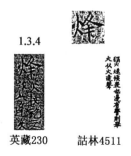

英藏230　　　　詁林4511

案：殘卷將《説文》"烽"字寫成"逢火"二字，若"逢火"書爲一字，則與大徐本相同。

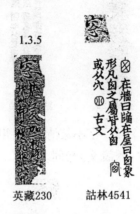

1.3.5

英藏230　　詁林4541

案：殘卷曰："《説文》作此𡇒，又從穴作此𥦬。"𡇒即匈，形稍變耳。匈則爲囱之省文。[13]

1.3.6

英藏230　　詁林6849

案：殘卷所引《説文》"降"字，結構與大徐本所錄正篆相同。

---

[13]　參王筠《説文釋例》(《説文解字詁林》頁4541)及《説文句讀》(《説文解字詁林》頁4544)。

1.3.7

英藏230　　　　詁林1766

案：殘卷所引《説文》"肢"字作 ，結構與大徐本所錄正篆相同。

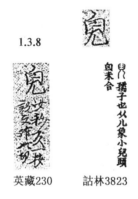

1.3.8

英藏230　　　　詁林3823

案：殘卷所引《説文》"兒"字結構，與大徐本所錄正篆相同，惟末筆不顯。

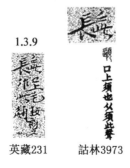

1.3.9

英藏231　　　　詁林3973

案：殘卷所引《説文》"毙"字作，結構與大徐本所錄正篆相同。

1.3.10

英藏232　　　詁林785

案：殘卷所引《説文》"追"字，結構與大徐本所錄正篆相同。

1.3.11

英藏232　　　詁林3216

案：殘卷所引《説文》"官"字，結構與大徐本所錄正篆相同。

1.3.12

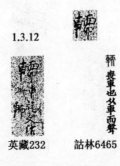

英藏232　　　詁林6465

案：殘卷所引《説文》"蝄"字,結構與大徐本所録正篆相同。

1.3.13

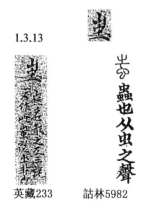

英藏233　　詁林5982

案：殘卷所引《説文》"蛊"字,結構與大徐本所録正篆相同。

1.3.14

英藏234　　詁林6289

案：殘卷所引《説文》"鉏"字,結構與大徐本所録正篆相同。

1.3.15

英藏234　　　詁林425

案：殘卷所引《説文》“菹”字，結構與大徐本所錄正篆相同。

1.3.16

英藏234　　　詁林5900

案：殘卷所引《説文》“絮”字，結構與大徐本所錄正篆相同。

二、有同有異

　　下列五例，殘卷所引《説文》與大徐本有同有異，詳情
如下：

2.1

英藏229　　　詁林2652

案：殘卷所引《說文》“動也”一訓，與大徐本同。惟“春方也”
一訓，則爲大徐本所無；“日在水中”，亦與大徐本“从日在木
中”異。

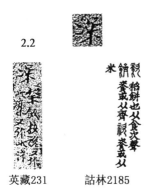

2.2

英藏231　　　詁林2185

案：殘卷謂《說文》作“㯂”，“㯂”字不見於大徐本。殘卷末字
不甚清晰，可能即大徐本所載第二個或體“粱”，[14]因此可歸入
有同有異一類。

――――――――

[14]　姜亮夫《瀛涯敦煌韻書卷子考釋》釋作“深”，似非。

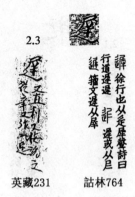

2.3

英藏231　　　詁林764

案：大徐本"遲"字正篆、或體、籀文皆不从辛；而或體則與殘卷末字相同。故曰有同有異。

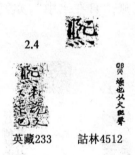

2.4

英藏233　　　詁林4512

案：殘卷云："《説文》：'又燥也。'"好像《説文》"熙"字有二義，但大徐本《説文》只有"燥也"一義。所以説有同有異。

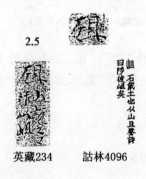

2.5

英藏234　　　詁林4096

案：殘卷云：“《説文》又作此岨。”好像《説文》“岨”字有二形，但大徐本《説文》只有一“岨”形。所以説有同有異。

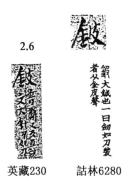

2.6

英藏230　　　　詁林6280

案：殘卷“大針”，大徐本作“大鍼”。

三、小　　異

3.1

英藏229　　　　詁林6044

案：殘卷“有足蟲”，似指蟲之一種——蟲之有足者；大徐本“有足謂之蟲”，則似爲蟲下定義。

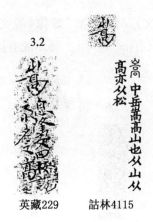

3.2

英藏229　　　詁林4115

案："嵩"字於大徐本爲新附字。殘卷但云"山名",不及大徐本
"中岳嵩"明確;另一義殘卷但云"高",大徐本則曰"高山"。
又:劉燕文引大徐本《説文》作"嵩:中岳嵩山,高也。""山"與
"高"二字次第顛倒,與大徐本《説文》不合。

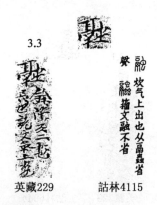

3.3

英藏229　　　詁林4115

案:殘卷曰:"氣上出也。"未言何氣;大徐本則曰:"炊氣上
出也。"

3.4

英藏229　　　詁林2091

案：殘卷作"豆之滿者也"，大徐本作"豆之豐滿者也"。

3.5

英藏229　　　詁林4139

案：大徐本訓解"屋階中會也"；殘卷作"屋中會也"，其下又出"階"字，"階"似爲"階"之誤，位置亦錯亂。

3.6

英藏230　　　詁林2691

案：殘卷"草木盛半也"，大徐本作"艸盛半半也"。又殘卷說字之形構曰："從生而上下逹"，大徐本作"从生，上下達也"。

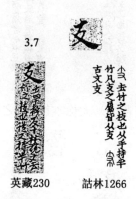

3.7

英藏230　　　詁林1266

案：殘卷"從又持半竹"，大徐本作"从手持半竹"。

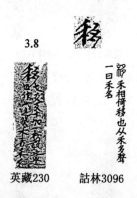

3.8

英藏230　　　詁林3096

案：殘卷無大徐本"禾相倚移也"一訓，惟"禾名"一解，則二者相同。至於殘卷説"遷也作此迻"，大徐本訓迻爲"遷徙也"，較殘卷多一"徙"字，惟訓義則大致相同。

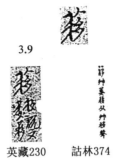

3.9

英藏230　　　　詁林374

案：殘卷較大徐本少一"艸"字。

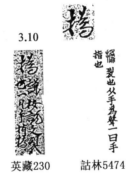

3.10

英藏230　　　　詁林5474

案：殘卷"一曰：手指撝"，大徐本作"一曰：手指也"。

3.11

英藏230　　　　詁林914

案：殘卷“籥，音理管之樂也”，大徐本作“籥，音律管籥之樂也”。

3.12

英藏230　　　詁林2798

案：殘卷“周文王所都”，大徐本作“周文王所封”；殘卷“在右
風美陽中外卿也”，大徐本作“在右扶風美陽中水鄉”。又：
“美陽”之美，殘卷字形作“美”，與殘卷“鮇”下引《說文》“魚之
美者”同形。

3.13

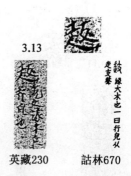

英藏230　　　詁林670

案：殘卷“逐木兒；行兒也”，大徐本作“緣大木也；一曰：
行兒”。

3.14

英藏230　　　　詁林3243

案：殘卷曰：“《説文》作此宊。”宊爲大徐本所無。又殘卷説字之
形構曰：“從宀下一多省聲。”大徐本作“宀之下一之上多省聲”。

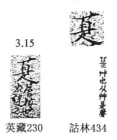

3.15

英藏230　　　　詁林434

案：殘卷“草莄也”，“莄”字衍，或應置“也”字下。又殘卷
“草”字，大徐本作“艸”。

3.16

英藏231　　　　詁林1803

案：殘卷“載角者脂”，大徐本作“戴角者脂”。

3.17

英藏231

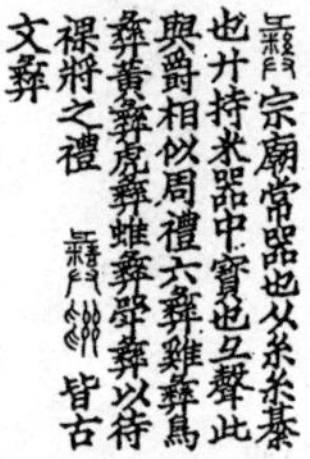

彝 宗廟常器也从糸糸綦也廾持米器中寶也彑聲此與爵相似周禮六彝雞彝鳥彝黃彝虎彝蜼彝斝彝以待祼將之禮 彝 𢑱 皆古文彝

詁林5922

案：殘卷引《説文》訓解曰：“又宗庿常器也。”大徐本作“宗廟常器也”。又殘卷字之形構曰：“象形。糸，綦也。廾，持器中實。此與爵相似。牙聲也。”大徐本作：“从糸，糸，綦也。廾，持米器中寶也。彑聲。此與爵相似。”又殘卷引《周禮》曰：“《周礼》：‘彝：鷄、黄、虎彝、隹彝，以待祼爵之礼。’”大徐本則云：“《周禮》：‘六彝：雞彝、鳥彝、黄彝、虎彝、蜼彝、斝彝，以待祼將之禮。’”

3.18

英藏232　　詁林373

案：殘卷引《說文》訓解作"草木"，大徐本則作"艸木華垂兒"。

3.19

英藏232　　詁林2504

案：殘卷"秦名爲㮰，周謂棖，齊之桷[15]也"，大徐本作"秦名爲屋椽，周謂之榱，齊魯謂之桷"。

3.20

英藏232　　詁林2505

———————————

[15]　姜亮夫《瀛涯敦煌韻書卷子考釋》釋作"桶"，似非。

案：殘卷"秦名屋𦇧棉"，大徐本"秦名屋**榻聯**"；殘卷"周齊謂之檐"，大徐本作"齊謂之檐"。

3.21

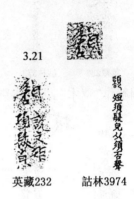

英藏232　　　詁林3974

案：殘卷"𢘑⑯項髮兒"，大徐本作"短須髮兒"。

3.22

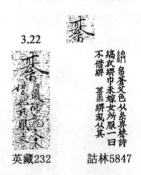

英藏232　　　詁林5847

案：殘卷"未嫁女所服之"，大徐本無"之"字，但作"未嫁女所服"。

---

⑯　姜亮夫《瀛涯敦煌韻書卷子考釋》頁 53 及周祖謨《唐五代韻書集存》頁 164 均釋作"矩"。

3.23

頰毛也象毛之形周禮曰作其鱗之而凡而之屬皆从而

英藏232　　詁林4221

案：殘卷"毛而也"，大徐本作"頰毛也"。

3.24

魚子也一曰魚之美者東海之鮞从魚而聲讀若而

英藏232　　詁林5213

案：殘卷"魚之美者，有東海之鮞"，大徐本無"有"字，作"魚之美者，東海之鮞"。

3.25

英藏233　　詁林4770

案：殘卷“楚顯之間 ✦ ❀[17]謂憂云”，大徐本作“楚潁之間謂憂曰慈”。

3.26

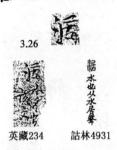

英藏234　　詁林4931

案：殘卷“水名”，大徐本則作“水也”。

3.27

英藏234　　詁林4240

⑰　姜亮夫《瀛涯敦煌韻書卷子考釋》頁 54 釋作“愁”，似非。

案：殘卷"從虎征豕，小聲虎豕之 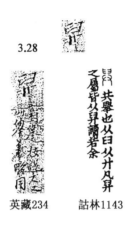（姜亮夫釋作"鬭"）不相
余之"，大徐本作"从豕虍，豕虍之鬭不解也"。

3.28

英藏234　　　　詁林1143

案：殘卷曰："對舉，桉《説文》，又此舉義略同。"大徐本則云：
"共舉也。"

3.29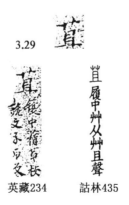

英藏234　　　　詁林435

案：殘卷曰："履中藉草，桉《説文》。"大徐本則作"履中艸"。

3.30

英藏234　　詁林4815

案：殘卷曰：“沮，出漢中；此濾出北地，並水名。”大徐本則云：
“水，出漢中房陵，東入江。”

3.31

英藏234　　詁林4421

案：殘卷曰：“《説文》：‘一曰：狙犬，𪗋齧人。一曰：不潔
人。’”大徐本則云：“一曰：狙犬也，暫齧人者。一曰：犬不齧
人也。”

四、不   同

4.1

英藏229   詁林6246

案：殘卷引《説文》云："青䥱也。"大徐本則曰："赤金也。"

4.2

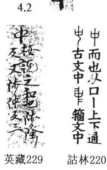

英藏229   詁林220

案：殘卷引《説文》云："和也。"大徐本曰："而也。"段玉裁《説文解字注》改作"内也"，並云："俗本'和也'，非是，當作'内也'。宋麻沙本作'肉也'，一本作'而也'，正皆'内'之訛。入部曰：'内者，入也。''入者，内也。'然則'中'者別於'外'之辭也，別於'偏'之辭也，亦合宜之辭也。作'内'，則此字平聲去聲之義無不賅矣。"[18]

---

[18]　見《説文解字詁林》頁 221。

4.3

英藏229　　詁林6033

案：殘卷引《説文》訓“秋”，大徐本訓“蝗”。

4.4

英藏229　　　詁林5803

案：殘卷“從厶八”，大徐本“从八从厶”。

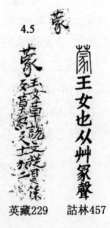

4.5

英藏229　　詁林457

案：殘卷云：“《説文》從目。[19]”爲大徐本所無。

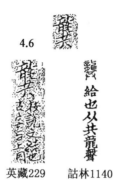

4.6

英藏229　　詁林1140

案：殘卷“結也”，大徐本作“給也”。

4.7

英藏230　　詁林6492

案：殘卷所引述之《説文》字形，均不見於大徐本。

---

[19]　姜亮夫《瀛涯敦煌卷子韻書考釋》頁 49b 及周祖謨《唐五代韻書集存》頁 161 均釋作“從目”。

4.8

英藏230　　　詁林5336

案：殘卷引《説文》字形作，訓解作“小視也”，大徐本篆形作
，訓解作“閃也”。

4.9

英藏231　　　詁林975

案：殘卷云：“桉《説文》：‘倉卒’。”大徐本則訓爲“語諄諓也”。

4.10

英藏232　　　詁林4292

案：殘卷曰：“《説文》從否。”大徐本云：“从馬丕聲。”

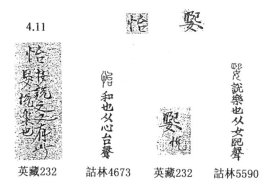

4.11

英藏232　　　詁林4673　　　英藏232　　　詁林5590

案：據殘卷“怡”字似與“嬉”同訓悦樂，大徐本則訓“怡”
爲“和”。

4.12

英藏232　　　詁林4643

案：殘卷云：“《説文》從囟。”大徐本曰：“从心囟聲。”

4.13

英藏232　　　詁林4224

案：殘卷曰："今桉《說□》作爲而字。"大徐本"冄"無作"而"字者。

五、殘卷有誤

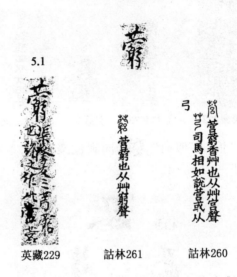

5.1

英藏229　　　　詁林261　　　　詁林260

案：殘卷"蒻"下云："《說文》作此营。"考大徐本《說文》"蒻"、
"营"異字，"蒻"下訓解云："营蒻也。""营"下訓解云："营蒻，
香艸也。"殘卷謂《說文》"蒻"作"营"，殆誤。

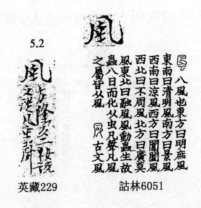

5.2

英藏229　　　　詁林6051

案：殘卷作"從凡虫聲"，"虫"與"風"古音相去絶遠，殘卷所引殆誤，當以大徐本"从虫凡聲"爲是。

5.3

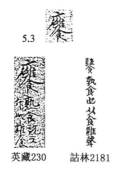

英藏230　　　　詁林2181

案：殘卷靡、鸞等字形皆誤。

5.4

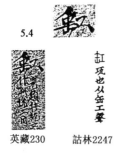

英藏230　　　　詁林2247

案：殘卷曰："《説文》作此㻌。"未知所據爲何，㻌似爲誤書。

5.5

英藏230　　　　詁林2053

案：殘卷謂義從亏聲。義古音曉紐歌部，亏匣紐支部，相距頗遠，亏當非義之聲符。大徐本謂義从亏義聲，義古音疑紐歌部，與義古韻同部。

5.6

英藏230　　詁林1582

案：殘卷之 𩀡 字從"反"，似誤。

5.7

英藏230　　詁林768

案：殘卷謂"逶"《説文》作𧎐，[20]𧎐似爲大徐本"逶"字或體"𧎐"之訛誤。

---

⑳　姜亮夫《瀛涯敦煌韻書卷子考釋》頁 51 釋作"𧎐"，似與原文有異，潘重規《瀛涯敦煌韻輯新編》（香港：新亞研究所，1972 年）頁 226 已加以訂正。

5.8

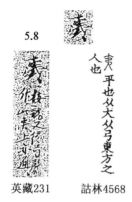

英藏231　　　詁林4568

案：殘卷曰：“《說文》從弓聲。”未知所據爲何，似誤。

5.9

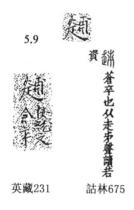

英藏231　　　詁林675

案：“趨”字不見於大徐本。《玉篇》云：“趨，趨趁，匍匐也。”[21]
“倉卒”似非“趨”訓解。大徐本䞚下曰：“蒼卒也。”殘卷引《說
文》以“倉卒”訓“趨”，似誤䞚爲“趨”。

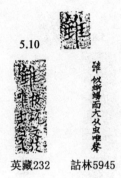

5.10

英藏232　　詁林5945

案：殘卷曰：“《説文》從唯出聲。”所釋與“雖”字字形不合，殆誤。

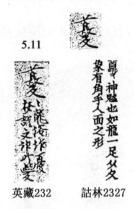

5.11

英藏232　　詁林2327

案：殘卷曰：“《説文》作此夒。”未知所據爲何，夒形構不明，似爲誤字。

5.12

英藏232　　詁林2557

案：殘卷曰：“《説文》作此椎，擊也。”所釋似爲“椎”而非“槌”字。

5.13

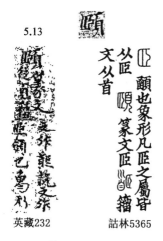

英藏232　　　　詁林5365

案：殘卷曰：“《説文》作𦣞，②頷也。”頷，《説文》曰：“鬙兒。”
大徐本曰：“𦣞，顄也。”段玉裁《説文解字注》：“頁部曰：‘顄，
頤也。’二篆爲轉注。”㉓殘卷所載殆誤。

5.14

英藏232　　詁林6609

---

②　段玉裁《説文解字注》：“鬙者，齒差也。”徐灝《説文解字注箋》：“齒差，故頤斂
　　矣。”桂馥《説文義證》：“鬙，當爲穎。本書：‘穎，頭頰長也。’”詳見《説文解字
　　詁林》頁 3922。
㉓　同上，頁 5365。

案: 殘卷謂《説文》𣪊 從𣪊聲,殆誤。

5.15

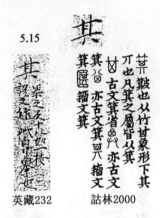

英藏232　　　詁林2000

案: 殘卷"其"下曰:"《説文》作此𠀠,舉也。"𠀠與"其"異字,
"舉"亦非"其"之訓解。

5.16

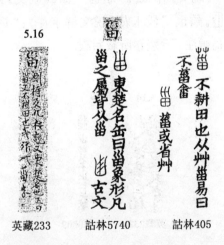

英藏233　　　詁林5740　　　詁林405

案: 殘卷曰:"《説文》東楚名也。𠂤曰畱。又不耕田也。或
作此菑字。""不耕田"之"菑",與"東楚名缶曰畱"之"畱",當
爲二字,殘卷似誤。

5.17

愛也从心茲聲

英藏233　　詁林4673

案:"慈"从心茲聲,殘卷謂《説文》從竹作"茲",殆誤。

5.18

艸木多益从艸茲省聲

黑也从二玄春秋傳曰
何故使吾水茲

英藏233　　詁林381　　詁林1680

案:茲與茲異字,殘卷以茲之訓解釋茲,殆誤。

5.19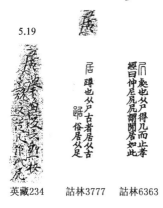

居
蹲也从尸古者居从古
𡰪
俗居从足

処也从尸得几而止孝
經曰仲尼尻尻謂閒居如此

英藏234　　詁林3777　　詁林6363

案:《説文》居、異字。殘卷以爲一字,殆誤。

5.20

英藏234　　　　詁林1653

古文鳥省

老鳥也象形孔子曰鳥
𧀎呼也取其助气,故以爲鳥
呼凡鳥之屬皆从鳥

古文鳥象形

案:㪇、㪇似一字,殘卷謂㪇從㪇,殆誤。

六、殘 缺 不 全

6.1

英藏230

案:虎字不見於大徐本,殘卷此條似殘缺不全。

6.2

英藏230

案：字不見於大徐本，殘卷此條似殘缺不全。

　　根據上文，可知殘卷 S.2055 所引《説文》説解與大徐本完全相同的有 20 字；基本相同，但説解個別字形不同的有 15 字；殘卷只標示字形，而所標示字形與大徐本相同的有 16 字。三者加起來共 51 字，而不是劉燕文所説的有 104 字相同。至於有同有異的有 5 字，小異的有 32 字，不同的有 13 字，不同而殘卷明顯有誤的有 20 字，因此殘卷跟大徐本有所不同的字有 70 個，而不是劉燕文所説的 26 字。本來，異同之間，標準容有不同。不過，劉燕文把很小的分別也歸入不同一類，例如大徐本訓“豐”爲“豆之豐滿者也”，殘卷作“豆之滿者也”，一字之差，表面看來分別不大，劉燕文也把它歸入不同。如果根據這一標準，本文所提出的 70 個字，歸入殘卷跟大徐本有所不同這一類別，是完全沒有問題的。此外，劉燕文説殘卷引《説文》的有 130 字，但據我們的統計，殘卷與大徐本相同者 51 字，相異者 70 字，引述殘缺不全，無法定其異同者 2 字，加起來共 123 字，而不是劉氏所説的 130 字。

　　除上述數字外，劉氏的文章還有不少其他問題。例如劉文在談到“蚩”字時，引文很不準確。現謹將劉氏引文用電腦掃描登載如下：

> "蚩：虫名也。赤之反。三 。《说文》作此'蚩'，从
> '虫'非从'山'。"（《残卷》之韵）
> "蚩：虫也。从虫，之声。"（今《说文》卷十三下）

讓我們再看一看殘卷和大徐本的原文：

英藏233　　　　詁林5982

兩相對照，我們會發現劉氏引文與原文有相當大的出入。大徐
本正篆作，如把它轉爲楷書，就是"蚩"字，劉文卻把它印成
"蚩"字，其實寫成"蚩"字的是殘卷。劉氏説："長孫箋注告訴
人們依《説文》'蚩'字應寫作'蚩'，作'蚩'是俗體，僞（案：似
當作'訛'）體。"[24]殘卷指出，《説文》"蚩"從"屮"非"山"，並没
有説"'蚩'字應寫作'蚩'，作'蚩'是俗體，僞體"，劉氏所言，
似乎没有甚麽根據。

　　又如劉氏談"瓨"（案：劉氏原文如此，實當作"瓨"）字時，
引録了下列文字：

> "缸 ：罌类。案《说文》作此'瓨' ，二同。"（《残
> 卷》江韵）
> "缸：瓨也 ，从缶，工声。"（今《说文》卷五下）
> "瓨：似罌长颈，受十升，读若洪，从瓦，工声。"（今
> 《说文》卷十二下）

上列劉氏引文,是用電腦掃描登載的,第三條引文説"垬"從瓦工聲,可見當是"瓨"字。且讓我們看一看殘卷和大徐本的原文:

英藏230　　　詁林2247

殘卷寫的很清楚是"《説文》作此 ",而不是劉氏引文的"《説文》作此'瓨'",但劉氏卻説:

　　這裏長孫氏箋注引《说文》作此"垬"来正《切韵》"缸"字的字形,他認為"缸"、"垬"二同",即二者本是一个字。今《说文》卻把"缸"、"垬"當作兩个不同的字。"缸"字我們很熟悉,"垬"字今天很少用了。《史记·货殖列传》里有一个"垬字"字:"通邑大都,酤一岁千酿,醯酱千瓨,浆千甀……"徐广释"瓨"字曰"长颈罂"(《史记集解》)。《残卷》陆法言释"瓨"字曰"罌类",今《说文》释"瓨"为"似罌长颈",意思大体相同。我们認為"缸"、"瓨"皆从"工"得声,从"缶"、从"瓦"意义相同,这就是说两个字同音同义,应该是一个字的两种不同写法。《说文解字段注》说:"'缸'与'瓨'音义皆同。"《说文通训定声》在"缸"字下注"案即'瓨'之或体",都认为"缸"、"瓨"是一个字。汉代史游《急就篇》"甀、罃、甑、瓨、瓴、罂……"作"瓨"不作"缸"。说明汉代以"垬"为正体,《切韵》作"缸",说明唐朝已流行"缸""字。"缸"、"瓨"本是一个字的不同写法,大徐本《说文》"缸,瓨也",实际以本字注本字,可能是有问题的。

上列劉氏文字,也是以電腦掃描登載的,"坵"和"巩"同時出現,實在非常混亂。劉氏其他錯亂的地方還有很多,本文恕不逐一辨明了。

劉氏的引文,固然不可靠,他對殘卷 S.2055 所引《説文》的評價,也同樣不可靠。劉氏説:

> 長孫氏箋注引《説文》與今《説文》相同的共有一百零四個字,這一百零四個字應該説是保留了唐朝時《説文》的面貌,這裏就不一一列舉了。長孫氏箋注引《説文》有一百多例與今《説文》相同,這是很值得提一提,它既説明了長孫氏箋注所引《説文》材料是有價值的,較爲準確的,也證明了今《説文》雖經後人增删,一般説還是基本可信的。

劉氏説長孫箋注所引《説文》材料"較爲準確",但筆者的印象卻剛好相反,殘卷 S.2055 所引《説文》材料相當不準確,例如本文例子 3.5 廐,大徐本訓作"屋階中會也",殘卷作"屋中會也",其下又出"諧"字,"諧"似爲"階"之誤,位置亦錯亂。

又如例子3.18"彝"字,殘卷以爲"牙聲";例子4.5"蒙"字,殘卷謂"《説文》從目";例子5.10"雖"字,殘卷以爲"出聲";例子5.17,殘卷謂《説文》從竹作"𥱻",都跟那些字的字形有很大的距離。

又如説"疑"從疑聲(例子5.14),**於**從**敖**(例子5.20),簡直不知所云。

此外,把"蠡"寫成"逢蚰"二字,把"燹"寫成"逢火"二字,都是不嚴謹的表現。

殘卷又往往把不同的字混爲一字,如"蘮"、"菅"異字,殘卷卻説《説文》"藭"作"营"(例子 5.1);"居"、"凥"異字,殘卷混而爲一(例子 5.19),都可見殘卷的不可靠。

周祖謨先生認爲殘卷 S.2055"抄寫草率,脱字訛字較多",是比較接近事實的評價。

又,《説文》以"動"訓"東",蓋聲訓。今考《説文解字詁林》,諸家於"東"字説解皆無異議,[25]劉燕文説:"歷來研究《説文》的人都認爲大徐本《説文》'東'字的訓解有問題。"[26]未知有何根據。又《説文》釋"南"字云:"艸木至南方有枝任也。"[27]釋西字云:"鳥在巢上。象形。日在西方而鳥棲,故因以爲東西之西。棲,西或从木妻。……"[28]釋北字云:"乖也。从二人相背。"[29]《廣韻》釋"東"字則曰:"春方也。《説文》曰:'動也。从日在木中。……'"[30]釋"南"字則曰:"火方。……"[31]釋"西"字則曰:"秋方。《説文》曰:'鳥在巢上也。日在西而鳥西,故以爲東西之西。……'"[32]釋"北"字則曰:"南北。亦奔也。……"[33]由此可見,《説文》較重視訓解本義,亦較多用聲訓;而《廣韻》則先釋常用義。"春方"、"秋方"、"火方"等語,見於《廣韻》;而《説文》只用"南方"、"西方"。《切韻》殘卷 S.2055 引《説文》,以"春方"釋"東"字,似不可靠。劉燕文説:"殘卷引《説文》與今《説文》有差異,可供參考。"綜觀上文,可知殘卷參考價值不高。

---

[25] 參《説文解字詁林》頁 2652a—2653a。
[26] 同注 24。
[27] 《説文解字詁林》頁 2689a。
[28] 同上,頁 5288a。《段注》於"或从木妻"下曰:"蓋从木妻聲也。"
[29] 《説文解字詁林》頁 3653a。
[30] 見《校正宋本廣韻》(臺北:藝文印書館,1970 年)頁 22。
[31] 同上,頁 221。
[32] 同上,頁 90。
[33] 同上,頁 530。

《經典釋文》商兌二則

陸德明(556—627)《經典釋文》,辨析音義,闡明訓詁,誠肄經之津梁,儒林之徑遂。惟千慮一失,在所不免,涉覽所及,裁以管見。大雅方家,不吝賜正,企予望之。

一、彙

《易·泰》初九爻辭曰:"拔茅茹,以其彙,征吉。"①陸德明《經典釋文》釋"彙"字云:

> 音胃,類也。李:"于鬼反。"傅氏注云:"彙,古偉字,美也。"古文作𦳢。董作𧆛,出也。鄭云:"勤也。"②

---

① 見《十三經注疏》本《周易注疏》(臺北:藝文印書館景印清嘉慶二十年〔1815〕南昌府學重刊本,1973 年 5 月)卷二頁 21(總頁 42 上)。
② 《經典釋文》(上海:上海古籍出版社景印北京圖書館藏宋刻宋元遞修本,1985 年 10 月)卷二頁 5b—6a(總頁 82—83)。

　　據陸氏條例,其一字多音者,首標勝義,次列眾家。其"或音"、"一音",則聊博異聞,不爲典要。③ 是《易·泰》初九爻辭之"彙",陸氏音"胃",釋爲"類"。案:釋"彙"爲"類",實不始於陸氏。《漢書·劉向傳》載劉向(公元前77?—公元前6?)上封事云:"故賢人在上位,則引其類而聚之於朝,《易》曰'飛龍在天,大人聚也';在下位,則思與其類俱進,《易》曰'拔茅茹,以其彙,征吉。'在上則引其類,在下則推其類,故湯用伊尹,不仁者遠,而眾賢至,類相致也。"④ 漢人著作,以"彙"爲"類"甚眾。如《太玄·周》:"陽氣周神而反乎始,物繼其彙。"司馬光(1019—1086)注:"萬物各繼其類而更生也。"⑤ 又《太玄·聚·上九》:"聚家之彙。"宋惟幹注:"彙,類也。"⑥ 又《法言·君子》:"非人之所及也,仙亦無益子之彙矣。"李軌注:"彙,類。"⑦

　　王弼(226—249)注《易·泰》初九爻辭曰:

　　　　茅之爲物,拔其根而相牽引者也。茹,相牽引之貌也。三陽同志,俱志在外。初爲類首,已舉則從,若茅茹也。上順而應,不爲違距,進皆得志,故"以其類,征吉"。⑧

孔穎達(574—648)疏:

　　　　"拔茅茹"者,初九欲往於上,九二、九三皆欲上行,已

---

③　參吳承仕《經典釋文序錄疏證》(北京:中華書局,2008年6月)頁11—12。
④　《漢書》(北京:中華書局,1962年)頁1945。
⑤　《太玄集注》(北京:中華書局,1998年)頁8。
⑥　同上,頁125。
⑦　《法言義疏》(北京:中華書局,1987年)頁517。
⑧　《周易注疏》卷二頁21(總頁42上)。

去則從，而似拔茅舉其根，相牽茹也。"以其彙"者，"彙"，類也，以類相從。"征吉"者，征，行也，上坤而順，下應於乾，已去則納，故征行而吉。⑨

又《否》初六爻辭："拔茅茹，以其彙，貞吉，亨。"⑩王弼注：

> 居否之初，處順之始，爲類之首者也。順非健也，何可以征？居否之時，動則入邪，三陰同道，皆不可進，故茅茹以類，⑪貞而不諂，則吉、亨。⑫

孔穎達疏：

> "拔茅茹"者，以居否之初，處順之始，未可以動，動則入邪，不敢前進，三陰皆然，猶若拔茅牽連，其根相茹也。已若不進，餘皆從之，故云"拔茅茹"也。"以其彙"者，以其同類，共皆如此。"貞吉，亨"者，守正而居，志在於君，乃得吉而亨通。⑬

據王弼注，則《易·泰》初九爻辭"以其彙，征吉"，等於"以其類，征吉"，《否》初六爻辭"拔茅茹，以其彙"，等於"拔茅茹以類"。徐灝（1810—1879）《說文解字注箋》云："彙……古通作

---

⑨　同上。
⑩　同上，卷二頁 24a（總頁 43 下）。
⑪　案："故茅茹以類"，阮元《校勘記》謂："閩、監、毛本同，岳本、古本、足利本 '茅' 上有 '拔' 字。"參《周易注疏校勘記》卷二頁 6b（《周易注疏》總頁 53 上）。
⑫　《周易注疏》卷二頁 24（總頁 43 下）。
⑬　同上。

類,《易・泰》、《否》初九:[14]'拔茅茹,以其彙。'荀、虞竝云:'彙,類也。'按:彙、類一聲之轉。"[15]堯案:"彙"上古匣紐物部,"類"來紐物部,二字同部,故得通假[16]。

《廣韻》"彙"字"于貴切",[17]此蓋"彙"之本音。《説文》:"(彙),蟲,似豪豬者。从希,胃省聲。(蝟),或从虫。"[18]是"彙"、"蝟"同字。《經典釋文》謂"彙"音"胃",殆亦標其本音,蓋《廣韻》"胃"與"彙"同音"于貴切"也。[19]

《易・泰》初九爻辭之"彙",馬王堆帛書作"胃",[20]《否》卦初六爻辭之"彙",馬王堆帛書作"莙",[21]是漢初《泰》卦、《否》卦之"彙",已讀如"胃"、"莙"矣。

惟《經典釋文》注音,以辨假借爲務,如《詩・豳風・七月》"八月剝棗",[22]《釋文》注"剝"字曰:"普卜反,擊也。注同。"[23]《禮記・檀弓》"子蓋言子之志於公乎",[24]《釋文》注"蓋"字曰:"依注音盇,户臘反。下同,何不也。"[25]《周禮・龜

---

⑭ 案:"拔茅茹,以其彙"於《泰》卦爲初九爻辭,於《否》卦則爲初六爻辭。

⑮ 參《説文解字詁林》(臺北:商務印書館,1969 年)頁 4246b。

⑯ "類"字來紐三等。根據陸志韋《古音説略》(臺北:學生書局,1971 年)頁 255,來紐與匣紐諧聲共 11 見(一、二、四等之來紐,陸書作"盧";三等之來紐,陸書作"力"。匣紐陸書作"胡"),其中三等之來紐與匣紐諧聲者三見。

⑰ 《新校宋本廣韻》(臺北洪葉文化事業有限公司景印清康熙四十三年〔1704〕張士俊澤存堂刻本,2001 年)卷四頁 11a(總頁 359)。

⑱ 《説文解字》(香港:中華書局,1972 年)頁 197。

⑲ 參《新校宋本廣韻》卷四頁 11a(總頁 359)。

⑳ 參濮茅左《楚竹書〈周易〉研究——兼述先秦兩漢出土與傳世易學文獻資料》(上海:上海古籍出版社,2006 年)下册,頁 566。

㉑ 同上,頁 550。

㉒ 見《十三經注疏》本《詩經注疏》(臺北:藝文印書館景印清嘉慶二十年〔1815〕南昌府學重刊本,1973 年 5 月)卷八之 1 頁 19a(總頁 285 上)。

㉓ 《經典釋文》卷六頁 6a(總頁 281)。

㉔ 見《十三經注疏》本《禮記注疏》(臺北:藝文印書館景印清嘉慶二十年〔1815〕南昌府學重刊本,1973 年 5 月)卷六頁 14b(總頁 115 下)。

㉕ 《經典釋文》卷一一頁 12b(總頁 658)。

人》"東龜曰果屬",㉖《釋文》注"果"字曰:"魯火反,注贏同。"㉗案"剝"字《釋文》注音凡十次,九次均以幫母字爲切語上字,分別作"邦角反"、"布角反"、"北角反",僅《詩·豳風·七月》作"普卜反",以滂母字爲切語上字,且訓"剝"爲"擊",是"八月剝棗"之"剝",爲"攴"之假借,故言"普卜反"也。《禮記·檀弓》之"蓋",訓作"何不",是爲"盍"之假借,故音"戶臘反"。《周禮·龜人》"東龜曰果屬",鄭玄(127—200)注曰:"杜子春讀果爲贏。"㉘是"果"爲"贏"之假借,故音"魯火反"也。㉙ 以此例之,則《易·泰》初九爻辭之"彙",《經典釋文》當音"類"而非"胃"矣。

二、論

《尚書·序》云:

> 至魯共王好治宮室,壞孔子舊宅,以廣其居,於壁中得先人所藏古文虞夏商周之書及傳《論語》、《孝經》,皆科斗文字。㉚

《經典釋文》釋"《論語》"之"論"字曰:"如字;又音倫。"㉛案:

㉖ 見《十三經注疏》本《周禮注疏》(臺北:藝文印書館景印清嘉慶二十年〔1815〕南昌府學重刊本,1973年5月)卷二四頁19a(總頁374上)。

㉗ 《經典釋文》卷八頁31b(總頁482)。

㉘ 《周禮注疏》卷二四頁19b(總頁374上)。

㉙ 所引三例,參沈建民《〈經典釋文〉音切研究》(北京:中華書局,2007年5月)頁13。

㉚ 見《十三經注疏》本《尚書注疏》(臺北:藝文印書館景印清嘉慶二〇年〔1815〕南昌府學重刊本,1973年5月)卷一頁12(總頁10下)。

㉛ 《經典釋文》卷3頁2a(總頁141)。

沈建民《〈經典釋文〉音切研究》云：

> 《釋文》的大多數異讀都是和"如字"音相對的，通常前一個音爲"如字"，後一音爲異讀。所謂"如字"音，就是按此字原來的音或常用的音來讀，同時保持字的原有意義或用法。與"如字"音相對的又音或異讀就是通常所説的讀破，而讀破意味着此字的意義或用法已有變化。也就是説大量的異讀注音是用來區別詞義或用法的。㉜

堯案：《經典釋文》釋"《論語》"之"論"字，既云"如字；又音倫"，則"如字"必非"倫"音。又《周禮·夏官·司馬》曰："以德詔爵，以功詔禄，以能詔事，以久奠食。"㉝鄭玄注曰：

> 《王制》曰：司馬辨論官材，論進士之賢者以告於王，而定其論，論定然後官之，任官然後爵之，位定然後禄之。㉞

《經典釋文》釋鄭注"其論"曰：

> 其論，魯頓反，下同；又如字。㉟

既云"魯頓反……又如字"，則"如字"亦必非"魯頓反"矣。堯案："論"字《廣韻》凡三見：（一）上平十八諄"力迍切"下云：

㉜　《〈經典釋文〉音切研究》頁 113。另參萬獻初《〈經典釋文〉音切類目研究》（北京：商務印書館，2004 年 10 月）頁 212—271。

㉝　《周禮注疏》卷三一頁 1b（總頁 470 上）。

㉞　同上。

㉟　《經典釋文》卷九頁 5b（總頁 502）。

“論,有言理。出字書。又盧昆切。”㊱(二) 二十三魂下云:
“論,説也,議也,思也。盧昆切。又‘力旬’、‘盧鈍’二切。”㊲
(三) 去聲二十六恩下云:“論,議也。盧困切。又虜昆切。”㊳
《經典釋文》“論”字之“倫”音,於《廣韻》爲“力迍切”;《經典
釋文》“論”字之“魯頓反”一音,猶《廣韻》之“盧困切”;是《經
典釋文》“論”字之“如字”一音,當爲《廣韻》之“盧昆切”矣。
《説文》:“論,議也。”大徐本亦音“盧昆切”。㊴然則陸德明以
爲“《論語》”之“論”,取義於“議”邪?

　　考古今學者,研析《論語》名義,固有以“論”爲議論、商議、
討論者,如梁朝皇侃(488—545)《論語義疏·敘》曰:

　　　　捨音依字爲論者,言此書出自門徒,必先詳論,人人僉
　　允,然後乃記,記必已論,故曰“論”也。㊵

錢穆先生(1895—1990)《論語新解》,所言與皇侃大略相同,錢
先生曰:

　　　　論者,討論編次義。經七十子後學之討論編次,集爲
　　此書,故稱《論語》。㊶

　　元人何異孫《十一經問對》則云:

㊱　《新校宋本廣韻》卷一頁 50a(總頁 107)。
㊲　同上,卷一頁 56(總頁 119—120)。
㊳　同上,卷四頁 31b(總頁 400)。
㊴　《説文解字》頁 52。
㊵　何晏集解,皇侃義疏《論語集解義疏》,載《景印文淵閣四庫全書》第 195 册(臺北:臺灣商務印書館,1983 年)《敘》頁 2b。
㊶　錢穆《論語新解》(香港:新亞研究所,1964 年 6 月)頁 1。

　　問：“《論語》者何？”對曰：“此孔門師弟子討論文義之
言語也，有弟子記夫子之言者，有夫子答弟子之問者，有弟
子自相答問者，又有時人相與言者，有臣對君之問者，有師
弟子對大夫之問者，皆所以討論文義，故謂之《論語》。”[42]

何氏之“討論文義”，實不知其確解。若無“文義”二字，謂《論
語》所載，“有弟子記夫子之言者，有夫子答弟子之問者，有弟
子自相答問者，又有時人相與言者，有臣對君之問者，有師弟子
對大夫之問者”，則與清袁枚（1716—1798）所言大略相近，袁
氏曰：

　　《論語》一書，須知命名之義。論，議論也。語，語人
也。自《學而》起，以至卒章，皆與人議論之語，而非夫子
之呫呫書空也。[43]

今人朋星，自謂“擬提出一種新的假説”，實則其所言，與袁枚
亦大略相同，朋星曰：

　　毛《傳》《詩・大雅・公劉》將“言”、“語”分開來解
釋，即“直言曰言，論難曰語”；許慎《説文解字》説解“言”
字時，也説“有言曰言，論難曰語”[44]。據此可見，“論難曰
語”的説法在秦漢之間相當流行。《論語》多記録孔子與

---

[42]　何異孫《十一經問對》，載《景印文淵閣四庫全書》第 184 册卷一頁 1b。
[43]　袁枚《小倉山房文集》，載《續修四庫全書》（上海：上海古籍出版社，1995 年）第
1432 册卷二四頁 8b。
[44]　案：《説文解字》釋“言”字曰：“直言曰言，論難曰語。”（頁 51）朋星引作“有言
曰言”，殆誤。

　　弟子或他人的"論難",所以秦漢儒士將其定名爲"論
語"。⑮

案:《説文》:"語,論也";⑯"論,議也";⑰"議,語也"。⑱段玉裁
(1735—1815)《説文解字注》曰:"是論、議、語三字,爲與人言
之稱。"⑲

　　2008年出版之《論語彙校集釋》,於其《前言》中,采上引
皇侃及錢穆先生之説。撰者黄懷信先引班固(32—92)《漢
書·藝文志》之言曰:

　　　　《論語》者,孔子應答弟子、時人及弟子相與言而接聞
　　於夫子之語也。當時弟子各有所記。夫子既卒,門人相與
　　輯而論纂,⑳故謂之《論語》。㉑

然後曰:

　　　　《説文》云:"論,議也。"議,即商議、討論。今人商議
　　一件事情,也往往説議一議。可見"論"本身是一動詞。
　　商議、討論,顯然非一人之事,而且商議、討論的目的,無非
　　是爲了有所定論。所以,以本義,"論"就是大家共同商議

---

⑮　朋星《〈論語〉書名之謎》,載《孔子研究》1989年第1期頁125。

⑯　《説文解字》頁51。

⑰　同上,頁52。

⑱　同上。

⑲　《説文解字詁林》頁979b。

⑳　案:"纂",北京中華書局標點本《漢書》作"篹"(頁1717)。

㉑　參黄懷信《論語彙校集釋》(上海:上海古籍出版社,2008年8月)《前言》頁2。
　　案:《論語彙校集釋·前言》《論語》的名義一節之内容,與氏著《論語新校
　　釋》(西安:三秦出版社,2006年9月)《前言》頁2—6同。

論定。那麽，班固所謂"論纂"，就是通過大家共同商議論定而纂集。如此解釋"論"字，"夫子既卒，門人相與輯而論纂，故謂之《論語》"，及"緝而論之，謂之《論語》"之説，無論從文義還是從事理上講，無疑都是合理的，而且與《論語》實際也相符合。[52]

堯案：黄氏所釋，似未得班固"論纂"之意。《漢書·司馬遷傳·贊》曰：

> 及孔子因魯史記而作《春秋》，而左丘明論輯其本事，以爲之傳。[53]

《漢書·司馬遷傳·贊》之"論輯"，猶《漢書·藝文志》之"輯而論纂"。《漢書·司馬遷傳·贊》謂左丘明論輯其本事，似非謂左丘明商議論定而輯集其本事也。

又趙岐（108—201）《〈孟子注疏〉題辭解》曰：

> 孟子亦自知遭蒼姬之訖錄，值炎劉之未奮，進不得佐興唐虞雍熙之和，退不能信三代之餘風，恥没世而無聞焉，是故垂憲言以詒後人。仲尼有云："我欲託之空言，不如載之行事之深切著明也。"於是退而論集所與高第弟子公孫丑、萬章之徒難疑答問，又自撰其法度之言，著書七篇，二百六十一章，三萬四千六百八十五字，包羅天地，揆敍萬

㉒　《論語彙校集釋·前言》頁3。
㉓　《漢書》頁2737。

類,仁義道德、性命禍福,粲然靡所不載。[54]

趙岐謂孟子退而論集所與高第弟子公孫丑、萬章之徒難疑答問,亦似非謂孟子商議論定而輯集之也。

"論纂"、"論輯"、"論集"以外,復有言"具論"者,如司馬遷(公元前145—公元前86)《史記·十二諸侯年表》曰:

> ……是以孔子明王道,干七十餘君,莫能用,故西觀周室,論史記舊聞,興於魯而次《春秋》,上記隱,下至哀之獲麟,約其文辭,去其煩重,以制義法。王道備,人事浹。七十子之徒,口受其傳指,爲有所刺譏褒諱挹損之文辭,不可以書見也。魯君子左丘明,懼弟子人人異端,各安其意,失其真,故因孔子史記,具論其語,成《左氏春秋》。[55]

司馬遷謂左丘明因孔子史記,具論其語,成《左氏春秋》,亦非謂其商議論定孔子史記之語也。

復有單言"論"者,如《漢書·藝文志》春秋家小序曰:

> ……仲尼思存前聖之業,乃稱曰:"夏禮吾能言之,杞不足徵也;殷禮吾能言之,宋不足徵也。文獻不足故也,足則吾能徵之矣。"以魯周公之國,禮文備物,史官有法,故與左丘明觀其史記,據行事,仍人道,因興以立功,就敗以成罰,假日月以定曆數,藉朝聘以正禮樂。有所褒諱貶損,不可書見,口授弟子,弟子退而異言。丘明恐弟子各安其

---

[54] 見《十三經注疏》本《孟子注疏》(臺北:藝文印書館景印清嘉慶二〇年〔1815〕南昌府學重刊本,1973年5月)總頁5。

[55] 《史記》(北京:中華書局,1972年)頁509—510。

意,以失其真,故論本事而作傳,明夫子不以空言説
經也。⑤

班固於此謂左丘明"論本事而作傳",猶其於《漢書·司馬遷
傳·贊》謂"左丘明論輯其本事,以爲之傳",亦非謂左丘明商
議論定本事而作傳也。"論"於此當借爲"侖"。《説文》:"侖
(侖),思也。从亼从册。"⑤"从亼从册",段注改爲"从亼册",
並云:"聚集簡册,必依其次弟,求其文理。"⑤左丘明"論本事而
作《傳》",亦必聚集簡册,依其次弟,求其文理也。

《論語》之"論",章炳麟(1868—1936)即謂"古但作侖",
章氏曰:

> 論者,古但作侖,比竹成册,各就次第,是之謂
> 侖。……《論語》爲師弟問答,乃亦略記舊聞,散爲各條,
> 編次成帙,斯曰"侖語"。⑤

是《論語》之"論",蓋借爲"侖",其音亦當同"侖"。"侖"字
《廣韻》"力迍切",則《論語》之"論",《經典釋文》不宜作"盧
昆切"也。

⑤　《漢書》頁 1715。
⑤　《説文解字》頁 108。
⑤　《説文解字詁林》頁 2223b。
⑤　章炳麟《國故論衡》,載《章氏叢書》(臺北:世界書局,1958 年 7 月)頁 450。

李清照《聲聲慢》舌音齒音字數目考

李清照（1084—約 1155）《聲聲慢》一詞，歷來膾炙人口。金人入侵，宋室南渡，李清照慘遭國破、家亡、夫死等一連串不幸，漂零轉徙，孤苦無依。在《聲聲慢》詞中，她透過對秋日蕭瑟景色的感受，以淒楚動人的筆觸，抒發內心深處的沉痛和悲切。詞云：

> 尋尋覓覓，冷冷清清，悽悽慘慘戚戚。乍暖還寒時候，最難將息。三杯兩盞淡酒，怎敵他晚來風急。雁過也，正傷心，卻是舊時相識。　滿地黃花堆積，憔悴損，如今有誰堪摘？守著窗兒，獨自怎生得黑！梧桐更兼細雨，到黃昏點點滴滴。這次第，怎一箇愁字了得！① （字上有。號者爲齒音字，有‧號者爲舌音字。）

李清照這首千古名篇，前賢和今人，論之者甚多。其中夏

---

① 有關此詞的異文，請參考王仲聞校注的《李清照集校注》（北京：人民文學出版社，1979 年 10 月）頁 64—65。

承燾先生(1900—1986)指出,這首詞舌聲和齒聲特別多,其中舌聲共 15 字:

> 淡　敵他　地　堆　獨　得　桐　到　點點滴滴
> 第　得

齒聲共 42 字:

> 尋尋　清清　悽悽慘慘戚戚　乍　時　最　將息
> 三　盞　酒　怎　正傷心　是　時相識　積　憔悴損
> 誰　守　窗　自怎生　細　這次　怎　愁字

全詞 97 字,而舌聲、齒聲卻多至 57 字,佔全詞字數一半以上;尤其是最後幾句:"梧桐更兼細雨,到黃昏點點滴滴,這次第,怎一箇愁字了得!"20 多字裏,舌齒兩聲交加重疊,夏先生認爲這應是有意用嚙齒丁寧的口吻,寫詞人憂鬱惝怳的心情,聽來有明顯的聲調美(案:改作"聲音美"似較恰當),充分表現出樂章的特色。[2] 堯案:夏先生所謂舌聲字,根據他所舉的例子,包括音韻學舌音的"端"、"透"、"定"三母,而不包括詞中屬"泥"母的"暖"、"難"二字。而他的所謂齒聲字,則包括音韻學齒音的"精"系和"照"系字。詞中屬"知"母的"摘"和"著",卻沒有被放進夏先生所舉的舌聲和齒聲字中。"知"系在李清照時代,應已和"照"系合併,因此屬齒音。[3] 夏先生所舉的

---

[2]　夏承燾先生之説,見《李清照研究論文集》(北京:中華書局,1984 年 5 月)頁71(夏先生《李清照詞的藝術特色》一文,原載《文學評論》1961 年第 4 期)。"悽悽慘慘"的"悽"字,夏文作"淒"。

[3]　請參考竺家寧《聲韻學》(臺北:五南圖書出版有限公司,1991 年 7 月)(轉下頁)

42 個齒聲字,加“摘”、“著”二字,數目變爲 44,而詞中的舌聲字加齒聲字的數目,則由 57 變爲 59,佔全詞 97 字的 60.82%。④近年採用夏先生之説者頗多,如周篤文、⑤陶爾夫、⑥張宇天、⑦臧維熙⑧等,他們都没有指出夏先生的缺漏。此外,楊燕、薛祥生、高洪奎説此詞用了 16 個舌音字、41 個齒音字,⑨也與事實不符。在《切韻》音系中,詞中“尋”字(出現兩次)屬邪母,“清”(出現兩次)、“悽”(出現兩次)、“慘”(出現兩次)、“戚”(出現兩次)、“次”屬清母,“最”、“將”、“酒”、“怎”(出現三次)、“積”屬精母,“憔”、“悴”、“自”、“字”屬從母,“息”、“三”、“心”、“相”、“損”、“細”屬心母。在李清照的時代,精、清、從、心、邪五母,屬舌尖前音的塞擦音或擦音,也就是傳統音韻學的齒頭音。此外,詞中“乍”、“愁”二字,屬《切韻》音系中的崇母,“時”(出現兩次)、“是”、“誰”則屬禪母,“盞”屬莊母,“正”、“這”屬章母,“傷”、“識”、“守”屬書母,“窗”屬初母,“生”屬山母,“摘”、“著”屬知母。在李清照時,莊、初、崇、山、章、書、禪、知識母,有些音韻學家認爲屬舌葉音的塞擦音或擦音,⑩有些

（接上頁）頁 443、453、466、467 及王力《漢語語音史》(北京:中國社會科學出版社,1985 年 5 月)頁 261、264、492。

④　此百分比準確至小數點後兩位。

⑤　周篤文選注《宋百家詞選》(廣州:廣東人民出版社,1983 年 9 月)頁 127。

⑥　陶爾夫編著《宋詞百家譯釋》(哈爾濱:黑龍江人民出版社,1984 年 3 月)頁 205。

⑦　張宇天《試談李清照詞的語言特色》,《廣州師範學院學報(社會科學版)》1985 年第 1 期頁 82。

⑧　臧維熙《宋詞名篇賞析》(合肥:安徽文藝出版社,1986 年 11 月)頁 176。

⑨　楊燕《淺談李清照的藝術特色》,濟南市社會科學研究所編《李清照研究論文集》(北京:中華書局,1984 年 5 月)頁 174(案:楊文原載《齊魯學刊》1980 年第 6 期);薛祥生《李清照詞的審美價值》,濟南市社會研究所編《李清照研究論文選》(上海:上海古籍出版社,1986 年 12 月)頁 143;高洪奎《論易安體的藝術特質》,《齊魯學刊》1989 年第 5 期頁 127。

⑩　竺家寧《聲韻學》頁 464—465,竺氏所描述的是邵雍(1011—1077)時的語音,邵雍僅比李清照(1084—約 1155)早數十年。

音韻學家則認爲屬舌面前音的塞擦音或擦音。⑪ 無論舌葉音
或舌面前音的塞擦音或擦音,都屬於傳統音韻學的正齒音。上
述齒頭音和正齒音的總數是44,而不是夏承燾先生的42,或楊
燕、薛祥生、高洪奎的41。至於舌音字,“淡”、“敵”、“地”、
“獨”、“桐”、“第”屬定母,“他”屬透母,“堆”、“得”(出現兩
次)、“到”、“點”(出現兩次)、“滴”(出現兩次)屬端母,總數
是15(如加上屬“泥”母的“暖”、“難”二字,則總數是17,而不
是楊燕、薛祥生、高洪奎的16)。由於群言淆亂,令讀者無所適
從,而且皆未得其真,因此把數據詳細列出,以正視聽。

---

⑪　王力《漢語語音史》頁 260—261、493—494,王氏所描述的是朱熹(1130—
　　1200)時的語音,朱熹僅比李清照晚數十年。

不完整的傳記——論章太炎傳

一、筆者所讀過的章太炎傳

題目中的"章太炎傳",蓋屬衆數,已出版的章太炎傳很多,筆者所見到的,就有下列 18 種:

1. 許壽裳①(1883—1948)著,《章炳麟》②,見《章炳麟傳記彙編》,香港:大東圖書公司,1978 年。案:大東圖書公司所影印者,爲 1946 年南京勝利出版公司版。

2. 沈延國③著,《記章太炎先生》,上海:永祥印書館,

---

① 許壽裳爲章太炎之弟子,參許壽裳著《章太炎傳》(天津:百花文藝出版社,2004 年)陳平原《前言》頁 1。

② 《章炳麟》一書,有重慶勝利出版社之 1945 年版。1987 年,重慶出版社重排《章炳麟》,即依據重慶勝利出版社之 1945 年版。2003 年,上海百家出版社刊行倪墨炎、陳九英編之《許壽裳文集》上下卷,其中《章炳麟》一書,用的是 1946 年南京勝利出版公司的本子(參許壽裳著《章太炎傳》陳平原《前言》頁 21)。筆者所見到的,除 1978 年大東圖書公司所影印者外,還有重慶出版社 1987 年版、2004 年 7 月天津百花文藝出版社出版而易名爲《章太炎傳》者,以及 2004 年 12 月北京團結出版社出版而易名爲《章炳麟傳》者。

③ 沈延國亦爲章太炎之弟子,參沈延國《記章太炎先生》頁 88。

1946 年。

3. 朱仲玉編寫,《章太炎》,北京:中華書局,1961 年。

4. 張玉法著,《章炳麟》,見《章炳麟·歐陽竟無·梁啟超·馬一浮》,臺北:臺灣商務印書館,1978 年初版,1999 年更新版。

5. 熊月之著,《章太炎》,上海:上海人民出版社,1982 年。

6. 王有爲著,《章太炎傳》,廣州:廣東人民出版社,1984 年。

7. 任真著,《章太炎的丰采》,臺北:精美出版社,1985 年。

8. 姜義華著,《章太炎思想研究》,上海:上海人民出版社,1985 年。

9. 杜英穆編著,《瘋子大師章炳麟》,見《梁啟超·辜鴻銘·章炳麟》,臺北:名望出版社,1988 年。

10. 何成軒著,《章太炎評傳》,鄭州:河南教育出版社,1990 年。

11. 姜義華著,《章太炎》,臺北:東大圖書股份有限公司,1991 年。

12. 姜義華著,《章太炎評傳》,南昌:百花文藝出版社,1995 年。

13. 徐立亭著,《章太炎》,哈爾濱:哈爾濱出版社,1996 年。

14. 湯志鈞著,《章太炎傳》,臺北:臺灣商務印書館,1996 年。

15. 張兵著,《章太炎傳》,北京:團結出版社,1998 年。

16. 陶緒、史革新著,《有學問的革命家:章太炎》,武漢:湖北教育出版社,1999 年。

17. 姜義華著,《章炳麟評傳》,南京:南京大學出版社,

2002 年。

　　18. 金宏達著，《太炎先生》，北京：中國華僑出版社，2003 年。案：此書 2008 年又易名爲《大師章太炎》，由合肥黃山書社出版。

二、爲甚麼説所有章太炎傳都不完整

　　我們説現存的章太炎傳都不完整，原因是没有一本章太炎傳深入討論章太炎（章炳麟，號太炎，1869—1936）④的小學，即文字音韻學。章氏是我國近代傑出的小學大師，是傳統小學向現代語言文字學發展過渡時期的代表人物。他全面總結、吸收了清人音韻、訓詁、文字等方面的研究成果，同時也接受了現代科學思想的影響，從而成爲延續傳統小學的殿軍和完全紮根於漢語實際中的新的語言學説的開拓者。他使傳統小學擺脱了經學附庸的地位，而發展成爲獨立的、日益精密的語言文字學。⑤ 周作人（1885—1967）説：“我以爲章太炎先生對於中國的貢獻，還是以文字音韻學的成績爲最大，超過一切之上的。”⑥章太炎對中國的貢獻，既以文字音韻學的成績爲最大，但衆多的章太炎傳，對章氏的小學，竟全無深入討論，除了簡略之外，還有不少錯誤，這未免是一種遺憾。

　　已出版的章太炎傳，對章太炎小學的論述，存在下列問題：

---

④　許壽裳《章炳麟》、朱仲玉《章太炎》、杜英穆《瘋子大師章炳麟》皆謂章太炎生於1868 年，任真《章太炎的丰采》則謂章氏生於 1867 年。案《章太炎先生家書》（上海：上海古籍出版社，1986 年）敘言附注云：“據《太炎先生自定年譜》，先生生於清同治七年（一八六八）十一月三十日，合陽曆爲一八六九年一月十二日。此書用公元紀年，故作一八六九年。”

⑤　參許嘉璐主編《傳統語言學辭典》（石家莊：河北教育出版社，1990 年）頁 568。

⑥　周作人《知堂回想錄》（香港：三育圖書文具公司，1974 年）頁 217。

（一）簡略

1. 幾乎沒有作任何介紹,例如:

（a）朱仲玉的《章太炎》,只於首頁說章太炎是近代音韻文字學方面有很深造詣的學者,除此之外,全書再沒有提及章氏的小學。

（b）任真的《章太炎的丰采》,也只有寥寥數句談及章太炎的小學:

> 他在東京講學期間,先後完成《小學答問》、《新方言》、《文始》等著述,又爲《國故論衡》、《齊物論釋》、《訄書》多所修删損益。這些宏文巨著,在學術上的價值,有連城之珍,都收集在《章氏叢書》裏,要没有那一段時間的講學,章太炎可能無法强迫自己寫出這些不朽的篇章來。⑦

（c）杜英穆的《瘋子大師章炳麟》,於章太炎的小學,也是只有寥寥數句:

> 章氏講解國學,雖到晚年,還是頭頭是道,没有遺忘。著作有《春秋左傳讀·敍錄》、《劉子政左氏說》、《文始》、《新方言》、《莊子解故》、《國故論衡》、《檢論》、《太史公古文尚書拾遺》、《清建國別記》、《太炎文錄初編、補編、別錄》等等,包括項目甚多,合編爲《章氏叢書》及其續篇,誠不愧爲一代國學宗師也。⑧

⑦ 《章太炎的丰采》頁114。
⑧ 《梁啟超·辜鴻銘·章炳麟》頁202。

2. 只作簡略介紹

2.1　全面簡略,例如何成軒的《章太炎評傳》,對章太炎小學的論述,即頗簡略——《新方言》只說研究古今方言,《小學答問》只說以問答形式解釋語言文字學的有關問題,《國故論衡》只說縱論語言文字學、文學、諸子學、哲學。⑨

2.2　個別著作沒有介紹或只作非常簡略介紹,例如:

(a) 姜義華《章太炎》竟無一語談及章氏《小學答問》的內容。⑩

(b) 徐立亭《章太炎》一書,有關《文始》的介紹,非常簡略,讀者讀畢徐書,相信仍不知道《文始》究竟是一部甚麼性質的書。⑪

(c) 湯志鈞《章太炎傳》,於《新方言》、《國故論衡》、《小學答問》、《文始》諸作,只說"每多訓釋精審,發人未發,在學術上有重大貢獻",而沒有片言隻字介紹,實在非常簡略。⑫

(d) 張兵的《章太炎傳》,沒有隻字提及《春秋左傳讀》的內容,只是說:"太炎又向名高望重的常州今文經學派大師劉逢祿挑戰,著成了一本五十多萬字的《春秋左傳讀》。書成後,太炎頗自負,曾在同學中宣稱:'使申受(劉逢祿字)見之,唯有匍匐卻走!'"又說:"太炎把書稿交給老師,俞樾看後雙眉緊蹙,連連搖頭說:'雖新奇,未免穿鑿,後必悔之!'"⑬因此,讀者除了知道《春秋左傳讀》跟《左傳》有關外,具體的內容便一概不知。

2.3　語焉不詳,例如許壽裳《章炳麟》說:"作《文始》,以

⑨　參何成軒《章太炎評傳》頁 212。
⑩　參姜書頁 60。
⑪　參徐書頁 335—337。
⑫　參湯書頁 391。
⑬　參張書頁 13。

明語言之根;次《小學答問》,以見文字之本;述《新方言》,以通
古今之郵。又著《國故論衡》上卷十一篇,皆言小學要義。"⑭

2.4　缺乏闡釋,例如許壽裳《章炳麟》引述《文始》説:
"《説文》:'口,人所以言食也。象形'。旁轉宵,變易爲噭。師
古説:'噭,口也。'凡有穴者通得言口,故轉宵又孳乳爲竅,空
也。口對轉東又孳乳爲空,竅也。空又孳乳爲銎,斤斧穿也。
口又孳乳爲釦,金飾器口也。"⑮没有任何闡釋。其實,如果稍
加闡釋,會加深讀者的理解。《文始》説"口"變易爲"噭"。
案:"口"之先秦古音屬溪紐侯部,根據王力(1900—1986)《漢
語語音史》之擬音,當作[k'ɔ];語音小變,語義不變,變易爲另
一字形"噭",⑯音[kio]⑰(見紐宵部)。此外,凡有穴者通得言
"口","口"[k'ɔ]音變[k'io](溪紐宵部),於是産生"竅"這
個詞(意爲"孔穴"⑱)。"口"[k'ɔ]音變[k'ɔŋ](溪紐東部),
則産生"空"這個詞(義亦爲"孔穴"⑲)。"空"[k'ɔŋ]音變
[k'ioŋ](溪紐東部),則産生"銎"這個詞(義爲"斧上裝柄的
孔"⑳)。就這樣,《文始》通過語音的聯繫,把"口"、"噭"、

---

⑭　參許書頁87。
⑮　參許書頁88。
⑯　《説文》"噭"下曰:"吼也。从口,敫聲。一曰:噭,呼也。"案:《説文》無"吼"
　　字,清儒頗有以"吼"爲"口"之誤者,王筠《説文句讀》則謂此篆當删。詳參《説
　　文解字詁林》(臺北:商務印書館,1969年)頁552b—553b。
⑰　段玉裁《説文解字注》"噭"下注曰:"徐廣'苦弔反',小顔'江弔'、'口釣'二反,
　　《廣韻》'古弔切'。"(《説文解字詁林》頁553a)[kio](見紐宵部)殆爲"江弔"、
　　"古弔"二切之先秦擬音;"苦弔"、"口釣"二切之先秦擬音則作[k'io](溪紐
　　宵部)。
⑱　《説文》:"竅,空也。"段玉裁《説文解字注》:"空、孔古今字。"桂馥《説文義
　　證》:"空也者,《廣韻》:'竅孔也。'"參《説文解字詁林》頁3284a。
⑲　《説文》:"空,竅也。"段玉裁《説文解字注》:"今俗語所謂孔也。"參《説文解字
　　詁林》頁3284b。
⑳　《説文》:"銎,斤斧穿也。"徐鍇《説文繫傳》:"柄孔受柯處。"參《説文解字詁林》
　　頁6282a。

"窽"、"空"、"𥈽"等跟"口"、"孔"等義有關聯的字詞繫聯起來。最後,章太炎還試圖把"口"和"鈪"聯繫起來。"口"、"鈪"古同音,《説文》"鈪"訓"金飾器口",[21]章氏於是説:"口又孳乳爲鈪,金飾器口也。"不過,張舜徽(1911—1992)《説文解字約注》"鈪"下曰:

> 徐鍇:"若今金銀稜器也。"段玉裁曰:"謂以金涂器口。許所謂錯金,今俗所謂鍍金也。"舜徽按:許所云器口,猶今語偏器之邊也。凡以金飾器者,不但緣飾其口而已。故《後漢書·和熹鄧皇后紀·注》云:"鈪音口,以金銀緣器也。"蓋飾器之事,既緣器之口,亦緣器之底,遇有邊處皆飾之。此篆當云:"從金,口聲。"不當以會意説之。《文選·西都賦·注》引作"金飾器",無口字,蓋許書原文如此也。[22]

可見"鈪"是以金塗飾器物,不一定跟"口"義相關。

2.5　述而不論,例如:

許壽裳《章炳麟》引述《小學答問》説:

> 問曰:"《説文》:'艾,灾臺也'。《春秋傳》言'艾豻'、'國君好艾'。《孟子》、《楚辭》言'少艾'、'幼艾',不解少年何以稱艾?"答曰:"老亦爲艾。五十髮蒼,始服官政,以艾爲稱;少亦爲艾,猶言蒼生,亦如今言青年矣。艾轉爲牙,崔駰言'童牙',亦轉爲吾,管子言'吾子',皆幼少之

---

[21]　《説文解字詁林》頁6276b。

[22]　張舜徽《説文解字約注》(鄭州:中州書畫社,1983年)卷二七頁14a。

名也。"㉓

但沒有任何評論。堯案:《小學答問》此條嘗試解釋少年何以稱艾。章氏以"少艾"爲"老艾"之反訓,似可商榷。《孟子·萬章》上:"知好色,則慕少艾。"趙注:"艾,美好也。"翟灝(1736—1788)《四書考異》云:"按《曲禮》:'五十曰艾。'疏謂'髮蒼白色如艾也'。蓋古但訓艾爲白,而白義含有二焉:以髮蒼白言謂之老,以面白晳言則謂之美,同取于艾之色也。《戰國策》:'魏牟謂趙王曰:"王不以予工,乃與幼艾。"'高誘注云:'艾,美也。'屈子《九歌》:'懲長劍兮擁幼艾。'王逸注亦以艾爲美好。《晉語》:'狐突語申生曰:"國君好艾大夫殆。"'韋昭注以艾爲嬖臣,乃指男色之美好者。漢張衡《東京賦》:'齊騰驤以沛艾。'薛綜注以沛艾爲作姿容貌。"㉔其說近是。可見"少艾"不必爲"老艾"之反訓。

(二)錯誤

1. 錯誤理解術語,例如姜義華《章太炎思想研究》頁 10—11 說:"章太炎首先刻苦攻讀了許慎的《說文解字》、段玉裁的《說文解字注》、顧炎武的《音學五書》、郝懿行的《爾雅義疏》,這是文字音韻學方面的一批權威性著作。藉此,章太炎對我國古文字和古音韻有了較爲系統的了解。"這段話問題出在"古文字"此一術語上,目前學術界一般均以古文字指甲骨文和金文,《說文解字》研究的是小篆,因此,章太炎雖然刻苦攻讀《說文解字》及《說文解字注》,也不可能因而對我國古文字有系統的了解。同一道理,頁 11 和頁 25 的"古文字學"也很有問題。

㉓　參許書頁 92。
㉔　《皇清經解》(臺北:復興書局,1972 年)卷四七九頁 2b—3a。

頁 11 説:"王引之充分利用古文字學方面的新成就,廣泛援引各種古代文獻,對儒家經典中許多經文作出了超越前人的較爲準確的解釋。"堯案:王引之(1766—1834)爲乾、嘉時人,乾、嘉之世,《説文》之學大盛,而古文字學要清末才開始蓬勃,因此,王引之用以研究儒家經典的是當時的《説文》研究成果或文字學方面的新成就,與古文字學無關。頁 25 説:"章太炎廣泛而熟練地運用了他異常豐富的古文字學和古文獻學知識,將《左傳》與其他大量周秦典籍聯繫起來深入進行比較研究與綜合考察。"堯案:章太炎早期一直認爲甲骨文不可靠,至於金文,則認爲真僞相雜,因此對古文字學没有作甚麽研究,他所熟悉的是《説文》方面的文字學,姜義華説章太炎廣泛而熟練地運用他異常豐富的古文字學知識,是用錯了術語。此外,姜氏 1995 年出版的《章太炎評傳》、徐立亭的《章太炎》,以及陶緒、史革新合著的《有學問的革命家:章太炎》,亦將古文字學與文字學混淆不別。[25]

　　2. 錯誤論述,例如熊月之《章太炎》及王有爲《章太炎傳》均謂"頷"從"天"字演變而來。[26]案"頷"之先秦古音屬疑紐鐸部,根據《漢語語音史》之擬音,當作[ŋeak],與"天"(透紐真部)音[t'ien]相距甚遠,[27]"頷"不可能從"天"字演變而來。

　　3. 論述不夠全面,例如姜義華《章太炎思想研究》及陶緒、史革新合著的《有學問的革命家:章太炎》,均謂章氏《春秋左傳讀》,依據乾嘉考據方法,對古文獻進行廣泛的比較研究,充

㉕　參姜書頁 3、徐書頁 337 及陶、史之書頁 281。
㉖　參熊書頁 139 及王書頁 96。
㉗　《説文》諧聲中,非三等之"疑"紐與"透"紐通轉僅兩次(參陸志韋《古音説略》〔見《陸志韋語言學著作集(一)》,北京:中華書局,1985 年〕頁 258。非三等之"疑"紐,陸書作"五";"透",陸書作"他");"鐸"、"真"二部則無合韻關係(參陳新雄《古音學發微》〔臺北:文史哲出版社,1975 年〕頁 1088)。

分發揮了章氏在文字音韻學方面的長處,解難釋疑,取得了富
有學術價值的成果。㉘堯案:二書所說,其實有點偏而不全。
章氏年四十,於《國粹學報》發表《與人論國粹學書》,其第二書
云:"左氏故言,近欲次錄,昔時爲此,亦幾得五六歲,今仍有不
愜意者,要當精心汰淅,始可以質君子,行篋中亦有札記數冊,
往者少年氣盛,立說好異前人,由今觀之,多穿鑿失本意,大氐
十得其五耳。"㉙其自定年譜於《左傳讀》亦云:"……書成,然尚
多凌雜,中歲以還,悉刪不用,獨以《敍錄》一卷、《劉子政左氏
說》一卷行世。"㉚筆者嘗撰《論章炳麟〈春秋左傳讀〉時或求諸
過深》一文,指出章書洽聞强識,旁稽遠紹,但時或鈎索過深,
易生穿鑿,用者不可不慎。㉛

4. 論述不確當,例如:

(a)徐立亭《章太炎》非常推崇章太炎之小學,頁 16 曰:
"清朝乾嘉樸學大師戴震説:'學有三難:淹博難,識斷難,精審
難。'三百年來,只有章太炎兼此三長。他成爲清代樸學的前
無古人的一代宗師,與在詁經精舍的苦學苦練不無關係。"樸
學即小學。徐書說有清三百年,只有章太炎兼有淹博、識斷、精
審三方面之長,未免推許過當而與事實不符。章氏使傳統小學
擺脱了經學附庸的地位,而發展成爲獨立的、日益精密的語言
文字學,固然是我國近代傑出的小學大師,是傳統小學向現代
語言文字學發展過渡時期的代表人物。不過,章氏的小學,也
有一些缺點。相對來説,王念孫(1744—1832)、王引之父子,
其淹博、識斷、精審,恐怕不在章氏之下。

㉘　參姜書頁 27 及陶、史之書頁 239、280、283。
㉙　見《國粹學報》第 37 期社説頁 2b。
㉚　《太炎先生自定年譜》(香港:龍門書店,1965 年)頁 5。
㉛　參拙著《論章炳麟〈春秋左傳讀〉時或求諸過深》,《左傳學論集》(臺北:文史哲
　　出版社,2000 年)頁 111—130。

　　（b）徐立亭《章太炎》頁 336 説：“《國故論衡》上卷的内容是關於文字學的。”其實，嚴格來説，《國故論衡》上卷十篇文章，只有《轉注假借説》和《理惑論》兩篇跟文字學有關，其餘八篇，談的是音韻、語言和小學總論。

　　（c）陶緒、史革新合著的《有學問的革命家：章太炎》頁 242 説《小學答問》是專論文字學方面的著作，似可商榷。《小學答問》談的主要是假借，似屬訓詁學多於文字學。又頁 243 説：“章氏文字學著述頗豐，對中國語言文字的改革發展貢獻甚巨，《小學答問》僅是其中之一種。”堯案：《小學答問》似與中國語言文字的改革發展没有甚麼關係。

　　（d）陶緒、史革新合著的《有學問的革命家：章太炎》頁 304 説：“《文始》（1910 年出版）也是章太炎關於音韻學的另一部著作。”堯案：《文始》是一本語源學的著作，它是利用古音研究語源。

　　（e）許壽裳《章炳麟》説《文始》是中國文字學上一大發明，[32]王有爲《章太炎傳》説《文始》是對中國文字學的一大貢獻。[33] 他們的説法不完全對，《文始》主要是一本研究語源的著作，它對中國語源學的貢獻，遠大於它對中國文字學的貢獻。

三、章太炎傳——如何由不完整變爲完整

　　近年有關章太炎小學的研究甚多，有助修補已出版章太炎傳的缺陷。例如已出版的章太炎傳對章氏小學多述而不論，近年的研究許多是指出章氏小學不足之處，可加深讀者對章太炎

---

[32]　參許書頁 87。
[33]　參王書頁 95。

小學的認識,將來出版的章太炎傳,也可以參考這些研究,加强對章氏小學的評論。

王力《同源字典·同源字論》説:

　　章氏的《文始》,實際上是語源的探討。他在《敍例》裏説,研究文字應該依附聲音,不要"拘牽形體",這個原則無疑是正確的。但是他自己違反了這個原則。他以《説文》的獨體作爲語源的根據,這不是"拘牽形體"是甚麼?要知道,語言遠在文字之先。可以想象,在原始社會千萬年的漫長歲月中,有語言而無文字,何來"初文"?文字是人民羣衆創造的,並且是不同時期的積累,決不是有個甚麼倉頡獨力創造出一整套文字來。許慎距離中國開始創造文字的時代至少有二三千年,他怎能知道哪些字是"初文"?

　　即使是初文,也不能説明問題。何況最簡單的筆畫也不是初文,像丨、丿、乚之類,是不是獨體字還成問題;不簡單的合體字也不一定不是初文,例如"爲"字,甲骨文作𤔲,以手牽象會意,應該是初文。章氏迷信《説文》,他所定的初文是不可靠的。

　　由於迷信《説文》,章氏跟着許慎鬧笑話。"也"字本是"匜"的古文,許慎偏要説是"女陰也",章氏跟着錯,甚至説"地"字古文也當作"也",因爲重濁陰爲地。這種議論是站不住腳的。[34]

王氏認爲這是原則性的錯誤。陳曉强在《淺論王力先生對〈文

_____

[34]　王力《同源字典》(北京:商務書館,1982年)頁40。

始〉的評價》一文中,雖然嘗試爲《文始》辯護,但也認爲"在
'初文'方面,《文始》既是求語源,卻以初文、準初文爲根,這的
確是《文始》的一個局限"。⑤

除了上述的原則性錯誤外,王力認爲章太炎還有兩個方法
上的錯誤:第一,聲音並不相近,勉强認爲同源;第二,意義相
差很遠,勉强加以牽合。關於"聲音並不相近,勉强認爲同
源",王氏引述《文始》:

"出""生"同義。"生"孳乳爲"青",謂青如艸茲也。
"出"爲"青",於艸無所見,於鳥爲"翠",青羽雀也。變易

⑤ 不過,陳曉強認爲:"對這一局限,應一分爲二地看待:1. 從平面繫源的觀點看,
繫源的起點僅是處理材料的一個操作依據,它相當於一個可以自由選擇的坐標
點,而不是標誌着歷史起源的根詞。由於漢語和漢字的特殊關係,漢字是繫源
的主要線索。太炎先生所定的初文、準初文的產生先於會意、形聲,在根詞難以
確定的前提下,以初文、準初文爲繫聯的起點未嘗不是一個好的辦法。如果從
平面繫源的觀點觀察《文始》,將'初文'的設計視爲一個操作性方法,則《文始》
更容易被人們理解,《文始》中所蘊含的科學方法也更容易被人們接受。太炎先
生用歷史推源的術語闡述自己平面繫源的工作,引起人們對《文始》的一些誤
解,王力先生對《文始》'初文'的批評是有一定道理的。2. 從學術史角度看,
'當時的詞匯學理論尚不具備起碼的條件以滿足求語源這一難度極大的工作需
要,要全面溯源理流,字根是當時最好的選擇。'3. 由於漢字和漢語的特殊關係,
詞語的派生往往是通過文字的孳乳表現出來的,字根和詞源的區別在理論上容
易表述,在實踐上不易操作。至於王力先生認爲太炎先生對初文的使用違反了
太炎先生本人所定的不要'拘牽形體'的原則,我們認爲這是王力先生對太炎先
生的一個誤解。太炎先生在《文始·敘例》中曾就'偏傍《説文》,拘牽形體'的
現象提出批評,但他並沒有對利用漢字形體進行繫源的方法提出批評。相反,
《文始》的一大功績就是在《敘例》中提出'形體聲類,更相扶胥'的理論。在詞
源研究中,'右文説'把文字的形與音、義的關係簡單化,認爲漢字的形與音、義
有必然的聯繫,其結果是同源繫聯中出現許多牽强附會的情況。由於這個原
因,清代學者明確提出了'引申觸類,不限形體'(《廣雅疏證·序》)的主張。但
是,清代學者對'拘牽形體'的批判由於忽視了漢字作爲表意文字的特性,'引
申觸類,不限形體'又容易使詞源研究出現濫用聲轉的情況。太炎先生注意到
漢字的形與音、義的特殊關係,提出'形體聲類,更相扶胥',這是對'右文説'和
'引申觸類,不限形體'理論缺陷的糾正,這是詞源研究理論的一大突破。"見
《淺論王力先生對〈文始〉的評價》,《台州學院學報》第 27 卷第 4 期頁 32—33。

爲"鷸",知天將雨鳥也。《釋鳥》曰:"翠,鷸。"翡翠本以
雌雄爲異,翠亦兼赤,故"紬"音近"翠"而訓絳,"瓊"音近
"鷸"而訓赤玉("瓊"亦作"璚")。《魏都賦》:"喬雲翔
龍。"注以爲内赤外青,蓋鷸色如此。(《文始》七)㊱

王氏説:"'出',穿母,物部,'生',山母,耕部,聲音相差很
遠。"㊲堯案:根據王力《漢語語音史》的擬音,"出"先秦音
[ʈˈiuət],"生"音[ʃeŋ]。正如王氏所説,二者相差很遠。㊳
且就古文字而言,"出""生"似非同義。"出"字甲骨文作（符号）
(鐵 201.4)、（符号）(後 1.29.4)、（符号）(鐵 236.1)、（符号）(林 1.23.16)、（符号）
(粹 366)、（符号）(後 1.29.10)、（符号）(鐵 14.2)、（符号）(拾 14.15)諸形,㊴
張日昇曰:"甲骨文'出'作（符号）諸形,正足與'各'作
（符号）相比較。古人穴居,凵 凵正象其居所。足背穴,
乃離家外出之象;足向穴,乃自外臨至之象。"㊵至於"生"字,甲
骨文作（符号）(甲 3066)、（符号）(乙 3282)諸形,㊶張日昇曰:"按《説
文》云:'生,進也。象艸木生出土上。'甲骨文作（符号）,象艸生地
上之形。許氏不言从中从土,蓋亦知字本不从土。小篆作（符号）,
乃（符号）之衍化,而（符号）亦由（符号）之直畫中繁飾一點而來。"㊷《説文》
云:"（符号）(出),進也。象艸木益滋,上出達也。"㊸章太炎篤信

――――――――

㊱　《同源字典》頁 40。案:"《文始》七"當爲"《文始》二"之誤。
㊲　《同源字典》頁 40。
㊳　《説文》諧聲"穿"、"山"二組通轉僅一次(參陸志韋《古音説略》頁 259。"穿",
　　陸書作"昌";"山",陸書作"所");"物"、"耕"二部合韻亦僅一見(參陳新雄
　　《古音學發微》頁 1087)。
㊴　見《甲骨文編》(香港:中華書局,1978 年)頁 272—273。
㊵　《金文詁林》(香港:香港中文大學,1975 年)頁 699。
㊶　見《甲骨文編》頁 274。
㊷　《金文詁林》頁 3947。
㊸　《説文解字》(香港:中華書局,1972 年)頁 127。

《説文》,遂謂"出"、"生"同義。

王力又説:

> "翠",清母,"鷸",喻母,聲音相差也很遠。這只能認
> 爲同義詞……不能認爲同源字。㊹

堯案:"翠"先秦清紐物部,根據王力《漢語語音史》的擬音,當作
[tsʻiˈuəːt];"鷸"喻紐質部,根據王力《漢語語音史》的擬音,當作
[ʎiuet]。清、喻二紐相距頗遠,但物、質二部卻有旁轉關係。㊺
陳曉强在《淺論王力先生對〈文始〉的評價》一文中承認:

> 在聲音方面,《文始》的微觀繫聯結果中,個別地方確
> 實存在聲轉過寬的問題。㊻

㊹　《同源字典》頁 40。

㊺　《説文》諧聲"清"、"喻"二紐通轉僅三次(參陸志韋《古音説略》頁 259。"清",
　　陸書作"七";"喻",陸書作"以");"物"、"質"二部則有旁轉關係,其合韻例證
　　可參陳新雄《古音學發微》頁 1059。

㊻　不過,陳曉强隨即指出:"從整體上看,《文始》在聲音方面並不存在太大問題。
　　相反,太炎先生意識到聲音並不相近的詞也可能同源,在《文始》中將一些音遠
　　的同源詞繫聯到一起,提出'旁轉對轉,音理多途;雙聲馳驟,其流無限'理論,這
　　是對傳統的'音近義通'理論的發展。王力先生對《文始》聲音方面的批評同他
　　對同源詞的認識有關,他認爲:'凡音義皆近,音近義同,或義近音同的字,叫同
　　源字。'這説明,王力先生是主張同源詞必須音近的。但是,同源詞的語音在長
　　期流轉中,除音同與音近的關係外,有些發生了較大的音變,因而還有音遠的關
　　係,如果只堅持'音同、音近'標準,可能導致同源詞繫聯的大量遺漏。面對實際
　　情況,王力先生本人在具體的繫聯過程中也無法完全堅持他所定的音近原則。
　　據王寧、黄易青先生統計,《同源字典》'僅韻部一項,在正文中仍有旁對轉
　　26 種,通轉 44 種,共 70 種聲音關係是比較遠的(不包括實際繫聯時同一族若干
　　組中輾轉而通者)。'王力先生繫聯的同源詞也幾乎是'無所不轉',這種現象説
　　明,純粹的音近原則並不符合同源詞的實際。聲音關係必須以意義關係爲依
　　據,據黄易青先生等人考察,'《文始》聲轉較遠的,都是由於"異狀同所"的繫
　　聯。'這進一步説明《文始》在聲音方面的問題並不像王力先生所説的那樣嚴
　　重。"見《淺論王力先生對〈文始〉的評價》頁 33。

至於"意義相差很遠,勉强加以牽合"的問題,王力引述《文始》:

> 《説文》:"谷,山間陷泥地。从口,从水敗完。[47]"此合體象也。[48]《易》:"兑爲澤。"借爲"谷"字,兑從谷聲也,其聲蓋亦兼在喉舌,或舒作齒音。"隓"訓兩阜之間,[49]《唐韻》作"似醉切",蓋亦"谷"之變易,即今"隧"字,而古或作"兑"。《詩》傳曰:"兑,成蹊也。"疑亦"谷"之變易,説乃引申義。[50] 蓋"谷"對轉泰爲"兑",次對轉隊爲"隓",[51]又爲"術",邑中道也。"兑"又孳乳爲"達",行不相遇也。行無窒悟,故亦訓"通"。爲"駾",馬行疾來皃。爲"戻",輞車旁推户也。《老子》曰:"閉其門,塞其兑。""兑"者戻也,謂户。[52]

王氏説:

> 從聲音方面看,"谷、兑、隧、術、達、駾、戻"相通是没有問題的;但是,從詞義方面看,則大有問題。山間陷泥地與湖澤大相逕庭,與隧道更是風馬牛不相及。至於孳乳爲達、爲駾、爲戻(户),更不知何所據而云然。[53]

---

[47] 案:"完"爲"兑"之誤。
[48] 案:章氏原文作"此合體象形也"。
[49] 案:章氏原文作"隓訓兩自之間"。
[50] 案:章氏原文作"訓説乃引申義"。
[51] 案:"隓"爲"隓"之誤。
[52] 《同源字典》頁41。
[53] 同上。

堯案：《説文》："屲（㕁），山間陷泥地。从口，从水敗兒。"[54]徐
鍇（920—974）《説文繫傳》："口以象山間也。儿，半水也，象土
上有少水也。"[55]《易》："兑爲澤。"《説文》："兊（兑），説也。从
儿，㕁聲。"[56]段玉裁（1735—1815）《説文解字注》："説者，今之
悦字。"[57]可見"兑"本無"澤"義，《文始》謂其有"澤"義者，蓋借
爲"㕁"，由"土上有少水"，引申爲"沼澤"，兩者似尚非"大相
逕庭"。

至於"𨜏"（即今"隧"字），《説文》訓"兩𨸏之間"。[58] 兩山
阜之間，跟"山間陷泥地"之"㕁"，也非"風馬牛不相及"。

徐灝（1810—1879）《説文解字注箋》："𨜏蓋古隧字。左氏
襄十八年傳：'夙沙衛連大車以塞隧而殿。'《莊子·馬蹄篇》：
'山無蹊隧。'《釋文》竝云：'隧，道也。'此即𨜏之本義，从反正
二𨸏相合會意，其中爲徑路也。"[59]"徑路"與訓"邑中道"之
"術"，[60]也不能説完全没有關係。

《文始》説："'兑'又孳乳爲'達'，行不相遇也。"案：《説
文》："達，行不相遇也。……《詩》曰：'挑兮達兮。'𨙕，達或从
大。"[61]王筠（1784—1854）《説文句讀》"達"下云："達與《水
部》泰，當同音他達切。泰，滑也。則達亦是滑也。"[62]復於"泰"
下云："《廣韻》：'达，足滑。'《洞簫賦》：'順序卑达。'李善引

---

[54]　《説文解字》頁 35。
[55]　《説文解字詁林》頁 650b。
[56]　《説文解字》頁 176。
[57]　《説文解字詁林》頁 3825a。
[58]　《説文解字》頁 307。
[59]　《説文解字詁林》頁 6523b。
[60]　同上，頁 837a。
[61]　《説文解字》頁 41。
[62]　《説文解字詁林》頁 775a。

《字林》:'达,滑也。'"(63)"达"爲"達"之或體,足見"達"確有滑義。"兑"借爲"㕣","㕣""象土上有少水",故有滑義。可見《文始》説"兑"孳乳爲"達",實非無所據而云然。

不過,《文始》説"兑"孳乳爲"駾"、爲"戾",卻的確"不知何所據而云然"。"駾"訓"馬行疾來皃",(64)"戾"訓"曲也,从犬出户下",(65)與"兑"、"㕣"等字,確是"風馬牛不相及"。

陳曉强在《淺論王力先生對〈文始〉的評價》一文中説:

> 在意義方面,王力先生在《同源字典·同源字論》中談到:"判斷同源字,主要根據古代的訓詁,有互訓、有同訓、有通訓、有聲訓。"訓詁是用來溝通詞義的,古代訓詁材料所直接顯現的往往是詞匯意義而不是詞源意義。王力先生以古代訓詁爲根據判斷同源詞,實質就是根據詞匯意義的相同或相近來判斷。科學的同源詞的判斷標準應該是詞源意義而不是詞匯意義,詞匯意義不同的詞可以繫聯爲同源詞。因此,章太炎先生將詞匯意義並不相近的詞繫到一起正反映了章太炎先生在詞源研究中的遠見卓識。(66)

陳氏又説:

> 《文始》在意義方面存在的問題也出在没有區分詞匯意義和詞源意義。《文始·敘例》提出:"物有同狀而異所

(63) 同上,頁5098b。
(64) 《説文解字》頁201。
(65) 同上,頁205。
(66) 《淺論王力先生對〈文始〉的評價》頁33。

者,予之一名",“有異狀而同所者,予之一名"。考其實踐,《文始》根據“同狀異所"繫源是正確的,根據“異狀同所"繫源卻存在很多問題。究其原因,“同狀"實質即詞源意義相同,“同所"即詞匯意義相同。因此根據“同狀"繫源,其結果是正確的,根據“同所"繫源,其結果就會出現問題。⑥⑦

最後,陳氏總結説:

宏觀地看,《文始》對詞源進行全面研究的首創性和對聲音、意義進行繫聯的科學方法以及形、音、義結合的科學思想已經被學術界承認且接受。微觀地看,黄侃先生在大徐本《説文解字》上批注的《説文同文》以及後人的大量繫源工作證明,《文始》的繫聯結果中確實存在個別錯誤。⑥⑧

此外,李恕豪指出:

《文始》也存在着許多缺點。除了一門學科的開創者所難免的疏忽和失誤之外,主要的錯誤在於章氏把《文始》中的 510 個初文和準初文確定爲漢語的語根。文字並不等於語言,它衹是語言符號的代表,産生於語言之後。510 個初文和準初文屬於文字,而不屬於語言。因此不能叫做“語根"。此外,它們也並不一定如章氏所説的那樣,

⑥⑦ 《淺論王力先生對〈文始〉的評價》頁 33。
⑥⑧ 同上。

全都是最原始文字,因爲《説文》中的小篆早已不是最古老的文字了。還有,章氏解説文字的本義,僅僅根據《説文》,這也不一定完全正確,許書本身就有不少失誤。[69]

章太炎的《小學答問》,所言假借,可議者亦不少,可參拙著《讀〈小學答問〉札記》,載《勉齋小學論叢》(上海:上海古籍出版社,2009)頁1—43。例如該書第二條説:

> 問曰:"《説文》:'祝,祭主贊詞者。'《春秋公羊傳》言'天祝予',《穀梁傳》言'祝髮',以'祝'爲斷,其本字當云何?"答曰:"字當作'殊'。'殊'者,斷也,絶也。《春秋左氏傳》曰:'斷其後之木而弗殊。'《漢書·宣帝紀》曰:'粲而不殊。'古音'祝'如'州'。左氏、公羊《春秋經》'州吁',穀梁《春秋經》作'祝吁',是其證。'州'之音近'殊',《春秋説題辭》曰:'州之言殊也。'又《説文》'𪚔'讀若'祝',云:'呼雞重言之。'《風俗通義》則言'呼雞朱朱',云:'𪚔與朱音相似。'是'祝'亦可讀'朱',是故借'祝'爲'殊'。"[70]

堯案:考諸古音,"殊"字禪紐侯部,"祝"字章紐覺部,音理略隔,[71]且《説文》四篇下歺部:"殊,死也。"[72]其訓爲斷,引申亦稍遠,似不如朱駿聲(1788—1858)以祝本字爲"剭"[73]之可信。

[69]　李恕豪《中國古代語言學簡史》(成都:巴蜀書社,2003年)頁406。
[70]　《章氏叢書》(臺北:世界書局,1958年)頁271。
[71]　古籍侯、覺二部合韻者不一見。
[72]　《説文解字》頁85。
[73]　《説文解字詁林》頁70a。

"劚"即《説文》之"劚",説解云:"斫也。"[74]字從斤,斤斧之屬,所以斷物也,故有斷義。《左傳》哀公十五年:"天或者以陳氏爲斧斤,既斲喪公室。"[75]"斲喪"之義,與"天喪予"、"天祝予"同。《説文》:"斲,斫也。"[76]正與"劚"同訓。又《管子・形勢解》:"奚仲之巧,非斲削也。"[77]《荀子・王制》:"農夫不斲削,不陶冶,而足械用。"[78]皆斲削連言。《穀梁傳》莊公二十四年:"斲之礱之。"《釋文》:"斲,削也。"[79]"劚"與"斲"同訓,則"劚"亦有削義。"劚髮"者,猶後世所言"削髮"。可見"祝髮"之本字是"劚"。"劚"與"祝"皆端紐屋部,自可通假。

　　章太炎的《新方言》,也有不少可議之處,孫畢《章太炎〈新方言〉研究》即認爲《新方言》有方言調查範圍不足的問題。例如《新方言》説"啥、啥子"通行於"川、楚之間"與江南,但根據《漢語方言大詞典》和《現代漢語方言大詞典》,該詞其實幾乎通行於全國。[80]

　　孫書總結近代學者的批評意見,指出《新方言》的局限主要在兩方面:(一)《新方言》沒有注意語言隨時隨地發展變化的事實,認爲"今之殊言,不違姬漢",但事實上有些是後起的語言,不一定在古書中都有本字,如果每個字都必求其出處,便會引起勉強牽合的問題。(二)《新方言》求本字的理論也有

《説文解字》頁 299。

見《十三經注疏》本《左傳注疏》(臺北:藝文印書館景印清嘉慶二十年〔1815〕南昌府學重刊本,1973 年)總頁 1035。

《説文解字》頁 300。

《管子校注》(北京:中華書局,2004 年)頁 25。

《荀子集解》(北京:中華書局,1988 年)頁 162。

見《十三經注疏》本《穀梁傳注疏》(臺北:藝文印書館景印清嘉慶二十年〔1815〕南昌府學重刊本,1973 年)總頁 59。

參孫畢《章太炎〈新方言〉研究》(上海:華東師範大學出版社,2006 年)頁 76—77。

缺點：求本字僅據雙聲疊韻不可靠；轉語無所不通而無時空限制，很容易穿鑿附會。[81]

上述批評，如果知所去取，當有助讀者瞭解章氏小學不足之處，也可供寫章太炎傳者參考。此外，正面的分析，有助讀者認識章氏對小學的貢獻。例如孫畢《章太炎〈新方言〉研究》指出：

1.《新方言》的方言調查範圍，無論從地域還是從方言系屬來看，都幾乎遍及全國。[82]

2. 中國各地方志大多數皆受《新方言》的影響。[83]

3.《新方言》根據聲韻轉變條例，從語音的關聯上尋求語義之間的關係，並證以今方言材料，取得了傳統方言學的最高成就，並開創了現代漢語方言學，使傳統小學變爲現代語言文字學。[84]

4. 章太炎在《新方言》中求出一批方言難詞的本字及推求其語源，有助語源學的研究。[85]

5. 章氏收集了八百餘條漢語方言詞匯，爲後人提供了不少有用的方言資料。[86]

此外，趙振鐸《中國語言學史》說：“《國故論衡·上編》是章炳麟接受了普通語言學理論而又結合漢語實際寫成的論述語言文字理論的著作，在此之前還沒有人這樣系統的講述過。”[87]

---

[81] 同上，頁 25—26。
[82] 參《章太炎〈新方言〉研究》，本書簡介，頁 2。
[83] 同上。
[84] 同上，頁 24。
[85] 同上。
[86] 同上。
[87] 趙振鐸《中國語言學史》（石家莊：河北教育出版社，2000 年）頁 444。

　　趙氏又指出,章炳麟在古音學方面有突出的成就。他在總結前人研究成果的基礎上提出了自己的看法,不僅注意韻部,也注意聲類,還留心於整個音韻系統的探討。韻部方面,章炳麟最初把古韻定爲二十二部。這是以王念孫的古韻二十一部爲基礎,再加上孔廣森的東、冬分部。後來他發現《詩經》裏"脂"部的去聲字和入聲字往往不和"脂"部的平聲字和上聲字相押,於是從"脂"部裏面獨立出一個"隊"部。這就構成了他的古韻二十三部體系。此外,章氏發明《成均圖》(堯案:《成均圖》之"均",即今之"韻"字),根據各韻部之間的遠近關係,把古韻部排成圖表,以說明古韻某部與某部相近,進而解釋文字孳乳假借的緣由以及古籍押韻的例外現象。

　　在古聲類的探求方面,章氏除了古音"娘"、"日"二紐歸"泥"的專論外,還對古聲類系統進行探討,確定古聲紐爲五類二十一紐。

　　朱維錚在《〈國故論衡〉校本引言》中說:"《國故論衡》初版於辛亥革命前夜,在時間意義上既可說是清代漢學的絕唱,又可說是本世紀中國學術從傳統走向現代的過程中首出的一部傑作,雖然並非唯一的傑作,卻是應該研究的傑作。然而八十五年過去了(堯案:朱文發表於 1997 年,寫作時間大概在 1996 年),這部著作卻很少得到認真的研究。"⑧筆者深切希望將來對《國故論衡》會有認真、深入的研究,並有人重寫章太炎傳,在傳中對章氏的小學,能作深入淺出的討論。

---

⑧　朱維錚《〈國故論衡〉校本引言》,《復旦學報(社會科學版)》1997 年第 1 期頁 69。

《春秋左傳讀敘錄》的評價問題

　　談到《春秋左傳讀敘錄》的評價問題，一般都引述諸祖耿（1899—1989）《記本師章公自述治學之功夫及志向》一文。諸氏述章太炎之言曰：

> 既治《春秋左氏傳》，爲《敘錄》駁常州劉氏。書成，呈曲園先生，先生搖首曰："雖新奇，未免穿鑿，後必悔之。"①

這裏説得很清楚，俞樾（1821—1906）對《春秋左傳讀敘錄》的評價是"穿鑿"。不過，筆者讀《春秋左傳讀敘錄》，卻没有很强烈的"穿鑿"感覺，例如：

　　（1）劉逢禄（1776—1829）曰："夫子《春秋》，七十子之徒口受其傳指，今所傳者，惟公羊氏而已。"章氏駁之曰："左氏、公羊氏皆不在七十子中。而左氏親見素王，則七十子之綱紀。

---

① 諸祖耿《記本師章公自述治學之功夫及志向》，《制言半月刊》1936 年 9 月第 25 期。

《公羊》末師非其比也。"②堯案:《春秋·序》孔穎達(574—648)《疏》引沈文阿③(503—563)曰:"《嚴氏春秋》引《觀周篇》云:'孔子將脩《春秋》,與左丘明乘,如周,觀書於周史,歸而脩《春秋》之經,丘明爲之《傳》,共爲表裏。'"④司馬遷(公元前145—公元前86)《史記·十二諸侯年表》曰:"七十子之徒,口受其傳指,爲有所刺譏褒諱挹損之文辭,不可以書見也。魯君子左丘明,懼弟子人人異端,各安其意,失其真,故因孔子史記,具論其語,成《左氏春秋》。"⑤《漢書·藝文志》春秋家小序曰:"……仲尼思存前聖之業……以魯周公之國,禮文備物,史官有法,故與左丘明觀其史記,據行事,仍人道,因興以立功,就敗以成罰,假日月以定曆數,藉朝聘以正禮樂。有所褒諱貶損,不可書見,口授弟子,弟子退而異言。丘明恐弟子各安其意,以失其真,故論本事而作傳,明夫子不以空言説經也。"⑥杜預(222—284)《春秋左氏經傳集解·序》曰:"左丘明受《經》於仲尼。"⑦趙生群先生《春秋經傳研究》,亦認爲從《春秋》、《左傳》的實際情況來看,兩書作者只能是同時並且關係非常密切的人。例如《春秋》"不書"之例,內容相當廣泛,情況相當複雜,《左傳》作者面對時間古今懸隔而又千頭萬緒、錯綜複雜的歷史事件,卻能一一指出哪些事件是當時曾經發生過而《春秋》作者沒有採錄的,並能對《春秋》不載的這些歷史事件作出補充説明,甚至還能分別各種不同的具體情況,一一揭示《春

---

② 參《章太炎全集(二)》(上海:上海人民出版社,1982年)頁810。
③ 《春秋正義·序》作"沈文何"(見臺北藝文印書館景印清嘉慶二十年〔1815〕南昌府學重刊宋本《左傳注疏》總頁4),《隋書·經籍志》作"沈文阿"(見《隋書》頁930,北京:中華書局,1973年),今從《隋書·經籍志》。
④ 《左傳注疏》總頁11。
⑤ 《史記》(北京:中華書局,1972年)頁509—510。
⑥ 《漢書》(北京:中華書局,1975年)頁1715。
⑦ 《左傳注疏》總頁11。

秋》所以"不書"的原因,這決不是一件輕而易舉的事。《左傳》
的作者必須具備兩個條件:一是手中握有孔子作《春秋》時所
用的藍本,了解《春秋》史料的取捨範圍,另外,還必須對《春
秋》的體例瞭如指掌。這兩個條件,如果不是與孔子同時並且
關係親密的人,是很難具備的。除此之外,《左傳》中有 50 次
提及孔子,其中約有 30 次引用孔子的話補充、解釋經文。孔子
的這些言論,都不見於《公羊》、《穀梁》兩傳,爲《左傳》所獨
有,可見《左傳》作者與孔子的關係非常密切。⑧ 綜上所述,章
太炎謂左氏親見孔子,非《公羊》末師可比,既有根據,又有道
理,絕非穿鑿。

　　(2)《史記·十二諸侯年表》曰:"魯君子左丘明,懼弟子
人人異端,各安其意,失其真,故因孔子史記,具論其語,成《左
氏春秋》。"⑨劉逢祿曰:"夫子之經,書于竹帛,微言大義不可
以書見,則游、夏之徒傳之。丘明蓋生魯悼後,徒見夫子之經及
史記、《晉乘》之類,而未聞口受微恉。當時口説多異,因具論
其事實,不具者闕之。曰'魯君子',則非弟子也;曰《左氏春
秋》,與《鐸氏》、《虞氏》、《呂氏》並列,則非傳《春秋》也。故曰
《左氏春秋》,舊名也;曰《春秋左氏傳》,則劉歆所改也。"章太
炎駁之曰:"名者,實之賓。《左氏》自釋《春秋》,不在其名
《傳》與否也。正如《論語》命名,亦非孔子及七十子所定。《論
衡·正説篇》云:'初,孔子孫孔安國以教魯人扶卿,官至荆州
刺史,始曰《論語》。'是《論語》乃扶卿所名。然則其先雖不曰
《論語》,無害其爲孔子之語也。正使子駿以前,《左氏》未稱爲
傳,亦何害其爲傳經乎? 若《左氏》自爲一書,何用比埘孔子之

⑧　參趙生群《〈春秋〉經傳研究》(上海:上海古籍出版社,2000 年)頁 75—77。
⑨　《史記》頁 509—510。

《春秋》,而同其年月爲?尋太史公言:'因孔子史記,具論其語,成《左氏春秋》。'因之云者,舊有所仍,而敷暢其怡也。且曰:'懼弟子人人異端,各安其意,失其真。'此謂口授多譌,故作書以爲簡別,固明《春秋》之義,非專塗坿其事矣。……至孔子言'與左同恥',則是朋友而非弟子,易明也。何見必後孔子者乃稱'魯君子'乎?謂生魯悼後者,以《傳》有'悼之四年',據《魯世家》言,悼公在位三十七年,去獲麟已五十年耳,然使左氏與曾子年齒相若,則終悼世尚未及八十也。"⑩堯案:章太炎謂"名者,實之賓。《左氏》自釋《春秋》,不在其名《傳》與否也",其說甚是。《左氏春秋》與《春秋左氏傳》名稱之不同,猶《史記·儒林傳》之稱《穀梁春秋》⑪及《漢書·儒林傳》之稱《公羊春秋》、《穀梁春秋》,⑫而《漢書·藝文志》則稱《公羊傳》、《穀梁傳》也。⑬ 據《史》、《漢》《儒林傳》之稱,則《公》、《穀》亦不傳《春秋》矣。⑭ 故左氏自傳《春秋》,不在其名"傳"與否也。至於劉逢祿謂"丘明蓋生魯悼後",章太炎曰:"謂生魯悼後者,以《傳》有悼之四年。"堯案:哀公二十七年《左傳》末段云:"悼之四年,晉荀瑤帥師圍鄭。……"⑮胡念貽(1924—1982)《左傳的真偽和寫作時代問題考辨》⑯一文,認爲這段文字很可能是後人所加⑰。章太炎則曰:"使左氏與曾子年齒相若,則終悼世尚未及八十也。"綜觀章氏所言,並非穿鑿。

---

⑩　《章太炎全集(二)》頁 810—812。

⑪　參《史記》頁 3129。

⑫　參《漢書》頁 3607、3617。

⑬　同上,頁 1713。

⑭　參張高評《左傳導讀》(臺北:文史哲出版社,1987 年)頁 106。

⑮　《左傳注疏》總頁 1054。

⑯　原載《文史》第 11 輯頁 1—33,後收入胡氏所著《中國古代文學論稿》(上海:上海古籍出版社,1987 年 10 月)頁 21—76。

⑰　參《中國古代文學論稿》頁 50—51。

（3）《史記·十二諸侯年表》云：“太史公曰：儒者斷其義，馳説者騁其辭，不務綜其終始；曆人取其年月，數家隆於神運，譜諜獨記世謚，其辭略，欲一觀諸要難。”[18]劉逢禄據“儒者斷其義”一語曰：“此謂夫子《春秋》之義，惟胡毋生、董生於公羊師得之。‘不務綜其終始’，以《經》自有始元終麟，非記事之史也。”章太炎駁之曰：“此謂臆斷之儒但説其義，未詳其事也。如孟軻駁百里自鬻事，無文可證，而以不諫虞公爲推，此儒者之通獘。”[19]堯案：《史記·十二諸侯年表》此段，緊接“董仲舒推《春秋》義，頗箸文焉”，劉逢禄以儒者繫胡毋生、董生，不爲無理。章太炎曰：“此謂臆斷之儒但説其義，未詳其事。”亦不爲無理。

（4）《漢書·藝文志》：“《春秋古經》十二篇，《經》十一卷。”[20]劉逢禄曰：“十一篇者，夫子手定。《公羊傳》所云隱之篇、僖之篇是也。何邵公猶傳之，云：‘繫閔公篇於莊公下者，子未三年，無改於父之道。’蓋西漢胡毋生、顔安樂以來舊本也。《古經》十二篇，蓋劉歆以祕府古文書之，而小變博士所習。……或析閔公自爲一篇，或坿續經爲一篇，俱不可知，總之非古本也。”章太炎駁之曰：“子駿之説見於《律歷志》者，曰‘列十二公二百四十二年之事’，曰‘自《春秋》盡哀十四年，凡二百四十二年。六國《春秋》哀公後十三年遜于邾。’而不曰二百四十四年，則獲麟以後，《左氏》原不以爲續經，特存《魯史》原文以記孔丘之卒耳，其不爲一篇可知。所多一篇，必閔公篇也。《藝文志》：‘《古文尚書經》四十六卷，爲五十七篇。’又云：‘《經》二十九卷，大小夏侯二家。歐陽《經》三十二卷。’此

⑱　《史記》頁511。
⑲　《章太炎全集(二)》頁816。
⑳　《漢書》頁1712。

《書》古今文卷數異也。'《詩經》二十八卷，魯、齊、韓三家。'
又云：'《毛詩》二十九卷，《毛詩故訓傳》三十卷。'此《詩》古今
文卷數異也。'《禮古經》五十六卷。'又云：'《經》十七篇，后
氏、戴氏。'此《禮》古今文卷數異也。'《論語》古二十一篇，出
孔子壁中，兩《子張》。'又云：'齊二十二篇，多《問王》、《知
道》。魯二十篇。'此《論語》古今文篇數異也。何獨疑《春秋古
經》與今文篇數異乎？《公羊》家就十一篇而坿會'子未三年，
無改父道'之義，猶《今文尚書》家祇見二十九篇，而坿會二十
八篇當列宿，一篇當北斗也。逄禄因之，妄疑古經偽造，所謂俗
儒鄙夫，敝所希聞，以古文爲鄉壁虛造不可知之書也。"[21] 堯案：
章氏據《漢書·藝文志》，考見《書》、《詩》、《禮》、《論語》各經，
古今文卷數皆異，遂斥劉逄禄"何獨疑《春秋古經》與今文篇數
異乎"？章氏謂"所多一篇，必閔公篇"，亦甚有理。

　　(5)《漢書·藝文志》著錄《左氏傳》三十卷。[22] 劉逄禄曰：
"太史公時名《左氏春秋》，蓋與《晏子》、《鐸氏》、《虞氏》、《呂
氏》之書同名，非傳之體也。《左氏傳》之名，蓋始於劉歆《七
略》。"章氏駁之曰："所謂傳體者如何？惟《穀梁傳》、《禮喪服
傳》、《夏小正傳》與《公羊》同體耳。毛公作《詩傳》，則訓故多
而說義少，體稍殊矣；伏生作《尚書大傳》，則敘事八而說義二，
體更殊矣；《左氏》之爲傳，正與伏生同體。然諸家說義雖少，
而宏遠精括，實經所由明，豈必專尚裁辯乃得稱傳乎？孔子作
《十翼》，皆《易》之傳也，而《彖》、《象》、《文言》、《繫辭》、《說
卦》、《序卦》、《襍卦》，其體亦各不同。一人所述，尚有異端，況
《左氏》與《公羊》，寧能同體？"又曰："且言傳者，有傳記，有傳

㉑　《章太炎全集(二)》頁 820。
㉒　《漢書》頁 1713。

注,其字皆當作専。《論語》:'傳不習乎?'魯讀傳爲専。《説
文》:'専,六寸簿也。'(此本手版,引申爲簿籍。漢時已有簿責
之語。)鄭君《論語序》云:'《春秋》,二尺四寸書之;《孝經》,一
尺二寸書之(此孔氏《左傳正義》所引,與賈氏《儀禮疏》所引不
同,此爲是);《論語》,八寸。'案:《春秋》二尺四寸,六經同之。
《孝經》《論語》,愈謙愈短。然則釋經之書,宜更短於《論語》
八寸。若四寸,則不容書,故降八寸,則不得不爲六寸。鄭注
《尚書》,謂三十字一簡;服注《左氏》,謂古文篆書一簡八字。
蓋《尚書》長二尺四寸,《左氏傳》六寸,正得四分之一。三十字
四分之,則爲七字半,半字不可書,故稍促爲八字。此傳當稱専
可知。"又曰:"《左傳》之爲左専,猶鄭氏説《詩》稱《鄭箋》。
箋者,表識書也。同此,傳名得兼傳記、傳注二用,亦猶裴松之
之注《三國志》……撰集事實,以見同異,間有論事情之得失,
訂舊史之釐非,無過百分之一,而解詁文義,千無二三。今因
《左氏》多舉事實,謂之非傳,然則裴松之於《三國志》,亦不得
稱注邪?且《左氏》釋經之文,科條數百,固非専務事實者。而
云非傳之體,則《尚書大傳》又將何説?"㉓堯案:張高評先生
《左傳導讀》曰:"蓋傳體之不一,因書而異,豈可强同? 傳之爲
字,蓋'専'文之假借,《説文》所謂'六寸簿'者是也。《左氏春
秋》既以六寸簡寫成,自可稱《左専》,亦即《左傳》。凡書之名
'専'('傳')者,以'六寸簿'得名;或論義理、或言訓詁、或敘
事實,皆傳之一體也,無所謂非傳也。章氏之説,得其觙理,不
易之論也。"㉔其説是也。

　(6)《漢書·藝文志》著錄《公羊傳》十一卷、《穀梁傳》十

<hr>

㉓　《章太炎全集(二)》頁821—822。
㉔　張高評《左傳導讀》頁107。

一卷、《鄒氏傳》十一卷、《夾氏傳》十一卷、《公羊顏氏記》十一篇。㉕劉逢禄曰："十一卷，皆依《經》分篇而不坿乎《經》者也，蔡邕《石經公羊》可見。《隋志》有吳士燮《春秋注》、晉王愆期《公羊傳注》，尚係十一卷。"章氏駁之曰："《經典釋文》以士燮注《春秋經》十一卷列賈逵《左氏解詁》三十卷之前，蓋以其專注經文，故列最前。據《三國·吳志·士燮傳》云：'少游學京師，事穎川劉子奇，治《左氏春秋》。'又云：'耽玩《春秋》，爲之注解。'袁徽《與荀彧書》曰：'士府君《春秋左氏傳》尤簡練精微，吾數以咨問《傳》中諸疑，皆有師説，意思甚密。今欲條《左氏長義》上之。'則燮所注乃《左氏經》也，而祇有十一卷者，此取《公》、《穀》經分卷之數以合并《左氏經》耳。漢人説經，自有合并之例，如《毛詩》本二十九卷，而《鄭箋》坿經祇二十卷，是亦康成并省之也。然《公》、《穀》、《鄒》、《夾》皆十一卷，而《左氏》獨十二篇者，《左氏》就太史之故書，當公分目；四家就帛書之字數，以少合多；士氏并省，亦爲因陋就簡矣。逢禄所引，但見士燮改《左氏春秋》卷數以從《公羊》，然《隋經籍志》言：'《春秋公羊傳》十二卷，嚴彭祖撰。'（《舊唐書·經籍志》有'《春秋公羊傳》五卷。公羊高傳，嚴彭祖述。'《新唐書·藝文志》同。此或殘缺，或後人合并，要以《隋志》所存爲原本。）不又改《公羊春秋》卷數以從《左氏》乎？（《隋經籍志》：'《春秋經》十三卷，吳士燮注。'與《經典釋文》、《兩唐志》作十一卷異。逢禄以十一卷屬《隋志》，此誤記也。惟十三卷祇見《隋志》，餘皆作十一卷，自當從十一卷爲是。惟王愆期《公羊注》，則《隋志》十三卷、《兩唐志》皆十二卷，未嘗言十一卷也。

㉕　《漢書》頁 1713。案："《公羊傳》十一卷、《穀梁傳》十一卷、《鄒氏傳》十一卷、《夾氏傳》十一卷《公羊顏氏記》十一篇"，黃翠芬《章太炎春秋左傳學研究》（臺北：文津出版社，2006 年）頁 187 謂出自太史公所言，非是。

逢禄言十一卷,大誤。)夫篇章分合,無關弘旨。漢世今文之學,所謂章句小儒,喜以篇目坿會律歷、五行諸法,則安往而不可通? 若云十二篇者,象天數十二也;十一篇者,象五六天地之中合也;十三篇者,象歲有閏月也。凡此種種,無不可穿鑿求合。劉氏據此以明《左氏》、《公羊》之真偽,且以爲分篇十一,有'三年無改'之義,此在發策決科之地言之可也,閉門説經,思極王道,安取此瓤語乎?"㉖堯案:章氏謂"篇章分合,無關弘旨",其説是也。惟謂《隋書·經籍志》"《春秋經》十三卷,吳士燮注",又謂劉逢禄以十一卷屬《隋志》爲誤記,則非事實。㉗至於王愆期《公羊注》,《隋志》著錄十三卷,㉘《兩唐志》皆十二卷,㉙劉逢禄言十一卷,確爲大誤。

(7)《漢書·藝文志》著錄《公羊外傳》五十篇、《穀梁外傳》二十篇、《公羊雜記》八十三篇。㉚劉逢禄曰:"此書或因二傳詳於義例,略於事實,後人采摭他書,如《春秋説》、《左氏禮》、《戴記》等爲之,其書雖亡,可補撰也。"章氏駁之曰:"其書已亡,任臆爲説,是曰誣古。"㉛章氏對劉逢禄之批評,不爲無理。

(8)《漢書·藝文志》曰:"古之王者,世有史官……左史記言,右史記事,事爲《春秋》,言爲《尚書》,帝王靡不同之。周室既微,載籍殘缺,仲尼思存前聖之業……以魯周公之國,禮文備物,史官有法,故與左丘明觀其史記,據行事,仍人道,因興以

㉖　《章太炎全集(二)》頁 822—823。
㉗　參《隋書》頁 928。
㉘　同上,頁 930。
㉙　參《舊唐書》(北京:中華書局,1975 年) 頁 1978、《新唐書》(北京:中華書局,1975 年) 頁 1439。
㉚　《漢書》頁 1713。案:"《公羊外傳》五十篇、《穀梁外傳》二十篇、《公羊雜記》八十三篇",黃翠芬《章太炎春秋左傳學研究》頁 186 謂出自太史公所言,非是。
㉛　《章太炎全集(二)》頁 825。

立功,就敗以成罰……有所褒諱貶損,不可書見,口授弟子,弟子退而異言。丘明恐弟子各安其意,以失其真,故論本事而作傳,明夫子不以空言説經也。《春秋》所貶損大人,當世君臣有威權勢力,其事實皆形於傳,是以隱其書而不宣,所以免時難也。"[32]劉逢禄曰:"《左氏》記事,在獲麟後五十年。丘明果與夫子同時觀魯史,史公何不列於弟子? 論本事而作《傳》,何史公不名爲《傳》,而曰《春秋》? 且如郯季姬、魯單伯、子叔姬事,何失實也?《經》所不及者,獨詳志之,又何説也?《經》本不待事而箸。夫子曰:'其義則丘竊取之矣。'何《左氏》所述君子之論乖異也?"章太炎駁之曰:"《傳》稱'悼之四年'者,或左氏壽考,如子夏爲魏文侯師,或悼字乃弟子所改,俱不可知。左氏與孔子同時,而未嘗委質列籍,故《弟子傳》不見。且弟子名籍亦有異同,如《弟子傳》云:'孔子之所嚴事:於周則老子;於衛蘧伯玉'云云,而《文翁圖》又以蘧伯玉在七十子中;《弟子傳》無林放,而《文翁圖》又有之。不得因《弟子傳》不列,輒云蘧、林無所見聞於孔氏也。不名爲傳,名爲《左氏春秋》者,《左氏春秋》猶云《毛詩》、《齊詩》、《魯詩》、《韓詩》,非謂孔子删定之《詩》而外,復有《毛詩》、《齊詩》、《魯詩》、《韓詩》,如《折楊》、《皇荂》之流也。郯季姬等,《公羊》自失實,轉謂《左氏》失實乎? 詳《經》所不及者,或窮其源委,或言有可采,事有可觀,無非爲經義之旁證。觀裴松之之注《國志》,本傳不列其名,而引以相稽者,多矣。《左氏》説《經》,豈有異是?《經》固重義,若謂不待事而箸,則何不空設條例,對置甲乙,以極其所欲言? 而必取已成之事,加減損益,如削趾適屨者之所爲,既誣古人,又不能與意密合。今取《春秋經》以校《六典》、《唐律》,其科條

_____

[32]《漢書》頁 1715。

之疏密爲何如邪？述君子者多乖異，謂其乖異於孔子乎，將乖異於《公羊》也？孔子之旨本待《傳》見，未嘗自言，何以知其乖異？若乖異於他經，論仁言政，《論語》尚數有異同。時有險易，語有進退，豈彼《六經》悉能斠如畫一？若乖異於《公羊》者，則《公羊》又乖異於《穀梁》。莊周稱'齊諧'，孟軻稱'齊東野人之語'，詐諼誣罔，詭更正文，齊學之所長如此，宜乎《左氏》、《穀梁》皆與之乖異也。"[33]堯案：此條牽涉問題有六：（一）哀公二十七年《左傳》末段云："悼之四年，晉荀瑤帥師圍鄭。……"提及魯悼公之謚號，劉逢祿於是認爲《左傳》成書，當在魯悼公卒後，距獲麟已五十年。此問題上文第 2 條已嘗辨之。（二）劉逢祿提出《史記》何以不列左丘明於孔子弟子之列，章太炎答之，所言似頗合理。（三）《史記·十二諸侯年表》稱《左氏春秋》而不稱《左傳》，劉逢祿於是謂《左氏》非傳《春秋》。此問題上文第 2 條亦已辨之。（四）劉逢祿謂《左傳》載事失實，章太炎駁之，謂失實者乃《公羊》而非《左傳》，所言亦頗合理。（五）《左傳》所載，有《春秋經》所闕如者，劉逢祿遂謂《左氏》非傳。章太炎駁之，謂《左傳》"詳《經》所不及者，或窮其源委，或言有可采，事有可觀，無非爲經義之旁證"，並引裴松之《三國志注》爲證，所言亦爲有理。此外，俞樾以爲傳有經無，乃因割傳附年所致；若合前後事述觀之，則無不相應。[34]劉師培（1884—1919）則謂傳有經無，所以明經文之筆削。[35]亦有謂傳有經無，乃因經有闕文，而《左傳》據國史以推言其故。亦有謂經有"不書"、"不言"、"不稱"之例，《傳》詳究

---

[33] 《章太炎全集（二）》頁 825—826。

[34] 參俞樾《群經平議》，載《續修四庫全書》第 178 冊（上海：上海古籍出版社，1995 年）頁 427—428。

[35] 參劉師培：《春秋左氏傳古例詮微·明傳篇》，載《劉申叔遺書》（南京：江蘇古籍出版社，1997 年）頁 324—325。

不書、不言、不稱之故,於是傳有經無。㊱ 凡此皆足以解劉逢禄之惑。(六)劉逢禄謂《左傳》所述君子之論乖異,章太炎質之曰:"述君子者多乖異,謂其乖異於孔子乎,將乖異於《公羊》也? 孔子之旨本待《傳》見,未嘗自言,何以知其乖異? 若乖異於他經,論仁言政,《論語》尚數有異同。時有險易,語有進退,豈彼《六經》悉能斠如畫一? 若乖異於《公羊》者,則《公羊》又乖異於《穀梁》。莊周稱'齊諧',孟軻稱'齊東野人之語',詐諼誣罔,詭更正文,齊學之所長如此,宜乎《左氏》、《穀梁》皆與之乖異也。"所言亦不爲無理。

(9)《漢書‧劉歆傳》曰:"歆以爲左丘明好惡與聖人同,親見夫子,而公羊、穀梁在七十子後,傳聞之與親見之,其詳略不同。"㊲劉逢禄曰:"《論語》之'左丘明好惡與聖人同',其親見夫子,或在夫子前,俱不可知。若爲《左氏春秋》者,則當時夫子弟子傳說已異,且魯悼已稱謚,必非《論語》之左丘。其好惡亦大異聖人,知爲失明之丘明。猶光武諱秀,歆亦可更名秀,嘉新公爲劉歆,祁烈伯亦爲劉歆也。"又曰:"左氏僅見夫子之書及列國之史,公羊聞夫子之義。見夫子之書者盈天下矣,聞而知之者,孟子而下,其惟董生乎?"章太炎駁之曰:"以《論語》之左丘明非失明之左丘明,啖、趙輩始爲此説,而宋儒祖述之,非有明據。果如劉秀、劉歆之有二,何以《古今人表》但有一左丘明邪? 縱令誤信子駿,認爲一人,然他書別見者,子駿不能盡改,豈孟堅皆未見乎? 若他書亦不言有二左丘明,則啖、趙之説爲馮臆妄造明矣。且異人同名者,未有相沿不辨之事。且舉《左氏》諸師言之:京兆尹張敞,人知其非造緤字之張敞,與

㊱ 參張高評《左傳導讀》頁108—109。

㊲ 《漢書》頁1967。

爲公孫康收集遺民之張敞也；侍御史張禹，人知其非成帝師張
禹，與光武大舅之孫張禹也；司農鄭衆，人知其非大長秋鄭衆
也；侍中賈逵，人知其非字梁道之賈逵也。乃如子駿名歆，同時
有祁烈伯劉歆矣。而《後漢·劉植傳》言植有從兄歆，據《東觀
記》，字細君，爲世祖偏將軍，後爲驍騎將軍，封浮陽侯，則又有
一劉歆矣。《桓彬傳》云：'彬厲志操，與左丞劉歆、右丞杜希同
好交善。'則東漢之末復有一劉歆矣。然而名氏雖同，終無相
溷之事。若左丘明果有二人，何以自漢至唐，茫不甞省？啖、趙
輩所據何書，而能執此異解？爲問兩左丘明之説，能如三張敞、
三張禹、兩鄭衆、兩賈逵、四劉歆之證據明白乎，抑否乎？若欲
馮虛妄斷者，古人已往，豈難支解一人分爲五六？雖云仲尼、顏
回數不止一，亦奚不可？若漢末向栩，有弟子名爲顏淵、子貢、
季路、冉有之輩，亦可云《論語》之顏淵、子貢、季路、冉有非專
指回、賜、由、求乎？若夫左氏書魯悼者，八十之年，未爲大耋，
何知不見夫子？若謂僅見其書，未知其義，則不悟《春秋》之
作，乃與他經絶異。《詩》、《書》、《樂》以及《周易》，傳自周初，
義訓既詳，事實亦具，孔子刪定，但有校訂編次之勞，後人聞知，
自非難事。《變風》終於陳靈，《尚書》下逮秦穆，雖事在近世，
而弦誦既周，解其義事，不必一師。若《春秋》則孔子自作，異
於古書，欲求其義，非親炙則無所受，欲詳其事，非史官則不與
知。蓋有觀其事而不知其義者矣，倚相、史儋之屬是也。若未
觀其事而求解義，猶未鞫獄而先處斷，斯誠曠古之所未聞。難
者曰：誠如是説，寧知左氏非與倚相、史儋同類？答曰：偕觀史
記，助成一經，造膝密談，自知其義。惜乎倚相、史儋之徒不遇
孔子，若得參預《春秋》之業，亦寧患其不知也？既有左氏，具
論本事，爲之作《傳》，後世乃得聞而知之。舍此而欲聞知，雖
有眇義，亦所謂郢書燕説者爾。《讖書》云：'董仲舒亂我書讀

者。'以爲亂我書者,煩亂孔子之書也(見《論衡·案書篇》)。由今觀之,誠哉其煩亂《春秋》矣。"[38]堯案:《論語·公冶長》云:"子曰:'巧言令色足恭,左丘明恥之,丘亦恥之;匿怨而友其人,左丘明恥之,丘亦恥之。'"[39]何晏(?—246)《集解》引孔安國《注》:"左丘明,魯太史。"[40]邢昺(932—1010)《疏》云:"左丘明,魯太史,受《春秋經》於仲尼者也。"[41]據此,則《論語》此章之左丘明,即相傳作《左傳》之左丘明,蓋《漢書·藝文志》載《左氏傳》30卷,其下著錄作者"左丘明,魯太史",[42]而杜預《春秋左氏經傳集解·序》則云:"左丘明受《經》於仲尼",[43]與孔安國《注》、邢昺《疏》正同。不過,唐趙匡則認爲根據《論語》此章辭氣,左丘明乃孔子以前賢人;焚書之後,莫得詳知,學者各信胸臆,見《傳》及《國語》俱題"左氏",遂引丘明爲其人,蓋出於傅會。[44] 趙氏之看法,對後代學者頗有影響。朱熹(1130—1200)《論語章句集注》引程頤(1033—1107)曰:"左丘明,古之聞人也。"[45]"古之聞人",即趙匡"夫子以前賢人"之意。韓國學者丁若鏞(1762—1836)《論語古今注》亦謂左丘明"年齒或長於孔子,其云孔子弟子者,未可信"。[46]丁氏之説法,與趙匡稍異,蓋趙氏認爲左丘明與孔子非同時人,而丁氏則没有説非同時人,只説左丘明"年齒或長於孔子"。張心澂

---

[38]　《章太炎全集(二)》頁828—829。

[39]　見《十三經注疏》本《論語注疏》(臺北:藝文印書館景印清嘉慶二十年〔1815〕南昌府學重刊本,1973年5月)總頁46。

[40]　同上。

[41]　同上。

[42]　《漢書》頁1713。

[43]　《左傳注疏》總頁11。

[44]　參《春秋纂例》頁2361下,《經苑》第5册(臺北:大通書局,1970年)。

[45]　《四書章句集注》(北京:中華書局,1983年)頁82。

[46]　《與猶堂全書》(韓國:民族文化文庫,2001年)第5册頁194。

（1887—1973）《僞書通考》云："孔子説：'左丘明恥之，丘亦恥
之'，左丘明好像是他的前輩，不然也就是同時稍有先後的朋
友。"[47]意思與丁氏略同。楊伯峻（1909—1992）《春秋左傳注·
前言》也認爲孔子説話，引左丘明以自重，可見左丘明不是孔
子學生，年歲也不至小於孔子。[48] 楊注《前言》更説："無論左丘
明是孔丘以前人或同時人，但《左傳》作者不可能是《論語》中
的左丘明。《左傳》最後記載到魯哀二十七年，而且還附加一
段，説明智伯之被滅，還稱趙無恤爲襄子。智伯被滅在紀元前
四五三年，距孔丘之死已二十六年，趙襄子之死距孔丘死已五
十三年。左丘明若和孔丘同時，不至於孔丘死後五十三年還能
著書。"[49]劉逢禄謂"魯悼已稱謚，必非《論語》之左丘"，與楊意
正同。此問題本文上一條已嘗辨之，章太炎亦一再强調："左
氏書魯悼者，八十之年，未爲大耋，何知不親見夫子？"章氏同
時指出："異人同名者，未有相沿不辨。""若左丘明果有二人，
何以自漢至唐，茫不訾省？"所言頗爲合理。

　　（10）《漢書·劉歆傳》曰："往者綴學之士，不思廢絶之
闕，苟因陋就寡，分文析字，煩言碎辭，學者罷老且不能究其一
藝。信口説而背傳記，是末師而非往古，至於國家將有大事，若
立辟雍、封禪、巡狩之儀，則幽冥而莫知其原。猶欲保殘守缺，
挾恐見破之私意，而無從善服義之公心。或懷妒嫉，不考情實，
雷同相從，隨聲是非。抑此三學，以《尚書》爲備。謂《左氏》爲
不傳《春秋》，豈不哀哉！"[50]劉逢禄曰："聖人文約而旨博，歆畏
其難于精究，欲以傳記事實易口説，則百家小説，賢於夫子《春

⑦　《僞書通考》（臺北：宏業書局，1975 年）頁 469。
⑧　參《春秋左傳注·前言》（修訂本）（北京：中華書局，1990 年）頁 30。
⑨　同上，頁 32。
⑩　《漢書》頁 1970。

秋》矣。辟雍、封禪、巡守之儀,《左氏》亦不具。或《逸禮》及他
傳記有之,要非聖人治天下之本。務貴其意,不尚其儀,玉帛鐘
鼓,非禮樂之精也。若歆之誣蔑先聖,緣飾經術,以崇奸回,豈
不哀哉!"章太炎駁之曰:"至于子駿奸回之事,別自一説。雖
不煩疏證,要當分別言之。尋子駿所以坿莽者,皆舉《經》、
《傳》師説,未嘗妄作。故《李尋傳》載:夏賀良等言'漢歷中
衰,當更受命',歆以爲不合五經,不可施行。是雖爲王氏代興
之兆,而子駿未嘗許之也。"⑤堯案:張高評先生《左傳導讀》
曰:"劉歆既無遍竄群經之事,故劉逢禄輩謂劉歆改作《左傳》,
主助莽篡之言,即成無的放矢矣。抑有進者,王莽以沙鹿崩爲
王氏之瑞,而《左傳》無之,《左傳》非助莽篡位之書,則必不出
於劉歆之改作,斷然可見矣。"⑤章太炎謂劉歆"未嘗妄作",其
言當合事實。

（11）《漢書·劉歆傳》曰:"歆校祕書,見古文《春秋左氏
傳》,歆大好之。時丞相史尹咸以能治《左氏》,與歆共校《經》、
《傳》。歆略從咸及丞相翟方進受,質問大義。初,《左氏傳》多
古字古言,學者傳訓故而已,及歆治《左氏》,引《傳》文以解
《經》,轉相發明,由是章句義理備焉。"⑤劉逢禄曰:"按:《方
進傳》:'年十三,失父,隨母之長安。讀經博士,受《春秋》。積
十餘年,經學明習,徒衆日廣,諸儒稱之。'又云:'本治《穀梁》,
而好《左氏》,爲國師劉歆師。'是方進所見《左氏》,尚非祕府古
文,歆以其名位俱重,假以爲助耳。《左氏》所載事實,本非從
聖門出,猶《周官》未經夫子論定,則游、夏之徒不傳也。歆引
《左氏》解《經》,轉相發明,由是章句義理始具,則今本《左氏》

---

⑤　《章太炎全集（二）》頁 835、837。
⑤　張高評《左傳導讀》頁 112。
⑤　《漢書》頁 1967。

書法及比年依《經》飾《左》、緣《左》、增《左》，非歆所坿益之明證乎？"章太炎駁之曰："子駿與尹咸共校，則安能私有增損？至謂'方進名位俱重，假以爲助'，夫子駿果以《左氏》諂莽邪，則翟義討莽敗後，莽下詔曰：'義父故丞相方進險詖陰賊。'又發方進及先祖冢在汝南者，燒其棺柩，而子駿乃假以爲重，何與諂莽之意相反乎？若祇在漢時欲藉翟公名位以相詿燿，則《移讓博士書》中何以不舉方進也？夫在漢時則未見其假以爲助，在莽時又不能假以爲助，而逢禄輒以意見誣之，其讀書而未論世乎？又謂《左氏》所載事實，本非從聖門出，此尤可笑。十二諸侯之事，布在方策，非如覃思空理，以聖門所出爲貴。假令事非誠諦，雖游、夏盈千言之，亦安足信？孔子於夏、殷諸禮亦有耳聞，而文獻無徵，則不敢纂次其事，此所以爲史學之宗。若舍王官故府之書，而取決於聖門之一語，則苟率匈臆妄造事狀者，皆得託其門户。戰國諸子，漢初經師，所舉七十子之緒言多矣，其閒敷陳事實，能如《左氏》之豁然塙斯邪？……左氏本是史官（《藝文志》云：'左丘明，魯大史。'），受學不需師保，《藝文志》所謂'據行事，仍人道，因興以立功，就敗以成罰，假日月以定歷數，藉朝聘以正禮樂'者，親聞聖恉，自能瞭如。至如游、夏之徒，玩習經文，人人異端，豈以聖門之資望，遂能强人信受？言之不從，斷可知矣。《歆傳》云'引《傳》解《經》，章句義理備'者，言《傳》之凡例，始由子駿發揮，非謂自有所造，亦猶費氏説《易》，引《十翼》以解經，若其自造，何引之有？且杜預《釋例》所載子駿説《經》之大義尚數十條，此固出自匈臆，亦或旁采《公羊》，而與《傳》例不合。若傳例爲子駿自造，何不并此數十條入之《傳》文，顧留此以遺後人指摘乎？《説文序》言：'北平侯張蒼獻《春秋左氏傳》。'又言：'魯恭王壞壁，得《春秋》。'然則祕府所藏者，張所獻、魯所得也。民間所有者，則北平侯傳賈生,以至翟方進諸公者是也。亦猶《古文尚書》已入祕府,而民間又有庸生等傳之也。(民間,謂書不立學官者,非謂傳者皆不仕也。)然當子駿時,民間亦僅有尹咸、翟方進、胡常數人可從質問受書,其他無有臧《左氏傳》者,是以子駿不得見,而先見之於祕府,見已,從尹、翟問義爾。"⑤堯案:章氏所言,甚爲有理。

(12)《漢書·劉歆傳》曰:"《春秋左氏》,丘明所修,皆古文舊書,多者二十餘通,臧於祕府,伏而未發。孝成皇帝閔學殘文缺,稍離其真,乃陳發祕臧,校理舊文,得此三事,以考學官所傳。經或脫簡,傳或間編。"⑤劉逢祿曰:"但以《春秋》論,則博士所見《左氏春秋》,即太史公所見古文《春秋國語》。東萊張霸亦見之,是真本也。歆欲立其坿益之本,乃託之祕府舊文,反以爲學殘文缺,稍離其真耳。經自公羊、胡毋生、董生相傳,絕無脫簡。曰脫簡者,蓋如《尚書·梓材》經劉向校補,歆乃欲增續《春秋》也。傳或間編者,亦比坿《春秋》年月,改竄《左氏》之故。"章太炎駁之曰:"經或脫簡,即謂如《梓材》等,非《春秋經》也。又學官無《左氏傳》,則所謂傳或間編者,亦非《左氏》。或如《喪服傳》輩,今文編次有譌耳。逢祿以此誣汗,是不尋文義之過也。劉氏父子校祕書,乃以祕書校常行本,改常行本之字,而不改祕書之字。若子駿改竄祕書之《左氏春秋》以就己意,則自北平獻書、共王壞壁以至子駿,百有餘年,墨漆新故,勢有不符,設博士求觀其書,寧不自敗?若張、魯二本,一改一否,以不改者示博士,則所建立者,仍非己所改本,亦何苦勞心而爲此也?且《劉歆傳》云:'河平中,受詔與父向領校秘書,講六藝

⑤ 《章太炎全集(二)》頁 826—828。
⑤ 《漢書》頁 1969—1970。

傳記'云云,如有改竄,又豈能欺其父邪?"⑤堯案:張高評先生
《左傳導讀》曰:"章氏此言,洵平情之論也。"⑤其言殆是。

由此可見,《春秋左傳讀敍錄》所言,大抵合情合理。當
然,也不是完全沒有不合理的地方,不過不多,下面是兩個
例子:

(1)《史記·十二諸侯年表》分類記《春秋》之書,然後曰:
"上大夫董仲舒推《春秋》義,頗著文焉。"⑤劉逢禄曰:"上以類
記《春秋》之書,此方云'推《春秋》義',則以夫子所云'其義則
丘竊取之'者,在漢獨有董生知其説也。"章太炎駁之曰:"《春
秋》三家大義,《公羊》至董而備,《穀梁》至大劉而備,《左氏》
至小劉而備。太史公時,二劉未生,惟《公羊》義爲完具,故錄
董生一人,非謂董生所説《春秋》義果有内聖外王之道也。《史
記·儒林列傳》云:'漢興至于五世之間,唯董仲舒名爲明于
《春秋》。''唯'之云者,以是時《左氏》之學,張、賈、貫公等多
傳訓故,而章句義理未備也。'名爲'云者,以董生治《公羊》,
非真能明《春秋》也。《平津侯傳》云:'年四十餘,乃學《春秋》
襍説。'則史公以《公羊》爲《春秋》襍説,其以《左氏》爲《春秋》
正義明矣。"⑤堯案:《史記·儒林列傳》曰:"董仲舒,廣川人
也。以治《春秋》,孝景時爲博士。下帷講誦,弟子傳以久次相
受業,或莫見其面,蓋三年董仲舒不觀於舍園,其精如此。進退
容止,非禮不行,學士皆師尊之。……董仲舒爲人廉直。是時
方外攘四夷,公孫弘治《春秋》不如董仲舒,而弘希世用事,位
至公卿。董仲舒以弘爲從諛。弘疾之,乃言上曰:'獨董仲舒

---

⑤　《章太炎全集(二)》頁834。
⑤　張高評《左傳導讀》頁115。
⑤　《史記》頁510。
⑤　《章太炎全集(二)》頁815。

可使相繆西王。'膠西王素聞董仲舒有行,亦善待之。董仲舒恐久獲罪,疾免居家。至卒,終不治產業,以脩學著書爲事。故漢興至于五世之間,唯董仲舒名爲明於《春秋》,其傳公羊氏也。"⑥司馬遷對董仲舒之推許,溢於言表。故上大夫壺遂問其"昔孔子何爲而作《春秋》",司馬遷即引董仲舒語作答。⑥ 章太炎所言,似屬強辯。另一方面,《史記·十二諸侯年表》但云:"董仲舒推《春秋》義,頗箸文焉。"似未能據之而謂司馬遷"以夫子所云'其義則丘竊取之'者,在漢獨有董生知其說"。劉逢禄所言,亦覺牽強。

(2)《春秋左傳讀敘錄》曰:"《魏略》魚豢嘗問隗禧《左氏傳》,禧曰:'《左氏》,相斫書耳,不足精意也。'相斫無義,尋《抱朴子·明本篇》云:'儒者所講者,相研之簿領也。道家所習者,遣情之教戒也。'則相斫是相研之誤。禧以爲記事之書,有如簿領以細事相研覈者,此之詆諆,正與《抱朴》同類,亦猶安石所云'斷爛朝報'者爾。"⑥堯案:相斫書,謂記載戰爭之史書或講論兵法之書。宋陸游(1125—1210)《對酒》詩:"孫吳相斫書,了解亦何益!"⑥詩中的"相斫書",指的是講論兵法之書。梁啟超(1873—1929)《新史學·中國之舊史》:"昔人謂《左傳》爲相斫書,豈惟《左傳》,若《二十四史》,真可謂地球上空前

---

⑥　《史記》頁 3127—3128。
⑥　《史記·太史公自序》:"大夫壺遂曰:'昔孔子何爲而作《春秋》哉?'太史公曰:'余聞董生曰:周道衰廢,孔子爲魯司寇,諸侯害之,大夫壅之。孔子知言之不用,道之不行也,是非二百四十二年之中,以爲天下儀表,貶天子,退諸侯,討大夫,以達王事而已矣。'""董生",《史記集解》引服虔曰:"仲舒也。"參《史記》頁 3297—3298。
⑥　《章太炎全集(二)》頁 816。
⑥　《劍南詩稿》,載《景印文淵閣四庫全書》第 1162 冊(臺北:臺灣商務印書館,1986 年)卷一一頁 1a。

絕後之一大相斫書也。"⑭梁氏所言"相斫書",指的是記載戰爭之史書。陸游和梁啓超都不認爲"相斫無義",而章太炎竟説"相斫無義",實在没有道理。

不過,不以一眚掩大德,整本書來説,《春秋左傳讀敘錄》不會給讀者很强烈的"穿鑿"感覺。那麽,俞樾爲甚麽説《春秋左傳讀敘錄》"未免穿鑿"呢? 筆者懷疑諸祖耿把《春秋左傳讀》和《春秋左傳讀敘錄》二書混淆了。

與《春秋左傳讀敘錄》不同,《春秋左傳讀》給筆者很强烈的"穿鑿"感覺。筆者嘗撰《論章炳麟〈春秋左傳讀〉時或求諸過深》一文,⑮指出《春秋左傳讀》的穿鑿之處。例如隱公元年《經》:"夏,五月,鄭伯克段于鄢。"章氏竟言:"烏乎! 吾觀《春秋》首書此事于開端建始之時,而知《公羊》家爲漢制法之説非無據也。夫京之耦國,猶漢初之莫大諸侯也。段之爲母弟,猶漢初之淮南、厲王也。"⑯强藩耦國,無代無之,章氏竟謂"《春秋》開端書此,爲漢初垂戒也",豈非穿鑿!

又如隱、莊、閔、僖四公元年《春秋經》"元年春王正月"下,皆無"公即位"三字,隱公元年《左傳》釋其故曰:"不書即位,攝也。"莊公元年《左傳》曰:"不稱即位,文姜出故也。"閔公元年《左傳》曰:"不書即位,亂故也。"僖公元年《左傳》曰:"不稱即位,公出故也。"是隱、閔元年《左傳》作"不書即位",莊、僖元年《左傳》作"不稱即位",章氏曰:"劉子駿注:'恩深不忍,則《傳》言"不稱";恩淺可忍,則《傳》言"不書"。'賈侍中同。……《賈子·道德説》云:'書者,箸德之理於竹帛而陳之,令人觀焉。以箸所從事,故曰:書者,此之箸者也。'《孝經援神

---

⑭　《飲冰室文室》(臺北:中華書局,1960 年)第 4 册頁 3。
⑮　見拙著《左傳學論集》(臺北:文史哲出版社,2000 年)頁 111—130。
⑯　《章太炎全集(二)》頁 66。

契》云:‘書,如也。’《説文序》云:‘箸於竹帛謂之書。書者,如也。’稱字,據《説文》,借爲偁。《釋言》云:‘偁,舉也。’《釋訓》云:‘偁偁、格格,舉也。’《説文》云:‘偁,揚也。’‘揚,飛舉也。’《晉語》:‘舉而從之。’注:‘舉,起也。’《齊策》:‘三十日而舉燕國。’注:‘舉,拔也。’《淮南·道應》:‘舉白而進之。’注:‘進酒也。’是書者,實箸此事,文與事相如也。偁者,飛舉此事,舉有拔起之訓,則是文過于其事也。隱以子少攝位無論矣,閔以子弑代立,言‘恩淺可忍’云何? 曰:較之莊、僖,則閔子弑,而莊君戕也;閔繼一弑,而僖繼二弑也。故隱、閔‘恩淺可忍’,莊、僖‘恩深不忍’。可忍者,《春秋》許其即位,但不如其事以著之;不忍者,并罪其即位。雖立,未討賊,猶不立也。不立而言即位,是謂文過其事,故不稱即位也。《傳》文義訓如此,杜預妄以爲一,不知文有散言、析言之異。散言則偁亦書也,故《墨子·經》云:‘舉,擬實也。’襄二十七年《傳》云:‘仲尼使舉,是禮也。’此皆與‘書者,如也’同。至析言則異矣。”[67]堯案:魯隱公之父惠公、元妃孟子。[68] 孟子卒,繼室以聲子,生隱公。惠公又娶仲子於宋,生桓公。仲子生而有文在其手,曰爲魯夫人,惠公愛之,有以仲子爲夫人之意。故惠公薨,隱公追成父志,以位讓桓;但桓年少,隱且攝君位,待其年長,故於歲首不即君位。[69]此章氏所謂“隱以子少攝位”也。“閔以子弑代立”者,子謂子般,莊公子。莊公薨,子般即位。莊公之長弟慶父使圉人犖弑子般,其三弟季友奔陳,立莊公庶子閔公爲君,國亂,不得行即位之禮,故《春秋》不書即位。[70] 至於章氏謂“莊君戕”者,蓋指

[67]　同上,頁 71—72。

[68]　楊伯峻《春秋左傳注》(修訂本)(北京:中華書局,1990 年 5 月 2 版)頁 2 釋“孟子”曰:“孟是排行,即老大……子則母家姓。宋國姓子,則孟子乃宋國女。”

[69]　參隱公元年《左傳》及注、疏。

[70]　參楊伯峻《春秋左傳注》(修訂本)頁 254、256。

魯莊公之父桓公遇害於齊。初，魯桓公會齊襄公於濼，後相隨至齊，桓公夫人淫於襄公，桓公謫之，夫人告襄公。襄公遂設宴享桓公，宴畢，使公子彭生助桓公登車，摺其軀幹而殺之。及魯莊公立，以父弑母出，遂不忍行即位之禮，故《左傳》曰："不稱即位，文姜出故也。"⑦章氏謂"閔繼一弑，僖繼二弑"者，指慶父弑子般而閔公繼位，慶父再弑閔公而僖公繼位也。慶父既弑閔公，季友以僖公適邾，故僖元年《左傳》曰："不稱即位，公出故也。"⑦章氏曰："隱、閔'恩淺可忍'，莊、僖'恩深不忍'。可忍者，《春秋》許其即位，但不如其事以著之；不忍者，并罪其即位。雖立，未討賊，猶不立也。不立而言即位，是謂文過其事，故不稱即位也。"考子般遭弑而閔公立，慶父猶在，未嘗討賊也；及閔公遭弑，慶父奔莒，季友立僖公，以賂求慶父於莒，莒人歸慶父於魯，及密，未獲赦，慶父乃自縊，是終討賊也。章氏反謂僖"恩深不忍"，又謂"雖立，未討賊，猶不立也"，所言適與事實相反，至可異也！"稱"本訓"銓"，借爲"偁"，遂有"偁揚"之意，又引申爲"述説"、"記載"。不稱即位，猶不載即位，與不書即位固無異，孔疏引《左傳》内證，辨之甚詳，其言曰："《傳》於隱、閔云'不書即位'，於莊、僖云'不稱即位'者，《釋例》曰：'丘明於四公發傳，以"不書"、"不稱"起文，其義一也。'劉、賈、穎爲《傳》文生例云：'恩深不忍，則《傳》言"不稱"；恩淺可忍，則傳言"不書"。'博據《傳》辭，殊多不通。案：殺欒盈則云'不言大夫'，殺良霄則云'不稱大夫'，君氏卒則云'不曰薨'、'不言葬'、'不書姓'，鄭伯克段則云'稱鄭伯'，此皆同意而別文之驗也。《傳》本意在解《經》，非曲文以生例，是言'不書'、

---

⑦　參桓公十八年及莊公元年《左傳》及注、疏。
⑦　參閔公二年及僖公元年《左傳》及注、疏。

'不稱'義同之意也。"⑦③章氏求諸過深，反生穿鑿。

　　又如鄭莊公之母武姜愛少子段，爲之請京，莊公順武姜之請，使段居京，謂之京城大叔。其後大叔段命西鄙、北鄙貳於己，繼而收貳以爲己邑，終襲鄭。莊公遣兵伐之，京叛大叔段，段入於鄢，公伐諸鄢，大叔出奔共。⑦④舊史當云："鄭伯之弟段出奔共。"今隱元年《春秋》曰："鄭伯克段于鄢。"《左傳》釋之曰："不言出奔，難之也。"杜預注曰："段實出奔，而以克爲文，明鄭伯志在於殺，難言其奔。"章氏《春秋左傳讀》曰："鄭伯此時雖有殺志，然段實出奔，亦何難言之有？今考《詩·竹竿》：'佩玉之儺。'傳：'儺，行有節度。'陳氏奐曰：'《執競》："威儀反反。"傳："反反，難也。"'難即儺。然則此難謂行有節度也。蓋奔者倉皇逃死，疾行也，難者從容有節，徐行也。兩者正相反對。（章氏原注：'《庭燎》傳："噦噦，徐行有節。"是行有節度者必徐。'）聖人以鄭伯當緩追逸賊，使段得徐行去國，不至急遽逃死，而鄭伯不然，段果出奔，而非徐行矣。故不書出奔，以使段得徐行，此以知權在《春秋》，不在鄭伯，所以教萬世爲人君兄者，而非爲當時之事實志也。"⑦⑤堯案：《左傳》釋《春秋》"鄭伯克段於鄢"之全文爲："段不弟，故不言弟；如二君，故曰克；稱鄭伯，譏失教也：謂之鄭志。不言出奔，難之也。"皆就鄭莊公及叔段立説。孔疏曰："鄭伯志在於殺，心欲其克，難言其奔。故仲尼書'克'不書'奔'，如鄭伯之志爲文，所以惡鄭伯也。"⑦⑥其言是也。服虔曰："公本欲養成其惡而加誅，使不得生

---

⑦③　此爲隱公元年《左傳》"不書即位，攝也"下之孔疏。
⑦④　參隱元年《左傳》。
⑦⑤　《章太炎全集（二）》頁85。
⑦⑥　《左傳注疏》總頁37。

出,此鄭伯之志意也。"⑦亦謂鄭莊公志在必殺,難言其奔。章
氏謂"難"爲"儺"之假借,"難之也",即"儺之也",謂孔子以爲
鄭莊公當緩追叔段,使段得從容有節徐行去國,其説未免迂曲
無據。

又如宣十二年《左傳》載隨武子論楚軍曰:"軍行,右轅,
左追蓐,前茅慮無,中權,後勁。百官象物而動,軍政不戒而備,
能用典矣。"杜注釋"右轅,左追蓐"曰:"在車之右者,挾轅爲
戰備。在左者,追求草蓐爲宿備。"⑦⑧又釋"前茅慮無"曰:"慮
無,如今軍行,前有斥候蹋伏,皆持以絳及白爲幡,見騎賊,舉絳
旛;見步賊,舉白幡。備慮有無也。茅,明也。或曰:時楚以茅
爲旌識。"⑦⑨釋"中權,後勁"則曰:"中軍制謀,後以精兵爲殿。"
又釋"百官象物而動,軍政不戒而備"曰:"物,猶類也。戒,勑
令。"孔疏曰:"類,謂旌旗畫物類也。百官尊卑不同,所建各有
其物,象其所建之物而行動。軍之政教,不待約勑號令而自備

---

⑦　同上。

⑦⑧　楊伯峻《春秋左傳注》釋"右轅"曰:"此有兩義。杜《注》孔《疏》謂左右爲步卒
在兵車之左右者。蓋兵車一乘有兵卒七十二人,戰時當分左右,各三十六人。
而在右之三十六人,則挾轅而行(楚陣以轅爲主,挾轅實即挾車),左右又各十八
人,以備不虞;在左之三十六人則令追求草蓐以爲歇宿之準備,此一義也。兵車
步卒七十二人,戰國時法。據春秋時法,一車十人而已。"竹添光鴻《會箋》本傳
遜之説而引申之云:"左右與下'前茅''中權''後勁'對言,則亦謂左右軍,非車
左右。蓋楚分其軍爲五部,而各有所任也。轅謂將車之轅,右轅,言右軍從將軍
之轅所向而進退,下文云'令尹南轅反旆',又云'改乘轅而北之'是也。"後説較
合理。(頁723)

⑦⑨　楊伯峻《春秋左傳注》釋"前茅慮無"曰:"茅,疑即《公羊傳》'鄭伯肉袒,左執茅
旌'之茅旌,《禮記·雜記下》云'御柩以茅',亦謂以茅旌爲前導也。楚軍之前
軍或以茅旌爲標幟,故云'前茅'。茅旌者,或云以茅爲之。王引之《公羊述聞》
云:'茅爲草名,旌則旗章之屬,二者絶不相涉,何得稱茅以旌乎?茅當讀爲旄。
蓋旌之飾,或以羽,或以旄。旄,牛尾。其用旄者,則謂之旄旌矣。'王説是也。
古之軍制,前軍探道,以旌爲標幟告後軍,《禮記·曲禮上》所謂'前有水,則載
青旌;前有塵埃,則載鳴鳶;前有車騎,則載飛鴻;前有士師,則載虎皮;前有摯
獸,則載貔貅',鄭《注》云'載謂舉於旌首以警衆'者是也。"(頁723)

辨也。《周禮·大司馬》：'中秋，教治兵。辨旗物之用，王載大
常，諸侯載旂，軍吏載旗，師都載旃，鄉遂載物，郊野載旐，百官
載旟。'……是其尊卑所建，各有物類也。"章氏《春秋左傳讀》
曰："'挾輈爲戰備'與'追求草蓐爲宿備'，意猶相近，至絳白
爲幡，則與輈、追蓐詞義不類。中軍制謀，後以精兵爲殿，與上
三者益復虛實不倫。且輈釋爲挾輈，則于輈上增挾字；追蓐釋
爲追求草蓐，則于追下蓐上增求字，殊非《傳》文本意。竊謂
《傳》文輈、追蓐、茅蕝無、權、勁，皆旌旗之表識，故下總承以
'百官象物而動'。特所謂百官，統指在軍有職者，與大司馬百
官異。而所象之物，雖與《周禮》不異，其用之亦異。按：《上
曲禮》曰：'行，前朱雀，而後玄武……左青龍，而右白虎，招搖
在上，急繕其怒。'彼注云：'以此四獸爲軍陳，象天也。急，猶
堅也。繕讀曰勁。又畫招搖星於旌旗上，以起居堅勁軍之威
怒，象天帝也。招搖星在北斗杓端，主指者。'彼《正義》云：'鄭
注四獸爲軍陳，則是軍陳之法也，但不知何以爲之耳。今之軍
行，畫此四獸於旌旗，以標左右前後之軍陳。'……據此，是朱
雀、玄武、青龍、白虎，皆畫旌旗上，以表行軍之陳。此言軍行，
則右輈等即彼朱雀等也。……"[80]章氏以爲右輈即右白虎，左
追蓐即左青龍，前茅蕝即前朱雀，後勁即後玄武，中權則謂中央
用黃色。章氏釋右輈曰："右輈者，輈借爲萑。《説文》：'萑，
從雀聲。'雀下云：'讀若和。'《大司馬》：'以旌爲左右和之
門。'注：'軍門曰和。'《穀梁》昭八年：'置旃以爲轅門。'是知
和門即借爲轅門。故知輈、和、雀、萑音通也。《詩·豳風》傳
云：'荼，萑苕也。'《夏小正》'灌荼'傳云：'萑即萑葦之秀。'

《章太炎全集（二）》頁390—391。該集標點有誤，"茅蕝、無權"應作"茅蕝無、
權"，今正。

《地官·掌荼》:'掌以時聚荼。'《考工記》:'鮑人之事,欲其荼白也。'《既夕禮》:'菌箸用荼。'《詩·鄭風》:'有女如荼。'《吳語》:'望之如荼。'諸注皆以荼爲茅秀。蓋茅秀、萑葦秀,其色皆白,故並得荼稱。右萑,即右白虎也。"[81]堯案:轅、萑二字古音竝匣紐元部,固可通假。惟萑色青蒼而非白,白色者萑之花穗耳。李時珍(1518—1593)《本草綱目·草四·蘆》:"蘆有數種:其長丈許、中空、皮薄、色白者,葭也,蘆也,葦也。短小於葦而中空、皮厚、色青蒼者,菼也,薍也,荻也,萑也。……"[82]案萑字古籍多作萑,是萑之色青蒼而非白矣。觀夫章氏所舉例證,《詩·豳風·鴟鴞》:"予所捋荼。"毛《傳》:"荼,萑苕也。"孔《疏》:"《七月》傳云:'亂爲萑。'"此爲萑苕,謂薍之秀穗也。《出其東門》箋云:'荼,茅秀。'然則茅、亂之秀,其物相類,故皆名荼也。"陳奐(1786—1863)《詩毛氏傳疏》:"荼,萑苕。萑,當作萑。《爾雅》:'葝、芀、荼、菼、薍,芀。'郭注:'皆芀荼之別名。'葦醜,芀'注:'其類皆有芀秀。'《説文》:'芀,葦華也。'《韓詩傳》作'葦薥',皆芀之假借。《方言》:'錐謂之錯。'錯與苕同,蓋以錯狀錐,則知荼之脱穎秀出者,如錐然矣。凡茅一莖,秀只一條,旋即作華。……"[83]是荼爲萑之秀穗矣。《大戴禮記·夏小正》亦云:"荼,萑葦之秀。"[84]又《周禮·地官·掌荼》:"掌以時聚荼。"注:"荼,茅秀。"《釋文》:"莠,音秀,劉音酉。"[85]《冬官·考工記》:"鮑人之事,望而眡之,欲其荼白也。"

───────────

㉘　同上,頁392。

㉚　李時珍《本草綱目》(北京:人民衛生出版社影印本,1957年)頁883。

㉛　陳奐《詩毛氏傳疏》(臺北:學生書局,1970年9月景印鴻章書局本)頁375—376。

㉜　參王聘珍《大戴禮記解詁》(北京:中華書局,1983)頁42。

㉝　見《十三經注疏》本《周禮注疏》(臺北:藝文印書館景印清嘉慶二十年〔1815〕南昌府學重刊本,1973年5月)總頁250。

注:"韋革遠視之,當如茅莠之色。"《釋文》:"莠,音酉,又音秀。"[86]《儀禮 · 既夕禮》:"茵著用荼。"注:"荼,茅秀也。"[87]《詩 · 鄭風 · 出其東門》:"有女如荼。"《箋》:"荼,茅秀。"[88]《國語 · 吳語》:"望之如荼。"注:"荼,茅秀也。"[89]即章氏所言,其色白而稱荼者,乃茅秀及雚葦秀耳。如何觀韇字而知其借爲雚,而知其所指者非色青蒼之雚而爲白色之雚秀,而知其所喻者爲右白虎耶? 若真如章説,則《左傳》之遣詞用字,何其迂曲隱晦也!

又章氏釋左追蓐云:"左追蓐者,追畫也。《詩 · 大雅》:'追琢其章。'傳:'追,雕也。'追與敦,弴聲義又通。《詩 · 大雅》:'敦弓既堅。'《説文》作'弴',云:'畫弓也。'《公羊》注云:'天子彫即雕。弓。'雕弓,即弴弓。然則敦、弴並有雕義,兼有畫義,故《廣雅 · 釋詁》云:'彫,畫也。'然則追有雕義,亦得有畫義矣。《釋草》:'菉,王芻。'《詩》正義引某氏曰:'菉,鹿蓐也。'《證類本草》引孫炎曰:'即蓐草也。'郭注亦同。然則蓐者,菉也。《詩 · 衛風》:'綠竹猗猗。'《小雅》:'終朝采綠。'《上林賦》:'掩以綠蕙。'綠并同菉。所以命爲菉者,正以其色之綠也。故《小雅》'終朝采綠'與'終朝采藍'並言,以藍可染青,綠可染綠,並是染草也。《御覽》引吳普《本草》:'藎草,一名黄草,以其可染黄也。'《説文》:'菉,王芻,又云藎草也。'蓋綠本青黄間色,可言青,亦可言黄,二者通稱也。此追蓐則以青言。綠可言青,青亦可言綠,故《廣雅 · 釋器》云:'緑、青也。'

---

[86] 同上,總頁 621。
[87] 見《十三經注疏》本《儀禮注疏》(臺北:藝文印書館景印清嘉慶二十年〔1815〕南昌府學重刊本,1973 年 5 月)總頁 485。
[88] 見《十三經注疏》本《詩經注疏》(臺北:藝文印書館景印清嘉慶二十年〔1815〕南昌府學重刊本,1973 年 5 月)總頁 181。
[89] 參《國語》(上海古籍出版社,1978 年)頁 608—609。

追蓐言畫綠,左追蓐即左青龍也。獨于左言畫者,《釋天》説旂之制云:'素升龍於縿。'是龍旂本畫素色。今畫龍乃以青,故必言追蓐也。"⑩章氏以追爲彫之假借,義爲畫;又以爲蓐即菉,菉之色綠,綠爲青黃間色,此處用以言青,追蓐猶言畫綠,故左追蓐即左青龍。堯案:追字古音端紐微部,彫字古音端紐幽部,二字得雙聲假借,《詩·大雅·棫樸》:"追琢其章。"毛《傳》:"追,彫也。"⑪即其例。蓐即菉,《爾雅·釋草》:"菉,王芻。"注"菉,蓐也",⑫可證。惟青色之物甚多,何以用青黃間綠色之蓐以表青色? 即如章氏所言,追蓐言畫綠,又何以知其所表者爲青龍? 是章氏所説,遠不如杜注之逕直可信。

又章氏釋前茅慮無云:"前茅慮無者,茅慮即《釋草》之'茹藘、茅蒐'。呼茅藘者,王夫之《周易稗疏》曰:'拔茅茹,茅蒐、茹藘也。'此同其例。無即藘餘聲。(章氏原注:'《淮南》、《周髀》皆有無盧,注云:"大數名也。""粗計也。"《荀子·議兵》:"焉慮率用慶賞、刑罰、埶詐而已矣。"注:"慮,大凡也。"《漢書·賈誼傳》:"慮亡不帝制,而天子自爲者。"注:"慮,大計也。"是慮與無慮爲一語,特聲音長短之異。故知慮之餘聲爲無也。')"⑬釋茅慮爲茅蒐、茹藘,章氏實無確證。以無爲藘餘聲,章氏亦無確証,其所舉者,僅得無慮,而靡慮無也。故其釋前茅慮無爲前朱雀,實嫌牽强。

又章氏釋中權云:"中權者,即《釋草》之'權,黃華',《釋木》之'權,黃英'。郭注《釋草》:'今謂牛芸草爲黃華,華黃,葉似苜宿。'《説文》云:'芸,似目宿。'則牛芸,特芸之大者,別

---

⑩ 《章太炎全集(二)》頁392。

⑪ 參《詩經注疏》卷一六之3頁5a,總頁558。

⑫ 見《十三經注疏》本《爾雅注疏》(臺北:藝文印書館景印清嘉慶二十年〔1815〕南昌府學重刊本,1973年5月)總頁134。

⑬ 《章太炎全集(二)》頁392—393。

名爲權。故《詩・小雅》：‘裳裳者華，芸其黃矣。’傳云：‘芸黃，盛也。’以芸狀華色之黃，則知芸、權皆黃色也。《曲禮》不見中央之色，以前後左右各用方色準之……中央當用黃，故曰中權也。”⑭章氏以權即黃華，謂《左傳》以權表黃色，中權者，謂中央用黃色也。章氏釋右轅、左追蓐、前茅慮無，皆甚牽強；其釋中權，亦較杜注迂曲。

　　又章氏釋後勁云：“後勁者，即《釋草》之‘薊，鼠尾。’《御覽》引孫炎云：‘薊，巨盈切，可染皁。（章氏原注：“俗作皁。”）’郭注同。《説文》無薊，古字祇當作劇。劇以染皁色，皁即七入之緇，與六入之玄異，而亦得通稱。《釋草》云：‘秬，黑黍。’《素問・五常政大論》：‘其穀黅秬。’而《六元正紀論》則云：‘其穀黅玄。’是黑與玄可通稱也，黑即緇也。叔然、巨盈之切，正與秬雙聲，是薊、秬聲義皆同矣。又《説文》：‘袗，玄服也。（章氏原注：“今本譌作衿，段茂堂據《文選・閒居賦》訂正，今從之。”）’服注‘袗服振振’云：‘袗服，黑服也。’是亦玄、黑通稱也。後勁即玄武也。”⑮堯案：《群譚採餘》曰：“朱晦庵云：‘玄武，即烏龜之異名。龜，水族也，水屬北，其色黑，故曰玄龜；有甲能捍禦，故曰武。其實只即烏龜一物耳，北方七宿如龜形，其下有腾蛇星，蛇，水屬也，借此以喻身中水火相交，遂繪爲龜蛇蟠虯之狀，世俗不知其故，乃以玄武爲龜蛇二物。’”⑯徐光啟（1562—1633）《農政全書》曰：“鼠菊，《本草》名鼠尾草，一名薊……苗高一二尺。葉似菊花葉，微小而肥厚，又似野艾蒿葉而脆，色淡綠。莖端作四五穗，穗似車前子穗而極疎細，開五瓣淡粉紫色花，又有赤、白二色花者。……《爾雅》謂：‘薊，

----

⑭　同上，頁393。
⑮　同上。
⑯　見《中文大辭典》（臺北：華岡出版社有限公司，1976年）總頁9115。

鼠尾,可以染皂。'"⑰是蒟之葉色淡緑,花淡粉紫色,或作赤、白
二色。章氏以勁爲蒟之假借,蒟爲染黑之草,《左傳》遂以蒟表
玄武,其説亦可謂迂曲矣。

由此可見,章太炎的《春秋左傳讀》,的確有相當明顯的
"穿鑿"問題。如果俞樾看了這本書,搖頭説:"雖新奇,未免穿
鑿。"那就一點也不奇怪。因此,筆者頗懷疑諸祖耿是把《春秋
左傳讀》和《春秋左傳讀敍錄》二書混淆了。事實上,把這兩本
書掉亂的也不乏其例。熊月之所著《章太炎》,即誤以《春秋左
傳讀》爲《春秋左傳讀敍錄》,熊氏《章太炎》説:

> 在詁經精舍裏,章太炎還寫成了《春秋左傳讀》一書,
> 五十多萬字。他站在古文經學的立場上,專門駁斥常州今
> 文經學派劉逢禄等人。書成之後,呈送俞樾過目。老先生
> 閲後,連連搖頭,説是"雖新奇,未免穿鑿,後必悔之"。這
> 説明章太炎這時的學問還不那麽成熟。這本書也没有立
> 即刊印。⑱

堯案:專門撰述以駁斥劉逢禄的,應該是《春秋左傳讀敍錄》,
而不是《春秋左傳讀》。《章太炎全集(二)·春秋左傳讀校點
説明》云:

> 《春秋左傳讀敍錄》,原名《後證砭》,爲反駁劉逢禄
> 《左氏春秋考證》卷二《後證》而作,論證《左氏春秋》"稱
> 傳之有據,授受之不妄"。⑲

---

⑰ 《萬有文庫》本《農政全書》(上海:商務印書館,1930年)第8册頁96。
⑱ 熊月之《章太炎》(上海:上海人民出版社,1982年)頁9。
⑲ 《章太炎全集(二)》頁2。

又云：

> 《春秋左傳讀》，撰於一八九一 ── 一八九六年。作
> 者承襲乾、嘉漢學傳統，熟練地運用前人文字音韻學成果，
> 廣泛地對《左傳》和周、秦、兩漢典籍進行比較研究，在考
> 訂詮釋《春秋左氏傳》古字古詞、典章名物、微言大義方
> 面，提出了不少精到的見解。⑩

兩書分別甚明，只要把二書閱覽一遍，即可清楚知道。固然，
《春秋左傳讀》對劉逢祿也不是完全沒有駁斥，《春秋左傳讀敍
錄·序》云：

> 懿《左氏》、《公羊》之釁，起於邵公。其作《膏肓》，猶
> 以發露短長爲趣。及劉逢祿，本《左氏》不傳《春秋》之說，
> 謂條例皆子駿所竄入，授受皆子駿所構造，箸《左氏春秋
> 考證》及《箴膏肓評》，自申其說。彼其摘發同異，盜憎主
> 人。諸所駁難，散在《讀》中。⑩

堯案：章氏《春秋左傳讀》駁斥劉逢祿之說，黃翠芬於《章太炎
春秋左傳學研究》頁 147—148，嘗加羅列，並云：

> 縱觀《左傳讀》散見章氏駁劉氏之說，針對公羊家言
> 僅能零散論議，反駁相當有限。真正深切完整的駁辯，有
> 待專篇的《春秋左傳讀敍錄》。因此，完成專文駁劉逢祿

---

⑩　同上，頁 1。
⑩　同上，頁 808—809。

之説,還是以《敘錄》爲主。[102]

黄氏所説甚明。至於俞樾閲罷《春秋左傳讀敘錄》摇頭之説,諸祖耿《記本師章公自述治學之功夫及志向》一文,説得比較清楚。諸氏述章太炎之言曰:

> 既治《春秋左氏傳》,爲《敘錄》駁常州劉氏。書成,呈曲園先生,先生摇首曰:"雖新奇,未免穿鑿,後必悔之。"[103]

章太炎著《春秋左傳讀敘錄》駁劉逢禄是合乎事實。不過,呈交俞樾,俞樾閲後摇首,認爲"雖新奇,未免穿鑿"的,是不是《春秋左傳讀敘錄》,卻不能使人無疑。可能章太炎跟諸祖耿等談話時,既提到著《春秋左傳讀敘錄》以駁劉逢禄,同時又提到《春秋左傳讀》書成,呈交俞樾,俞樾摇首曰:"雖新奇,未免穿鑿,後必悔之。"諸祖耿卻把兩件事混在一起。章太炎是浙江餘杭人,諸祖耿是江蘇無錫人,兩人語言上可能有些阻隔,諸祖耿對《左傳》又無專門研究,聽的時候精神稍不集中,便會弄錯。《記本師章公自述治學之功夫及志向》一文,發表於1936 年 9 月 16 日出版之《制言半月刊》第 25 期太炎先生紀念專號,發表時章太炎已逝世,發表前有没有經章太炎過目,則無從得知。[104]

---

[102]　黄翠芬《章太炎春秋左傳學研究》頁 148。

[103]　諸祖耿《記本師章公自述治學之功夫及志向》,《制言半月刊》1936 年 9 月第 25 期。

[104]　《記本師章公自述治學之功夫及志向》一文開端曰:"民國二十二年四月十八日,本師章公寓蘇州十全街曲石精廬,爲乘六、澐秋、伸犖、希泌諸兄道此,祖耿得從旁記之。二十二年八月十二日識。"此文大概於 1933 年 8 月 12 日寫成,《制言半月刊》第 25 期於 1936 年 9 月 16 日出版,中間相隔約三年,但發表前有没有經章太炎過目,則無從得知。

在章太炎生前,《春秋左傳讀》從未正式梓行。章氏曾多次談到對此書不甚滿意。在 1907 年出版的《國粹學報》中,章氏發表《與人論國粹學書》,其第二書云:"左氏故言,近欲次錄,昔時爲此,亦幾得五六歲,今仍有不愜意者,要當精心汰淅,始可以質君子,行篋中亦有札記數册,往者少年氣盛,立説好異前人,由今觀之,多穿鑿失本意,大氐十可得五耳。"[105]其自定年譜於《春秋左傳讀》亦云:"……書成,然尚多凌雜,中歲以還,悉删不用,獨以《敘錄》一卷、《劉子政左氏説》一卷行世。"[106]由此可見,章氏認爲《春秋左傳讀》"多穿鑿失本意",其自我評價,很可能是受昔日老師俞樾評語的影響。由於"尚多凌雜","中歲以還,悉删不用",但卻以《敘錄》行世,可見他認爲《春秋左傳讀敘錄》没有問題。《章太炎全集(二)・春秋左傳讀校點説明》説:

> 《春秋左傳讀敘錄》…… 一九〇七年發表于《國粹學報》。上海右文社《章氏叢書》初集、浙江圖書館《章氏叢書》、上海古書流通處《章太炎先生所著書》俱收錄此書的增訂本。[107]

堯案:上海右文社《章氏叢書》初集出版於 1916 年,[108]《章氏叢書》浙江圖書館刻本出版於 1917—1919 年,[109]《章太炎先生所

---

[105] 見《國粹學報》第 37 期社説頁 2b。
[106] 《太炎先生自定年譜》(香港:龍門書店,1965 年)頁 5。
[107] 《章太炎全集(二)》頁 2。
[108] 參湯志鈞編《章太炎年譜長編》(北京:中華書局,1979 年)上册頁 513。
[109] 參汪榮祖《章太炎研究》(臺北:李敖出版社,1991 年)頁 327。

著書》上海古書流通處印本出版於 1924 年。⑩ 如果章太炎認爲《春秋左傳讀敘錄》穿鑿,便不會讓它一再出版。

沈玉成先生(1932—1995)《春秋左傳學史稿》認爲章太炎《春秋左傳讀敘錄》駁斥僞説有價值的意見有:(一)《韓詩外傳》中引《左傳》事,稱《春秋之志》,説明《左傳》在先秦已有《春秋》之名,和《虞氏春秋》、《呂氏春秋》非同類著作。(二)對劉歆附益之説,章氏認爲:(1)"處者爲劉累"是媚漢之辭,若劉歆附新亡漢,不當附益若此。(2)所謂君子之論之乖異,章氏認爲:"孔子之意本待傳見,未嘗自言,何以知其乖異?……是乖異於《公羊》也。"(3)所謂凡例釋經出劉歆僞作,章氏認爲"傳之凡例始由子駿發揮,非謂自有所造。且杜預《釋例》所載子駿説經大義尚數十條,此固出自胸臆,亦或旁采《公羊》而與傳例不合。若傳例爲子駿所造,何不並此數十條入之傳文,顧留此以遺後人指摘乎?"(4)劉歆與尹咸共校圖書,安敢私有增損?(5)自北平獻書,共王破壁,以至子駿,百有餘年,墨漆新故,勢有不符。(6)劉逢禄以劉歆借助翟方進之名,而章氏認爲:"以《左》諂王莽,而王莽甚惡方進,且移讓書中不舉方進之名,在漢時未假以爲重,莽時又不能借以爲重。"沈氏認爲這些駁論頗能言之成理,後錢穆作《劉向歆父子年表》時,其議論也多由此引發。⑪

由此可見,沈玉成先生也認爲《春秋左傳讀敘錄》是一本有價值的書。

綜上所論,筆者大膽地提出諸祖耿將《春秋左傳讀》與《春秋左傳讀敘錄》二書混淆此一懷疑,以就正於方家。

⑩　參湯志鈞編《章太炎年譜長編》下册頁 788。案:《章太炎先生所著書》,湯書作《章氏叢書》。
⑪　參沈玉成《春秋左傳學史稿》(南京:江蘇古籍出版社,1992 年)頁 352—353。

論王國維對古音學之運用

　　近世研治王國維（1877—1927）者衆矣，惟論其於古音學之運用者則寡。臺灣靜宜大學邱德修教授，著有《觀堂聲韻學考述》一書，[①]於王氏之古音學、切韻學、唐韻學，研精究微，詳稽博辨；其第二章第四節，論及王氏於古音學之運用，可謂墾荒闢原，道夫先路矣。觀其所述，似有可補苴者，聊綴數言，殆亦所以附尺壤於崇邱耳。

　　邱教授引述蕭艾（1919—1996）《王國維評傳》頁 151—152 云：

　　　王國維繼承乾嘉學派的治學方法，最得力、最有效，因之成績最大的是“就古音以求古義”。下面我們特爲引用王國維的學生，古文字學家戴家祥的一段話，他說：孫詒讓、羅振玉、王國維三家都具備了關於字形、字音、字義這三方面的淵博知識，但是運用起來，各有各的側重點。孫

---

① 該書於 1994 年 1 月初版，總經銷爲五南圖書出版公司。

重在從先秦語法辭例上取得成績;羅則較多地從字形演變上著力;王貫徹各個方面,而最大的收穫在利用"同聲通假"(原注:見《甲骨文字學的發展與王靜安先生的方法論》)。這是通讀三家書,進行比較研究的心得,是真正的行家才能説出的話。搞通古音通假以攻古文字,是王國維的撒手鐧。一般人泛談王觀堂治學繼續乾嘉實事求是如何如何,何曾抓到癢處。②

蕭艾所言,似以"就古音求古義"等同於"同聲通假"。案"就古音以求古義",乃出自王念孫(1744—1832)《廣雅疏證·自序》。王氏曰:

> 竊以詁訓之旨,本於聲音。故有聲同字異,聲近義同;雖或類聚群分,實亦同條共貫。譬如振裘必提其領,舉網必挈其綱。故曰"本立而道生","知天下之至賾而不可亂也"。此之不寤,則有字别爲音,音别爲義,或望文虛造而違古義,或墨守成訓而甦會通,易簡之理既失,而大道多歧矣。今則就古音以求古義,引申觸類,不限形體。③

王氏之"就古音以求古義,引申觸類,不限形體",張舜徽教授(1911—1992)嘗引《廣雅》"般……大也"之王氏《疏證》釋之:

> 般者,《方言》:"般,大也。"郭璞音盤桓之盤。《大學》:"心廣體胖。"鄭注云:"胖,猶大也。"《士冠禮·注》

---

② 見邱書頁121。
③ 見《皇清經解》(臺北:復興書局,1961年)卷六六七上頁3(總頁7700)。

云："弁名出於槃。槃,大也;言所以自光大也。"槃、胖,竝
與般通。《説文》:"䈬,覆衣大巾也。""鞶,大帶也。"《訟》
上九:"或錫之鞶帶。"馬融注云:"鞶,大也。"《文選·嘯
賦·注》引《聲類》云:"磐,大石也。"義竝與般同。《説
文》:"伴,大皃。"伴與般亦聲近義同。④

堯案:《説文》:"般,辟也。象舟之旋。从舟,从殳。殳,所以
旋也。"⑤徐鍇(920—974)《説文繫傳》曰:"殳,橛之屬,會
意。"⑥徐灝(1810—1879)《説文解字注箋》曰:"凡言盤旋、盤
桓,皆本作般。"⑦是"般"本即今之"盤旋"字。其訓"大"者,朱
駿聲(1788—1858)《説文通訓定聲》以爲借作"伴"。⑧《説
文》:"伴,大皃。"⑨

至於"胖"字,《説文》云:"胖,半體肉也。一曰:廣肉。从
半,从肉,半亦聲。"⑩徐灝《説文解字注箋》曰:"半、胖蓋相承增
偏旁,實本一字。"⑪"胖"訓"大"者,朱駿聲亦以爲借作"伴"。⑫

至於"槃"字,《説文》云:"槃,承槃也。从木,般聲。……
盤,籀文从皿。"⑬段玉裁(1735—1815)《説文解字注》曰:"承
槃者,承水器也。"又曰:"今字皆作盤。"⑭"槃"訓"大"者,當亦
爲"伴"之借。

---

④　見《清代揚州學記》(上海:上海人民出版社,1962 年)頁 59。
⑤　見《説文解字詁林》(臺北:商務印書館,1970 年 1 月臺 3 版)頁 3811b。
⑥　同上,3812a。
⑦　同上。
⑧　同上,頁 3812b。
⑨　同上,頁 3511b。
⑩　同上,頁 514a。
⑪　同上。
⑫　同上,頁 515a。
⑬　同上,頁 2549a。
⑭　同上,頁 2549b。

是"般"、"胖"、"粲"之訓"大"者,皆爲"伴"之假借。至於"幋"訓"大巾","鞶"訓"大帶","磐"訓"大石",其聲義亦當來自"伴"。

由王氏《廣雅疏證》此例觀之,"就古音求古義",實包括同源詞,而不限於"同聲通假"。

張舜徽教授曰:

> 一九二二年,上虞羅振玉購得王氏(堯案:謂王念孫)手稿一箱,其中有《雅詁表》二十一册,《釋大》二册……《雅詁表》是以韻部爲綱而寫成的;《釋大》是以聲母爲綱而寫成的。羅氏曾委託王國維進行整理。《觀堂集林》卷八有《高郵王懷祖先生訓詁音韻書稿敘錄》一篇,介紹得很清楚。⑮

堯案:王國維《高郵王懷祖先生訓詁音韻書稿敘錄·雅詁表二十一册》云:

> 手稿,無書題,取《爾雅》、《方言》、《廣雅》、《小爾雅》四書詁訓,以建首字⑯爲經,而以古韻二十一部分列所釋之字以緯之。其建首字亦各分爲二十一部,故共爲二十一表。每表又分二十一格。如《爾雅·釋詁》:"初、哉、首、基、肇、祖、元、胎、俶、落、權輿,始也。"始爲建首字,在王氏古音第十七部,故此條入第十七表。而所釋之字,則元、權二字在第九部;哉、基、胎三字在第十七部;初、祖、落、輿

---

⑮ 《清代揚州學記》頁64。
⑯ 原注:"即所用以訓釋之字。"

四字在第十八部;首、佁二字在第二十部;肇字在第二十一部;故此諸字亦各分別入第九、第十七、第十八、第二十、第二十一諸格。而權輿二字爲聯綿字,不可分剖。則於第九格大書權字,而注輿字於其下;第十八格,則小書權字,大書輿字。其《方言》、《廣雅》中諸訓始之字,亦各以其部列入。如是,諸書中訓始之字,三十有一,盡在一覽中,而其聲義相通之故,亦從可識矣。⑰

案:《説文》云:"初,始也。从刀,从衣。⑱ 裁衣之始也。"⑲ "基,牆始也。"⑳ "祖,始廟也。"㉑ "佁,善也。……一曰:始也。"㉒ "胎,婦孕三月也。"㉓朱駿聲《説文通訓定聲》曰:"《爾雅·釋詁》:'胎,始也。'注:'胚胎未成,亦物之始也。'"㉔元,金文兀作父戊卣作 𓎤,㉕作人形而填其首。徐灝《説文解字注箋》曰:"元、首同義,故引申之皆爲凡始之偁。"㉖是"初"、"基"、"祖"、"佁"、"胎"、"元"、"首"均有"始"義。上述諸字中,除"元"字語音稍隔外,"基"、"胎"與"始"同屬之部,"首"與"始"幽之旁轉,"初"、"祖"與"始"魚之旁轉,"佁"與"始"覺之次對轉。由是觀之,王國維實精熟於王念孫聲義相通之理,"就古音求古義",固包括同源詞,而不限於"同聲通假"也。

---

⑰ 《觀堂集林》(香港:中華書局,1973 年)頁 395—396。
⑱ 段注改作"从刀衣"。見《説文解字詁林》頁 1829a。
⑲ 《説文解字詁林》頁 1829a。
⑳ 同上,頁 6108a。
㉑ 同上,頁 53b。
㉒ 同上,頁 3517a。
㉓ 同上,頁 1741b。
㉔ 同上,頁 1742a。
㉕ 《金文編》(北京:中華書局,1985 年)頁 1。
㉖ 《説文解字詁林》頁 10b。

觀夫王國維之著作,固有運用古音學以研究同源詞者,如《爾雅草木蟲魚鳥獸名釋例下》云:

> 凡雅俗古今之名,同類之異名,與夫異類之同名,其音與義恒相關。同類之異名,其關係尤顯於奇名。如《釋草》:"苹,荓。其大者蘱。""苕,陵苕。黄華,蔈;白華,茇。""蒹,薕。葭,蘆。茭,菼。""蕈、葶,荼。""焱、薦,芀。"《釋蟲》:"食苗心,螟。……食根,蟊。"《釋魚》:"鱮,大鮦;小者鮵。"《釋鳥》:"鳥鼠同穴,其鳥爲鵌,其鼠爲鼵。"苹與蘱,蕈與茇,薕與蘆、蘱,螟與蟊,鮦與鮵,鵌與鼵,皆一聲之轉。[27]

蕭艾所言,既有遺漏,茲辨明如上。邱教授復曰:

> 蕭氏談到王氏利用"同聲通假","就古音以求古義",來説明他利用古音學,只是搔著觀堂的一些癢處,而並不全面。我們試就王氏所著《聯綿字譜》、《戩壽堂所藏殷虛文字考釋》、《古字母之研究》三個方面爲例,來談他對古音學的運用是如何得心應手,如何地巧奪天工了。[28]

王國維如何運用古音學以研究聯綿字,邱教授言之甚詳,[29]茲不贅。至於王國維如何在《戩壽堂所藏殷虛文字考釋》中運用其古音學,邱教授爬羅剔抉,蒐集頗富,[30]謹爲之提要鈎玄,以

㉗　《觀堂集林》頁 221。
㉘　見邱書頁 121—122。
㉙　同上,頁 122—141。
㉚　同上,頁 141—152。

顯其意：

（一）王亥考——闡述王國維如何運用古音學以通假借，藉以貫通傳統典籍與甲骨文字所載之人名。

（二）卯字考——闡述王國維如何運用古音學以通假借，藉以考釋甲骨文之詞義。

（三）唐即湯説——闡述王國維如何運用古音學中"形聲俱近"之原理，指出《説文》"唐"之古文作"喝"，與載籍之"湯"形聲俱近，故甲、金文之"唐"，即載籍之"湯"。

（四）翌字考——闡述王國維如何運用古音學以考釋甲、金文之"翌"字㉛。

（五）古勺字考——闡述王國維運用古音學以通假借，考知卜辭之"勺"爲"礿"之假借。

（六）鳳字考——闡述王國維運用古音學，指出卜辭假"鳳"爲"風"。

（七）牡从士作説——闡述王國維運用古音學以考證形聲字之聲符，辨《説文》之誤。

（八）蘄爲旂之本字——闡述王國維運用古音學，考知"蘄"即"旂"之本，假借爲"祈求"之"祈"。

以上八條，多闡述王國維如何運用古音學以通假借，特第七條"牡从士作説"，闡述王國維運用古音學以考證文字之形體，實最堪留意。

至於邱教授所述第三方面——《古字母之研究》，則爲王國維對古聲組之研究，而非對古音學之運用。

考王國維於古音學之運用主要有三。一爲通假借，此爲文

㉛　筆者嘗撰短文論及此字，載於《紀念王國維先生誕辰 120 周年學術論文集》（廣州：廣東教育出版社，1999 年）。

獻學上之運用。二爲探語源及譜列聯綿字,此爲語言學上之運用。三爲研究文字之形體,此爲文字學上之運用。至於運用古音學以探討周代金石文之韻讀,[32]以及評論明清音韻學史之成績,[33]則又其餘事也。

---

[32]　參《周代金石文韻讀序》,見《觀堂集林》頁394—395。
[33]　參《觀堂聲韻學考述》頁9—19。

高本漢《先秦文獻假借字例·緒論》評《説文》諧聲字初探

一、緒　言

高本漢(Klas Bernhard Johannes Karlgren, 1889—1978)《先秦文獻假借字例·緒論》説:

　　每當我們着手考訂一個諧聲字而把這個字音當作某一項假借在聲韻上能够成立的主要證據時,我們就會面臨兩個難題。其一是,確定哪些字真正是諧聲字;其二是,那些諧聲字的上古音是甚麽樣的。對於前一個問題,中國的古語學者(訓詁學者)總會不約而同地把許慎抬出來,視許氏的《説文解字》爲金科玉律。如果《説文》説:某字從某聲,那就再也不容許有任何討論的餘地了。然而我們應該知道,許慎是西元第一世紀時代的人,對於他以前千餘年所使用的古語,必定所知有限,並且雖然他是一位偉大的天才,而他的《説文解字》又是被人奉爲圭臬的,但是他仍然犯下了許多嚴重的錯誤。由於這是一個重要的問題，所以我們絕對地有必要來建立一項觀念，那就是：不可迷信許慎對於字詞所作的解釋。在下文我們將舉出的一些例子中，可以清楚地看出，許氏所説的某字從某聲，實際上都是不能成立的。

我們之所以敢於對《説文》下如此的判斷，就是因爲周代早期語音的系統與要點已經被我們建立了起來（請參閲拙著《中國聲韻學大綱》"Compendium of Phonetics in Ancient and Archaic Chinese"……在這篇論文裏，有關擬測古音系統的理由，都作了逐條逐點的説明，每一個結論，都有它相當厚實的依據。自然在細節方面還應該再作增補，不過我相信整個的系統對於本書的研究頗有助益。……），並且拙著《增訂漢文典》*Grammata Serica Recensa*，也已經把先秦文獻的用字與讀音都作了系統地臚列。許氏誤認的諧聲字有：

"祂"（*twâd）從"示"（*d̂i̯ər）聲；

"叢"（*dzʼung）從"取"（*tsʼi̯u）聲；

"柰"（*nâd）從"示"（*d̂i̯ər）聲；

"臬"（*ngi̯at）從"自"（*dzʼi̯ər）聲；

"昱"（*di̯ôk）從"立"（*li̯əp）聲；

"牖"（*zi̯ôg）從"甫"（*pi̯wo）聲；

"憲"（*xi̯ân）從"害"（*gʼâd）聲；

"怓"（*nǒg）從"奴"（*no）聲；

"溢"（*di̯ĕt）從"益"（*·i̯ĕk）聲；

"蠲"（*kiwan）從"益"（*·i̯ĕk）聲；

"鞞"（*bʼi̯ĕn）從"卑"（*pi̯ĕg）聲；

"委"（*·i̯wǎr）從"禾"（*gʼwǎ）聲；

"威"(＊ᵎi̯wər)从"戌"(＊si̯wĕt)聲;

"閼"(＊·ât)从"於"(＊·i̯o)聲;

"隤"(＊d'wər)从"貴"(＊ki̯wɛd)聲;

"枼"(＊di̯ap)从"世"(＊śi̯ad)聲。

這些例子足以表示許慎對於上古語音的認識實在還幼稚得很。如果我們再找,這樣的例子還有很多。[①]

高氏説他所以敢判斷許慎(約 58—約 147)"所説的某字从某聲,實際上都是不能成立的",是因爲他已建立"周代早期語音的系統",知道"諧聲字的上古音是甚麼樣的"。不過,目前上古音的構擬,主要是根據《詩經》、《楚辭》及其他先秦典籍中的韻語、形聲字的諧聲偏旁、異文、假借等,結合對唐韻的離析和現今漢語各方言所保留的古音成分和域外音譯的有關材料,構擬出一個假設的上古音系。由於各家使用的材料不盡相同,運用的方法也有所差異,所以各家構擬的上古音系不盡一致。例如 2003 年出版的鄭張尚芳《上古音系》,其所構擬的上古音,即跟高本漢所構擬的上古音很不同,現將上文引述的高本漢上古音與鄭張尚芳所構擬的上古音對比如下,以見一斑:

諧聲字	高本漢擬音	鄭張尚芳擬音		諧聲偏旁	高本漢擬音	鄭張尚芳擬音	
役	twâd	tood	toods	示	d̂'i̯ər	gle	Gljils
叢	dz'ung	zlooŋ		取	ts'i̯u	shloo?	shlo?
奈	nâd	naads		示	d̂i̯ər	gle	Gljils

[①]　高本漢著,陳舜政譯《先秦文獻假借字例》(臺北:中華叢書編審委員會,1974 年)上册頁 11—13;另參 Bernhard Karlgren, "Loan Characters in Pre-Han Texts", *Bulletin of the Museum of Far eastern Antiquities* 35 (1963): 7 - 8.

（續表）

諧聲字	高本漢擬音	鄭張尚芳擬音	諧聲偏旁	高本漢擬音	鄭張尚芳擬音
臬	ngi̯at	ŋeed	自	dzʼi̯ər	filjids
昱	di̯ôk	lug	立	li̯əp	rɯb
牖	zi̯ôg	luʔ	甫	pi̯wo	paʔ
憲	xi̯ân	hŋan/s	害	gʼâd	gaads
恢	nŏg	rnaaw	奴	no	naa
溢	di̯ět	lig	益	·i̯ĕk	qleg
蠲	kiwan	kʷliiŋ	益	·i̯ĕk	qleg
顰	bʼi̯ĕn	bin	卑	pi̯ĕg	pe
委	·i̯wăr	qrol(ʔ)	禾	gʼwă	gool
威	·i̯wər	qul	戌	si̯wĕt	smid
闋	·ât	qran　qeen qaad　qad	於	·i̯o	qaa　qa
隤	dʼwər	lʼuul	貴	ki̯wɛd	kluds
葉	di̯ap	leb	世	śi̯ad	hljebs

本文將集中討論高本漢認爲不能成立的形聲字，是否真的不能成立。

二、本　　論

“緒言”所述高本漢認爲許慎誤認的諧聲字，是否真的誤認？現試逐一予以分析：

2.1　役

高本漢認爲許慎誤認的諧聲字中，首例爲“役”。案：《説文》三篇下殳部：

> 祋，殳也。从殳，示聲。或説，城郭市里，高縣羊皮，有
> 不當入而欲入者，暫下以驚牛馬，曰祋。故从示殳②。
> 《詩》曰：“何戈與祋。”（丁外切。）③

根據《説文》，“祋”字的構造有“从殳示聲”及“从示殳”兩説，
其中“城郭市里，高縣羊皮，有不當入而欲入者，暫下以驚牛
馬，曰祋”是“或説”，段玉裁（1735—1815）《説文解字注》指
出，這是“別一義”，段注本《説文》並删去大徐本“故从示殳”
四字。④ 因此，“从示殳”一説，似可放在較次位置考慮。不過，
另一方面，高本漢認爲根據音理，“祋”字不可能從“示”聲，他
認爲《説文》从殳示聲一説有問題。堯案：“祋”字端紐月部，
“示”字船紐脂部，端、船二紐《説文》諧聲凡 42 見，⑤月、脂二部
先秦合韻則只一見，⑥二字韻部相距頗遠。

2.2 叢

高本漢認爲許慎誤認的諧聲字中，次例爲“叢”。案：《説
文》三篇上丵部：

---

② 段玉裁《説文解字注》删“故从示殳”四字。王筠《説文句讀》則於“故從示殳
下”曰：“此説謂會意也。桂氏曰：‘從示者，《司馬兵法》：“有司皆執殳戈，示諸
鞭扑之辱。”’”參《説文解字詁林》（臺北：商務印書館，1970 年 1 月臺 3 版）頁
1291b。

③ 《説文解字詁林》頁 1291a。湯可敬《説文解字今釋》（長沙：岳麓書社，1997
年）譯文云：“祋，殳。从殳，示聲。另一義説，城郭集市（門口），（用祋竿）高高
懸掛羊皮，有不應當進入而想進入的，突然降下羊皮來驚嚇牛馬，叫祋，所以由
‘示’、‘殳’會意。《詩經》説：‘荷着戈和祋。’”（頁 426）

④ 《説文解字詁林》頁 1291b。

⑤ 參陸志韋《古音説略》（見《陸志韋語言學著作集（一）》，北京：中華書局，
1985 年）頁 254。端紐，陸書作都母；船紐，陸書作時母。

⑥ 參陳新雄《古音學發微》（臺北：文史哲出版社，1975 年）頁 1080。

叢,聚也。从丵,取聲。(徂紅切。)⑦

朱駿聲(1788—1858)《説文通訓定聲》曰:"疑从丵从聚省,會意。"⑧惟孔廣居(1732—1812)《説文疑疑》則曰:"取、叢皆齒音,故相諧。或謂叢从聚省,非。"⑨張舜徽(1911—1992)《説文解字約注》曰:"凡从取聲之字,多有聚積義。"⑩又曰:

本書丵部"叢,聚也";一部"冣,積也";众部"聚,會也";土部"堅,積土也";俱从取聲而義近。至于麻蒸爲菆,木薪爲橇,尤得義于聚物成束,與諏訓聚謀,語原一也。⑪

由此可見,張氏認爲"叢"當從"取"聲。高本漢則認爲根據音理,"叢"字不可能從"取"聲。堯案:"叢"字從紐東部,"取"字清紐侯部,從、清旁紐雙聲,《説文》諧聲凡 32 見,⑫東、侯二部則有對轉關係,⑬二字聲韻俱近。由此可見,"叢"從"取"聲,就音理説,問題本來相對不大。朱駿聲轉出新解,惟省體之説,容易捕風捉影,孔廣居即已表示不同意"叢"从丵从聚省之説。另一方面,張舜徽指出取聲之字"多有聚積義","叢"訓"聚",若從取聲,也很合理。因此,《説文》"叢"從"取"聲之説,是可以接受的。

――――――――

⑦　《説文解字詁林》頁 1117b。
⑧　同上。
⑨　同上,頁 1118a。
⑩　張舜徽《説文解字約注》(鄭州:中州書畫社,1983 年)卷五頁 71a。
⑪　同上,卷五頁 21b。
⑫　參陸志韋《古音説略》頁 256。從紐,陸書作昨母;清紐,陸書作倉母。
⑬　參陳新雄《古音學發微》頁 1085。

2.3 柰

高本漢認爲許慎誤認的諧聲字中，第三個例子爲"柰"。案：《説文》六篇上木部：

> 柰，果也。从木，示聲。（奴帶切。）[14]

高本漢認爲根據音理，"柰"字不可能從"示"聲。堯案："柰"字泥紐月部，"示"字船紐脂部，泥、船二紐《説文》無諧聲記錄，[15] 月、脂二部先秦合韻只一見，[16] 二字聲、韻相距均遠。"柰"訓"果"，不可能從木示會意，應該是從木示聲。但"柰"字和它的聲符"示"聲紐相距極遠，韻部亦不相近，這樣的諧聲現象，只能歸因於例外的語音演變或一些特殊情況，如訓讀等。陳第(1541—1617)《毛詩古音考》説："蓋時有古今，地有南北，字有更革，音有轉移，亦勢所必至。"[17] 漢語歷史悠久，中國地域廣濶。《説文》所收諧聲字，集上古時期諧聲字之大成，其中既有從甲骨文、金文等遠古文字繼承下來的諧聲字，也有兩漢時期新創制的諧聲字，其時代跨度長達十四個世紀以上。此外，上古時期的漢語存在極複雜的方言分歧，不同方言各自產生不同的諧聲關係，《説文》雖以秦代小篆爲本，但正如許慎《説文·序》所説，小篆是李斯等人在六國文字基礎上省改規範而成，而非另起爐竈重新創制，因此，《説文》的諧聲字，也就必然包含了上古漢語複雜的方言因素。有些字的聲母和韻母發生較大的變化，是可以理解的。[18] 在一般

---

[14] 《説文解字詁林》頁 2376a。

[15] 參陸志韋《古音説略》頁 255。泥紐，陸書作奴母；船紐，陸書作時母。

[16] 參陳新雄《古音學發微》頁 1080。

[17] 陳第《毛詩古音考》（北京：中華書局，1988 年）頁 7。

[18] 參洪波《關於〈説文〉諧聲字的幾個問題》，《古漢語研究》1999 年第 2 期頁 2—7。

情況下,應該整個音類循着同一軌迹發生變化。但也有一些特殊的情況,不是整個音類一起循着同一軌迹演變的,那屬於例外的演變。[19] "柰"字和它的聲符"示"無論聲、韻都分道揚鑣,這雖屬少有的例外,但也不是完全没有可能。

2.4　臬

高本漢認爲許慎誤認的諧聲字中,第四個例子爲"臬"。案:《説文》六篇上木部:

臬,射準的[20]也。从木,从自。(五結切。)[21]

案:唐寫本木部殘卷、[22]小徐本、[23]《韻會》[24]均引作"从木自聲";大徐引李陽冰則曰:"自非聲,从臬省。"[25]王煦(1758—?)《説文五翼》曰:

按臬長言之即爲藝,《漢書・司馬相如傳》:"藝殝仆。"師古曰:"藝,字亦作臬。"《考工記・匠人》:"置槷以縣。"鄭注:"槷,古文臬字。"《詩・車攻・傳》:"裘纏質以爲槷。"《釋文》:"槷,魚列反,何:'魚季反'。"臬音同藝,故以自得聲。(自,古鼻字。)陽冰不識古音,因肊譔以爲

---

[19]　有些學者用上古漢語有豐富的形態變化來解釋這些例外演變,參潘悟雲《諧聲現象的重新解釋》,《温州師範學院學報》1987年第4期頁57—66。

[20]　《説文解字詁林》頁2586a。湯可敬《説文解字今釋》譯文曰:"臬,射箭的靶子。"又湯書注釋云:"準的:同義複合。準、的皆爲靶子。"(頁807)

[21]　《説文解字詁林》頁2586a。

[22]　參《唐寫本説文解字木部箋異》,載《續修四庫全書》第227册(上海:上海古籍出版社,1995年)頁234下。

[23]　參《説文解字詁林》頁2586b。

[24]　參《古今韻會舉要》,載《景印文淵閣四庫全書》第238册(臺北:臺灣商務印書館,1986年)卷二七頁19a。

[25]　《説文解字詁林》頁2586a。

劖省,後人又削去本注"聲"字,宜補。㉖

王煦認爲宜補"聲"字,惟以此字爲會意而非形聲者甚夥,如桂馥(1736—1805)《説文解字義證》曰:

從自者……自,鼻也。今謂鼻爲準頭,是也。㉗

王筠(1784—1854)《説文釋例》曰:

蓋此字會意非形聲。臬以木爲之,故從木;射者之鼻,與臬相直,則可以命中,故從自,自,鼻也。㉘

朱駿聲《説文通訓定聲》曰:

臬……从木从自會意。按从自者,鼻于面居中特出之形,凡臬似之。㉙

林義光《文源》曰:

《説文》云:"臬,射埻(準)的也。从木自聲。"按自非聲。古作𦣻(辛器劓字偏旁),自者鼻也,立木如鼻形也。㉚

㉖ 同上,頁 2587a – b。
㉗ 同上,頁 2587a。
㉘ 同上。
㉙ 同上。
㉚ 同上,頁 2587b。

温少峰、袁庭棟《殷墟卜辭研究——科學技術篇》云：

> 臬，甲文中作🔯。《説文》訓："射準的也。"即樹立木
> 竿以爲箭靶，字从木从自（自爲鼻之初文）會意。古人樹
> 八尺之木爲箭靶，其高略與人之鼻等（即"以身爲度"之
> 意），其"的"（靶心）又有如人面部中心之鼻，故臬字从木
> 从自而出"射準的"義。古代文化簡樸，一器多用，故直立
> 的木竿箭靶同時又用爲測影之器，即"表"。《周禮・考工
> 記・匠人》："置槷以縣，眡以景。"鄭玄注："槷，古文臬，假
> 借字。于所平之地中央，樹八尺之臬，以縣正之，眡之以其
> 景，將以正四方也。"孫詒讓《正義》在徵引諸家論證之後
> 結論稱："臬，即大司徒測景之表。"《文選・陸倕石闕銘》：
> "陳圭置臬，瞻星揆地。"此皆爲"臬"即測影之"表"的
> 力證。[31]

上述諸家均以"臬"爲會意字，所言甚詳，其説應可信從。高本
漢亦認爲根據音理，"臬"字不可能從"自"聲。堯案："臬"
爲疑紐三等月部字，"自"爲從紐質部字，疑紐三等與從紐《説
文》無諧聲記錄，[32]月、質二部則有旁轉關係，[33]二字聲紐相距
甚遠。

2.5　昱

高本漢認爲許慎誤認的諧聲字中，第五個例子爲"昱"。
案：《説文》七篇上日部：

---

[31]　温少峰、袁庭棟《殷墟卜辭研究——科學技術篇》（成都：四川省社會科學院出
版社，1983 年）頁 9。
[32]　參陸志韋《古音説略》頁 255。疑紐三等，陸書作魚母；從紐，陸書作昨母。
[33]　參陳新雄《古音學發微》頁 1056。

昱,明日也。从日,立聲。(余六切。)[34]

案:昱,《説文》訓"明日",段玉裁《説文解字注》改作"日明",並云:

> 日明,各本作"明日",今依《衆經音義》及《玉篇》訂。《大元》(堯案:即《太玄》)曰:"日以昱乎晝,月以昱乎夜。"注云:"昱,明也。"日無日不明,故自今日言下一日謂之明日,亦謂之昱日。昱之字古多叚借翌字爲之,《釋言》曰:"翌,明也。"是也。凡經傳子史翌日字,皆昱日之叚借。翌與昱同立聲,故相叚借,本皆在緝韵,音轉又皆入屋韵。劉昌宗讀《周禮》"翌日乙丑",音"育",是也。俗人以翌與翼形相似,謂翌即翼,同入職韵。[35]

桂馥《説文解字義證》亦云:

> "明日"也者,當爲"日明"。《玉篇》:"昱,日明也。"《廣韵》:"昱,日光也。"《廣雅》:"昱,明也。"《太元》(堯案:即《太玄》):"日以昱乎晝,月以昱乎夜。"司馬光云:"昱,明也。"經典借翼字,《書·武成》:"越翼日。"傳云:"翼,明也。"又借翌字,《纂要》:"翌,日明也。"《書》:"翌日乙丑。"[36]

惟王筠《説文句讀》則曰:

---

[34] 《説文解字詁林》頁 2928。
[35] 同上,頁 2928b。
[36] 同上,頁 2929a。

《衆經音義》、《玉篇》皆曰:"日明也。"《廣韻》曰:"日光也。"此《太元》"日以昱乎晝,月以昱乎夜"之義,非許君所用也。設言日明,則當與昭、曠類廁于首矣。"明日"之義,經典皆借翌。《釋言》:"翌,明也。"翑下云:"翌也。"皆是。㊲

朱駿聲《説文通訓定聲》曰:

翌日者,昨夜言來日之辭也。㊳

張舜徽《説文解字約注》曰:

凡在昨夜言來日,今語恒稱"天亮時",意謂待天明亮,則爲第二日矣。故明日與日明二義,亦實相因。㊴

王國維(1877—1927)《釋昱》曰:

殷虛卜辭屢見 🔲🔲🔲🔲 諸字,又或從日作 🔲,或從立作 🔲🔲諸體,於卜辭中不下數百見,初不知爲何字,後讀小盂鼎,見有 🔲字,與 🔲🔲二字相似,其文云:"粤若 🔲乙亥。"與《書·召誥》"越若來三月"、《漢書·律曆志》引逸《武成》"粤若來二月"文例正同,而《王莽傳》載太保王舜奏云:"公以八月載生魄庚子,奉使朝用書,越若翊辛丑,諸生、庶民大和會。"王舜此奏,全摹仿《康誥》、《召誥》,則《召誥》之"若翌日乙卯"、"越翌日戊午",今文《尚

㊲　同上。
㊳　同上。
㊴　張舜徽《説文解字約注》卷一三頁11a。

書》殆本作"越若翌乙卯"、"越若翌戊午",故舜奏仿之。
然則小盂鼎之"粵若🔲乙亥",當釋爲"粵若翌乙亥"無
疑也。又其字从日从立,與《說文》訓明日之昱正同,因悟
卜辭中上述諸體皆昱字也。羅叔言參事嘗以此説求之卜
辭諸甲子中有此字者,無乎不合,惟卜辭諸昱字雖什九指
斥明日,亦有指第三日、第四日者,視《説文》明日之訓稍
廣耳。又案此字卜辭或作🔲者,殆其最初之假借字。⑩

王氏此説,若抽關啟鑰,發精微之蘊,解學者之惑,其功可謂偉
矣! 惟王氏謂🔲即鼠之初字,⑪則有可商,🔲殊不像毛髮鬖鬖
之形。王襄(1876—1965)《古文流變臆説》、葉玉森(1880—
1933)《説契》、《殷虛書契前編集釋》、康殷(1926—1999)《古
文字發微》認爲🔲象翼形,唐蘭(1900—1979)《殷虛文字記》、
孫海波(1910—1972)《甲骨文編》、李孝定(1918—1997)《甲骨
文字集釋》、徐中舒(1898—1991)《甲骨文字典》則認爲🔲象羽
形。筆者撰有《説🔲——讀〈觀堂集林·釋昱〉小識》一文,⑫
嘗試裁以管見如下:

(一)甲骨文諸🔲字詭變劇繁,綜而觀之,多肖翼形,而不
肖羽形者則甚夥。

(二)納西象形文字翼作 🔲 🔲 諸形,與甲骨文諸🔲字
近似。

(三)若🔲本爲翼字,假爲同屬餘紐職部之昱字,固無問
題;若🔲本爲羽字,羽字古音匣紐魚部,則與餘紐職部之昱字,

---

⑩　見《觀堂集林》(香港:中華書局,1973 年)頁 284。
⑪　同上,頁 285。
⑫　載《紀念王國維先生誕辰 120 周年學術論文集》(廣州:廣東教育出版社,
　　1999 年)頁 43—49。

韻部遠隔,聲亦不近,則何以假爲昱?

（四）甲骨文田字有異體作🔺🔺者,王國維、王襄、魏建功（1901—1980）、李孝定皆以立爲聲符,唐蘭則以爲从立羽聲,若此字從羽得聲,音亦當與羽相近,羽、昱韻部遠隔,聲亦不近,則此字何以能假爲昱?故當以立爲聲符。立古音來紐緝部,昱、立分隸餘來二紐,或爲上古 dl-複聲母之遺,職、緝則有旁轉關係,故田當本爲翼字,借爲昱日字,後加立爲聲符。

高本漢認爲根據音理,"昱"字不可能從"立"聲。堯案:"昱"爲餘紐職部字,"立"爲來紐三等緝部字,餘紐與來紐三等《說文》諧聲記錄凡 11 見,[43]"昱"、"立"分隸餘、來二紐,或爲上古 dl-複聲母之遺,職、緝二部則有旁轉關係。[44]且如上文所説,甲骨文田有異體作🔺🔺,已以立爲聲符,故"昱"從"立"聲之説,應該沒有問題。

2.6　牖

高本漢認爲許慎誤認的諧聲字中,第六個例子爲"牖"。案:《說文》七篇上片部:

> 牖,穿壁以木爲交窻也。从片、户、甫。譚長以爲甫上日也,非户也。牖,所以見日。（與久切。）[45]

"从片、户、甫",小徐本作"從片、户,甫聲"。段玉裁《說文解字注》於"甫"聲下云:"蓋用合韵爲聲也。"[46]徐灝（1810—

43　參陸志韋《古音説略》頁 255。餘紐,陸書作以母;來紐三等,陸書作力母。

44　參陳新雄《古音學發微》頁 1066—1067。

45　《說文解字詁林》頁 3049b。湯可敬《說文解字今釋》譯文云:"牖,鑿穿牆壁,用木板作成橫直相交的窗櫺。由片、户、甫會意。譚長認爲:'甫'字之上是'日'字,不是'户'字;窗牖是用來照見陽光的地方。"（頁 944）

46　《說文解字詁林》頁 3050a。

1879)《説文解字注箋》亦曰:“當以甫爲聲,古音魚、矦兩部多相轉也。”[47]又王筠《説文句讀》於“從片甫聲”下曰:“不言從户,則是户、甫皆聲也。竊、糳、積、翯、盡皆兩聲。户、甫在虞部,牖在有部,二部之聲多通。”[48]惟孔廣居《説文疑疑》則以會意釋“牖”,孔氏曰:“甫者,男子尊顯之偁也。牖有高明之象,故从甫會意。”[49]林義光《文源》亦云:“按甫非聲。甫,圃之古文。……片,版壁也。壁外有圃,上爲户以臨之謂之牖;牖,户屬也。”[50]楊樹達(1885—1956)亦以爲“甫”非聲,楊氏《積微居小學金石論叢·釋牖》曰:“小徐甫下有聲字,甫與牖聲韻皆相遠,亦非是。大徐以爲會意字,是也。”[51]楊氏又云:

> 字又从户甫者,甫之爲言旁也。古音甫在模部,旁在唐部,二部對轉。《周禮·考工記·匠人》記夏世室之制云:“四旁,兩夾窻。”鄭《注》云:“窻助户爲明,每室四户八窻。”賈《疏》云:“言四旁者,五室。室有四户,四户之旁皆有兩夾窻,則五室二十户四十窻也。”按囪窗窻字並同。《考工記》之窻,指在牆者爲言,正當云牖。窗牖對文有別,散文則通也。蓋世室有五室,室每方一户,每户之旁,以兩牖夾之,故云四旁兩夾窻。牖在户之兩旁,故字从户甫。義爲旁而字从甫,猶面旁之爲酺,(九篇上面部云:“酺,頰也。”又頁部云:“頰,面旁也。”是酺爲面旁也。——楊氏原注)水頻之爲浦矣。(十一篇上水部云:“浦,水頻也。”——楊氏原注)[52]

---

[47]　同上。
[48]　同上。
[49]　同上,頁 3050b。
[50]　同上。
[51]　楊樹達《積微居小學金石論叢》(增訂本)(北京:科學出版社,1955 年)頁 34。
[52]　同上。

堯案：大徐本《説文》及孔廣居、林義光、楊樹達以會意釋
"牖"，所説均覺牽强。段玉裁、王筠、徐灝認爲"牖"與"甫"韻
部可相通，惟高本漢則認爲根據音理，"牖"字不可能從"甫"
聲。堯案："牖"爲餘紐幽部字，"甫"爲幫紐三等魚部字，餘紐
與幫紐三等《説文》無諧聲紀録，[53]幽、魚二部則有旁轉關係，[54]
"牖"、"甫"二字聲紐相距甚遠。洪波在《關於〈説文〉諧聲字
的幾個問題》一文中指出："章（炳麟）、王（力）二位都認爲諧
聲字的主諧字與被諧字之間在聲母上不一定相同，甚至可以有
很大的差别。"根據洪文所提供的證據及其所作分析，章、王所
言，基本上符合事實。[55]

　2.7　憲
　高本漢認爲許慎誤認的諧聲字中，第七個例子爲"憲"。
案：《説文》十篇下心部：

　　憲，敏也。从心，从目，害省聲。（許建切。）[56]

段玉裁《説文解字注》謂"憲"字屬古韻十四部，並云："按害在
十五部，此合音也。"[57]又林義光《文源》曰："憲（寒韻）、害（泰
韻）雙聲對轉。"[58]惟苗夔（1783—1857）則認爲"憲"非從"害"
得聲，其《説文聲訂》曰："案：害非聲。《詩》憲字《六月》韻安、
軒、閑、原，《桑柔》韻翰、難，《崧高》韻番、嘽、翰，害不得爲聲

---

[53]　參陸志韋《古音説略》頁 255。餘紐，陸書作以母；幫紐三等，陸書作方母。
[54]　參陳新雄《古音學發微》頁 1052。
[55]　參洪波《關於〈説文〉諧聲字的幾個問題》，《古漢語研究》1999 年第 2 期頁 5—7。
[56]　《説文解字詁林》頁 4662a。
[57]　同上。
[58]　同上，頁 4662b。

也。且害字與憲亦無關涉，當是契字。契，書契也。文武之政，布在方策，中心臧之，如或見之，曰憲章文武也。當作從心目契省，宀聲。"⑤⑨又朱駿聲《説文通訓定聲》曰："按從宀，從心目識半會意。半，猶簡策也。宀，猶屋下也。或曰宀聲。"⑥⑩孔廣居則以"憲"爲會意字，其《説文疑疑》曰："憲，法也。從害省，從思省，會人當畏法意。"⑥①

　　高本漢認爲根據音理，"憲"字不可能從"害"聲。堯案："憲"爲曉紐三等元部字，"害"爲匣紐月部字，曉紐三等與匣紐《説文》諧聲凡20見，⑥②元、月二部則有對轉關係，⑥③二字聲韻俱近。由此可見，"憲"從"害"省聲，就音理説，問題本來不大。且《説文》"憲"訓"敏"，徐鍇（920—974）曰：《禮》曰：'發慮憲。'目與心應爲敏。"⑥④段玉裁《説文解字注》曰："敏者，疾也。《謚法》：'博聞多能爲憲。'"⑥⑤又於"從心目"下曰："心目竝用，敏之意也。"⑥⑥徐鍇與段玉裁於"憲"字之本義及形構，解釋均甚合理。張舜徽《説文解字約注》亦云："心思之敏爲憲，猶行走之疾爲趣耳。憲、趣雙聲，語原同也。推之讞、儇並訓慧也，聲義亦通。"⑥⑦張氏從語源推論，則"憲"爲心思之敏，益覺可信。苗夔、朱駿聲、孔廣居轉從憲章、憲法義立論，凡此皆爲"憲"之引申義，似不足爲據。因此，《説文》"憲"從"害"省聲之説，似可接受。

---

⑤⑨　同上。
⑥⑩　同上，頁4662a。
⑥①　同上。
⑥②　參陸志韋《古音説略》頁255。曉紐三等，陸書作許母；匣紐，陸書作胡母。
⑥③　參陳新雄《古音學發微》頁1027—1028。
⑥④　《説文解字詁林》頁4662a。
⑥⑤　同上。
⑥⑥　同上。
⑥⑦　張舜徽《説文解字約注》卷二〇頁30a。

2.8　恢

高本漢認爲許慎誤認的諧聲字中,第八個例子爲"恢"。

案:《説文》十篇下心部:

恢,亂也。从心,奴聲。(女交切。)⑱

高本漢認爲根據音理,"恢"字不可能從"奴"聲。堯案:"恢"字泥紐幽部,"奴"字泥紐魚部,二字泥紐雙聲,幽、魚旁轉,⑲聲韻俱近。且"恢"訓"亂",不可能从心奴會意(事實上也從没有人這樣説),最大可能是从心奴聲。

2.9　溢

高本漢認爲許慎誤認的諧聲字中,第九個例子爲"溢"。

案:《説文》十一篇上水部:

溢,器滿也。从水,益聲。(夷質切。)⑳

高本漢認爲根據音理,"溢"字不可能從"益"聲。堯案:"溢"字影紐質部,"益"字影紐錫部,二字影紐雙聲,質、錫二部則有旁轉關係。㉑亦有古音學家將"溢"字歸錫部,㉒則"溢"、"益"二字聲韻俱同。案:《説文》五篇上皿部:"益(益),饒也。从水、皿,皿益之意也。"㉓張舜徽《説文解字約注》曰:"器饒於水

---

⑱　《説文解字詁林》頁 4742b。
⑲　參陳新雄《古音學發微》頁 1052。
⑳　《説文解字詁林》頁 5083a。
㉑　參陳新雄《古音學發微》頁 1059。
㉒　參唐作藩《上古音手册》(南京:江蘇人民出版社,1982 年)頁 155。
㉓　《説文解字詁林》頁 2127b。湯可敬《説文解字今釋》譯文云:"益,富饒有餘。由'水'在'皿'上會意,表示'皿'中滿溢出水來的意思。"(頁 675)

則滿,故滿溢字古止作益。後復增水旁作溢。"[74]朱駿聲《說文通訓定聲》以"溢"爲"益"之或體,[75]王筠《說文釋例》則以"溢"爲"益"之後起分別文。[76]"溢"從"益"聲,應該没有疑問。

　　2.10　蠲

　　高本漢認爲許慎誤認的諧聲字中,第十個例子爲"蠲"。案:《說文》十三篇上虫部:

　　　　　蠲,馬蠲[77]也。从虫目,[78]益聲,了,象形。(古玄切。)[79]

高本漢認爲根據音理,"蠲"字不可能從"益"聲。堯案:"蠲"爲見紐三等元部字,"益"爲影紐三等錫部字,見紐三等與影紐三等《說文》諧聲凡9見,[80]元、錫二部則無合韻與諧聲記録,二字聲紐相距頗遠,韻部則相去甚遠。孔廣居《說文疑疑》曰:"蠲古音圭,故諧益聲。"[81]苗夔《說文聲訂》曰:"《詩》'吉蠲爲饎',《儀禮·注》引韓詩作'吉圭'。圭,潔也,故蠲同圭。《集韻》併收十二齊,《廣韻》收一先,非也。"[82]堯案:"圭"爲見紐四

---

[74]　張舜徽《說文解字約注》卷九頁66b。

[75]　《說文解字詁林》頁5083b。

[76]　同上,頁2128a。

[77]　段玉裁《說文解字注》"馬蠲"下注云:"多足蟲也。"見《說文解字詁林》頁5962b。

[78]　王筠《說文解字句讀》曰:"當云'从蜀,益聲'。因不立蜀部,故其詞如此,勿深泥也。"見《說文解字詁林》頁5963a。

[79]　《說文解字詁林》頁5962a。堯案:"了,象形",桂馥《說文解字義證》作"𠃌,象形"。王筠《說文句讀》曰:"當云'從蜀益聲',因不立蜀部,故其詞如此,勿深泥也。"朱駿聲《說文通訓定聲》亦云:"按从蜀益聲。蜎蜎似蜀,故从蜀。許書無蜀部,附虫部。"張舜徽《說文解字約注》亦云:"蜀當別立爲部首,以蠲字屬之,而云从蜀益聲。許無蜀部,附於虫部,故說解之辭亦迂曲。"參《說文解字詁林》頁5692b—5693a及《說文解字約注》卷二五頁58a。

[80]　參陸志韋《古音說略》頁255。見紐三等,陸書作居母;影紐三等,陸書作於母。

[81]　《說文解字詁林》頁5963b。

[82]　同上。

等支部字,若蠲古音同圭,則蠲、益二字古音相距稍近,蓋見紐非三等與影紐三等《説文》諧聲凡 6 見,[83]支、錫二部則有對轉關係。[84]"蠲"訓"馬蠲",不可能從蜀益或益蜀會意,《説文》"蠲"從"益"聲之説,相對於"蠲"從蜀益或從益蜀會意,還是比較可能的。

　　2.11　顰

　　高本漢認爲許慎誤認的諧聲字中,第十一個例子爲"顰"。案:《説文》十一篇下瀕部:

　　　　𩕳(顰),涉水顰蹙。从頻,卑聲。(符真切。)[85]

　　桂馥《説文解字義證》云:"從瀕卑聲者,當爲從瀕從卑,瀕亦聲。"[86]苗夔《説文聲訂》亦云:"夔案:卑非聲,當從建首字聲例作從頻卑,頻亦聲。"[87]可見桂、苗二氏皆不以"顰"爲從卑得聲。惟段玉裁《説文解字注》曰:

　　　　按从卑聲,則古音在十六部。《易》:"頻復。"本又作顰。王弼、虞翻、侯果皆以頻蹙釋之。鄭作卑,陸云:"音同。"按諸家作頻,省下卑;鄭作卑,省上頻。古字同音叚借,則鄭作卑爲是,諸家作頻非,顰本在支韵,不在真韵也。自各書省爲頻,又或作顰,又《莊子》及《通俗文》叚矉爲顰,而古音不可復知,乃又改《易·音義》云:"鄭作顰。"幸

----

[83]　參陸志韋《古音説略》頁 254。見紐非三等,陸書作古母。
[84]　參陳新雄《古音學發微》頁 1032—1033。
[85]　《説文解字詁林》頁 5125a。湯可敬《説文解字今釋》譯文云:"顰,臨到過水,皺着眉頭皺着額頭。从頻,卑聲。"(頁 1601)
[86]　《説文解字詁林》頁 5127b。
[87]　同上。

晁氏以道《古周易》、呂氏伯恭《古易音訓》所據《音義》皆作卑，晁云："卑，古文也，今文作顰。"攷古音者得此，真一字千金矣。⑧

又王筠《説文句讀》曰：

字有分別文，今人多不知，故説此字多誤。或謂當云"從頻從卑，頻亦聲"，或謂讀當如卑，以《唐韻》"符真切"爲誤，皆非也。許君説頻以水厓爲本義，以頻慼爲引申之義。其説顰也，則以顰慼爲義，可知顰爲頻之所孳育，但分其頻慼之義，不能當水厓一義矣。凡分別文之在異部者，定以本字爲聲，使之與會意字異也。此在同部，不得不云從頻，而以雙聲之卑爲聲，許君本不謂讀如卑也。《易》："頻復。"《釋文》："本又作嚬。嚬，眉也。鄭作顰，音同。馬云：憂頻也。"《巽》九三："頻巽，吝。"《釋文》解王注之"頻顣"曰："此同鄭意。"案陸氏説，則鄭君解"頻復"、"頻巽"，皆以顰慼説之也。段氏曰："《易》：'頻復'，王弼、虞翻、矣累皆以頻慼釋之。《易·音義》曰：'鄭作顰。'幸晁氏以道《古周易》、呂氏伯恭《古易音訓》所據《音義》皆作卑，晁云：'卑，古文也，今文作顰。'"筠案：諸家作頻，仍用古文也。鄭君作卑，省形存聲字也。今人誤認頻、顰爲兩字，故其説多滯。⑨

由此可見，段、王皆以"顰"爲從卑得聲，其説亦有所據。

高本漢則認爲根據音理，"顰"字不可能從"卑"聲。堯案：

---

⑧　同上，頁5127a。
⑨　同上，頁5127b。

"鼙"爲並紐三等真部字,"卑"爲幫紐三等支部字,並紐三等與幫紐三等《説文》諧聲凡 149 見,[90]真、支二部則諧聲、讀若各一例。[91] "鼙"、"卑"二字聲母密近,韻部則相距頗遠。惟若如段玉裁所言,"鼙"本在支韻,則"鼙"、"卑"古韻同部。

2.12　委

高本漢認爲許慎誤認的諧聲字中,第十二個例子爲"委"。案:《説文》十二篇下女部:

> 委,委隨也。从女,从禾。(於詭切。)[92]

徐鉉(916—991)曰:"委,曲也,取其禾穀垂穗委曲之兒,故从禾。"[93]惟大徐本之"从女,从禾",小徐本作"從女,禾聲"。[94]姚文田(1758—1827)、嚴可均(1762—1843)《説文校議》曰:"小徐作禾聲,大徐語謬,議删。"[95]考田吳炤《説文二徐箋異》則作居中調停之論,田氏曰:

> 𡙇,大徐本作从女从禾,小徐本作從女禾聲。炤按:目古音求之,委从禾聲,自爲不誤。大徐作从禾會意,亦有説,嚴氏議目爲繆,則太過矣。[96]

考清儒贊同"委"從禾聲者甚眾,如段玉裁《説文解字注》云:

90　參陸志韋《古音説略》頁 255。並紐三等,陸書作符母;幫紐三等,陸書作方母。

91　參陳新雄《古音學發微》頁 1084。

92　《説文解字詁林》頁 5579b。湯可敬《説文解字今釋》譯文云:"委,逶迤(⋯⋯委曲自得的樣子)。由女、由禾會意。"(頁 1765)

93　《説文解字詁林》頁 5579b。

94　同上。

95　同上。

96　同上,頁 5579b。

“十六、十七部合音最近。”⑨桂馥《説文解字義證》曰：

> 從禾者，徐鍇本作禾聲。顧炎武曰：“委古音於戈反，《説文》從禾乃聲也。”馥案：本書“捼”奴禾切，“媒”讀若委。⑨

王煦《説文五翼》曰：

> 古音委與阿通，《老子》所謂“唯之與阿，相去幾何”是也。偏旁加人，則爲樂浪倭人之倭。（《廣韻》：“倭，烏禾切。”）委當从女禾聲，鉉説未是。⑨

宋保《諧聲補逸》曰：

> 委，禾聲。《説文》云：“委隨也。”許氏以疊韻箸其聲耳。經傳中凡疊韻之字，如委隨、委蛇、委靡、逶迤，古音皆在歌戈麻部內。委古音“于戈反”，《禮記・曲禮》云：“主佩倚則臣佩垂，主佩垂則臣佩委。”倚、垂、委爲韻，皆入歌戈麻。自今音轉委爲“於詭切”，《廣韻》入四紙，于是凡從委聲之字，皆轉入支紙，而許氏本注舊有聲字者，俱被删去。徐鍇⑩更曲爲之説曰：“取其禾穀垂穗委曲之兒”，故從禾真謬説矣。檢《説文》從委聲之字，有萎、逶、踒、諉、矮、餧、矮、倭、覣、捼、綏、錗等字，内祇萎字《詩》“習習

---

⑨　同上。
⑨　同上，頁5580a。
⑨　同上，頁5580b。
⑩　“徐鍇”，當爲“徐鉉”之誤。

谷風"三章與巋韻,《禮記・檀弓》與壞、頹韻,綏字《檀弓》成人歌與衰韻,皆由歌戈轉入支脂,此陸韻之所由昉也,自餘古音皆無入支紙者。[101]

苗夔《說文聲訂》曰:

> 案:張(次立)與徐(鉉)覺禾聲與今讀委遠,故云非聲。不知禾部私下云:"北道名禾主人曰私主人。"是古讀禾與私無別也。古無歌麻韻,以許證許可也。從委得聲之字——萎,《詩・小雅・谷風》與巋韻,《檀弓》孔子歌與頹、壞韻。《唐韻正》四紙委改音於戈反,但引《曲禮下》"主佩倚則臣佩垂,主佩垂則臣佩委"一條而已,不知郵從垂聲,《賓筵》四章以韻倣,不但《谷風》已也。《顧命》:"一人冕執戣,立於東垂",亦韻語也。徐葆光《中山傳信錄》載琉球國字母和讀如哇,《說文》:"哇,讀若醫。"[102]

徐灝《說文解字注箋》曰:

> 委蓋婦女委婉遜順之義,故從女,而用禾爲聲。古音委在歌部,故倭從委聲。鼎臣云:"取禾穀垂穗委曲之皃。"非也。[103]

許棫《讀說文雜識》曰:

　　　案：小徐《繫傳》从禾聲。委、妥聲義俱近，《爾雅》：
“椳，白桵。”《釋文》：“桵，本或作楼。”《韓奕》：“淑旂綏
章。”《釋文》：“綏，本亦作綏。”《詩·召南》：“委蛇委蛇。”
《庸風》：“委委佗佗。”皆疊韵也。《説文》：“倭，順皃。委
聲。”引《詩》“周道倭遲”，“於爲切”。而今“倭國”讀“烏
禾切”。“踒，足跌也。委聲。烏過切。”“捼，推也。委聲。
一曰：兩手相切摩也。奴禾切。”俗作挼。[104]

　　根據諸家之説，委從禾聲似無問題。惟高本漢則認爲根據
音理，“委”字不可能從“禾”聲。堯案：“委”字影紐微部，“禾”
字匣紐歌部，影、匣二紐《説文》諧聲凡 36 見，[105]微、歌二部則有
旁轉關係。[106]

　　朱駿聲《説文通訓定聲》於“委”字形構另有一説，朱氏曰：

　　　委，委隨也。从女，从禾。鍇本从禾聲。按委隨猶委
蛇，疊韻連語。从女从禾，意亦支離傅會。即如所説，是與
倭順同字。按本訓“積也。从禾，威省聲”。讀如阿者，聲
之轉。《周禮·遺人》：“掌邦之委積。”注：“少曰委，多曰
積。”疏：“二十里言委，五十里言積。”《孟子》：“孔子嘗爲
委吏矣。”注：“主委積倉廩之吏也。”[107]

　　又“委”字甲骨文作 （乙 4770）、（乙 4869）、（京津
2751）諸形，[108]陳邦懷曰：

[104]　同上，頁 5580b。
[105]　參陸志韋《古音説略》頁 255。影紐，陸書作烏母；匣紐，陸書作胡母。
[106]　根據陳新雄《古音學發微》頁 1046，微、歌二部《楚辭》合韻凡三見。
[107]　同上，頁 5580a。
[108]　見《甲骨文編》（香港：中華書局，1978 年）頁 476。

甲骨文委字作□，《説文解字·女部》：“委，委隨也。从女，禾聲。”甲骨文□，从女，□聲。□與甲骨文禾作□形有別，其上端卷曲，象木杪萎而下垂形。《詩經·小雅·谷風》：“無草不死，無木不萎。”毛《傳》云：“草木無不死葉萎枝者。”此木萎之説也。甲骨文委字所从之□，乃萎之初文。篆文委从禾，蓋由□形近而訛也。⑩⑨

2.13　威

高本漢認爲許慎誤認的諧聲字中，第十三個例子爲“威”。案：《説文》十二篇下女部：

> 威，姑也。从女，从戌。（於非切。）⑩⑩

“从女，从戌”，小徐本作“從女，戌聲”。⑩⑪ 徐鍇曰：“土盛於戌，土，陰之主也，故從戌。”⑩⑫段注本《説文》從小徐本作“从女，戌聲”，段氏曰：“按小徐本作戌聲，而復以會意釋之。”⑩⑬王煦則認爲徐鍇會意之説穿鑿，謂“威”字當从女戌聲，王氏《説文五翼》云：

---

⑩⑨　見《一得集》（濟南：齊魯書社，1989年）頁10。
⑩⑩　《説文解字詁林》頁5545a。“从戌”，《詁林》所收大徐本誤作“从戌”。湯可敬《説文解字今釋》譯文云：“威，丈夫的母親。从女、由戌會意。”（頁1751）張舜徽《説文解字約注》云：“威之言畏也，言最可畏憚之人也。夫家之最可畏憚者，莫如姑，故許君以姑訓威。舊俗女子適人，惟姑言是聽。姑之性，多失之嚴酷，小者責罵，大至捶撻，故爲子婦者，莫不畏之也。威之本義爲嚴姑，因引申爲威儀，爲凡有威可畏之稱耳。”（卷二四頁8b）
⑩⑪　見《説文解字詁林》頁5545b。
⑩⑫　同上。
⑩⑬　同上。

戌緩讀之音如歲,故步部歲字注云:"從步,戌聲。"此戌轉如歲之證。威,依六書當從女戌聲,徐鍇之説鑿也。[114]

孔廣居《説文疑疑》則謂"威"當"從戌,從女,戌亦聲",孔氏曰:

> 威,可畏也。從戌,從女,戌亦聲。戌爲九月之辰,气肅而霜降,故王者順天時以用其刑威也。女者,柔象也。剛柔相濟,故威而不猛也。[115]

徐灝則以爲當作戌聲,徐氏《説文解字注箋》曰:

> 《繫傳》本作戌聲,是也。楚金云:"土盛於戌,土,陰之主也,故從戌。"蓋不得其説而爲之辭耳。灝按:歲從戌聲,而薉、噦並讀如衛;威亦從戌聲,而讀如隈,其聲轉之理一也。蓋戌音近鬱,聲轉爲運,又轉爲威,故運斗亦曰威斗,君姑亦曰威姑矣。[116]

根據徐説,"威"當可從"戌"聲。惟高本漢則認爲根據音理,"威"字不可能從"戌"聲。堯案:"威"爲影紐三等微部字,"戌"爲心紐三等物部字,影紐三等與心紐三等《説文》諧聲凡4見,[117]微、物二部則有對轉關係,[118]二字聲紐相距稍遠。

---

[114] 同上,頁5546a。

[115] 同上。

[116] 同上,頁5545b。

[117] 參陸志韋《古音説略》頁255。影紐三等,陸書作於母;心紐三等,陸書作息母。

[118] 參陳新雄《古音學發微》頁1030—1031。

朱駿聲《説文通訓定聲》釋"威"字形構則曰:

> 威,畏也。从戌从㚟省會意。戌,古文矛字,説見孚部。罞,古文戟字,見郭宗正《汗簡》引《義雲章》,與戎从戈甲同意。或説从女从咸省會意,《廣雅·釋詁二》:"威,健也。"即此字,存參。[119]

朱説頗覺迂曲。林義光《文源》亦以"畏"訓"威",林氏曰:

> 戌非聲。威當與畏同字(王孫鐘"威儀"作"畏義"),从戌,象戈戮人,女見之,女畏懼之象。[120]

堯案:金文"威"字或从戌作𢦦(弔向簋)、𢦏(癉簋)、威(王孫鐘)、威(王子午鼎),或从戈作𢦏(䣄公華鐘),[121]故就金文言之,林氏謂"戌非聲",其説是也。戌、戈、戌皆兵器,可使人畏。惟李孝定則以爲林説迂曲,李氏《金文詁林讀後記》曰:

> 金文威字,或从"戌",小篆从戌,威字从"戌",於音於義,均無可説,竊疑从"戌"爲聲,尚覺差近。林義光氏謂戈戮人,女見之畏懼之象,亦覺迂曲。[122]

堯案:"戌"古音明紐幽部,與"威"字聲、韻相距均遠,李氏之説

---

[119] 《説文解字詁林》頁5545b。
[120] 同上,頁5546b。
[121] 見《金文編》(北京:中華書局,1985年)頁799。
[122] 李孝定《金文詁林讀後記》(臺北:中研院歷史語言研究所,1982年)頁409。

非是。唐桂馨(1881—1951)曰：

> 戌字有鎮壓義。女系於戌下，則女被鎮壓可知。故威
> 儀、威權等字由是而生。[⑫]

唐説與林義光説似相因，金文"威"字所从之戌、戊、戈等兵器，
可用於鎮壓使人畏，而鎮壓者之威權，亦由是顯出。知"威"爲
會意字，非从女戌聲。

2.14　閼

高本漢認爲許慎誤認的諧聲字中，第十四個例子爲"閼"。
案：《説文》十二篇上門部：

> 閼，遮擁也。从門，於聲。(烏割切。)[⑭]

高本漢認爲根據音理，"閼"字不可能從"於"聲。堯案："閼"
字影紐月部，"於"字影紐魚部，二字影紐雙聲，惟月、魚二部
諧聲，此似爲孤例，[⑮]故段玉裁《説文解字注》曰："此於雙聲
取音。"[⑯]"閼"訓"遮擁"，不可能从門於會意，應該是从門
於聲。

2.15　隝

高本漢認爲許慎誤認的諧聲字中，第十五個例子爲"隝"。

<hr>

⑫　唐桂馨《説文識小錄》頁 2b，載臺北文海出版社 1967 年影印《古學叢刊》第 1 期頁 30。
⑭　《説文解字詁林》頁 5327b。湯可敬《説文解字今釋》譯文云："閼，阻塞。从門，於聲。"(頁 1671)
⑮　陳新雄《古音學發微》頁 1080 以"最从取聲"爲月、魚二部諧聲之例，惟據唐作藩《上古音手册》(頁 109) 及鄭張尚芳《上古音系》(頁 447)，則"取"爲侯部字。
⑯　《説文解字詁林》頁 5327b。

案:《説文》十四篇下𠂤部:

　　隤,下隊也。从𠂤,貴聲。(杜回切。)⑫⑦

高本漢認爲根據音理,"隤"字不可能從"貴"聲。堯案:"隤"
爲定紐微部字,"貴"爲見紐三等物部字,定紐與見紐三等《説
文》諧聲凡3見,⑫⑧微、物二部則有對轉關係,⑫⑨二字聲紐相距稍
遠。"隤"訓"下隊",不可能從𠂤貴會意,應該是從𠂤貴聲。

2.16　𣏌

高本漢認爲許慎誤認的諧聲字中,第十六個例子爲"𣏌"。
案:《説文》六篇上木部:

　　𣏌,楄⑬⓪也。𣏌,薄也。从木,世聲。(與涉切。)⑬①

徐鉉曰:"當從𣎵,乃得聲。"⑬②苗夔《説文聲訂》亦云:

　　世,當作𣎵。世以止爲聲,支齊部中字也;𣎵,三十合
　　而爲音,侵覃部中字也。今本多溷。⑬③

---

⑫⑦　《説文解字詁林》頁6487b。湯可敬《説文解字今釋》譯文云:"隤,向下墜落。從
　　𠂤,貴聲。"(頁2091)
⑫⑧　參陸志韋《古音説略》頁255。定紐,陸書作徒母;見紐三等,陸書作居母。
⑫⑨　參陳新雄《古音學發微》頁1030—1031。
⑬⓪　王筠《説文解字句讀》:"楄當作牖。《玉篇》:'𣏌,牖也。'牖即牖之誤。《類
　　篇》:'𣏌,簀也。'"湯可敬《説文解字今釋》:"楄,當從《唐寫本·木部殘卷》作
　　牖,牀板,故《類篇》説𣏌,簀也。"(頁819)
⑬①　《説文解字詁林》頁2630a。湯可敬《説文解字今釋》譯文云:"𣏌,牀板。𣏌,又
　　有薄木片義。從木,世聲。"(頁819)
⑬②　《説文解字詁林》頁2630a。
⑬③　同上,頁2630b。

惟段玉裁《説文解字注》曰：

> 按鉉曰：“當從市，乃得聲。”此非也。毛《傳》曰：“枼，
> 世也。”枼與世音義俱相通。凡古侵覃與脂微，如立位、益
> 蓋、辵中、協荔、軸內、籥爾、遯隸等，其形聲皆枝出，不得專
> 疑此也。[134]

惟高本漢則認爲根據音理，“枼”字不可能從“世”聲。堯案：
“枼”爲餘紐葉部字，“世”爲書紐月部字，餘、書二紐《説文》諧
聲凡 46 見，[135]葉、月二部則有旁轉關係。[136] 周名煇曰：

> 竊謂金文“枼”字皆係古“世”字，證以獻伯敦：“十世
> 不諲。”作 **枼**，“木”字在旁與在下，蓋無分也。[137]

金文“世”字作“枼”，可見二字音近。張日昇曰：

> 《金文編》卷六有“枼”字，與“萬”或“永”字連言，亦
> 即“永世”、“世萬”[138]也。“世”、“枼”、“葉”恐本爲一字，
> 古音“世”在祭部：$s\underset{\cdot}{i}ad$；“葉”有兩讀，並在葉部：$di\grave{e}p$ 與
> $s\underset{\cdot}{i}\grave{e}p$ 是也。祭、葉兩部元音近同，可以對轉。而“葉”字其
> 中一讀與“世”字同紐，其本爲一字無疑。[139]

---

[134]　同上，頁 2630a—2630b。
[135]　參陸志韋《古音説略》頁 254。餘紐，陸書作以母；書紐，陸書作式母。
[136]　參陳新雄《古音學發微》頁 1058。
[137]　周名煇《新定説文古籀考》（上海：開明書店，1948 年）卷下頁 9。
[138]　案：“世萬”，疑爲“萬世”之誤。
[139]　周法高主編《金文詁林》（香港：香港中文大學，1974—1975 年）第 3 册頁 1223。

張氏認爲"世"、"枼"本爲一字,二字自然有語音關係。從文字發展的角度看,"枼"是"世"的後起分別文。周法高(1915—1994)曰:

> 俞敏《論古韻合怗屑没曷五部之通轉》(《燕京學報》第三十四期頁二九—四八〔一九四八〕)條目如下:一入内納;二入汭;三入枘;四立位;五卅世;六盍蓋;七合會;八泣淚;九接際……所舉共十八組,每組前者爲合怗部(閉口韵),後者爲屑没曷部。在《詩經》叶韵,二者有别;但在較古之時,可能韵尾相通,高本漢、董同龢亦主後者在較古之時具有-b尾,至《詩經》時代變爲-d尾。……按俞氏謂"卅"與"世"有關,乃據《説文》"三十年爲一世"之説,未必可信;然"枼"與"世"有關,則無可疑。李方桂先生及余擬構審紐三等之古音爲st'-,據《周氏上古音韵表》,上古音"世"爲st'jiar,今訂較早時應爲st'jiab,枼爲st'jiap及riap。……此項擬測……可解釋"世"與"枼"聲韻相通之現象。⑭

"枼"、"葉"同音。根據周氏的擬音,"世"、"枼"自然聲韻相通。高本漢認爲"枼"字不可能從"世"聲,似誤。

三、結　論

在高本漢認爲許慎誤認的諧聲字中,"役"除"從殳示聲"外,尚有"從示殳"一説(參2.1);"叢"除"從丵,取聲"外,尚有

---

⑭　同上,頁1224—1225。

“从羍从聚省”一説（參 2.2）；“臬”除“从木自聲”外，尚有“从
木从自”一説（清代至近世認爲“臬”當爲會意字而非形聲字者
甚夥，參 2.4）；“牖”除“從片、户，甫聲”外，尚有“从片、户、甫”
一説（參 2.6）；“憲”除“从心，从目，害省聲”外，尚有“從心目
契省，宀聲”，“从宀，从心目識羋”，“从害省，从思省”諸説（參
2.7）；“顰”除“从頻，卑聲”外，尚有“从瀕从卑，瀕亦聲”，“从
顙卑，頻亦聲”諸説（參 2.11）；“委”除“從女禾聲”外，尚有“从
女从禾”、“从禾威省聲”、“从女萎聲”諸説（參 2.12）；“威”除
“從女戌聲”外，尚有“从女从戌”、“从戌从妥省”、“从女从咸
省”諸説（參 2.13）；“枼”除“从木，世聲”外，尚有“从木，帀聲”
一説（參 2.16）。但“奈”、“昱”、“恢”、“溢”、“躅”、“閼”、
“隤”等字，除《説文》所言形聲構造外，別無他説。《説文》有
關這些字的諧聲説，是否一如高本漢所言，完全不可能成立呢？
如果説“奈”字不可能從“示”聲，“昱”字不可能從“立”聲，
“恢”字不可能從“奴”聲，“溢”字不可能從“益”聲，“躅”字不
可能從“益”聲，“閼”字不可能從“於”聲，“隤”字不可能從
“貴”聲，那麼，我們又怎樣去解釋這些字的形體構造呢？

綜觀高本漢《先秦文獻假借字例·緒論》所評的《説文》諧
聲字，情況各有不同，現逐一分析如下：

（一）“溢”從“益”聲——根據上文 2.9 的分析，“溢”爲
“益”之後起分別文，似無可疑。換句話説，“溢”從“益”聲，應
該没有疑問。

（二）“枼”從“世”聲——根據 2.16 的分析，“枼”爲“世”
之後起分別文，也應無可疑，因此，“枼”從“世”聲，也應該没有
疑問；“枼”從“帀”聲之説，似不可取。

（三）“昱”從“立”聲——上文 2.5 已分析，“昱”從“立”聲
之説，應該没有問題。

（四）"恦"從"奴"聲——正如上文 2.8 所説，"恦"訓"亂"，不可能從心奴會意，最大可能是從心奴聲。

（五）"閼"從"於"聲——上文 2.14 已説，"閼"訓"遮攤"，不可能從門於會意，應該是從門於聲。

（六）"隤"從"貴"聲——正如上文 2.15 所分析，"隤"訓"下隊"，不可能從𨸏貴會意，應該是從𨸏貴聲。

（七）"柰"從"示"聲——"柰"訓"果"，不可能從木示會意，應該是從木示聲。但"柰"字和它的聲符"示"聲紐相距極遠，韻部亦不相近（參 2.3），這樣的諧聲現象，可能是由於發生了例外的語音演變或一些特殊情況。

（八）"蠋"從"益"聲——"蠋"、"益"二字，聲紐並不相近，韻部則相去甚遠（參 2.10）；惟"蠋"訓"馬蠋"，不可能從蜀益或益蜀會意，《説文》"蠋"從"益"聲之説，相對於"蠋"從蜀益或從益蜀會意，還是比較可能的。

（九）"叢"從"取"聲——上文 2.2 已指出，《説文》"叢"從"取"聲之説，是可以接受的。

（十）"憲"從"害"省聲——正如上文 2.7 所説，《説文》"憲"從"害"省聲之説，似可接受。

（十一）"役"從"示"聲——正如前文 2.1 所言，根據《説文》，"役"字的構造有"從殳示聲"及"從示殳"兩説，其中"城郭市里，高縣羊皮，有不當入而欲入者，暫下以驚牛馬，曰役"是"或説"，因此，"從示殳"一説，似可放在較次位置考慮。"役"從"示"聲，就音理説，與"閼"從"於"相類似，諧聲字與聲符之聲紐或相同、或相近，而韻部則相距甚遠。既然"閼"從"於"聲是有可能發生的諧聲關係，我們似不應斷然排除"役"從"示"聲的可能性。

（十二）"顰"從"卑"聲——桂馥《説文解字義證》認爲

“顰”“當爲從瀕從卑,瀕亦聲”,苗夔《説文聲訂》認爲“顰”當“從顮卑,頻亦聲”,“頻”(“顮”、“瀕”的省略寫法)、“顰”同音,“頻”作爲“顰”的聲符,固然没有問題,不過,段玉裁、王筠認爲“顰”乃從卑得聲,也有所根據(參 2.11)。究竟“卑”是否有足夠的音理條件作爲“顰”的聲符呢? 堯案: 就音理説,“顰”从“卑”聲,與“閼”从“於”聲相類,諧聲字與聲符之聲紐或相同、或相近,韻部則相距甚遠。既然“閼”和“於”有可能發生諧聲關係,“顰”从“卑”聲的可能性也就不能完全排除。

(十三)“委”从“禾”聲——“委”字影紐微部,“禾”字匣紐歌部,影、匣二紐《説文》諧聲凡 36 見,微、歌二部則有旁轉關係(根據陳新雄《古音學發微》,微、歌二部《楚辭》合韻凡三見)。堯案:“委”、“禾”二字聲紐相通,韻部亦較“閼”與“於”、“祋”與“示”、“顰”與“卑”相近,故段玉裁《説文解字注》曰:“十六、十七部合音最近。”桂馥《説文解字義證》、王煦《説文五翼》、宋保《諧聲補逸》、苗夔《説文聲訂》、徐灝《説文解字注箋》、許棫《讀説文雜識》亦提出了不少微、歌二部相通的例證,我們没有理由排除“委”从“禾”聲的可能。

(十四)“牖”从“甫”聲——大徐本《説文》及孔廣居《説文疑疑》、林義光《文源》、楊樹達《積微居小學金石論叢》以會意釋“牖”,但所説均覺牽强。段玉裁《説文解字注》、王筠《説文句讀》、徐灝《説文解字注箋》則認爲“牖”與“甫”韻部可相通(詳參 2.6)。上文所討論的“閼”从“於”聲、“祋”从“示”聲、“顰”从“卑”聲,形聲字與聲符之間,均聲紐相近而韻部遠隔,我們已經指出,這些諧聲關係是有可能發生的。既然聲近韻遠的諧聲關係有可能發生,那麽,韻近聲遠的諧聲關係,如“牖”从“甫”聲,也就不是没有可能發生的。

不過,“臬”和“威”卻當爲會意字。有關“臬”字,桂馥《説文解字義證》、王筠《説文釋例》、朱駿聲《説文通訓定聲》、林義光《文源》、温少峰、袁庭棟《殷墟卜辭研究——科學技術篇》已言之甚詳,均以"臬"爲會意字(詳參2.4),其説應可信從。其實,以"臬"字爲从木自聲的是小徐本,大徐本《説文》則从木从自。此外,值得注意的是"臬"和"自"的諧聲條件,與"牖"和"甫"、"隤"和"貴"相若,而勝於"柰"和"示"、"蠲"和"益"。至於"威"字,由於其金文或从戌,或从戉,或从戈,戌、戉、戈皆兵器,可使人畏,可顯威權,知"威"爲會意字,非从女戌聲(詳參2.13)。不過,與"臬"字一樣,以"威"字爲形聲字的是小徐本,大徐本《説文》則从女从戌。而"威"和"戌"的諧聲條件,也與"牖"和"甫"、"隤"和"貴"相若,而勝於"柰"和"示"、"蠲"和"益"。

　　看了上述的分析,相信讀者都會同意,高本漢認爲許慎誤認的諧聲字,其實大部分還是可信的,至少我們不應斷然排除其作爲諧聲字的可能性。洪波《關於〈説文〉諧聲字的幾個問題》説:"我們認爲《説文》裏複雜的諧聲現象原因不止一種,但不能排除某種人爲因素,應該承認《説文》複雜的諧聲現象裏有一部分並無音理上的聯繫,而是造字者不嚴格按照音同音近的原則去選擇主諧字造成的。"[141]可能是由於此一原因,也可能是由於例外語音變化或一些其他原因(參2.3末段),部分諧聲字與其諧聲偏旁的語音關係變得較爲疏遠。

---

[141]　洪波《關於〈説文〉諧聲字的幾個問題》,《古漢語研究》1999年第2期頁5。

高本漢的經籍研究

一

瑞典學者高本漢（Klas Bernhard Johannes Karlgren，1889—1978）是二十世紀西方漢學界的大師，1909 年畢業於烏帕沙拉大學（Uppsala University），主修俄文。1910 年得到了一筆獎學金，於是遠赴中國，幾個月間學會了説中國話，在中國的兩年間，收集了二十四個方言的讀音。1912 年返歐後，以方言爲資料，用比較擬構的方法，擬測出中古音[1]，用法文寫成其首部中國音韻學鉅著——"Études sur la phonologie chinoise"（《中國音韻學研究》）。

其後高本漢有下列著作面世：[2]

1. "Ordet och pennan i Mettens rike"（《中國語與中國

---

[1] 參梅祖麟《高本漢和漢語的因緣》，載《傳記文學》第 39 卷第 2 期頁 102。
[2] 參陳舜政《高本漢著作目錄》，載《書目季刊》第 4 卷第 1 期。此處所列舉者，爲相對重要之著作。

文》）（1918）

2. "Le Proto-Chinois, langue flexionelle"（《原始中國語爲變化語説》）（1920）

3. "The Reconstruction of Ancient Chinese"（《古代漢語的重建問題》）（1922）

4. "Contribution a l'Analyse des Caracteres Chinois"（《漢字解析新論》）（1923）

5. *Analytic Dictionary of Chinese and Sino-Japanese*（《漢和語文解析字典》）（1923）

6. "A Principle in the Phonetic Compounds of the Chinese Script"（《形聲字之本質》）（1925）

7. "Review of Alfred Forke：Der Ursprung der Chinesen auf Grund ihrer alten Bilderschrift"（評 Alfred Forke 氏《中國原始象形文字論》）（1925）

8. "Philology and Ancient China"（《中國語言學研究》）（1926）

可見高本漢早年的著作,都與中國語言文字學有關。跟"Philology and Ancient China"同年發表的,有"On the Authenticity and Nature of the Tso Chuan"一文,發表於 *Göteborgs Högskolas Arsskrift*（《哥騰堡大學年報》）第 32 卷第 3 號。陸侃如（1903—1978）將之翻譯爲中文,譯本命名《左傳真偽考》③。這是高本漢首篇直接跟中國

---

③　陸氏譯文曾登載於北大研究所《國學門月刊》第 6、7、8 號,1927 年由上海新月書店出版單行本,書中附有胡適的《序》和衛聚賢的《跋》。陸譯於 1936 年由上海商務印書館印行第 2 版,書中又增加了高氏的另兩篇論文：（1）"The Authenticity of Ancient Chinese Texts"（《中國古書的真偽》）;（2）"The pronoun Küe in Shu King"（《書經中的代名詞厥字》）。書内附有胡適、衛聚賢和馮沅君等人的序跋。

經籍有關的著作,用的是他所熟悉的語言學方法。

　　"On the Authenticity and Nature of the Tso Chuan"分上下兩篇,上篇專論《左傳》的真僞,下篇從語法分析去研究《左傳》的性質。下篇又分三部分:第一部分從語法上證明《左傳》不是魯國人作的。第二部分用《書經》、《詩經》、《莊子》、《國語》等書來比較《左傳》的語法,證明《左傳》有特殊的語法組織,不是作僞者所能虛構的。第三部分又用《左傳》的語法來比較"前三世紀的標準文言",證明《左傳》是公元前四五世紀的作品。

　　陸侃如在《譯序》中説:"《左傳真僞考》出版時,在中國史學界曾發生很大的影響。"④胡適(1891—1962)爲陸侃如譯本寫了一篇《〈左傳真僞考〉的提要與批評》,認爲高本漢的特別貢獻在指出語法差異與地域的關係。⑤ 高本漢用《論語》和《孟子》來代表魯國的方言,叫它作"魯語",又把《左傳》的方言簡稱作"左語",並選了七種助詞來比較,結果發現《論》、《孟》和《左傳》虛詞的用法很不同,因此,他認爲《左傳》的作者不是魯國人。胡適認爲這是他的最大成功。⑥ 周予同(1898—1981)也認爲:"這在《左傳》作者問題的研究方法上實是一種新穎而重要的貢獻。"⑦

　　事實上,談到《左傳》的作者問題,衆説紛紜,莫衷一是。《春秋·序》孔穎達(574—648)《疏》引沈文阿⑧(503—563)曰:

---

④　見《〈左傳真僞考〉及其他·譯序》(上海:商務印書館,1936 年)頁 2。
⑤　《〈左傳真僞考〉及其他》頁 110。
⑥　同上,頁 118。
⑦　見周予同《群經概論》(上海:商務印書館,1933 年)頁 69。
⑧　《春秋正義·序》作"沈文何"(見臺北藝文印書館景印清嘉慶二十年〔1815〕南昌府學重刊宋本《左傳注疏》總頁 4),《隋書·經籍志》作"沈文阿"(見《隋書》頁 930,北京:中華書局,1973 年 8 月),今從《隋書·經籍志》。

《嚴氏春秋》引《觀周篇》云:"孔子將脩《春秋》,與左丘明乘,如周,觀書於周史,歸而脩《春秋》之《經》,丘明爲之《傳》,共爲表裏。"⑨

《觀周篇》是西漢本《孔子家語》中的一篇,如果上述文獻可靠,那麽,這就是最早提到《左傳》作者的記載。司馬遷(公元前145—公元前86)《史記·十二諸侯年表》説左丘明是魯君子;⑩《漢書·藝文志》載有《左氏傳》30卷,下面寫着作者"左丘明,魯太史";⑪杜預(222—284)則以爲左丘明是孔子的學生。⑫ 總之,自漢至晉的學者,都認爲《左傳》的作者是魯國的左丘明,而左丘明的身份大概是孔子的後輩或學生。不過,到了唐代的趙匡,卻有不同的看法。原因是"左丘明"一名,見於《論語》,《論語·公冶長》説:

子曰:"巧言令色足恭,左丘明恥之,丘亦恥之;匿怨而友其人,左丘明恥之,丘亦恥之。"⑬

趙氏根據《論語》這一章的辭氣,認爲左丘明應該是孔子的前輩。

此外,《左傳》中所記載的某些諡號、官爵制度、學術思

---

⑨ 《左傳注疏》總頁11。
⑩ 見《史記》(北京:中華書局,1972年5月)頁509—510。
⑪ 見《漢書》(北京:中華書局,1975年4月)頁1713。
⑫ 杜預《春秋左氏經傳集解·序》説:"左丘明受《經》於仲尼。"(見《左傳注疏》總頁11)
⑬ 見《十三經注疏》本《論語注疏》(臺北:藝文印書館景印清嘉慶二十年〔1815〕南昌府學重刊本,1973年5月)總頁46。

想與戰具,比較晚出,似乎是與孔子同時的左丘明所不應該知道的;而《左傳》所載卜筮,有不少是預言戰國時事的,而又大都應驗,因此,頗有人懷疑《左傳》作者是戰國時人,在這些歷史事件發生以後,纔從後傅合,把這些卜筮編造出來。⑭ 不過,《四庫全書總目提要》卻認爲這些説法只能證明《左傳》一書部分成於左丘明之後,不足證實全書的年代。⑮

高本漢嘗試用助詞的比較研究來證明《左傳》不是魯國人所作。他用《論語》和《孟子》來代表魯國的方言,叫它作"魯語",又把《左傳》的方言簡稱作"左語",並選了七種助詞來比較:

(一)"若"和"如"

高本漢説這兩個助詞在古代聲音很不同;⑯其實,"若"字古音日紐鐸部,"如"字古音日紐魚部,雖不是同音字,上古音還是相當接近的(二字同紐,又魚、鐸對轉)。高本漢指出,"若"和"如"在古漢語中絕對同義的,有下列兩種意義:(甲)作"假使"、"至於"解;(乙)作"好像"解。他又舉出幾種常用的固定結構。屬甲種意義的,他舉"若(如)某(之)何";屬乙種意義的,他舉"不(弗、莫、豈)若(如)"。並把"若"和"如"在左語和魯語中作這兩種意義用的次數表列如下:

---

⑭ 見宋葉夢得(1077—1148)《春秋考》(《武英殿聚珍版叢書》第 60 册)卷三頁 20 上—20 下及鄭樵《六經奧論》(清同治十二年〔1873〕重刊本《通志堂經解》第 473 册)卷四頁 28 下—30 上。

⑮ 《四庫全書總目提要》(《萬有文庫簡編》本,上海:商務印書館,1939 年)第 6 册頁 2。

⑯ 見 *On the Authenticity and Nature of the Tso Chuan*(臺北:成文出版社,1968 年)頁 36,陸侃如譯本頁 63。

		左傳	論語	孟子
（甲）	若（假使）	334		2
	如（假使）	3	17	37
	若某何	82		
	如某何	2	23	20
	若（至於）⑰	11		15
	如（至於）		1	
（乙）	若（像）	3	13	71
	如（像）	199	69	50
	不（弗等）若	1		11
	不（弗等）如	102	12	12
	何若			
	何如	21	20	18
	若何	27		
	如何	2		3

　　由上表可以見到，作"假使"解時，《左傳》很規則的用
"若"，只有三處用"如"，那是例外，高本漢認爲那很可能是長
期口授同傳寫所改動的；另一方面，魯語也同樣規則的用
"如"，只有兩處例外地用"若"。

　　作"至於"解時，高本漢認爲"便稍微有點紛亂了"。⑱ 在
"若（如）某（之）何"這結構中，《左傳》還是很規則的用"若"
（只有兩處例外地用"如"），魯語還是很規則的用"如"；但當
"若（如）"獨用而解作"至於"時，⑲《孟子》卻像《左傳》一樣用

---

⑰　高本漢原書有"as to"二字（見頁36），陸侃如譯本漏譯，今補。
⑱　見高本漢原書頁37及陸侃如譯本頁65。
⑲　高本漢原書頁37作"But when 若（如）is used alone in the sense of 'as to'"，陸
　　侃如譯本誤譯作"但是'若（如）'、獨用的時候解作'像'"（頁65），今正。

“若”不用“如”,《論語》則用“如”,但這種獨用的情況只出現一次。由於《孟子》用“若”,與《左傳》同而與《論語》異,跟高本漢的整個理論有所衝突;因此,高本漢不得不承認“稍微有點紛亂”。這實在很值得加以注意。

以上是甲種意義的情況。一般來說,《左傳》一定用“若”,魯語一定用“如”;“若”獨用而作“至於”解則例外。

至於乙種意義,作“像”解時,或者在“不(弗等)若(如)”這固定結構中,《左傳》一定用“如”(只有四處例外地用“若”),魯語則“如”、“若”混用。但這只是籠統的初步分析。細看表中的數字,我覺得有兩點高本漢沒有指出而值得我們注意:(1)“若(如)”獨用作“像”解時,《孟子》用“若”多於用“如”(71個“若”,50個“如”),《論語》則用“如”遠比用“若”多(69個“如”,13個“若”),因此,我們不能說《論語》與《孟子》全同而與《左傳》全異(當然,《左傳》199個“如”,3個“若”,比《論語》更懸殊)。(2)在“不(弗等)若(如)”這固定結構中,《論語》全用“如”,與《左傳》同(《左傳》102個“如”,1個“若”),而與《孟子》異(《孟子》“如”、“若”混用,12個“如”,11個“若”)。以上兩點都跟高本漢的理論有所衝突。

跟疑問字“何”連用時,魯語全用“如”字;《左傳》則根據“何”字在前在後而定,若在前則用“如”(共21個“何如”),在後則用“若”(27個“若何”,兩個“如何”爲例外)。

高本漢的結論是:乙種意義——除了在“若何”這固定結構中,《左傳》一定用“如”;魯語則兼用“如”、“若”,除了跟疑問字“何”連用,那便只用“如”。

(二)“斯”解作“則”

高本漢指出,“斯”作“則”解,在魯語很常見。另一方面,《左傳》雖然有幾百個“則”字,卻只有四個“斯”字用作“則”,

其中兩個在"君子曰"的説話裏,另外兩個也是在引别人的話裏。所以可以説,作"則"解的"斯"字,在《左傳》中差不多完全没有。

（三）"斯"解作"此"

高本漢又指出,"斯"字作爲指示代名詞和形容詞,解作"這個",在魯語中很常見,在《左傳》中則没有。

（四）"乎"解作"於"

高本漢指出,解作"在"的最普通的介詞是"於"和"于",而作同樣用的"乎"字,在魯語裏是一個規則的常用的介詞,計《論語》共28處,《孟子》共47處;而在《左傳》裏,卻絶無僅有。

（五）"與"解作"乎"

高本漢指出,"與"解作"乎",用作疑問字,在魯語裏很常見,在左語則没有。

（六）"及"和"與"解作"和"

高本漢指出,在左語裏,作"和"解的"與"和"及"都有,而"及"字尤其通行;而魯語只用"與"字。

（七）"於"和"于"

高本漢指出,"於"和"于"在古代不同音。[20]　案:《廣韻》"於"字"央居切"一音,中古屬影紐魚韻開口三等,以此推之,上古屬影紐魚部;"于"字"羽俱切",中古喻紐虞韻合口三等,上古匣紐魚部。根據《廣韻》上推,在先秦時,二字大抵主要元音相同,聲母不同,介音也不完全相同。

高本漢把他的討論限於"於"和"于"的原始、具體的意義,特別是下列三種不同的用處:

（甲）用如法文的 chez, auprès de, vis-à-vis de,置於人名

---

[20]　見高本漢原書頁42及陸侃如譯本頁70。

之前,《左傳》多用"於"字。例如"請於武公","公問於衆仲","有寵於王","言於齊侯","晉君宣其明德於諸侯"。

(乙)用如英文的 at, to,或法文的 à,置於地名之前,《左傳》多用"于"字。例如"敗宋師于黃","至于廩延","遂田于貝丘"。

(丙)用如英文的 in, into,法文的 dans,表示地位所在或動作所止,但其下不是地名,故與(乙)項不同。《左傳》"於"、"于"混用,例如"見孔父之妻于路","殺孟陽于牀",但又有"淹久於敝邑","趙旃夜至於楚軍"。

高本漢做了一個統計表如下:

		於	于
(甲)	用如 auprès de	581	85
(乙)	用如 à	97	501
(丙)	用如 dans	197	182

從表中可見,用如法文的 auprès de, chez, vis-à-vis de,置於人名之前時,用"於"是用"于"的七倍;用如法文的 à,置於地名之前時,用"于"是用"於"的五倍;用如法文的 dans,表示地位所在或動作所止,但其下不是地名時,用"於"和用"于"數目大致相同。

高本漢指出,上列的比例,在《左傳》全書各部分是一致的。

此外,高本漢又指出兩點,很值得我們注意:

(1)用如法文的 auprès de 時,"于"雖佔少數,但仍有85次;用如法文的 à 時,"於"雖佔少數,但也有97次,這到底是由於在左語裏"於"和"于"已開始混亂,還是純粹因爲傳寫致譌? 照道理說,只要這兩個字的發音仍然不同,學者口頭傳授的時候,一定可以保存《左傳》中原有的"於"、"于"的分別;

但當它們的發音漸漸變得相近,傳授的人在語感上覺得它們同義,於是很容易便會忽略書中原有的異點了。因此,高本漢認爲在原書中這些規則很可能比在統計表上所見到的還要嚴密。此外,哪些忠實的學者能純粹機械地保存他們當日已不能了解的異點,高本漢也感到驚奇。

（2）《欽定春秋傳説彙纂》本《左傳》中的"於"和"于"很混亂;但高本漢做統計所根據的《四部叢刊》本《左傳》,與阮元（1764—1849）的《十三經注疏》本、陸德明（556—627）的《經典釋文》及伯希和（Paul Pelliot, 1878—1945）在敦煌所發現的四段很長的六朝稿本、唐稿本《左傳》殘簡,就"於"和"于"的分配來説,卻相當一致。

高本漢指出的這兩點,我們在下文還要討論,高本漢又指出,左語裏"於"、"于"的分别,在魯語裏並不存在,魯語只用"於"字。高本漢作一比較表如下:

		左語	魯語
（甲）	用如 auprès de	於	於
（乙）	用如 à	于	於
（丙）	用如 dans	於、于	於

高本漢根據上述七項標準,得到的結論是:《左傳》的語法,與《論語》、《孟子》所代表的魯語的語法很不同,因此,《左傳》不是孔子作的,也不是孔門弟子作的,也不是司馬遷所謂"魯君子"作的,因爲此書是用一種與魯語完全不同的方言寫的。不過,《左傳》是一個人或同一學派中的幾個同鄉人作的,因爲它的語法是全書一致的。

衛聚賢（1899—1989）爲陸侃如的譯本寫了一篇跋,認爲中國古籍上的"於"和"于"的分别,有時間性而無空間性。衛氏指出,甲骨文、金文、《尚書》、[21]《詩經》、[22]《春秋》都用"于"作介詞,《左傳》、《國語》、《論語》、《孟子》、《莊子》則"于"和"於"並用作介詞。他指出"於"和"于"的比例是:

《左傳》　19：17[23]

《國語》　9：2

《論語》　21：1

《孟子》　96：1

《莊子》　849：1

衛氏説,由此可見"於"和"于"的升降之際了。他又指出,戰國的金文,如《陳肪敦》,也用"於"作介詞。[24]

胡適在《〈左傳真偽考〉的提要與批評》中指出,衛氏之説,也有相當的價值,因爲文法的變遷,確有時間的關係,如《論語》與《孟子》同爲魯語,而《孟子》用"于"字比《論語》少得多;又如《論語》只有"斯"字,而無"此"字,《孟子》裏則多用"此"字,很少"斯"字。不過,胡氏認爲衛氏説"於"、"于"之别,只有時間性而無空間性,是太武斷的結論,是大錯。胡氏説,例如各書用"於"、"于"的比例,從《論語》的 21：1 到《孟子》的

---

[21]　衛氏於《尚書》後注明"今文二十八篇",又注云:"《尚書》中有九個'於'字,但《堯典》、《益稷》的三個'於'字作感歎詞'烏'字用。《金縢》的兩個'於'字,《尚書大傳》引作'于'。《酒誥》的兩個'於'字,《吳語》韋《注》引作'于'。查核了《金縢》、《顧命》的兩個'於'字,當係後人傳寫錯誤。"

[22]　衛氏原注曰:"《詩經》中有四十四個'於'字,除作感歎詞'烏'字外,下餘十三個作介詞用的。但《靜女》的'於'字《説苑》引作'乎'。《十駕齋養新錄》卷一説:'于、於兩字義同而音稍異,《尚書》、《詩經》例用于字,《論語》例用於字,唯引《詩》、《書》作于字。今字母家以於屬影母,于屬喻母,古音無影、喻之别也。'可見《詩》中的'於'字古本作'于'字,今本被後人傳寫錯誤而有了十五個'於'。"

[23]　衛氏原注指出,高本漢原書頁 44 有一表,歸納起來爲:於(581+97+197):于(85+501+182)=於 875：于 769=於 19：于 17。衛氏沒有像高本漢那樣,將"於"和"于"在不同用法中的比例分别計算。

[24]　衛氏的意見,見《〈左傳真偽考〉及其他》頁 121—122。

96：1，還可説是時代升降的關係；但何以解釋《左傳》的
19：17呢！難道可以説《左傳》之作遠在《論語》之前嗎？胡氏
指出，高本漢一共用了七項標準作證，"於"、"于"之別，不過是
七項標準中的一項。胡氏認爲高本漢的結論是可以成立的。[25]

　　如果把《左傳》、《春秋》和《論》、《孟》的語法加以比較，便
會發現一個有趣的問題。莫非斯在《〈春秋〉和〈左傳〉的關
係》[26]一文中，根據高本漢所提出的七項語法現象，將《春秋》、
《左傳》的語言和《論》、《孟》之所謂魯語加以比較。前五項現
象，由於《春秋》的文字過於簡略，因此無法得到明證。至於第
六項，《春秋》用了73個"及"字，而只用了1個"與"字，這個惟
一的"與"字，出現在桓公十八年："公與夫人姜氏遂如齊。"但
據《公羊傳》，則只作"公夫人姜氏遂如齊"，並無"與"字，且
説："何以不言及夫人，夫人外也。"由此可見，這個惟一的"與"
字，可能是後人加的，莫氏因此斷定：《春秋》只用"及"而不用
"與"，與左語同[27]而與魯語異。至於第七項，《春秋》全用"于"
字，粗看起來，似乎和《左傳》不合，可是這些"于"字，作第一項
解的只有2個，作第二項解的則有356個，作第三項解的則有
25個。換句話説，左語中應該用"於"字的，在《春秋》中不過
只得兩個"于"字；左語中應該用"于"的，在《春秋》中卻有
356個之多；左語中"于"、"於"可並用的，在《春秋》中則有
26個。莫氏假設第一項的兩個"于"字乃後人妄改所致；即或
不然，則《左傳》於第一項用法，也用了85個"于"，因此，莫氏
説即使《春秋》用兩個"于"字，也不爲過。莫氏的結論是：有

25　見《〈左傳真僞考〉及其他》頁109—110。
26　見《考古學社社刊》第6期頁136—144，1937年6月。
27　這一説法不完全對，《左傳》其實用了不少解作"和"的"與"字，這在下文再作
　　討論。

關"於"、"于"的用法,《春秋》和《左傳》一致,^㉘而與魯語之全用"於"字不同。莫氏説《春秋》和《左傳》語法相同,那是有問題的,下文再作討論。不過,《春秋》和魯語的語法不同,卻是事實,那麼,《春秋》便不是魯國人所作,不是孔子所作的了。

對於這種現象,周法高(1915—1994)用文體説來解釋,他在《上古語法札記》一文中,談到"於"和"于"的用法時説,^㉙較古的(或是摹古的)文體,如甲骨文、金文、《書》、《詩》、《春秋》等,大體用"于";新興的文體,如《論語》、《墨子》、《孟子》、《莊子》、《荀子》等書,大體用"於"。而《左傳》、《國語》"於"、"于"並用,是一種獨特的現象。周氏根據莫非斯所看到的《春秋》和《左傳》語法相似的現象,指出在《竹書紀年》裏,也有類似的情形——根據王國維《古本竹書紀年輯校》統計,用作"和"字解的"及"字20見,"與"字四見,這和《左傳真僞考》所説"左語内'與'和'及'都有,而'及'字尤其通行"很相像,介詞也用"于"而不用"於",《竹書紀年》爲晉史,成於戰國之世,也和《春秋》、《左傳》有相似處,因此,周氏認爲文體的影響,可能遠甚於地域的影響。周氏進一步解釋説:當時新興的論説文體用"於"字,而《春秋》等記事史書卻沿襲舊習慣用"于"字,在第二項用法即介詞後加地名時,《左傳》沿襲《春秋》一類史書的習慣,多用"于"字;第一項用法是《春秋》一類史書所缺少的,所以便大致採用新興的辦法,多用"於"字;至於第三項用法,形式上和第二項用法相像,但並不相同,所以"於"和"于"便混用了。周氏認爲《春秋》的書法,大概代表當時諸侯史書的形式;《左傳》和《國語》在性質上是一種史書,同時又和

㉘　這一説法也不完全對,下文再作討論。
㉙　見《中研院歷史語言研究所集刊》第22本頁182—183,1950年。

舊史的體裁不盡相同，在“於”和“于”的使用上，便成了新舊雜揉的現象了。周氏指出，考察書中某些語詞的用法，是可以幫助我們判斷古書的性質的；但是，有許多用法是因襲的，不能全認爲是代表某種方言的特色，在一種文體已定型的時候，其因襲成分往往很大。周氏並且引述高本漢“Le Proto-Chinois langue flexionelle”（馮承鈞譯文命名《原始中國語爲變化語》）中的一段話：“孔子所作魯史《春秋》，始七二二年，終四八一年，其後部之年代，與孔子同時（五五一至四七九）；但《春秋》之文體與《書經》相類，魯國方言從格通用‘吾’字，而《春秋》常有語句如‘侵我西鄙’之類，足證史家並未以魯語誌史事，而用撰述文體也。”（按，馮氏譯文中之年份，均爲公元前年份。）周氏指出，《春秋》和《論語》的不同，除高本漢所舉者外，尚有：（一）《春秋》用“及”，《論語》用“與”；（二）《春秋》用“于”，《論語》用“於”。但我們不能根據這些差別，便斷定《春秋》不是魯人所作，所以純粹靠語法上的根據是不夠的。

　　周氏的文體説，是承自高本漢的。高本漢在“Le Proto-Chinois langue flexionelle”一文中指出，《書經》、《詩經》、《論語》所用的第一位代名詞，差別很大，但這並非由於時代不同，《詩經》的時代，與《書經》中時代較後的《周書》大致相同，但《周書》有“予”字 113，“朕”字 38，“我”字 171，而《詩經》則差不多全用“我”字——共 268，而只有 37 個“予”字；況且《書經》中最晚的《周書》，止於公元前 627 年，距孔子的時代不遠（孔子生於公元前 551 年），但《書經》中絶無“吾”字，而“吾”字卻是《論語》主格、從格所常用的字，因此這種現象不能用時代不同去解釋。如果説是由於方言殊異的緣故，這問題也不易解決，因爲《書經》爲一千五百年典錄之纂集，而《詩經·國風》爲十五個國家之歌謠，其中有數國與魯國地域接近。高本漢認爲邁埃（M.A. Meillet）《希臘語言史概要》中的一段說話，是解決這一問題的關鍵。邁埃認爲語言之區別，視各種文體發展之地而異，視其發展之特別條件而異，蓋各地各自有其語言。挽歌盛行於岳尼（Ionie），其韻語即大受“岳尼化”。多利德（Doride）諸市流行合唱抒情詩歌，用語大致如多利德語，即非多利德之詩人所撰，如岳尼詩人巴基里德（Bacchylide）或別阿西（Béotie）詩人屛大勒（Pindare）之作品，亦用多利德語言。所以各種文體各自有其語言。高本漢認爲，中國古代的狀況，必亦相類。撰述與演說文體，原爲有“予”、“朕”、“我”等詞方言區的代表所發起，以後這種文體的著作，如《書經》之類，即沿用其文體。詩歌體爲有“我”這個詞的方言區的詩人所發起，而各國詩人皆用之。而《論語》則爲一種哲學的新文體，所用的語言，當爲孔子所說的方言，高本漢更指出，孔子作《春秋》，文體與《書經》相類，這是因爲他並非以魯語記史事，而是用撰述文體。⑳

高本漢“Le Proto-Chinois langue flexionelle”一文，於1920年發表於 Journal Asiatique，而“On the Authenticity and Nature of the Tso Chuan”，則於1926年發表於 Göteborgs Högskolas Årsskrift。高本漢似乎是放棄了文體說而用方言說。到了1950年，周法高又引用高本漢的文體說來壓倒方言說。二說到底孰優孰劣呢？這是一個很有趣的問題。

如果根據方言說，《春秋》便不是魯國的作品，而且，據高本漢研究，《莊子》、《呂氏春秋》、《戰國策》、《荀子》和《韓非子》，這幾部公元前三世紀的書，語法上很一致：（一）解作

---

⑳ 詳見 Karlgren, Bernhard：“Le Proto-Chinois langue flexionelle”，*Journal Asiatique* 15（1920），pp.205—232 及馮承鈞譯：《原始中國語爲變化語說》，《東方雜誌》第 26 卷第 5 號頁 77—89。

"像"（"如此"、"若此"等等）的,在這幾部書內,"若"和"如"都通行。（二）"斯"用作"則","斯"用作"此","及"用作"和",這幾部書內都没有。（三）"乎"用作介詞,這幾部書內都有,不過使用的程度不同。在《莊子》和《吕氏春秋》中,這種用法很通行;在別的書內則比較少。（四）"與"用在句尾,在《莊子》、《吕氏春秋》、《戰國策》和《荀子》內都很少,《韓非子》則没有。（五）在這幾部書內,"於"絕對通用,"于"則很少見,只有《吕氏春秋》比較多一點。（六）用"吾"（主格和領格）、"我"、"予",和魯語、左語一樣。（七）句尾的"邪",這幾部書都有,《莊子》內常見,別的書內少一點。高本漢指出,韓非子在文體上有可能受他的老師荀子的影響,但至少莊子和荀子是決不相干的,而且我們也没有理由猜想《吕氏春秋》和《戰國策》的作者會受荀子的影響,但他們的語法卻那麼一致,高本漢認爲他們可能共同採用一種公元前三世紀的標準文言。高本漢説:這種現象很自然,而且和別國的情形也相同——在文學發展的早期,作者很少,無所因襲,便得創造自己的文體,所以呈現出不同的方言;當文學進步後,著作變成普遍的事業,便有大致相同的標準文字出現,而這種情況,在公元前三世紀已達到了,[31]可是,高本漢又指出,《莊子》、《吕氏春秋》、《戰國策》、《荀子》和《韓非子》這些書的語言,和魯語很不同,没有"斯"用作"則"和"斯"用作"此",這些都是魯語很常用的。我們不禁會問:孟子（公元前372—公元前289）和莊子（公元前369—公元前286?）、荀子（公元前313?—公元前238）、吕不韋（?—公元前235）、韓非

---

[31] 參 *On the Authenticity and Nature of the Tso Chuan* 頁62—63及陸侃如譯本頁92—94。

（公元前 280？—公元前 233）時代相距不遠,爲甚麼其他書都
採用當時的標準文言,而《孟子》卻不用標準文言而用方語呢?
這是很值得注意的。

　　至於文體説,也有些地方值得留意。上文提到莫非斯在
《〈春秋〉和〈左傳〉的關係》一文中,根據高本漢所提出的七項
語法現象,將《左傳》和《春秋》加以比較。前五項現象,由於
《春秋》的文字過於簡略,因此無法得到明證。至於第六項,
《春秋》用了 73 個"及"字,而只用了 1 個"與"字,而這個惟一
的"與"字,也可能是後人加的,因此莫氏説《春秋》只用"及"
而不用"與"。又因爲高本漢説:"左語内'與'和'及'都有,而
'及'字尤其通行。"㉜莫氏遂説在解作"和"的"及"、"與"的使
用中,《春秋》與左語同。但事實上,在《左傳》中,解作"和"的
"與"字觸目皆是,如:

　　　　公孫閼與潁考叔爭車。（隱十一年）
　　　　父與夫孰親？（桓十五年）
　　　　宣姜與公子朔構急子。（桓十六年）
　　　　初,内蛇與外蛇鬥於鄭南門中。（莊十四年）
　　　　陳公子完與顓孫奔齊。（莊二十二年）
　　　　賂外嬖梁五與東關嬖五。（莊二十八年）
　　　　而重耳、夷吾主蒲與屈,（莊二十八年）
　　　　晉荀息請以屈産之乘與垂棘之璧假道於虞以伐虢。
　　（僖二年）
　　　　齊侯與蔡姬乘舟於囿。（僖三年）
　　　　失忠與敬。（僖五年）

㉜　*On the Authenticity and Nature of the Tso Chuan* 頁 40 及陸侃如譯本頁 69。

　君以禮與信屬諸侯。（僖七年）

　子弒二君與一大夫。（僖十年）

　不書朔與日。（僖十五年）

　以太子罃、弘與女簡璧登臺而履薪焉。（僖十五年）

　卜招父與其子卜之。（僖十七年）

　公與管仲屬孝公於宋襄公。（僖十七年）

　懷與安，實敗名。（僖二十三年）

　姜與子犯謀。（僖二十三年）

　趙姬請逆盾與其母。（僖二十四年）

　唯西廣、東宮與若敖之六卒實從之。（僖二十八年）

　大心與子西使榮黃諫。（僖二十八年）

　　例子實在太多，不勝枚舉，粗略統計，最少有二百。我們又
怎可以說《春秋》在“與”的使用上與《左傳》同呢！

　　至於第七項，我們試把高本漢和莫非斯的統計列成下表：

			左傳	春秋
（甲）	用如 auprès de	於	581	0
		于	85	2
（乙）	用如 à	於	97	0
		于	501	356
（丙）	用如 dans	於	197	0
		于	182	26

　　我們又怎可以說《春秋》在“於”、“于”的使用上與《左傳》
一致呢！

　　周法高説：“《左傳》、《國語》‘於’、‘于’並用是一種獨特
的現象。”又説：“《左傳》和《國語》在性質上是一種史書，同時

又和舊史的體裁不盡相同，在‘於’和‘于’的使用上，便成了新舊雜揉的現象了。”好像是説《左傳》和《國語》性質相近，所以文體也相近，語法特點也相近。可是，《左傳》和《國語》的語法特點真的那麼接近麼？根據高本漢的研究，它們是相當接近的，其異同如下：

（一）解作“像”的“如”和“若”（“如此”、“若此”等等），《國語》都有，後者和前者是一樣的通行，這和左語不同，左語只用“如”字。

（二）“斯”用作“則”，“斯”用作“此”，“乎”用作介詞，“與”用作疑問字，《國語》都沒有，和左語一樣。

（三）“及”解作“和”，《國語》常見，和左語一樣。

（四）在《國語》中，“於”和“于”都通行，而且用法上的不同在左語完全一樣（“於”用作 auprès de，“于”用作 à，“於”和“于”用作 dans），甚至例外用法的百分率也一樣。

（五）“吾”（主格和領格）、“我”和“予”，《國語》都有，和左語一樣。

（六）《國語》沒有用“邪”作後置詞表疑問，與左語同。

上列各點中，只有第一點相異，其他各點都相同。㉝ 這對文體説相當有利。不過，馮沅君認爲高本漢的統計，未嘗無可商之處；根據馮氏研究，《國語》和《左傳》在語法上相異之處，有下列數點：㉞

（一）高本漢以爲《國語》和《左傳》裏“于”、“於”的用法相同，但根據馮氏的統計，可得出下表：

㉝　*On the Authenticity and Nature of the Tso Chuan* 頁 58—59 及陸侃如譯本頁 88—89。

㉞　參馮沅君《論〈左傳〉與〈國語〉的異點》，《〈左傳真偽考〉及其他》頁 140—181。

			左傳	國語
（甲）	用如 auprès de	於	581	
		于	85	
（乙）	用如 à	於	97	94
		于	501	24
（丙）	用如 dans	於	197	155
		于	182	10

就甲項來説，馮氏没有提供《國語》中"於"和"于"用如 auprès de 的統計數字；至於乙項，《左傳》裏"于"大概是"於"的五倍，而《國語》裏"於"卻差不多是"于"的四倍；至於丙項，《左傳》中"於"、"于"數目大致相同，《國語》中"於"卻差不多是"于"的十六倍。

（二）高本漢説在左語中，解作"和"的"與"和"及"都有，而"及"字尤其通行，在《國語》中"及"解作"和"是常見的，和左語一樣。但據馮氏統計，《國語》内解作"和"的"及"字遠不如解作"和"的"與"字多，全書只有 25 個"及"字，而"與"字卻有 155 個。

（三）高本漢説《國語》没有用"邪"作後置詞表疑問，與左語同；但馮氏卻在《國語》内找出三個這樣用的"邪"字。

（四）《左傳》只用"若何"，不用"奈何"；《國語》卻用了五個"奈何"。

由此可見，《左傳》和《國語》的語法特點並非像高本漢説的相近。

至於《左傳》和《書經》的語法特點，也很不相同，高本漢已曾指出，[35]此處不贅。

---

[35]　*On the Authenticity and Nature of the Tso Chuan* 頁 49—51 及陸侃如譯本頁 78—80。

《左傳》和《書經》、《左傳》和《國語》語法上的不同,還可以用記事體、記言體相異來解釋。但《左傳》和《春秋》同是記事體,語法卻也很不相同。再看《書經》和《國語》:

(一)作"假使"和"像"解時,《尚書》用"若","如"只用在少數特別的地方;在《國語》中,兩者同樣通行。

(二)在《書經》中,"于"是常用的介詞,"於"只用在少數地方;而在《國語》中,"於"卻遠多於"于"。

(三)在《書經》中,用作第一位代名詞的,"予"和"我"都有("我"在早期的《虞書》、《夏書》中少用,後乃逐漸增多),而且不辨語格,"吾"字則只用了兩次;在《國語》中,"吾"(主格和領格)、"我"、"予"都有。

(四)《書經》沒有用"邪"作後置詞表疑問,《國語》卻有三個這樣用的"邪"字。

《書經》和《國語》同是記言體,也有這許多的差異,可見文體說也很難成立。(當然,我們不能說文體對語法特點沒有影響,但我們卻不能光用文體的異同來解釋古書語法特點的異同。)

此外,大家似乎都忽略了一個非常重要的問題,那就是傳世的《左傳》,到底是否《左傳》初成書時的本來面目。㊱ 近二三十年出土的文獻顯示,傳世的典籍都不是先秦的本來面貌,《左傳》似乎不應例外。因此,高本漢根據《十三經注疏》本《左傳》、《論語》和《孟子》所使用的助詞來證明左語不同於魯語,從而證明《左傳》的作者不是魯國人,是不可靠的,主要是因為材料有問題。只有找到原本,或十分接近原本的《左傳》、《論語》和《孟子》來比較,才能得出比較可信的結論。

㊱ 同注35,頁222—229。

1973 年 12 月,長沙馬王堆出土了大批帛書。根據同時出土的一件有紀年的木牘,可以確定該墓的年代是漢文帝前元 12 年(公元前 168)。帛書共約十餘萬字,包括《老子》、《周易》等二十餘種古籍,其中有很多是湮没兩千年的佚書。這次發現的帛書中,《老子》有兩種寫本,字體較古的一種被稱爲甲本,另一種稱爲乙本。甲本卷後和乙本卷前各有數篇古佚書。《老子》甲本及卷後佚書合抄成一長卷,硃絲欄墨書,字在篆隸間,共 464 行。此卷帛書不避漢高祖劉邦、高后吕雉諱,字體接近秦篆,抄寫年代可能在高祖時期,即公元前 206 年至公元前 195 年間。《老子》乙本及卷前佚書抄在一幅大帛上,折疊後放在漆奩内,出土時已沿折痕斷成 32 片,帛書原高約 48 釐米,現已斷成上下兩截,硃絲欄墨書,隸體,共 252 行。此卷帛書避"邦"字諱,不避漢惠帝劉盈、文帝劉恒諱,字體與同墓所出有文帝三年紀年的"五星占"很相似,抄寫年代可能在文帝時期,即公元前 179 至公元前 169 年間。

又 1993 年冬,湖北省荆門市郭店一號楚墓出土八百餘枚竹簡。郭店一號楚墓位於紀山楚墓群中,據發掘者推斷,該墓年代爲戰國中期偏晚。郭店楚簡年代下限應略早於墓葬年代,出土時已經散亂、殘損,其中有一少部分無字簡;有字簡據整理後的數字統計,共存 730 枚,當中包含《老子》、《緇衣》等多種古籍。郭店楚簡《老子》爲迄今年代最早的《老子》傳抄本,其章序與今本有較大差異,文字也有不少出入。根據竹簡形狀及編繩契口位置之不同,可將郭店《老子》竹簡分爲甲、乙、丙三組。甲組共存竹簡 39 枚,簡長 32.3 釐米,竹簡兩端均修削成梯形;乙組共存 18 枚,簡長 30.6 釐米,竹簡兩端平齊;丙組共存 14 枚,簡長 26.5 釐米,竹簡兩端亦平齊。甲、乙、丙三組共存 2 046 字,僅爲今本《老子》的五分之二。

試比較帛書《老子》、竹簡《老子》和傅奕本《老子》所用的助詞,其間就有不少出入,例如:

傅奕本　不笑不足以爲道。
竹簡乙本　弗大英(笑)不足以爲道矣。
帛書乙本　弗笑□□以爲道。

傅奕本　不爲而成。
帛書甲本　弗爲而□。
帛書乙本　弗爲而成。

傅奕本　生而不有,爲而不恃,長而不宰。
帛書甲本　□□弗有,爲而弗寺也,長而勿宰也。
帛書乙本　□□□□,□□□□,□□弗宰。

傅奕本　蜂蠆不螫,猛獸不據,攫鳥不摶。
竹簡甲本　蟲(螝)蠆蟲它(蛇)弗蠚(螫),攫鳥猷(猛)獸弗扣。
帛書甲本　逢㾍虫畏地弗螫,擢鳥猛獸弗搏。
帛書乙本　蠭癘虫蛇弗赫,據鳥孟獸弗捕。

傅奕本　知者不言也,言者不知也。
竹簡甲本　智(知)之者弗言,言之者弗智(知)。
帛書甲本　□□弗言,言者弗知。
帛書乙本　知者弗言,言者弗知。

傅奕本　以輔萬物之自然而不敢爲也。
竹簡丙本　是以能補(輔)墧(萬)勿(物)之自肰(然),

　　　　　　　　而弗敢爲。

帛書甲本　　　能輔萬物之自□□弗敢爲。
帛書乙本　　　能輔萬物之自然而弗敢爲。

傅奕本　　　　是以聖人處之上而民弗重,處之前而民不
　　　　　　　害也。
竹簡甲本　　　其才(在)民上也,民弗厚也;其才(在)民前
　　　　　　　也,民弗害也。
帛書甲本　　　故居前而民弗害也,居上而民弗重也。
帛書乙本　　　故居上而民弗重也,居前而民弗害。

傅奕本　　　　是以天下樂推而不猒。
竹簡甲本　　　天下樂進而弗詀(厭)。
帛書甲本　　　天下樂隼而弗猒也。
帛書乙本　　　天下皆樂誰而弗猒也。

傅奕本　　　　不以其不爭,故天下莫能與之爭。
帛書甲本　　　非以亓无諍與? 故□□□□□静。
帛書乙本　　　不□亓无爭與? 故天下莫能與爭。

傅奕本　　　　天無以清,將恐裂。
帛書甲本　　　胃天毋已清,將恐□。
帛書乙本　　　胃天毋已清,將恐蓮。

傅奕本　　　　明道若昧。
竹簡乙本　　　明道女(如)孛(費)。
帛書乙本　　　明道如費。

傅奕本	夷道若纇,進道若退。
竹簡乙本	遟(夷)道□□,□道若退。
帛書乙本	進道如退,夷道如纇。

傅奕本	上德若谷,大白若黶,廣德若不足,建德若婾。
竹簡乙本	上惪(德)女(如)浴(谷),大白女(如)辱,坒(廣)惪(德)女(如)不足,建惪(德)女(如)□□貞(真)女(如)愉。
帛書乙本	上德如浴,大白如辱,廣德如不足,建德如□。

傅奕本	大滿若盅。
竹簡乙本	大浧(盈)若中(盅)。
帛書甲本	大盈若滯。
帛書乙本	□盈如沖。

傅奕本	大直若詘,大巧若拙,大辯若訥。
竹簡乙本	大攷(巧)若仳(拙),大成若詘,大植(直)若屈。
帛書甲本	大直如詘,大巧如拙,大嬴如炳。
帛書乙本	□□□□,□□如掘,□□□絀。

傅奕本	慎終如始,則無敗事。
竹簡丙本	訢(慎)終若訂(始),則無敗事喜(矣)。
帛書甲本	故慎終若始,則□□□。
帛書乙本	故曰:慎冬若始,則无敗事矣。

　　在上述例子中,有一點值得留意,那就是即使同一版本之內,助詞的使用前後也不一定一致,例如傅奕本"是以聖人處之上而民弗重,處之前而民不害也",前句用"弗",後句用"不";竹簡乙本"弗大芙(笑)不足以爲道矣",既用"弗",又用"不";帛書甲本"□□弗有,爲而弗寺(恃)也,長而勿宰也",前兩句用"弗",後句用"勿";又如傅奕本多用"若"字,可是在"慎終如始"中,則用"如"字;竹簡乙本在"上惪(德)女(如)浴(谷),大白女(如)辱,坒(廣)惪(德)女(如)不足,建惪(德)女(如)□□貞(真)女(如)愉"及"明道女(如)孛(費)"中用"女(如)"字,在"遲(夷)道□□,□道若退"、"大涅(盈)若中(盅)"及"大攷(巧)若仳(拙),大成若詘,大植(直)若屈"中則用"若"字;帛書乙本多用"如"字,但在"慎冬若始"中,則用"若"字。那麼,最初著諸竹帛的時候,是否一定嚴格一致呢?似乎也不是完全不可以懷疑的。

　　再加上時代和文體等因素的考慮,我認爲對高本漢《左傳》作者一定不是魯國人這説法,應有所保留。我們要注意:(一)《左傳》對魯國的國君但稱公,對其他國家的諸侯則稱"宋公"、"晉侯"、"秦伯"、"楚子";(二) 到魯國去的多用"來"字,如"來歸"、"來聘"、"來奔"之類;(三) 主語是魯國時,大多省略,如"夏四月,取郜大鼎于宋"(桓二年);(四) 紀魯時用"我"字,如"庚寅,我入祊"(隱八年)。其記載很明顯以魯爲中心。如果《左傳》作者不是魯國人,爲甚麼要這樣記載呢?

　　因此,高本漢這一首次研究中國經籍的論文——"On the Authenticity and Nature of the Tso Chuan",雖然在中國引起一陣哄動,被認爲是一種新穎而重要的貢獻,其實卻未能徹底解決《左傳》的作者問題,只是提供了一些研究方法和學術觀念供學術界參考而已。

1929 年,高本漢在 *Bulletin of the Museum of Far Eastern Antiquities*(《遠東博物館館刊》)第 1 期發表 "The Authenticity of ancient Chinese texts"(《中國古書的真僞》)一文,仍堅持他的方言説。

1932 年,高本漢在 *Bulletin of the Museum of Far Eastern Antiquities*(《遠東博物館館刊》)第 4 期發表 "Shï King Researches"(《詩經研究》),此文載有高氏考訂上古音讀之重要結論。同一年,高氏又在 *Göteborgs Högskolas Arsskrift*(《哥騰堡大學年報》)第 38 卷第 3 號發表 "The Poetical Parts in Lao-ts'i"(《老子韻考》),以其在《詩經研究》所擬上古音考證《老子》的押韻,卷末附載《書經》、《莊子》、《荀子》、《呂氏春秋》、《管子》、《韓非子》、《淮南子》、《逸周書》等八部古書的押韻舉例,此文亦爲高氏考訂上古音讀重要之作。

1933 年,高本漢在 *Göteborgs Högskolas Arsskrift*(《哥騰堡大學年報》)第 39 卷第 2 號發表 "The Pronoun Küe in the Shu King"(《書經中的代名詞厥字》),繼續其古籍語法研究。

1935 年,高本漢在 *Göteborgs Högskolas Arsskrift*(《哥騰堡大學年報》)第 41 卷發表 "The Rime in the Sung Section of the Shï King"(《論詩經頌的押韻》),繼續其《詩經》押韻的討論。

二

從 1942 年起,高本漢發表了一系列的經書注釋與翻譯,其中經書注釋包括:

    1. "Glosses on the Kuo feng Odes"(《詩國風注釋》)(1942)

2. "Glosses on the Siao ya Odes"(《詩小雅注釋》)(1944)

3. "Glosses on the Ta ya and Sung odes"(《詩大雅與頌注釋》)(1946)

4. "Glosses on the Book of Documents Ⅰ"(《尚書注釋(一)》)(1948)

5. "Glosses on the Book of Documents Ⅱ"(《尚書注釋(二)》)(1949)

6. "Glosses on the Tso Chuan"(《左傳注釋》)(1969)

7. "Glosses on the Li Ki"(《禮記注釋》)(1971)

經書翻譯包括：

1. "The Book of Odes, Kuo feng and Siao ya"(《詩國風與小雅英譯》)(1944)

2. "The Book of Odes, Ta ya and Sung"(《詩大雅與頌英譯》)(1945)

3. "The Book of Documents"(《英譯尚書》)(1950)

於"The Book of Documents"發表的同一年，即 1950 年，"The Book of Odes, Kuo feng and Siao ya"與"The Book of Odes, Ta ya and Sung"合爲一書出版，名爲 *The Book of Odes*。從《詩經》與《尚書》的注釋與翻譯年份看，可知這兩書的注釋研究與翻譯工作，差不多在同一時期進行。

正如一些學者所指出的，[37]在發表《詩經》和《尚書》的注釋

---

[37]　參陳遠止《〈書經〉高本漢注釋斠正》(臺北：文史哲出版社，1996 年 5 月)頁 1—6；李雄溪《高本漢雅頌注釋斠正》(臺北：文史哲出版社，1996 年 7 月)頁 6—9。

前,高本漢在中國語言學和中國古籍方面,曾做過大量深入的研究工作;高本漢有關《詩經》和《尚書》的注釋,可説是建基於那大量深入研究之上的。高本漢在 1942 年以前所發表的有關中國語言學和中國古籍的著作,除上面所列舉者外,還有: ⑧

  1. "Till det Kinesiska problemet"(《漫談中國語文問題》)(1927)

  2. "Tibetan and Chinese"(《藏語與漢語》)(1931)

  3. "Word families in Chinese"(《漢語詞類》)(1933)

  4. "On the script of the Chou Dynasty"(《論周人的文字》)(1936)

  5. *Grammata Serica*, *Script and Phonetics in Chinese and Sino-Japanese*(《漢文典》, 或譯爲《中日造字諧聲論》)(1940)

在發表《詩經》和《尚書》注釋期間,高本漢同時發表了下列有關中國語言學和中國古籍的著作: ⑨

  1. *Fran Kinas Sprakvärld*(《漢語通論》)(1946)

  2. *The Chinese language an essay on its nature and history*(《中國語之性質及其歷史》)(1949)

"Glosses on the Book of Documents Ⅱ"發表於 1949 年,20 年後,高本漢發表"Glosses on the Tso Chuan"。在這 20 年

---

⑧　同注 2。

⑨　同上。

中,高本漢發表了下列有關中國語言學和中國古籍的著作:⑩

1. "Excursions in Chinese Grammar"(《漢語文法初探》)(1951)

2. "New excursions in Chinese Grammar"(《漢語文法新探》)(1953)

3. *Compendium of phonetics in ancient and archaic Chinese*(《古代漢語音韻概要》,張洪年譯本命名《中國聲韻學大綱》)(1954)

4. "Cognate Words in the Chinese Phonetic Series"(《中國音韻系列中的同語根詞》)(1956)

5. *Grammata Serica Recensa*(《漢文典續編》)(1957)

6. "Tones in Archaic Chinese"(《上古漢語的聲調問題》)(1960)

7. "Final d and r in Archaic Chinese"(《論上古漢語之韻尾 d 與 r》)(1962)

8. "Loan Characters in Pre-Han Texts Ⅰ"(《漢以前文獻中的假借字(一)》)(1963)

9. "Loan Characters in Pre-Han Texts Ⅱ"(《漢以前文獻中的假借字(二)》)(1964)

10. "Loan Characters in Pre-Han Texts Ⅲ"(《漢以前文獻中的假借字(三)》)(1965)

11. "Loan Characters in Pre-Han Texts Ⅳ"(《漢以前文獻中的假借字(四)》)(1966)

12. "Loan Characters in Pre-Han Texts Ⅴ"(《漢以前

⑩　同注2。

　　　文獻中的假借字(五)》)(1967)

其中有關漢以前文獻假借字的那幾篇,更與經籍注釋密切
相關。

　　綜而觀之,高本漢的確費了不少功夫,爲《書經》、《詩經》、
《左傳》、《禮記》等經籍中一些有疑難的詞句重新注釋。高氏
先把各家的異文異説臚列出來,然後細察這些解説在先秦典籍
中是否有例證,在訓詁上是否有根據,析纖甄微,詳稽博辨,他
的成績爲學術界所一致推崇。由於高氏享譽甚隆,音韻學大師
董同龢(1911—1963),願意暫時擱置他的音韻學研究,把高氏
的“Glosses on the Kuo Feng odes”、“Glosses on the Siao Ya
odes”、“Glosses on the Ta ya and Sung odes”譯成中文,合爲一
書,共分兩册,題爲《高本漢詩經注釋》;[41]而陳舜政則把
“Glosses on the Book of Documents”、“Glosses on the Tso
Chuan”、“Glosses on the Li Ki”翻譯爲中文,名之爲《高本漢書
經注釋》、《高本漢左傳注釋》、《高本漢禮記注釋》。[42] 董同龢
在《高本漢詩經注釋·譯序》中,指出高本漢注釋中的一些
優點:
　　(一) 處理材料比較有系統
　　在《高本漢詩經注釋·譯序》中,董同龢稱讚高氏處理材
料比較有系統,並且説:

　　　　因爲所討論的都是有問題的字句,所以每一條的注釋
　　的第一步都是臚列各家的異文或異説,逐一察看他們是否

_____

[41]　該書臺北中華叢書編審委員會 1960 年 7 月初版,1979 年 2 月再版。
[42]　以上三書,臺北中華叢書編審委員會分別於 1969、1972、1981 年出版。

在先秦文籍中有例證,或者察看在訓詁上是否有根據。因爲各家的說法都是分項引述和審核,材料雖然繁複,擺到讀者面前,都是有條不紊。這種做法當然是純西洋式的,同時也是我們舊有的"注疏"或"札記"的體裁辦不到的。[43]

爲了使大家能更真確看到高氏如何處理材料,謹引述"Glosses on the Tso Chuan"第 168 條如下:

168. Hi 28 phr. a. k'ang ch'ou, A. Tu Yü: k'ang b. = c. : (If we break our promise to Ch'u) "and (stand up against:) face its (sc. Ch'u's) enmity" (Couvreur: "nous serons en butte à sa vengeance"; Legge : "meeting Ch'u as an enemy"). This meaning of k'ang (*k'âng*, k'ü sheng b) 'to be the equal of, to stand up against, to oppose, to withstand, antagonist' is common, written b. or d. or e. Cf. Tso Gl. 328 below. — B. Kyü: Tsin yü 4 has another version: f., and Wei Chao defines k'ang e. as = g. 'to save': f. = (If we do not requite Ch'u's kindness) "but save Sung" (which Ch'u beleaguered). This entails that ch'ou 'enemy' in phr. a. refers to Sung, not to Ch'u. a. = (If we break our promise to Ch'u) "and save (protect) its ch'ou enemy". Wang Nien-sun confirms this by pointing out that both b. and e. frequently occur in Tso with the meaning 'to protect, to defend'. — C. Liu Wen-k'i would propose

---

43　董同龢譯《高本漢詩經注釋》(臺北: 中華叢書編審委員會,1960 年 7 月)《譯序》頁 3。

yet another interpr. : "... and（oppose：）prevent its（Ch'u's）enmity（against Sung）", which is certainly no improvement. — Wei Chao and Wang Nien-sun are convincing.[44]

由於當時瑞典排印條件所限,漢字往往不得不另頁處理,如上列高氏英文原文刊於頁 47,相關漢字則置於頁 45：

　　　168　a 以亢其讐　b 亢　c 當　d 伉　e 抗　f 而抗宋　g 救 [45]

需據正文内英文小寫字母查閱,始知高氏原文首行之 a 爲"以亢其讐",前後翻檢爲勞,頗覺不便。不過,正如董同龢所説,高氏處理材料的確比較有系統,如上引"Glosses on the Tso Chuan",開首即標明此爲高氏《左傳》研究之第 168 條。此一做法,頗便尋檢。高氏採用逐字逐句討論的方式,他的討論,通常分爲兩個步驟。第一是臚列歷來各家的異文異説,如上引"Glosses on the Tso Chuan",即把相關異説分爲 A、B、C 三類,各冠以英文字母,提綱挈領,條目清晰。把材料羅列好後,高氏便對他所列舉的每一項材料進行詳細審察,逐一衡量比較,然後斷定那一個説法最可靠。他徵引的材料雖然繁複,但因爲有清楚的原則和步驟,所以都能處理得有條不紊。陳舜政的翻譯,基本上保存高本漢原文的體例,茲引陳氏譯文如下：

---

[44]　Bernhard Karlgren, "Glosses on the Tso Chuan", *Bulletin of the Museum of Far Eastern Antiquities*, 41：47（1969）.

[45]　同上,頁 45。

　　一六八、僖公二十八年：以亢其讐

　　（一）杜預是把"亢"字講成"當"（意思是："抵擋"、"面臨"）。所以，這句話就是說："（背惠食言）並（敵對着＝）面臨着（楚＝）他的敵意。"（顧偉 Couvreur 譯此句爲：nous serons en butte à sa vengeance。意思是："我們將怕他的報復（報仇）。"理雅各 Legge 是把這話譯成："與楚國敵對相見"。）"亢"字（*k'âng 去聲）當"對等"、"對抗"、"反對"、"敵對"、"對立"（對立者）來講是很普通的。字或作"亢"、或作"伉"或"抗"，請參閱本書注（下文）第三二八條有說。

　　（二）《國語·晉語四》述此作"而抗宋"。韋昭注把"抗"字講成"救"。那麽，"而抗宋"的意思便是說："（如果我們不報答楚國的恩惠）而去解救（被楚圍攻的）宋國。"這樣一來，《左傳》裏所說的"讐"，就是"宋"而不是"楚"，因爲"宋"是"楚"的敵國。所以，"以亢其讐"的意思就是："來解救它（楚國）的敵人。"王念孫還爲此說增加了證據。他說，"亢"與"抗"在《左傳》裏出現多次，都帶有"防禦"、"抵禦"這類的意思。

　　（三）劉文淇又主張這樣的一個說法：他以爲這話的意思應該是："防止它（＝楚國）（對宋國）的敵對情形。"這樣講，自然也毫無可取之處。

　　韋昭與王念孫的說話，是很可信的。[46]

如果我們把陳氏譯文和高氏原文作一比照，便會覺得譯文

---

[46] 陳舜政譯《高本漢左傳注釋》（臺北：中華叢書編審委員會，1972 年 2 月）頁132—133。

更爲清晰易讀。不過,雖然説眉目清晰是高本漢經籍注釋勝於
我國傳統注疏和札記的一大優點,我國傳統注疏和札記,其實
也不難讀,且讓我引述王引之(1766—1834)《經義述聞》"以亢
其讎"一條如下,以窺一斑:

> 背惠食言,以亢其讎:杜注曰:"亢,猶當也。讎,謂楚
> 也。"家大人曰:"杜訓亢爲當,故以讎爲楚,其實非也。"
> (《周官·馬質》:"綱惡馬。"鄭司農曰:"綱,讀爲'以亢其
> 讎'之'亢'。亢,御也,禁也。"則自先鄭已誤解。——王
> 氏自注)此言亢者,扞蔽之意。亢其讎,謂亢楚之讎也。
> 楚之讎,謂宋也。亢楚之讎者,楚攻宋而晉爲之扞蔽也。
> 《晉語》曰:"未報楚惠而抗宋。"是其明證矣。(韋注:
> "抗,救也。"《説文》:"抗,扞也。"抗與亢通。《列子·黄
> 帝篇·釋文》曰:"抗,或作亢。"——王氏自注)凡扞禦人
> 謂之亢,爲人扞禦亦謂之亢,義相因也。昭元年《傳》曰:
> "苟無大害於其社稷,可無亢也。"又曰:"吉不能亢身,焉
> 能亢宗!"(杜注:"亢,蔽也。"——王氏自注)二十二年
> 《傳》曰:"無亢不衷,以獎亂人。"皆是扞蔽之義。[47]

對於研治故訓的人,王氏《經義述聞》,何嘗難讀,何嘗不是處
理材料有條不紊! 它還有原原本本將引文呈現於讀者眼前的
優點,例如上引"以亢其讎"一條,出自《左傳》僖公二十八年,
當時正處於晉楚城濮之戰前夕,楚軍主帥子玉率兵追逐晉軍,
晉軍往後退。軍吏認爲是恥辱,説:"楚軍長期在外作戰,已經
衰疲,爲甚麽要後退?"子犯説:"軍隊作戰,理直則氣壯,理曲

---

[47] 王引之《經義述聞》(南京:江蘇古籍出版社,1996 年)總頁 413。

則氣衰,哪裏在乎是否長久在外作戰呢! 如果没有楚國的恩
惠,我們到不了今天,退九十里避他們,就是作爲報答。背棄恩
惠,説話不算數,以此保護他們的敵人,我們理曲而楚國理直,
加上他們的士氣一向飽盈,不能認爲是衰疲。我們退兵,而楚
軍亦撤退回國,我們還要求甚麽? 如果他們不撤軍回國,國君
往後退,而臣下進犯,他們就理曲了。"晉軍終於後退九十里。
《左傳》所載子犯説話原文如下:

> 師直爲壯,曲爲老,豈在久矣? 微楚之惠不及此,退三
> 舍辟之,所以報也。背惠食言,以亢其讎,我曲楚直,其衆
> 素飽,不可謂老。我退而楚還,我將何求? 若其不還,君退
> 臣犯,曲在彼矣。[48]

其中需要研究的是"以亢其讎"一句,杜注説:"亢,猶當也。
讎,謂楚也。"王引之先把杜注原原本本呈現於讀者眼前,然後
引其父王念孫(1744—1832)批評杜注的話:"杜訓亢爲當,故
以讎爲楚,其實非也。"再看高本漢的" Glosses on the Tso
Chuan",高氏把杜注理解爲"(stand up against:) face its
(sc. Ch'u's) enmity"(陳舜政譯爲"(敵對着 =) 面臨着
(楚=)他的敵意")。高氏的理解是否一定正確呢? 從好的方
面説,他幫助讀者理解杜注;從不好的方面説,他剝奪了讀者獨
立判斷的權利。我們不是説高本漢的經籍注釋没有處理材料
有條不紊的優點,也不是説稱讚高氏此一優點的人不對,只是
覺得有點兒誇大了。也許,高氏的經籍注釋,對一般學習經籍
的人比較有用,對學習中國經籍的外國人(懂英語者)尤其有

---

[48] 《左傳注疏》總頁 271—272。

用;至於專家學者,則可能覺得前賢的札記比高氏的注釋更清楚。

(二)取捨之間有一定的標準

董同龢在《高本漢詩經注釋·譯序》中說,高氏注釋的第二個優點,是取捨之間有一定的標準。董氏指出,高本漢在比較不同説法的優劣時,最重視有没有先秦文籍實例作佐證,以及證據之多寡及其可靠性。如果多於一個説法可以成立,就用上下文相關句子來對照,看哪一個最合用。如果所有的説法都没有先秦文籍實例作佐證,就要看在訓詁上哪一個説法最合理。訓詁上不止一個説法講得通的時候,則利用上下文的關係來決定。又如果兩個説法都可用,則取較古的一個(往往是漢儒的説法),他的理由是:較古的説法得之於周代傳授的可能性高。[49]

讓我們先看看高氏最重視的一點,那就是訓釋需有先秦文籍實例作佐證。例如《詩·小雅·伐木》"釃酒有衍",《高本漢詩經注釋》:

> A 毛《傳》:美也。所以:釃酒很美。没有佐證。
> B 朱熹訓"衍"爲"多"。所以:**釃酒很多**。"衍"當"溢,多,豐富"講是普通的,如荀子《賦篇》"暴人衍矣",《管子·山至數》"伏尸滿衍"。
> B 有實證。[50]

毛《傳》訓"衍"爲"美",没有先秦文籍實例作佐證,因此高本

---

[49] 參董同龢譯《高本漢詩經注釋·譯序》頁 3。

[50] 《高本漢詩經注釋》頁 420。高氏原文見 "Glosses on the Siao ya Odes", *Bulletin of the Museum of Far Eastern Antiquities*, 16: 32–33 (1944)。

漢棄而不取;朱熹訓"衍"爲"多",因有荀子《賦篇》"暴人衍矣"、《管子·山至數》"伏尸滿衍"等先秦實例,於是高氏認爲可取。高氏這樣處理《小雅·伐木》"衍"字的解釋,無疑非常合理。[51] 當然,如果我們翻閲段注本《説文》:"衍,水朝宗于海皃也。"[52]再看段玉裁(1735—1815)的注:"海淖之來,旁推曲暢,兩厓渚涘之閒,不辨牛馬,故曰'衍'。引申爲凡有餘之義。"[53]便會對"衍"何以有"多"義有較深的理解。

董同龢注意到,高氏極端嚴格執行訓釋需有先秦文籍實例作佐證此一最高原則。有些時候,某種解釋只見於某家古注或字典,在先秦古籍中没有相同的用例,雖然由上下文看比較妥帖,高氏還是不採用。他好像有個假定:見於某一經籍的字,在其他古籍一定也有,而且今存先秦古籍就是原有的全部。董同龢認爲,以常情論,這似乎大有疑問。古注或字典中對某些字的解釋,在今存先秦古籍中找不到相同用例的,未必都不足取信。[54]

吕珍玉《詩經訓詁研究》也有與董同龢大致相同的意見,吕氏説:

> 雖然有時候高氏本此原則訓釋得到成績,但並不表示此原則可以毫無障礙的應用於每一條訓釋,書中高氏本此原則在許多時候窒礙難行,並且出了毛病。講求證據雖是從事任何學術研究必須秉持的原則,但爲三千年前的《詩經》作訓解,要求證例也要出自《詩經》或其他先秦典籍,

---

[51] 吕珍玉認爲高本漢有關"衍"字的研究,犯了堅持先秦文籍例證的錯誤,但欠缺説明,未知其據爲何。吕説見《詩經訓詁研究》(臺北:文津出版社,2007年3月)頁143。

[52] 《説文解字詁林》(臺北:商務印書館,1969年)頁4940a。

[53] 同上。

[54] 《高本漢詩經注釋·譯序》頁6。

這確實相當困難,若依此要求,恐怕古書少有可信之言了。因此與其强求對早期注家的説法,一定要拿出證據,否則拒不接受,不如找出證據證明古人的説法錯誤,不可採信,而自己又能提出較古人更好的説法,然後才變易前人的成説。高氏訓釋《詩經》非常堅持無證不信的原則,而且這個證據更要出現在和《詩經》相當時代的先秦文籍,對於漢以後收入字書的證據,除《方言》外,高氏並不重視,雖然這很合乎科學的研究態度,但事實上根本無法如此理想做到,因此有時候連他自己也不免疏忽所提出的證例並不早於毛《傳》,他在書中往往爲了尊重證據,而推翻傳統不錯的説法,並且將文意串講得牽强難通,這樣堅持先秦例證的訓詁原則是值得商榷的。⑤⑤

呂珍玉談的是《詩經》訓詁,她還舉了一些《詩經》注釋的例子,説明高氏因爲堅持先秦文籍例證,而忽視運用訓詁專業知識所犯的錯誤。⑤⑥ 其實,高氏有關其他經籍的注釋也有同樣的問題。

董同龢和呂珍玉説得對,要求每一條訓釋都有先秦文籍實例作佐證是不可能的。讓我舉一個《易經》的例子,《易·睽》六三:"見輿曳,其牛掣,其人天且劓。无初有終。"⑤⑦"其人天且劓"的"天"是甚麽意思呢? 陸德明《經典釋文》説:"天,剠也。馬云:'剠鑿其額曰天。'"⑤⑧ 又《周易集解》引虞翻(164—

---

⑤⑤　《詩經訓詁研究》頁 135。
⑤⑥　同上,頁 136—144。
⑤⑦　見《十三經注疏》本《周易注疏》(臺北:藝文印書館景印清嘉慶二十年〔1815〕南昌府學重刊本,1973 年 5 月)總頁 91。
⑤⑧　見《經典釋文》(上海:上海古籍出版社影印北京圖書館藏宋刻宋元遞修本,1985 年 10 月)總頁 102。

233)説：“黥額爲天。”[59]可見古注都以“黥額”來解釋《易・睽》六三的“天”。不過，“天”作“黥額”解，只見於《易・睽》六三爻辭[60]的漢人訓釋，沒有其他先秦文籍實例作佐證，有違高本漢的最高原則，高本漢遇到這種情況，不一定會相信。事實上，宋代的胡瑗（993—1059），甚至懷疑《易・睽》六三的“天”是“而”字之譌，胡氏《周易口義》説：

> “其人天且劓”者，“天”當作“而”字，古文相類，後人傳寫之誤也。然謂“而”者，在漢法，有罪髡其鬢髮曰“而”，又《周禮》梓人爲筍簴作而，亦謂髡其鬢髮也。[61]

《元史・李孟傳》引《睽》六三爻辭作“其人趴且劓”，[62]也是根據胡説而易“天”爲“趴”。清人俞樾（1821—1906）則認爲《睽》六三爻辭的“天”是“兀”字之誤，俞氏《群經平議》説：

> 《易》凡言“天”者，大率爲乾、爲陽，此乃以爲剠額之名，不亦異乎？馬、虞之説，皆非也。“天”疑“兀”字之誤。《説文・足部》：“跀，斷足也。”重文“趴”，曰：“跀，或從兀。”《莊子・德充符篇》：“魯有兀者。”《釋文》曰：“李云：‘刖足曰兀。’”蓋即趴之省也。“其人兀且劓”，猶《困》九五曰“劓刖”也。古文“天”作“夭”，見《玉篇》。故“兀”誤

[59] 李道平《周易集解纂疏》（北京：中華書局，1994 年 3 月）頁 359。

[60] 《山海經・海外西經》：“形天與帝至此爭神，帝斷其首，葬之常羊之山。乃以乳爲目，以臍爲口，操干戚以舞。”雖亦以“天”爲“首”，但究竟與“黥額”不完全相同。《山海經》文引自《景印文淵閣四庫全書》第 1042 册（臺北：臺灣商務印書館，1985 年）卷七頁 2a。

[61] 胡瑗《周易口義》，載《景印文淵閣四庫全書》第 8 册，卷七頁 5。

[62] 參《元史》（北京：中華書局，1976 年 4 月）頁 4086。

爲"天"矣。⑥

現代學者中,仍有相信胡瑗和俞樾的。其中尚秉和(1870—
1950)認爲俞説較勝,《周易尚氏學》説:

　　《周禮·梓人》:"作其鱗之而"……按"之而",注訓
　　爲"頰頷",《釋文》云"秃也"。《玉篇》亦訓頷爲秃。賈疏
　　亦无髡其鬚髮之解。然頷之爲秃,字書皆同。則而者秃
　　也,秃則天然无髪,不必受刑。似胡説不如俞説優也。⑥

黄壽祺(1912—1990)、張善文(1949—　)《周易譯注》則取胡
氏説。⑥
　　其實,《説文》"劓"字的説解爲今本《易經》"天"字不誤提供
了證據,《説文·刀部》:"劓(劓),刑鼻也。从刀,臬聲。《易》
曰:'天且劓。'"⑥根據《説文》,可知今本《易經》"天"字不誤。
　　不過,高本漢是不大重視《説文》的,他認爲清代學者過分
看重《説文》,是一個大弱點。⑥但中文大學文物館所藏楚簡本
及阜陽漢簡本《周易·睽》六三爻辭均作"天",⑥未見有作

⑥　俞樾《群經平議》,載《續修四庫全書》第 178 册(上海:上海古籍出版社,
　　1995 年)卷一頁 25。
⑥　尚秉和《周易尚氏學》,載《尚氏易學存稿校理》第 3 卷(北京:中國大百科全書
　　出版社,2005 年 6 月)頁 164—165。
⑥　黄壽祺、張善文:《周易譯注》(修訂本)(上海:上海古籍出版社,2001 年 9
　　月)頁 313。
⑥　《説文解字》(香港:中華書局,1972 年 7 月)頁 92。
⑥　Bernhard Karlgren, "Glosses on the Kuo feng Odes", *Bulletin of the Museum of
　　Far Eastern Antiquities*, 14: 81–82 (1942).
⑥　參陳松長編《香港中文大學文物館藏簡牘》(香港:香港中文大學文物館,
　　2001 年)頁 12 及韓自强《阜陽漢簡〈周易〉研究》(上海:上海古籍出版社,
　　2004 年 7 月)頁 65。

"而"或"兀"的,可見《說文》還是可靠的。另一方面,《說文》
"黥"字的訓釋爲"黥額"之刑提供了更多資料,《說文·黑
部》:"𪏴,墨刑在面也。从黑,京聲。𪐾,黥或从刀。"⑲桂馥
(1736—1805)《說文解字義證》說:

> 墨刑在面也者,《易·睽卦》"其人天且劓",虞云:"黥
> 額爲天。"《書·呂刑》"墨辟疑赦",《傳》云:"刻其顙而涅
> 之曰墨刑。"又"爰始淫爲劓刵椓黥",鄭注:"黥,謂羈黥人
> 面。"《周禮》:"司刑掌五刑之法……墨罪五百。"注云:
> "墨,黥也。先刻其面,以墨窒之。"《書·傳》曰:"非事而
> 事之,出入不以道義,而誦不詳之辭者,其刑墨。"《秦策》
> "黥劓其傅",高云:"刻其額,以墨實其中,曰黥。"《漢書·
> 刑法志》"其次用鑽鑿",韋昭曰:"鑿,黥刑也。"《志》又云
> "墨罪五百",顏注:"墨,黥也。鑿其面,以墨涅之。"《後漢
> 書·朱穆傳》"臣願黥首繫趾",注云:"黥首,謂鑿額涅
> 墨也。"⑳

可見先秦、兩漢古籍有不少地方談到黥額之刑。《廣韻》:"黥,
黑刑在面。"其下列"剠"、"剫"二字,云:"並上同。"㉑可見"剠"
即"黥"之異體,馬融(79—166)說"剠鑿其額曰天",猶虞翻謂
"黥額爲天",即在罪人額上刺字爲罰。《說文》:"天,顛也。"㉒
"天"字甲骨文作𣎴(前 2.3.7)、𣎳(拾 10.18),㉓金文作𣎱(象人

---

⑲　《說文解字》頁 211。
⑳　《說文解字詁林》頁 4539a。
㉑　《新校宋本廣韻》(臺北:洪葉文化事業有限公司影印清康熙四十三年〔1704〕吳
　　郡張士俊刊澤存堂本,2001 年 9 月)頁 187。
㉒　《說文解字》頁 7。
㉓　見《甲骨文編》(香港:中華書局,1978 年)頁 2—3。

形鼎文)、**夨**(天作從尊)、**夨夨**(盂鼎)[74]諸形,王國維(1877—1927)《觀堂集林·釋天》説:

> 古文天字本象人形,殷虚卜辭或作**夨**,盂鼎、大豐敦作**夨**,其首獨巨。案《説文》:"天,顛也。"《易·睽》六三:"其人天且劓。"馬融亦釋天爲鑿顛之刑。是天本謂人顛頂,故象人形。卜辭、盂鼎之**夨**、**夨**二字所以獨墳其首者,正特著其所象之處也。[75]

額爲頭顛之一部分,故"天"引申爲剠鑿額頰之墨刑。[76] 由此可見,古籍的一些訓釋,雖然没有先秦文籍實例作佐證,但也不一定不可信。此外,研究古籍,《説文》等字書還是很有用的。高本漢重視先秦文籍實例,本來有一定道理,但過分執着而顯得拘泥,於是優點有時反變成缺點。[77]

(三) 處理假借字問題極其嚴格慎重

董同龢在《高本漢詩經注釋·譯序》中説,高氏注釋的第三個優點,是不輕言假借。前人説某字是某字的假借字時,高氏必定用現代的古音知識來看那兩個字古代是否的確同音(包括聲母和韻母的每一個部分)。如果的確同音,還要看古書有没有同樣確實可靠的例證。但即使音全同,例證也有,只要照原字講可以講通,他仍然不去相信那是假借字,因爲他認爲漢語同音字很多,如果漫無節制地談假借,大可以隨便照自

---

⑭ 見《金文編》(北京:中華書局,1985 年)頁 3—4。
⑮ 見《觀堂集林》(香港:中華書局,1973 年 2 月)卷六頁 10b(總頁 282)。
⑯ 參黃壽祺、張善文《周易譯注》(修訂本)頁 133、鄧球柏《帛書周易校釋》(修訂本)(長沙:湖南人民出版社,1987 年 11 月)頁 381、張立文《周易帛書今注今譯》(臺北:臺灣學生書局,1991 年 9 月)頁 630。
⑰ 參《詩經訓詁研究》頁 133—145。

己的意思去講,那是不足爲訓的。⑱

讓我們以《詩·魯頌·閟宮》"克咸厥功"爲例,看看高本漢"不輕言假借"此一特點。《高本漢詩經注釋》:

　　A　鄭《箋》:咸,同也……使得其所能,同其功於先祖也。朱熹改作:輔佐之臣,同有其功。

　　B　馬瑞辰:"咸"訓"同",也就是"備"的意思。所以:**他能使他的工作完備。**參看《禮記·樂記篇》"咸池備矣",《國語·魯語》"小賜不咸"(韋昭注:咸,徧也)。

　　C　陳奂:"咸"是"減"的省體,在這裏是"滅絶"的意思;"克"是"克服"。所以,克服和滅絶是他的功績。

　　B 説有實證。⑲

兹錄《詩·魯頌·閟宮》第二章如下:

　　后稷之孫,實維大王。居岐之陽,實始翦商。至于文武,纘大王之緒。致天之届,于牧之野。無貳無虞,上帝臨女。敦商之旅,克咸厥功。⑳

馬瑞辰(1777—1853)《毛詩傳箋通釋》説:

　　"克咸厥功",《箋》:"咸,同也。能同其功於先祖

---

⑱　參董同龢譯《高本漢詩經注釋·譯序》頁 4。
⑲　《高本漢詩經注釋》頁 1095—1096。高氏原文見 "Glosses on the Ta ya and Sung odes", *Bulletin of the Museum of Far Eastern Antiquities*, 18：179（1946）。
⑳　見《十三經注疏》本《詩經注疏》(臺北:藝文印書館景印清嘉慶二十年〔1815〕南昌府學重刊本,1973 年 5 月)總頁 777。

也。"瑞辰按:《樂記》"咸池,備矣",《史記·樂書》作"咸池,備也",謂咸即備也。《方言》:"備、該,咸也。"《廣雅》:"備、賅,咸也。"是咸與備可互訓。《説文》:"咸,皆也,悉也。从口,从戌。戌,悉也。"訓皆、訓悉,正與備義相同。《尚書大傳》:"備者,成也。"《廣雅》:"備,成也。""克咸厥功",猶云"克備厥功",亦即"克成厥功"也。㉛

馬瑞辰認爲"克咸厥功",即"克備厥功"、"克成厥功"。《書·武成》:"我文考文王,克成厥勳,誕膺天命,以撫方夏。"㉜"克成厥勳",與"克成厥功"句式相同。

陳奐(1786—1863)《詩毛氏傳疏》則認爲"咸"義爲"滅絶",陳氏説:

> 咸,讀爲"咸劉厥敵"之"咸"。《書》《述聞》云:"咸者,滅絶之名。《説文》:'俄,絶也。讀若咸。'咸與滅古文通,文十七年《左傳》曰:'克滅矣宣多。'謂滅絶也。"案《詩》"克咸"與《左傳》"克滅"同。克,勝也,滅,亦滅絶也。"克滅厥功",即《武》所謂"勝殷遏劉,耆定爾功"也。㉝

案:"咸劉厥敵",出自《書·君奭》。《君奭》敘述周公跟召公説,上帝降大命於周文王,是因爲文王能在諸夏行和睦教化,同時也因爲有虢叔、閎夭、散宜生、泰顛、南宫括等五位賢臣的輔

㉛　馬瑞辰《毛詩傳箋通釋》(北京:中華書局,1989 年 3 月)頁 1141—1142。
㉜　見《十三經注疏》本《書經注疏》(臺北:藝文印書館景印清嘉慶二十年〔1815〕南昌府學重刊本,1973 年 5 月)總頁 161。
㉝　陳奐《詩毛氏傳疏》(臺北:臺灣學生書局,1970 年 9 月)頁 891。

助。武王時，虢叔已死，文王的賢臣只有四人健在。後來，他們和武王奉行天威，"咸劉厥敵"。僞孔傳解釋説："言此四人後與武王皆殺其敵，謂誅紂。"⑧④王引之認爲"咸"意爲"滅絶"，是"伬"字的假借。王氏説：

> 咸者，滅絶之名。《説文》曰："伬，絶也。讀若咸。"聲同而義亦相近，故《君奭》曰："誕將天威，咸劉厥敵。"咸、劉，皆滅也，猶言遏劉、虔劉也。(《周頌・武篇》曰："勝殷遏劉。"成十三年《左傳》："虔劉我邊垂。"杜注曰："虔、劉，皆殺也。"──王氏自注)《逸周書・世俘篇》及《漢書・律曆志》引《武成篇》竝云"咸劉商王紂"，與此同。解者訓咸爲皆，失其義也。咸與減古字通，文十七年《左傳》曰："克減疾宣多。"昭二十六年傳曰："則有晉、鄭，咸黜不端。"正義曰："咸，諸本或作減。"《史記・趙世家》曰："帝令主君減⑧⑤二卿。"皆謂滅絶也。⑧⑥

案：《説文》："�(伬，又書作𢦍、𢦏)，絶也。一曰：田器。从从持戈。古文讀若咸。讀若《詩》云：'攕攕女手。'"⑧⑦大徐音"子廉切"，"从从持戈"，王筠《説文釋例》認爲當作"从二人持戈"。⑧⑧"二"非實數，"二人"表示多人。多人持戈，當然可以有殲滅、滅絶之意。有關"伬"字的形體結構，林義光《文源》有

⑧④　《書經注疏》總頁 247。
⑧⑤　北京商務印書館影印百衲本(卷四三頁 9，總頁 600)、臺北藝文印書館影印武英殿本(卷四三頁 8，總頁 711)及中華書局標點本《史記》(頁 1788)均作"減二卿"。
⑧⑥　《經義述聞》總頁 100。
⑧⑦　《説文解字》頁 266。
⑧⑧　《説文解字詁林》頁 5693a。

另一種看法,林氏説:

> 《説文》云:"𢼱,絶也。从从持戈。"按从戈戮𠈃,
> 𠈃,人多之象。經傳以殲爲之。⑧⑨

"𠈃"字不見於古籍。桂馥《説文解字義證》説:

> 《禮·文王世子》:"其刑罪則纖剸。"馥案:纖剸,謂
> 斬絶也。又通作殲,趙宧光曰:"《夏書》:'殲厥渠魁',當
> 用𢼱絶之𢼱。"⑨⑩

根據王引之的意見,"咸劉厥敵",就是"殲劉厥敵"、"殲殺商王
紂"的意思。高本漢不同意王引之的意見,《高本漢書經注
釋》説:

> A　僞孔傳把"咸"字講成"皆"(這是它一般的意
> 思)。所以,這句話的意思就是説:"**他們把他的敵人都殺
> 了**"。("劉"字訓"殺",請參看拙著《詩經注釋》第一一〇
> 七條,即《詩經·周頌·武》"勝殷遏劉"條注)。
> B　江聲以爲:"咸之言徧",就是"各處"、"到處"的
> 意思。
> C　王引之與孫星衍都以爲"咸"是"減"字的省體,
> 在此地有"毁滅"的意思,而"減劉"是一個複詞,這一説實
> 在是很多餘的,因爲古代的注解(僞孔傳)已經是很簡單

---

⑧⑨　同上,頁 5693b。
⑨⑩　同上,頁 5693a。

而又通順了。⑨

案：王引之説"咸與滅古字通"，他的意思是"咸劉厥敵"的
"咸"與文十七年《左傳》"克減侯宣多"的"減"在古代通用，都
是"伐"字的假借。高本漢認爲《書·君奭》"咸劉厥敵"的
"咸"當訓爲"皆"，不過，如果將《書·君奭》"咸劉厥敵"和《逸
周書·世俘篇》以及《漢書·律曆志》引《武成篇》的"咸劉商
王紂"互相比照，結論便可能不一樣。《逸周書·世俘解》："惟
一月丙辰旁生魄，若翼日丁巳，王乃步自于周，征伐商王紂。越
若來二月既死魄，越五日甲子朝，至，接于商，則咸劉商王紂，執
天惡臣百人。"⑨説"王乃步自于周，征伐商王紂"，然後"接于
商，則咸劉商王紂"，這幾句話的主語是"王"，如果把"咸劉商
王紂"説成"皆殺商王紂"，那就是"王皆殺商王紂"，便有點不
辭，比不上説"王殲殺商王紂"合理。同樣道理，《漢書·律曆
志》説："《武成》篇曰：'粵若來三月，既死霸，粵五日甲子，咸劉
商王紂。'"⑨"咸劉商王紂"，也不宜説成"皆殺商王紂"。至於
文十七年《左傳》的"克減侯宣多"，王引之説：

　　十七年傳："克減侯宣多，而隨蔡侯以朝于執事。"杜注
　　曰："減，損也。難未盡而行，言汲汲于朝晉。"引之謹案：上
　　文云："敝邑以侯宣多之難，寡君是以不得與蔡侯偕。"若難
　　猶未盡，亦不能朝于晉矣。減，謂滅絶也。《管子·宙合篇》

⑨　《高本漢書經注釋》頁 892—893。高氏原文見 "Glosses on the Book of
　　Documents Ⅱ", *Bulletin of the Museum of Far Eastern Antiquities*，21：125
　　（1949）。
⑨　《逸周書》，《景印文淵閣四庫全書》第 370 册，卷四頁 9b。
⑨　《漢書》頁 1015。

曰:"減,盡也。"《説文》曰:"劑,減也。從刀,尊聲。"《史記·趙世家》曰:"當道者謂簡子曰:'帝令主君射熊與羆,皆死。'簡子曰:'是,且何也?'當道者曰:'晉國且有大難,帝令主君滅二卿。'"是減爲滅絶也。甫滅侯宣多而即朝于晉,言不敢緩也。減與咸古字通,《周書·君奭篇》:"咸劉厥敵。"與此同義。傳訓咸爲皆,非是。(説見前"咸劉厥敵"下。——王氏自注)昭二十六年傳:"則有晉、鄭,咸黜不端。"咸黜,亦滅絶之意。謂晉文殺叔帶,鄭厲殺子積也。正義曰:"咸,諸本或作減。"(《月令》:"水泉咸竭。"《吕氏春秋·仲冬紀》咸作減,減與竭皆消滅也,因而滅人亦謂之減。——王氏自注)王肅注訓爲皆,亦非是。⑭

《左傳》文公十七年記載晉靈公不肯與鄭穆公相見,認爲他背叛晉國,倒向楚國。鄭國的子家於是派使者帶着他的信去晉國,跟趙宣子説:"寡君即位三年,召請蔡侯和他一起事奉貴國國君。九月,蔡侯進入敝邑前去貴國。敝邑因爲有侯宣多造成的禍難,寡君因此不能與蔡侯一起去貴國。十一月,克減侯宣多,就跟隨蔡侯一起朝見貴國執事。……""克減侯宣多",杜注解釋説:"減,損也。難未盡而行,言汲汲于朝晉。"⑮王引之則訓"減"爲"滅絶",並且説:"若難猶未盡,亦不能朝于晉矣。"對於"克減侯宣多"的解釋,高本漢也不同意王引之的意見,《高本漢左傳注釋》説:

　　(一)杜預云:"減,損也。"意思是:"減少"、"削減",

⑭　《經義述聞》總頁419—420。
⑮　《左傳注疏》總頁349。

這是普通的講法。如此，這句話就是説："**就削減了侯宣多（的權力）**。"

（二）王引之以爲："減"的意思是："滅絶"（消滅、毀滅）。那麽，這句話就是説："消滅了侯宣多。"王氏又引了《史記·趙世家》的一句話："帝令主君滅二卿"（意思是：上帝命令君主消滅兩位大臣），以爲在《趙世家》這句話裏"滅"的意思實際上是"殺"，所以《左傳》此句中的"減"字，必然應該當"絶滅"講了（這是很古怪的想法）。另外，王引之又舉了《尚書》的一個例子。他説，《尚書·君奭篇》云："咸劉厥敵。""咸"是"減"的省體，意思就是"絶滅"。這一説是不能成立的，詳論請參閲拙著《書經注釋》第一八八三條。在另一方面，朱駿聲則以爲"減"（*kəm）是"戡"（*k'əm）的假借字，後者的意思是"殺"。這也是不足取的臆説。

（三）昭公二十六年《左傳》有這麽一句話："咸黜不端。"杜預的本子作如此。意思是説："（晉與鄭兩國）把那邪惡（＝不端）的都消除了。"另一個本子作："減黜不端。"（見孔穎達《左傳正義》引）那麽，這句話就是説："他們削減並消除那些邪惡（＝不端）的。"

（四）王引之仍然用"咸"假借爲"減"（"滅絶"之意）來講昭公二十六年《左傳》這句話，所以"咸黜不端"就是説："他們消滅並去除那些邪惡的人。"

王氏所論不免武斷而多餘。（一）、（三）兩説（不管字作"咸"或是作"減"）都能合適地講好這句話，當從之。⑯

---

⑯ 引自《高本漢左傳注釋》頁188—189，標點有少許改動。高氏原文見"Glosses on the Tso Chuan"，*Bulletin of the Museum of Far Eastern Antiquities*，41：64（1969）。

根據杜預的解釋，"克減侯宣多"是戰勝、削減侯宣多；根據王引之的解釋，"克減侯宣多"是戰勝、殲滅侯宣多。相對來説，王引之説似較通順。⑨

《高本漢左傳注釋》還提到昭公二十六年《左傳》的"咸黜不端"。這句話出於王子朝派人告於諸侯的説話，内容如下："昔日武王戰勝商朝，成王安定四方，康王讓百姓得以休養生息，他們都分封同胞兄弟，以作爲周室的屏障。……到了惠王，上天不讓周室安定，使王子頹產生禍心，又有叔帶也學王子頹的樣。惠王、襄王避難，離開了國都，於是有晉國、鄭國，咸黜不端，以安定王室。……"最末幾句，《左傳》的原文是："則有晉、鄭，咸黜不端，以綏定王家。"⑩杜注："黜，去也。晉文殺叔帶，鄭屬殺子頹，爲王室去不端直之人。"⑨孔疏："諸本'咸'或作'減'。王肅云：'咸，皆也。'"⑩既然"諸本'咸'或作'減'"，王引之的説法比較可信，"則有晉、鄭，殲黜不端"，似較"則有晉、鄭，皆黜不端"通順和合理。

綜觀上文，《書·君奭》"咸劉厥敵"與昭公二十六年《左傳》"咸黜不端"的"咸"字，以及文公十七年《左傳》"克減侯宣多"的"減"字，王引之謂借作"俴"，義爲"滅絕"，似屬可信。高本漢認爲不應輕言假借，那是合理的。不過，不輕言假借不

---

⑨ 古人有説"克翦"、"克殄"的，意爲殲滅。説"克翦"的，如南朝陳徐陵《移齊文》："克翦無算，縲禽不貨，欲計軍俘，終難巧曆。"《周書·文閔明武宣諸子傳論》："高祖克翦芒刺，思弘政術。"唐柳宗元《獻平淮夷表》："今又發自天衷，克翦淮右。"説"克殄"的，如《陳書·世祖紀》："今元惡克殄，八表已康，兵戈靜戢，息肩方在，思俾餘黎，陶此寬賦，今歲軍糧通減三分之一。"雖然用例非出於先秦，但總可以反映一種傳統説法。至於"克減"，似乎沒有説"克減"（戰勝、削減）一個人，只會説"克減"一個人某些東西。

⑩ 《左傳注疏》總頁 904。

⑨ 同上。

⑩ 同上。

等於不言假借,王引之《經義述聞·敘》説:

> 詁訓之指,存乎聲音。字之聲同聲近者,經傳往往假借。學者以聲求義,破其假借之字而讀以本字,則渙然冰釋;如其假借之字而強爲之解,則詁籀爲病矣。[100]

因此,最主要是斟酌文義、文理,務求怡然理順。在這方面,高本漢對漢語觸覺之敏鋭,似不如王引之。

至於《詩·魯頌·閟宮》的"克咸厥功",馬瑞辰讀作"克備厥功"、"克成厥功",陳奐讀作"克减厥功"、"克殲厥功",馬瑞辰的讀法似較怡然理順。高本漢在這裏不輕言假借,那是對的。王引之是"咸"、"减"專家,在這裏也沒有應用他的"咸"、"减"理論,沒有把《閟宮》的"咸"説成是"俄"的假借。

由此可見,我們固然不應輕言假借,但也不能"如其假借之字而強爲之解",以致"詁籀爲病",應仔細斟酌文義、文理,求其怡然理順。董同龢指出,高本漢處理假借字問題極其嚴格慎重,除了不輕言假借外,還用現代的古音知識來看前人認爲有假借關係的字古代是否的確同音(包括聲母和韻母的每一個部分)。高本漢在"Glosses on the Kuo feng Odes"中曾談及假借的一些語音準則,現引董同龢譯文如下:

> 因爲沒有現代語言學的方法,尤其是對於中國上古語音系統實在缺乏確切的知識——這是在他們(指清代學者——引者)的時代沒有辦法的——他們的工作就不免

---

[100] 《經義述聞》總頁2。

大大的受到限制,並且他們的論證的價值也要受到影響。現在舉一個簡單的例子來説。《北門》的"王事敦我",毛《傳》解釋作"王的事務堆在我身上"(敦,厚也),韓《詩》把"敦"釋作"迫",説是"王的事務逼迫我";於是胡承珙就加以揣測説:"敦"tun 和"督"tu 是"一聲之轉"(一個聲音的改變,tun:tu),而"督"《廣雅》訓爲"促",所以這裏"敦"和"督"是同源的字。馬瑞辰和王先謙都贊成這一説而加以引述。照這一説,韓詩的説法好像是證實了。一百五十年前(胡是嘉慶年間的進士),把"督"tu 認作和平聲"敦"tun 相當的入聲字,是自然而和一般人的知識相合的。但是時至今日,我們已經知道:"敦"的上古音是 *twən,"督"的上古音是 *tôk,他們之間並無語源的關係。所以,胡氏的揣測實在是一點都靠不住的。實在説,並不是只有這一處才如此,中國講語文的著述中,這樣的揣測真是多極了;他們以爲甲等於乙,只説他們"古音同",或者他們是"雙聲"(聲母同屬一類),又或者他們是"疊韻"(韻母同)就行了。總之,在他們只知道古代語音系統的間架(聲母和韻母的大類)而不知道古音的實值的時候,任何一個字都未嘗不可以用那一套理論説作等於另外一個字。現在,我們的古音知識比他們進步得多了,我們確實處在一個非常好的地位,可以對他們的學説,從語言學的觀點,重新予以估量。[102]

有關"敦"字的讀音,陸德明《經典釋文》説:

---

[102]　《高本漢詩經注釋·作者原序》頁 21—22。高氏原文見 "Glosses on the Kuo feng Odes", *Bulletin of the Museum of Far Eastern Antiquities*, 14: 81 (1942)。

敦,毛如字,厚也。韓《詩》云:"敦,迫。"鄭"都回反",投擿也。[103]

案:"敦""如字"一音,當爲"都昆切",上古端紐文部;"督"屬端紐覺部。文、覺二部相距甚遠。[104] 如讀"都回反",則屬端紐微部,微部與"督"字覺部亦相距甚遠。[105] 清代學者,特別是乾嘉以後的學者,對上古音之聲韻分類及各類相距之遠近,已基本掌握,雖尚未能確知各類聲韻之實際讀音,但對其判斷甚麼字具備通假條件,甚麼字不具備通假條件,不致構成很大的障礙。高本漢説他們對上古語音系統缺乏確切知識,又説他們的研究工作不免因此而大大受到限制,未免有些誇大。清代某些學者的確有輕言假借的傾向,但那只是治學不夠嚴謹而已。

讓我們再看《詩·邶風·北門》"王事敦我"的訓釋。謹錄《北門》全詩如下:

出自北門,憂心殷殷。終窶且貧,莫知我艱。已焉哉!天實爲之,謂之何哉!

王事適我,政事一埤益我。我入自外,室人交遍讁我。已焉哉! 天實爲之,謂之何哉!

王事敦我,政事一埤遺我。我入自外,室人交遍摧我。已焉哉! 天實爲之,謂之何哉![106]

《高本漢詩經注釋》在"王事敦我"下説:

---

[103]　《經典釋文》總頁 229。
[104]　參陳新雄《古音學發微》(臺北:文史哲出版社,19752 年 12 月)頁 1088。
[105]　參《古音學發微》頁 1082。
[106]　《詩經注疏》總頁 103。

　　A　毛《傳》：敦，厚也；所以：**王的事厚厚的在我身上**（堆在我身上）。參看《呂覽·達鬱篇》"敦顔而土色者"，《左傳·昭公二十三年》"後者敦陳"，《國語·鄭語》："敦，大也"。如此用的，古書常見。"敦"* twən/tuən/tun 語源上和"屯"* d'wən/d'wən/t'un（屯積）很相近。所以《大雅·常武》的"鋪敦淮濆"，毛《傳》讀"敦"* twən 而訓"厚"；鄭《箋》則讀"屯"* d'wən 以爲是"聚集"的意思：**在淮河岸上大大的集中軍隊。**

　　B　韓《詩》（《釋文》引）：敦，迫也。所以：王的事催迫我。《常武》的"鋪敦淮濆"，韓《詩》也訓"敦"爲"迫"。這種解說只能在漢代的文籍中找到例證，而古籍中沒有。

　　C　鄭《箋》讀"敦"爲* twən/tuən/tun，訓"投擲"。所以：王事投擲在我身上。參看《淮南子·兵略篇》："敦六博，投高壺。"

　　C 說雖也可用，A 說似乎還是最爲確鑿。[107]

高本漢認爲當從毛《傳》訓"敦"爲"厚"。但是說"王事厚我"，頗覺不辭。[108]朱駿聲《説文通訓定聲》説："傳訓'厚'，謂借爲'惇'，失之。"[109]馬瑞辰《毛詩傳箋通釋》説：

　　《廣雅》："摧，擿也。"《箋》訓敦爲投擲者，以敦爲摧之假借。敦與摧雙聲，摧借作敦，猶追琢之借作敦琢也。[110]

---

[107] 《高本漢詩經注釋》頁 108—109。高氏原文見 "Glosses on the Kuo feng Odes", *Bulletin of the Museum of Far Eastern Antiquities*, 14：126（1942）。

[108] 黃焯："傳訓敦爲厚，非爲親厚之厚，厚猶多也，言多以役事加之。"頗嫌增字解經。黃説見《詩説》（武漢：長江文藝出版社，1981 年 2 月）頁 62。

[109] 《説文解字詁林》頁 1352b。

[110] 《毛詩傳箋通釋》頁 153。

《廣雅》:"投、狄、石、搥、控,擿也。"王念孫《廣雅疏證》:

> 搥音都回反。《法言·問道篇》"搥提仁義",《音義》
> 云:"搥,擲也。"《邶風·北門篇》"王事敦我",鄭《箋》云:
> "敦,猶投擲也。"敦與搥同,擲與擿同。⑪

如果説"敦"借爲"搥",二字《廣韻》同音"都回切"⑫,完全具備通假條件。《北門》第二章"王事適我",馬瑞辰《毛詩傳箋通釋》:

> "適"當爲"擿"之省借。《説文》、《廣雅》並曰:"投,
> 擿也。"《説文》"擿"字注:"一曰,投也。"古書投擲字多作
> "擿","擿我"猶"投我"也,正與二章《箋》訓"敦"爲投擲
> 同義。⑬

根據馬瑞辰的説法,"王事適我"、"王事敦我"等於今天説"王室差事扔給我"。這樣,"王事敦我"的訓釋問題,便完全解決了。

附帶一提,正如董同龢所指出,高本漢處理假借字問題極其嚴格慎重,除了不輕言假借外,還用現代的古音知識來看前人認爲有假借關係的字古代是否的確同音(包括聲母和韻母的每一個部分)。嚴格慎重固然好,不過,古籍的假借字,事實上不一定跟本字完全同音(聲母和韻母每一部分都相同)。例如《左傳》隱公元年記載武姜與叔段密謀造反,約定裏應外合。但最後叔段給莊公打敗了,莊公一怒之下,把武姜安置到城潁,

---

⑪　見《廣雅詁林》(南京:江蘇古籍出版社,1992 年 7 月)頁 289。
⑫　《新校宋本廣韻》頁 97。
⑬　《毛詩傳箋通釋》頁 153。

並發誓説：“不到黄泉，永不相見。”但後來又後悔，穎考叔獻計
説：“若闕地及泉，隧而相見，其誰曰不然？”[114]“闕地及泉”，就是
掘地直至泉水出現。“闕”很明顯是“掘”的假借字，讓我們看看
這兩個字的語音關係——“闕”上古溪紐月部，“掘”羣紐物部，
溪、羣旁紐雙聲，月、物旁轉，雖然有語音關係，但聲母和韻母都
不相同。可見古籍的假借條件，並非如高本漢所説的那樣嚴格。

上文就董同龢所提及高本漢經籍注釋的三大優點[115]略陳
管見，不免掛一漏萬。目前已有不少關於高本漢經籍注釋的研
究，如麥淑儀“高本漢《左傳注釋》研究”（香港大學哲學碩士論
文，1985）、黄翠芬“高本漢《左傳注釋》研究”（臺灣師範大學
碩士論文，1994）、陳遠止“高本漢《書經注釋》研究”（香港大
學哲學博士論文，1994；1996 年由臺灣文史哲出版社出版，書
名《書經高本漢注釋斠正》）、李雄溪“高本漢《雅》《頌》注釋研
究”（香港大學哲學博士論文，1995；1996 年由臺灣文史哲出版
社出版，書名《高本漢雅頌注釋斠正》）、呂珍玉“高本漢《詩經
注釋》研究”（臺灣東海大學博士論文，1997；2005 年收入《古
典文獻研究輯刊》初編第 27 册，由臺灣花木蘭文化工作坊出
版；部分内容又載於臺灣文津出版社 2007 年出版的《詩經訓詁
研究》中篇第一、二章），對高著都有深入的探討。這些研究説
得比較簡略的，本文予以加詳；這些研究説得詳細的，本文限於
篇幅，就不贅了。

---

[114] 《左傳注疏》總頁 37。

[115] 董同龢還談到高本漢經籍注釋的另一優點，那就是見於各篇的同一個語詞合併
討論，例如討論《召南·采蘩篇》的“被之祁祁”，就把《小雅·大田篇》的“興雨
祁祁”、《大雅·韓奕篇》的“祁祁如雲”、《豳風·七月篇》的“采蘩祁祁”，以及
《商頌·玄鳥篇》的“來假祁祁”一併提出。這樣互相參照，的確順利解決了許
多不好解決的問題。董氏指出，清人也偶爾這樣做，不過不如高氏徹底。參《高
本漢詩經注釋·譯序》頁 4。

《高本漢左傳注釋》孔疏杜注異義考辨

　　疏不破注,是唐初孔穎達(574—648)奉勅主持纂修《五經正義》所恪守的原則。[1]《五經正義》中,《春秋正義》(簡稱孔疏)宗主杜預(222—284)《春秋經傳集解》(簡稱杜注),照道理是不會跟杜注立異的。不過,瑞典漢學家高本漢"Glosses on the Tso chuan"一文,[2]於其所研究的 800 條《左傳》問題中,有 10 條將杜注和孔疏的意見加以區別,分列爲兩種意見。本文要研究的,就是在這 10 處傳文的解釋中,孔疏是否沒有恪守疏不破注這一原則。

　　陳舜政先生曾經把"Glosses on the Tso chuan"譯爲中文,中華叢書編審委員會在 1972 年把陳氏譯文印刷成書,名之曰《高本漢左傳注釋》。爲了方便討論,本文引述陳氏譯文,而把

<hr />

[1]　參吳雁南、秦學頎、李禹階主編《中國經學史》(福州: 福建人民出版社,2001年)頁 238—247。

[2]　發表於 *Bulletin of the Museum of Far Eastern Antiquities* 第 41(1969 年)、42 期(1970 年)。

高本漢原文頁碼附於注中,讀者如對陳氏譯文有所懷疑,可查核高氏原文。現將有關的 10 條問題討論如下:

一、桓公二年: 將昭德塞違

《高本漢左傳注釋》云:

(一)杜預對此句沒有注解。但是下文:"今滅德立違"句,他把"立違"講作:"立(華督)違命之臣"。如此,下文這句話的意思就是説:"**現在你絶滅了那有德的**(而擢升那不服從的人)"。"違"字當"違背"、"不服從"講是它的基本意義(詳論請參閲拙著《詩經注釋》第一一九〇條,即《詩經·商頌·長發》"帝命不違"條注)。用杜氏同樣的解説,那麼"將昭德塞違"的意思就是:"**他將使有德的顯耀**,而抑壓那不服從的(下文再論兩句的下半句)"。

(二)孔穎達以爲:"違"字在此地的意思就是"違邪",與"回邪"同義("乖違"、"歪斜的"、"邪惡的"。關於"違"字的這種意義,請參閲拙著《書經注釋》第一二三五條,即《尚書·堯典》"靜言庸違"條注)。準此,"立違"的意思就是説:"擢升那乖違(=邪惡)的(人)"。"塞違"的意思便是:"抑壓那乖違(=邪惡)的"。案:昭公二十六年《左傳》云"君無違德",王念孫便主張用孔穎達的説法去解釋"違"字,而且王氏還舉了一個例子來鞏固孔説。他説"回"(*g'wər)與"違"(*gjwər)在聲韻上接近,而且意義上也是相同的,這該是不爭之論。

如此,(二)説必然是正確的。③

堯案:"**將昭德塞違**",是魯國大夫臧哀伯勸諫魯桓公的話。這
一年(魯桓公二年,公元前 710 年),宋國大夫華父督爲了奪取
另一大夫孔父嘉的妻子,殺了宋國國君殤公和孔父嘉,把宋莊
公從鄭國召回宋國,立之爲國君。華父督把郜國的大鼎送給魯
桓公,對齊、陳、鄭諸國也都送了財賄。魯桓公和齊、陳、鄭三國
的國君接受了賄賂,於是協助華父督建立政權。四月,魯桓公
把郜國的大鼎安放於魯國的太廟。由於把接受賄賂得來的器
物放在太廟,是向百官作出壞榜樣,所以臧哀伯勸諫魯桓公説:
"君人者,**將昭德塞違**,以臨照百官。"又説:"百官於是乎戒懼,
而不敢易紀律。今滅德立違,而寘其賂器於大廟,以明示百官。
百官象之,其又何誅焉?國家之敗,由官邪也。官之失德,寵賂
章也。郜鼎在廟,章孰甚焉?武王克商,遷九鼎于雒邑,義士猶
或非之,而況將昭違亂之賂器於大廟,其若之何?"④杜預在"將
昭德塞違"句下没有注解,孔疏則解釋説:

> 昭德,謂昭明善德,使德益章聞也。塞違,謂閉塞違
> 邪,使違命止息也。⑤

在《左傳》"今滅德立違"句下,杜注説:"謂立華督違命之

③ 見《高本漢左傳注釋》頁 19。高本漢原文見 Bulletin of the Museum of Far
Eastern Antiquities, 41: 7(1969)。

④ 參楊伯峻《春秋左傳注》(修訂本)(北京: 中華書局,1990 年 5 月 2 版)頁
83—90。

⑤ 見《春秋左傳正義》,《十三經注疏》整理本第 16 册(北京: 北京大學出版社,
2000 年)頁 159。

臣。"⑥孔疏解釋説:

> 自"滅德立違"以下,言違德之事。德之與違,義不並
> 立,德明則違絶,故"昭德"之下言"塞違";違立則德滅,故
> "立違"之上言"滅德"。立違,謂建立違命之臣,知塞違謂
> 遏絶違命之人也。⑦

堯案:清儒多以"將昭德塞違"之"違"爲"襃"之假借。《説
文·交部》:"襃,裛也。从交,韋聲。"⑧段玉裁(1735—
1815)《説文解字注》於"襃,裛也"下曰:"衣部裛下曰:'襃
也。'二篆爲轉注。"⑨段玉裁所説的"轉注",意思是互訓。徐灝
(1810—1879)《説文解字注箋》曰:"襃葢交領,故从交,而訓爲
裛也。"⑩徐氏謂襃爲交領,與裛从衣相應。桂馥(1733—
1802)《説文解字義證》"襃"下曰:"通作違,桓二年《左傳》'昭
德塞違',《正義》:'塞違,謂閉塞違邪。'"⑪邵瑛(1739—?)《説
文解字羣經正字》亦於"襃"下曰:"此爲襃裛字,今經典作'違
邪'。……《左》桓二年傳:'昭德塞違'、'滅德立違';六年傳:
'有嘉德而無違心',杜無注,義亦是邪僻。此以'違邪'爲'襃
裛'之證也。"⑫《國語·周語上》:"今虢公動匱百姓以逞其違,
離民怒神而求利焉,不亦難乎!"韋昭注:"違,邪也。"漢揚雄

---

⑥ 同上,頁171。
⑦ 同上,頁157。
⑧ 參《説文解字詁林》(臺北:商務印書館,1970年1月臺3版)頁4581a。
⑨ 同上。
⑩ 同上,頁4581b。堯案:《説文·交部》:"𡗩,交脛也。从大,象交形。"徐灝《説
文解字注箋》:"交之本義爲交脛。引申之凡相併、相合、相錯、相接皆曰交。"
(參《説文解字詁林》頁4580b)
⑪ 《説文解字詁林》頁4581b。
⑫ 同上。

《太玄·禮》：“懷其違，折其匕，過喪錫九矢。”范望注：“違，不正也。”《國語·周語》和《太玄·禮》中的“違”，都是“奅”字的假借，故有邪而不正之義。“昭德塞違”，就是“昭德塞邪”；“滅德立違”，就是“滅德立邪”。因此，孔疏解釋“昭德塞違”說：“昭德，謂昭明善德……塞違，謂閉塞違邪。”又解釋“滅德立違”說：“德之與違，義不並立，德明則違絕，故‘昭德’之下言‘塞違’；違立則德滅，故‘立違’之上言‘滅德’。”只要將孔疏的“違”改爲“邪”，便都怡然理順。杜注於《左傳》“今滅德立違”下說“謂立華督違命之臣”，則有增字解傳之弊。我們可以說，孔疏對“昭德塞違”、“滅德立違”中“違”字的解釋，並非與杜注全同。但爲了“疏不破注”，於是又曲徇注文說：“立違，謂建立違命之臣，知塞違謂遏絕違命之人也。”變得前後不完全一樣。

二、桓公十三年：莫敖狃於蒲騷之役

《高本漢左傳注釋》云：

（一）杜預云：“狃（ *ńi̯ôg’），忕[13]（ *d̯i̯ad）也”。這兩個字都有不少的例證可以支持它們當作：“重複”、“慣常”、“熟悉”、“有經驗的”來講。如此，這句話的意思就是說：**“莫敖習慣於蒲騷的戰役。”**（謂其常操勝算。）

（二）孔穎達云：“《說文》云：狃，犼也（習慣，熟悉）。”（今本《說文》是把“狃”字講成“犬性驕”。）隨後孔氏又解釋說：“狃、忕皆貫（慣）習之義。以貫（慣）得勝，則

---

[13]　忕，原書作“忕”，《說文》無“忕”而有从心大聲之“忕”，今據改，下同。

輕易前敵,將自用其意,不復持重"。"狃"字有"輕蔑"、
"藐視"的意思,是常見的。所以,這句話就是説:"**莫敖
(將軍)輕視了在蒲騷的戰役。**"這樣講,比(一)説更能適
合上下文義。

……(二)説是最可取的。⑭

堯案:"莫敖狃於蒲騷之役",是楚武王夫人鄧曼對楚武王説的
話。魯桓公十一年(公元前 701 年),鄖國人駐軍於蒲騷,準備
與隨、絞、州、蓼四國一起進攻楚國的軍隊。楚國的大夫鬬廉對
莫敖(楚國官名,相當於司馬)屈瑕説:"鄖國人駐軍於他們的
郊區,一定缺乏警戒,而且天天盼望四國的軍隊即將來到。您
駐在郊郢抵禦這四個國家,我則以精鋭部隊在黑夜中進攻鄖
國。鄖國心存希望,而且恃着城郭堅固,因此沒有鬬志。如果
打敗鄖國的軍隊,其餘四國必定離散。"於是就在蒲騷打敗了
鄖國的軍隊。其後於魯桓公十三年(公元前 699 年),屈瑕征
伐羅國,鬬伯比送行,回來對他的御者説:"莫敖(屈瑕)必定戰
敗。他走路趾高氣揚,內心將不會持重穩固。"於是進見楚武
王,説:"必定要增派軍隊!"楚武王回宮告訴夫人鄧曼,鄧曼
説:"**莫敖狃於蒲騷之役**,將自用也,必小羅。"⑮杜預解釋"狃"
字説:"狃,忕也。"⑯孔疏進一步解釋"狃"、"忕"二字説:

> 《説文》云:"狃,犯也。""忕,習也。"郭璞云:"貫,忕
> 也。"今俗語皆然,則狃、忕皆貫習之義,以貫得勝則輕易

---

⑭ 見《高本漢左傳注釋》頁 32。高本漢原文見 *Bulletin of the Museum of Far
Eastern Antiquities*, 41:12(1969)。

⑮ 參《春秋左傳注》(修訂本)頁 130—131、136—137。

⑯ 《春秋左傳正義》頁 230。

前敵,將自用其意,不復持重。⑰

孔疏又解釋傳文説:

> 莫敖狃於蒲騷之役。狃,貫也,貫於蒲騷之得勝,遂恃
> 勝以爲常,將自用其心,不受規諫,必輕小羅國以爲
> 無能。⑱

堯案:《説文》:"狎,犬可習也。"⑲段玉裁《説文解字注》:"引
申爲凡相習之偁。"⑳孔疏引《説文》"狃,狎也",是要説明"狃、
忕皆貫(慣)習之義",孔疏又説:"狃,貫(慣)也,貫(慣)於蒲
騷之得勝。"可見孔疏對"狃"字的解釋,是與杜注一致的。至
於孔疏説"以貫(慣)得勝則輕易前敵",那是進一步的引申,主
要是解釋傳文"莫敖狃於蒲騷之役"與"將自用也,必小羅"的
關係,不能因此便説它與杜注對"狃"字有不同的理解。

三、文公十八年: 在九刑不忘

《高本漢左傳注釋》云:

> (一)孔穎達云:"……有常刑無赦,其事在九刑之
> 書,不遺忘也。"準此,這句話就是説:"(對於這些罪狀的
> 刑罰)就是在'九刑'(之書)裏的那些,它們都不曾被(遺

---

⑰ 同上。
⑱ 同上。
⑲ 《説文解字詁林》頁 4397b。
⑳ 同上。

忘＝）省略。”

（二）杜預云：“九刑之書，今亡。”（那九刑〔法典〕現在已經亡佚了。）這樣看來，杜預所了解的《左傳》此句，其意義應該是：“（對於這些罪狀的刑罰）就是在‘九刑’裏的那些，（那些刑法雖然現在亡佚，但是）它們却不曾被遺忘。”（就是説它們仍然有效。）這是很可靠的講法。案：以“九刑”爲刑法之名稱，可由兩項文獻上的材料來證實。《逸周書·嘗麥解》云：“大史筴《刑書》九篇。”昭公六年《左傳》云：“周有亂政，而作九刑。”可知杜預之説是很有來歷的。[21]

堯案：“在九刑不忘”，見於魯國大夫季文子透過太史克回答魯宣公的話。季文子説：“先君周公制訂《周禮》[22]説：‘禮的法則用來觀察德行，德行用來處置事情，事情用來量度功勞，功勞用來取食於民。’又制作《誓命》説：‘毀棄禮的法則就是賊，掩匿賊就是贓，偷竊財物就是盜，偷盜寶器就是姦。有窩贓的名聲，利用姦人的寶器，是大凶德，國家對此有常刑，不能赦免。’”接着就是我們要研究的那一句話：“在九刑不忘。”[23]楊伯峻《春秋

---

[21] 見《高本漢左傳注釋》頁 197。高本漢原文見 *Bulletin of the Museum of Far Eastern Antiquities*, 41：67(1969)。

[22] 楊伯峻《春秋左傳注》(修訂本)云：“《周禮》，據文，當是姬旦所著書名或篇名，今已亡其書矣。若以《周官》當之，則大誤。今之《周官》，雖其間不無兩周之遺辭舊義，然其書除《考工記》外，或成于戰國。”(頁 633)楊先生又注下文“作《誓命》曰”云：“《誓命》似亦姬旦所作篇名，今亦亡。”(楊注頁 634)本文於“周禮”及“誓命”加書名號，乃根據楊説。如據孔疏所云：“言‘制周禮曰’，‘作誓命曰’，謂制禮之時，有此語爲此誓耳。此非《周禮》之文，亦無誓命之書。”則“周禮”及“誓命”均不需加書名號。(北京大學出版社整理本於“周禮”及“誓命”加書名號，似不合孔疏本意。)

[23] 參《春秋左傳注》(修訂本)頁 633—635。案：楊伯峻先生於《左傳·昭公六年》“周有亂政，而作《九刑》”下注云：“文十八年《傳》引史克之言‘在《九刑》不忘’。《周書·嘗麥解》云：‘四年孟夏，王命大正正刑書，太史筴刑書 （轉下頁）

左傳注》釋"九刑"曰："九刑者,九種刑罰之謂,昭六年《傳》,亦爲刑書之名。據《漢書·刑法志》及《尚書·呂刑》鄭《注》,墨、劓、剕、宮、大辟五刑加以流、贖、鞭、扑四刑也。忘讀爲妄。在九刑不忘者,于大凶德之人,依其情節之輕重,以九刑之一適當處之,亦不爲過度也。"㉔杜注於傳文"在九刑不忘"下曰:"誓命以下,皆《九刑》之書,《九刑》之書今亡。"㉕根據杜注,傳文的"九刑",爲"九刑之書"。杜注對"九刑"的理解,明顯跟楊注不同。根據杜注,如果爲傳文加上現代標點符號,則"九刑"需加書名號。孔疏對傳文"九刑"的解釋,跟杜注一致,孔疏說:"言'制周禮曰','作誓命曰',謂制禮之時,有此語爲此誓耳。此非《周禮》之文,亦無誓命之書。在後作《九刑》者,記其誓命之言,著於《九刑》之書耳。"㉖又說:"有常刑無赦,其事在《九刑》之書,不遺忘也。"㉗孔疏復釋杜注"誓命以下,皆《九刑》之書,《九刑》之書今亡"曰:

> 自誓命以下,皆《九刑》之書所載也。謂之九刑,必其諸法有九,而九刑之書今亡,不知九者何謂。㉘

杜注和孔疏都不斷說"《九刑》之書",二者似無不同。

（接上頁）九篇以升,授大正。'則周初本有刑書,名曰《九刑》,故史克引《誓命》及之,至成王而又正之,至穆王又作《呂刑》。"所説前後不同。

㉔　同上,頁 635。

㉕　見《春秋左傳正義》頁 662。引文中兩處"九刑",均跟從北京大學出版社整理本加書名號,其實不加也可以,"九刑之書"可以是"記載九刑之書",也可以是"名爲《九刑》之書",後者現代一般加書名號,前者則不需加書名號。

㉖　同上。孔疏中第一次出現的"九刑",似需加書名號,第二次出現的"九刑"則可加可不加,説見注 25。

㉗　同上,頁 663。孔疏對傳文"不忘"的解釋,明顯跟楊伯峻《春秋左傳注》不同。

㉘　同上。

四、文公十八年：崇飾惡言

《高本漢左傳注釋》云：

（一）杜預云：“崇，聚也。”（“聚”的意思是：推積，累積，蓄積。）所以，這句話就是説：**“他聚積並修飾那邪惡的話語。”** “崇”字這樣講是頗有例證的，如：隱公六年《左傳》云：“艾夷，薀崇之。”意思是：“把它們都割平了，收集並囤積起來。”（杜預注云：“崇，聚也。”）兩下用法一律。

（二）孔穎達主張把“崇”講成“尊崇”。那麼，這句話的意思就是：“他崇尚並潤飾邪惡的話語。”（顧偉 Couvreur 譯此句爲：“il estimait les mauvaises paroles couvertes d'une belle apparence.”意思是：“他看重那些表面華麗的壞話。”）沙畹 Chavanne 譯《史記‧五帝本紀》中與此相[29]的一句話作：“il appreciait les discours artificicux et mé chants.”意思是：“他崇尚那些狡猾與奸惡的話語。”他們的譯文説明了他們是把這句話看成：“崇—飾惡言。”不論從節奏上看，或是從與他句的平行句法上看，這樣講都是我們不能接受的。

我們沒有理由放棄時代最早的（一）説。[30]

堯案：**“崇飾惡言”**，和“在九刑不忘”一樣，見於季文子透過大史克對魯文公説的話，季文子説：“少皞氏有個不成材的兒子，

---

[29]　此處似奪“同”或“近”字。

[30]　見《高本漢左傳注釋》頁 202。高本漢原文見 *Bulletin of the Museum of Far Eastern Antiquities*，41：69（1969）。

毀信廢忠，崇飾惡言……"㉛杜注："崇，聚也。"㉜孔疏闡釋杜注説：

> 《釋詁》云："崇，充也。"舍人曰："威大充盛。"大亦集聚之義，故崇爲聚也。㉝

孔疏又説：

> 以惡言爲善，尊崇脩飾之。㉞

堯案：《説文·山部》："崇，嵬高也。"㉟席世昌《席氏讀説文記》："《大疋》：'福禄來崇。'注：'積而高也。'"㊱釋"崇"爲"積而高"，蓋取"積土而爲山"（《荀子·儒效》）㊲及"積小以高大"（《易·升》）㊳之意，故"崇"有"積"義。《説文·禾部》："積，聚也。"㊴故《廣韻》云："崇，聚也。"㊵《書·酒誥》："矧曰其敢崇飲。"孔傳："崇，聚也。"㊶《左傳·隱公六年》："芟夷蘊崇

㉛　參《春秋左傳注》（修訂本）頁 639。

㉜　見《春秋左傳正義》，《十三經注疏》整理本第 17 册，頁 668。

㉝　同上。

㉞　同上。

㉟　《説文解字詁林》頁 4110b。

㊱　同上。

㊲　王先謙《荀子集解》（北京：中華書局，1988 年）頁 144。

㊳　見《周易正義》，《十三經注疏》整理本第 1 册（北京：北京大學出版社，2000年）頁 225。

㊴　《説文解字詁林》，頁 3109a。

㊵　見余廼永校注《新校互注宋本廣韻》（上海：上海辭書出版社，2000 年）頁 25。

㊶　見《尚書正義》，《十三經注疏》整理本第 3 册（北京：北京大學出版社，2000年）頁 446。

之。"⑫又僖公二十四年:"棄德崇姦。"⑬杜注並云:"崇,聚也。"
由此可見,"崇"確有"聚"義。不過,"崇"也有"尊崇"義。"尊
崇、修飾邪惡的話語",大概比"積聚並修飾邪惡的話語"更好
解釋,因此,孔疏發揮傳義説:"以惡言爲善,尊崇脩飾之。"不
過,爲了疏不破注,在闡釋杜注時,孔疏又引《爾雅·釋詁》
"崇,充也"以證成杜説,前後並不一致。

五、宣公二年: 臣侍君宴,過三爵,非禮也

《高本漢左傳注釋》云:

(一) 杜預對此句未加注解。顯然他是照字面去講
的: 即警告趙盾不要喝得太多。如此,這句話就是説:"**一
個大臣(侍候＝)陪著國君飲宴,超過三杯,就是觸犯了禮
法。**"司馬遷早已經把這故事的情節寫成下面的樣子(見
《史記·晉世家》):"(公宰示眯明知之)恐盾醉不能起,
而進曰: 君賜臣觴,三行可以罷。"我們的判斷正與《史
記》的相合。

(二) 孔穎達引了《禮記·玉藻篇》的一段描寫"臣侍
君宴"的話來説明:"君子之飲酒也,受一爵而色洒如也;
二爵而言言斯,禮已;三爵而油油,以退。退則坐取屨,隱
辟而后屨。"所以《左傳》的此句"過三爵非禮也"必定是指
《玉藻》所記而説的。沈欽韓還提出另一個意見,他説"三
爵"的説法也見於《詩經·小雅·賓之初筵》:"三爵不

---

⑫　見《春秋左傳正義》頁119。
⑬　同上,頁484。

識。"意思是説:"喝了三杯,他們就(不記得事了＝)失去了記憶。"鄭玄便一本正經地把"三爵"講成:"獻也,酬也,酢也。"而孔穎達也必然因爲下文説到"(提彌明)遂扶(趙盾)以下。"才會有那樣的意見。而"遂扶以下"這一句,服虔的本子却作"遂跣以下"(見孔穎達疏及《經典釋文》所引)"跣"的意思是"赤裸着腳"。所以:"(趙盾)赤着腳就跑下來了。"(參閲另一句:襄公三年《左傳》云:"公跣而出。")也就是説,當時情形那樣倉促,趙盾也來不及把鞋子穿上。

　　案:我們也不必跟着(二)説那種學究氣派去鑽牛角尖,因爲(一)説自有它堅定的立論所在。⑭

　　"臣侍君宴,過三爵,非禮也"是提彌明對趙盾説的話。當時晉靈公無道,趙盾一再進諫,晉靈公很不高興,假意請趙盾喝酒,埋伏下甲士,打算殺死趙盾。趙盾的車右提彌明察覺了,快步登上殿堂,説:"臣侍君宴,過三爵,非禮也。"杜預於此無注,孔疏説:

　　　　此言飲趙盾酒,是小飲酒耳,非正燕禮。燕禮:獻酬之後,方脱屨升堂,行無筭爵,非止三爵而已。其侍君小飲則三爵而退。《玉藻》云:"君子之飲酒也,受一爵而色酒如也,二爵而言言斯,禮已三爵而油油以退。"鄭玄云:"禮飲過三爵則敬殺,可以去矣。"是三爵禮訖,自當退也。⑮

----

⑭　見《高本漢左傳注釋》頁 214。高本漢原文見 *Bulletin of the Museum of Far Eastern Antiquities*, 41：73(1969)。

⑮　見《春秋左傳正義》頁 686。

高本漢説得對,杜預於此不加注解,大概是認爲可以照字面來解釋。"非禮",高本漢譯爲"against the rites",陳舜政先生又把高文譯爲"觸犯了禮法",其實,"非禮"大可理解爲"不合於禮"。按照字面的解釋,就是"臣下侍奉國君宴飲,超過三杯,就不合於禮了"。孔疏引述《禮記‧玉藻》,以説明根據禮制,臣侍君宴,三爵而退,纔合於禮,超過三爵,則不合於禮,這跟傳文字面意思相合。況且,杜既無注,也就無破注可言。高本漢引《史記‧晉世家》,説提彌明恐趙盾醉不能起,反而不是傳文的本意。提彌明主要不是怕趙盾醉,而是借禮制勸趙盾盡快離開,以免於禍。

六、宣公十二年：皆重獲在木下

《高本漢左傳注釋》云：

（一）杜預把這句話講成："兄弟累尸而死。"顧偉Couvreur 意會了杜注中的"累"字,所以他把這句話譯爲："Ils avaient été pris tous deux et liés ensemble." 意思是説："兩人一起被擒,被綑住。"如此,我們逐字地講,就是説："兩人被綑綁在一起（＝重）,在樹下（被擒）。"這種解釋真是糟透了。我們知道,杜注中所説的"累",意思是"累積""叠放"（這是常見的）,是用它來解説原文中的"重"字,"獲"是指逢氏尋獲他兩個兒子的屍體説的。所以,這句話的意思應該是："**兩具屍體重叠地放着,在樹下尋獲了。**"

（二）孔穎達云："獲者,被殺之名。"（謂皆被敵人所殺。）此説似未中的。理雅各 Legge 則根本把那個有問題的"重"字撇開不談。

（一）説當然是可信的。[46]

堯案：魯宣公十二年（公元前 597 年），楚莊王率兵圍鄭，晉師救鄭，於是發生邲之戰。在這場戰役中，趙旃用他的兩匹好馬送走他的哥哥與叔父，自己則用別的馬拉車逃回來，碰上敵人不能逃脱，就丟棄戰車跑進樹林。逢大夫和他的兩個兒子乘車經過，逢大夫吩咐兩個兒子不要回頭望。兒子卻回頭望，説："趙老頭在後面。"逢大夫發怒，叫他們下車，指着一棵樹説："在這裏收你們的屍體。"把用來拉着上車的繩索遞給趙旃，趙旃登上戰車，得以逃脱。第二天，逢大夫按照標志前往收屍，**皆重獲在木下**。杜注解釋説："兄弟累尸而死。"[47]孔疏説：

> 獲者，被殺之名。並皆被殺，唯當言皆獲耳。欲見尸相重累之，皆獲，故杜辨之云："兄弟累尸而死。"累即傳之重也。[48]

堯案：《説文・犬部》："獲，獵所得也。"[49]段玉裁《説文解字注》："引申爲凡得之稱。"[50]皆重獲在木下，是説在樹下得到了兩個叠在一起的屍體。杜注沒有解釋"獲"字；孔疏則説："獲者，被殺之名。"孔疏對"獲"字的解釋顯然錯誤，但由於杜注沒有解釋"獲"字，也就不能説孔疏破注。

---

[46] 見《高本漢左傳注釋》頁 255—256。高本漢原文見 *Bulletin of the Museum of Far Eastern Antiquities*，41：87（1969）。

[47] 見《春秋左傳正義》頁 749。

[48] 同上。

[49] 《説文解字詁林》頁 4410a。

[50] 同上，頁 4410b。

七、宣公十四年：復室其子，使復其位

《高本漢左傳注釋》云：

這句話的問題在"復室"兩個字，衛國的首相孔達自殺，國中的大臣們哀憐他的兒子，因此便有了這句話所説的舉動。

（一）杜預云："故以女妻之，襲父祿位。"所以，這句話就是説："他們又（＝復。這樣講就有問題了，見稍後所論）給他的兒子一位妻子（謂以國君的女兒妻之），讓他兒子繼續（承襲）他父親的地位。"問題是，這樣一來，句首的"復"字又該怎麼講呢？

（二）孔穎達正義引劉炫的意見説："復室其子，謂復以室家還其子。謂達既被誅，家當没入官。復以孔達財物家室還其子。"所以前半句的意思是説："把家產交回給他的兒子。"[51]

堯案：魯宣公十二年（公元前 597 年）六月，晉、楚二國戰於邲，晉師敗績。同年十二月，晉、宋、衛、曹同盟於清丘。由於陳附楚國，宋國爲了盟約而伐陳，衛人卻因昔日衛成公與陳共公有舊好，不助宋而反救陳國。衛大夫孔達説："如果晉國因此討伐衛國，我願意爲此而死。"翌年，晉國果然因衛救陳而責備衛國，使者説："如果没有人承擔罪名，便會對你們用兵。"孔達

---

[51] 見《高本漢左傳注釋》頁 260—261。高本漢原文見 *Bulletin of the Museum of Far Eastern Antiquities*, 41：88（1969）。

説:"如果對社稷有利,就説罪過由我引起吧。我願意爲此而死。"魯宣公十四年(公元前 595 年)春天,孔達自縊而死,衛國人以此向晉國解説而免於被討伐。於是通告諸侯説:"寡君有一個不好的臣子孔達,在敝邑和大國之間製造事端,現在已經伏罪了。謹此通告。"衛國人因爲孔達對衛國有功勞,**復室其子,使復其位**。[52] 杜注解釋"復室其子"説:"復以女妻之。"[53] 又於"使復其位"下説:"襲父禄位。"[54]孔疏闡釋杜注"復以女妻之"云:

> 男子謂妻爲室,故杜以爲衛人以其父有平定國家之勞,復以女妻之。言衛侯以女妻之也。劉炫以爲傳文無衛侯之女爲孔達之妻,"復室其子",謂復以室家還其子。謂達既被誅,家當没入官,復以孔達財物家室還其子。今知非者,案檢傳文,上孔達云:"苟利社稷,請以我説。"是孔達忠於衛國,本實無罪。所以告於諸侯,秖欲虚以説晉。衛人荷其功力,何得没其家資? 男子謂妻爲室,則室者對夫之言,故傳云"女有家,男有室"。今若以孔達之妻而還其子,便則以母還子,不得云"復室其子"。又諸國大夫之妻,傳皆不載其氏姓,何得獨責孔達之妻須言衛侯之女? 既言"復室其子",明孔達之妻則衛侯之女。可知劉以孔達之妻爲衛侯之女,於傳無文以規杜過,於義非也。[55]

由此可見,孔疏與杜注的意見完全一致。高本漢引述的不過是

⑤ 参《春秋左傳注》(修訂本)頁 718—754。
⑤ 《春秋左傳正義》頁 759。
⑤ 同上,頁 760。
⑤ 同上,頁 759—760。

孔疏中劉炫之說,那是孔疏所不同意的。孔疏指出,"復室其子",是說從前的衛侯已將女兒嫁給孔達,現在的衛侯又將女兒嫁給孔達的兒子,這正好解答了高本漢"句首的'復'字又該怎麼講"的問題。

八、成公十七年:逃威也

《高本漢左傳注釋》云:

(一)杜預把"威"字講成"可畏也"。所以這句話就是說:"我將逃離(那讓人害怕的事＝)危險。"事實上,"威"與"畏"兩字從語源上看,是同一個詞。從孔穎達的疏文看,他所根據的《左傳》板本,這句話是作:"逃畏也"。

(二)沈欽韓舉了例證來證明"畏"字可以講成一種含義比較特別的意義:"傷"。那麼,"逃畏(威)也"的意思就是"我將逃避傷害"。甚至於還可以表示"致命的傷害"的意思:《呂氏春秋·勸學篇》云:"曾點使曾參過(＝派他到外地去辦事),期而不至;人皆見曾點曰:'無乃畏耶?'(但願不會有甚麼〔致命的〕傷害吧!)曾點曰:'彼雖畏,我存。'(即便是他〔傷了＝〕死了,我還活着。)"高誘注云:"畏猶死也。"準此,這句話就是說:"我將逃離致命的傷害(＝被殺害)。"

(三)孔穎達⑳提到另一個"或本"的此句作:"逃藏也。"意思是:"我將逃走躲藏起來。"杜預的注表示他所根

---

⑳　原書誤作"孔達穎",今正。

據的《左傳》板本此句確實是作"逃威也"。⑤⑦ 作"逃藏也"
的本子似乎是很值得我們懷疑的,大概是因爲"威"與
"藏"在字形上相似而造成的譌誤⑤⑧吧!

我們大可以把(一)、(二)兩説合起來講。如此,這句
話就是説:"**我將逃離那致命的危險。**"⑤⑨

堯案:魯成公十七年(公元前 574 年)十二月,晉厲公準備發動
攻擊,要除掉郤至、郤錡和郤犨。郤氏聽到了這件事,郤錡準備
攻打厲公。郤至説:"人所以立身處世,靠的是信用、智慧、勇
敢。有信用就不會背叛國君,有智慧就不會殘害百姓,勇敢就
不會作亂。丟掉這三者,還有誰親近我?爲甚麼死了還要增加
怨恨?國君擁有臣子,即使他把臣子殺了,能把他怎麼樣?我
如果有罪,死得已經晚了。如果國君殺的是無罪之人,他將會
失去百姓的擁護,想繼續安安定定作國君,行嗎?還是等候國
君的命令吧。受了國君的爵禄,纔能夠聚黨親族。有了黨族而
與國君抗爭,還有比這更大的罪嗎?"壬午那一天,厲公的親信
胥童和夷羊五率領甲士八百人,準備攻打郤氏,另一親信長魚
矯請求不要興師動衆,厲公派清沸魋去協助他。兩人抽出戈
來,互相扭結,裝成打架爭訟的樣子。三郤到臺榭準備爲他們
判決是非,長魚矯用戈把郤錡、郤犨刺殺於座位上。郤至説:
"**逃威也。**"⑥⑩杜注解釋説:

---

⑤⑦　此句及下句標點與原書略有出入。
⑤⑧　原書作"僞誤"。
⑤⑨　見《高本漢左傳注釋》頁 360。高本漢原文見 *Bulletin of the Museum of Far
　　　Eastern Antiquities*, 41：122(1969)。
⑥⑩　參《春秋左傳注》(修訂本)頁 900—902。

郤至本意欲稟君命而死,今矯等不以君命而來,故欲
逃凶賊爲害,故曰威,言可畏也。或曰威[61]當爲藏。[62]

"或曰威當爲藏"本來是杜注中的話,不知甚麼緣故,高本漢卻
把它入了孔疏的賬。

九、襄公九年:使樂遄庀刑器

《高本漢左傳注釋》云:

這句話的問題在"刑器"一詞。

(一)杜預把"刑器"講成"刑書"。所以,這句話的意
思就是:"命令樂遄把刑法書文(擬辦=)準備停當(以便
不爲火災所燒毀)。"

(二)孔穎達認爲杜注所說的"刑書",指的是書寫之
檔案,刑事法典之類,他反駁說:哀公三年《左傳》記載魯
人救火一事,曾提到:"出禮書、御書(=行政方面的公
文)。"《左傳》只說"書"而不說"器",如果襄公九年《左
傳》此句說的是這類的"文獻"(書),那麼《左傳》應該逕
說"刑書"而不應該作"刑器"。孔氏以爲,既說是"刑器"
那麼它"必載於器"。不過,據我們看,孔穎達的這一項論
說是多餘的。因爲昭公六年《左傳》說:"鄭人鑄刑書。"但
是就在同一段話裏,指稱着同一件事體,又說是"刑器"。
這樣看來,即使是"刑書"(見杜預注),它的意義也未嘗不

---

[61] 北京大學出版社整理本《春秋左傳正義》頁916注云:"'威'原作'畏',按阮校:
'宋本"畏"作"威",是也。'據改。"
[62] 同上,頁915—916。

是鑄在器物上的刑法條文。因此,此地襄公九年《左傳》的"刑器",必定是這種鑄在器物上的刑法條文了。據上所述,我們便可以把這句話講成:"**命令樂遄把登載著刑法條文的器物(＝刑器)(具備＝)準備停當。**"

　　案:昭公二十九年《左傳》記載着晉國"鑄刑鼎"的事說:"著范宣子所爲刑書焉。"可見是把范宣子的刑書鑄在鼎的上面,與此地的情形是一樣的。

　　(三)理雅各 Legge 譯此句爲:"……預備好懲罰的器具(＝刑具)。"顯然是錯誤的。[63]

堯案:魯襄公九年(公元前564年),宋國發生火災。樂喜任司城之官,主持國政,派遣伯氏管理城中街巷。火還沒燒到的地方,先拆除小屋,留出空地來隔火,又用泥土塗大屋,使火不易燃燒,並且準備好運土的器具,以及用以汲水的繩索和瓦罐、盛水的器具等;他又估計各項工作的輕重以安排人力,把水塘蓄滿水,堆積滅火用的泥土,並且巡視城郭,修繕守衛工具,標明火道以便疏散。此外,又派遣華臣調集徒役人員,命令隧正調集郊外城堡的徒卒入城,奔赴着火現場。派遣華閱主管右師官屬,令各盡其職。派遣向戍主管左師官屬,也各盡其守。**使樂遄庀刑器……**[64]杜注説:"刑器,刑書。"[65]孔疏:

　　恐其爲火所焚,當是國之所重,必非刑人之器,故以刑

63　見《高本漢左傳注釋》頁391—392。高本漢原文見 *Bulletin of the Museum of Far Eastern Antiquities*, 41：132(1969)。堯案:楊伯峻《春秋左傳注》(修訂本)曰:"具備刑具,于大火中必有爲非犯禁之人,所以刑之。"(頁962)理雅各的理解,不一定錯誤。

64　參《春秋左傳注》(修訂本)頁961—962。

65　《春秋左傳正義》頁990。

器爲刑書也。哀三年，魯人救火，云"出禮書、御書"。書
不名器，此言刑器，必載於器物。鄭鑄《刑書》而叔向責
之，晉鑄刑鼎而仲尼譏之。彼鑄之於鼎，以示下民，故譏其
使民知之。此言刑器，必不在鼎，當書於器物，官府自掌
之，不知其在何器也。或書之於版，號此版爲刑器耳。⑥

孔疏指出，"恐其爲火所焚，當是國之所重"，因此杜注知道傳
文的"刑器"，一定不是行刑用的器具，而是刑書（刑事法典）。
不過，孔疏補充説，這處傳文不用"刑書"而用"刑器"，是因爲
那些刑事法典是鑄在器物上的，這與高本漢所説的"鑄在器物
上的刑法條文"並沒有分别。高本漢認爲孔疏的意見不同於
杜注，那是曲解了孔疏。孔疏只是補充杜注，而沒有破注。

十、哀公六年：需，事之下也

《高本漢左傳注釋》云：

（一）杜預云："需，疑也。"所以這句話就是説："**猶豫
（＝懸疑）是最下之策**。""需"的基本意義是："等待"、"滯
留"（見《易經·需卦》），"疑"是從這個意義上引申出來
的，可見杜氏的講法是沒有問題的。
（二）孔穎達説："需，懦也。"意思是"懦弱"、"膽
小"。陸德明收錄了一個説法："一音懦。"這還是孔氏一
派的。這一説在文義上不如（一）説來得合理。⑦

堯案：魯哀公五年(公元前 490 年)，齊景公病重，命令大夫國
夏、高張立姬妾鬻姒之子荼爲太子。其後景公去世，大臣陳乞
假意事奉國夏、高張，每次上朝，一定和他們同坐一輛車。不管
跟從國夏、高張到哪兒，總是談起其他大夫，說："他們都很驕
傲，打算不服從你們的命令。他們都說：'高氏、國氏得到國君
的寵信，一定會逼迫我們，何不除去他們？'他們要打你們的主
意，你們要及早考慮對策。最好是把他們全都殺掉。**需，事之
下也**。"⑱杜注："需，疑也。"⑲孔疏說：

> 需是懦弱之意。懦弱持疑，不能決斷，是爲事之下者。
> 勸其決斷而盡殺之。⑳

堯案：《說文·雨部》："需，頮也，遇雨不進止頮也。"㉑段玉裁
《說文解字注》曰："頮者，待也。……《左傳》曰：'需，事之賊
也。'又曰：'需，事之下也。'皆待之義也。"㉒高本漢說得對，
"需"的基本意義是"等待"，杜注訓"需"爲疑，是從這個意義
上引申出來的。孔疏說"需是懦弱之意"，又說："懦弱持疑，不
能決斷，是爲事之下者。"可能是想說出遲疑、等待的原因，卻
不免畫蛇添足。

十一、結　　論

在上述 10 條傳文中，第五條討論《左傳·宣公二年》的

---

⑱　參《春秋左傳注》(修訂本)頁 1630—1634。
⑲　《春秋左傳正義》頁 1882。
⑳　同上。
㉑　《說文解字詁林》頁 5204a。
㉒　同上。

"臣侍君宴,過三爵,非禮也"。杜預對此數句傳文不加注解,孔疏則引述《禮記·玉藻》,以說明根據禮制,臣侍君宴,應該三爵而退,纔合於禮,超過三爵,則不合於禮。杜既無注,孔疏也就無注可破。

至於第八條"逃威也",孔疏完全没有解釋,高本漢卻把杜注部分的話誤入孔疏的賬。孔疏既然甚麼也没有説,當然談不上"破注"。

有關第三條"在九刑不忘"的闡釋,孔疏和杜注非常一致,二者都不斷説"《九刑》之書",孔疏與杜注既無不同,也就無"破注"可言。

在第七條"復室其子,使復其位"中,孔疏與杜注的意見完全一致,高本漢引述與杜説相異的,不過是孔疏所引劉炫之説。高本漢説得好像孔疏同意劉炫所言,事實卻正好相反,劉炫之説,是孔疏所不同意的。

此外,第二條討論"莫敖狃於蒲騷之役"。杜注説:"狃,忕也。"孔疏引《説文》"狃,犯也"以説明"狃、忕皆貫(慣)習之義",與杜注並無二致。至於孔疏説"以貫(慣)得勝則輕易前敵",那是進一步引申,而非破注。

至於第六條,討論宣公十二年所載逢大夫兩個兒子"皆重獲在木下"一文。杜注説:"兄弟累尸而死。"並没有解釋"獲"字。孔疏則説:"獲者,被殺之名。並皆被殺,唯當言皆獲耳。欲見尸相重累之,皆獲,故杜辨之云:'兄弟累尸而死。'累即傳之重也。"孔疏對"獲"字的解釋顯然錯誤,但由於杜注没有解釋"獲"字,也就不能説孔疏破注。

第九條討論"刑器"一詞。杜注説:"刑器,刑書。"孔疏指出,"恐其爲火所焚,當是國之所重",因此杜注知道傳文的"刑器",一定不是行刑用的器具,而是刑書(刑事法典)。此外,孔疏補充説,這處傳文不用"刑書"而用"刑器",是因爲那些刑事法典是鑄在器物上的。由此可見,孔疏於"刑器"一詞,只是補充杜説,而没有破注。

第十條討論哀公六年陳乞所言:"需,事之下也。"杜注:"需,疑也。"孔疏説:"需是懦弱之意。"又説:"懦弱持疑,不能決斷,是爲事之下者。"孔疏的"持疑不能決斷",與杜注的"疑也"基本相同,孔疏並無破注之意。至於孔疏説"需是懦弱之意",則只是想進一步説出遲疑的原因,雖不免畫蛇添足,卻不是要破注。

第一條討論《左傳·桓公二年》"將昭德塞違"中的"違"字。"違"義爲"邪"。杜預在"將昭德塞違"下没有注解,但在下文"今滅德立違"句下,則説:"謂立華督違命之臣。"杜注以"立華督違命之臣"來解釋"立違",有增字解傳之嫌。孔疏解釋"昭德塞違"説:"昭德,謂昭明善德……塞違,謂閉塞違邪。"又解釋"滅德立違"説:"德之與違,義不並立,德明則違絶,故'昭德'之下言'塞違';違立則德滅,故'立違'之上言'滅德'。"孔疏基本上以"違邪"來解釋"違"字,與杜注並非完全相同,但爲了"疏不破注",於是又曲徇注文説:"立違,謂建立違命之臣,知塞違謂遏絶違命之人也。"變得前後不完全一樣。

第四條討論"崇飾惡言"。杜注:"崇,聚也。"孔疏發揮《左傳》之義説:"以惡言爲善,尊崇脩飾之。""崇"有"聚"義,也有"尊崇"義。相對來説,"尊崇、修飾邪惡的話語",比"積聚並修飾邪惡的話語"更好解釋,因此,孔疏似較杜注更能發揮傳義,兩者意見頗爲不同。不過,爲了疏不破注,在闡釋杜注時,孔疏又引《爾雅·釋詁》"崇,充也"以證成杜説,前後並不一致。

綜觀10條傳文,有8條孔疏没有破注,《高本漢左傳注釋》把杜注和孔疏的意見加以區別,分列爲兩種意見,可能會誤導讀者。其實,孔疏與杜注持不同意見的只有第一、第四兩條,但於此兩處,即使意見不同,孔疏寧願自相矛盾,也曲徇注文,没有稍斥其非,維護杜注之心,昭然可見。嚴格來説,即使這兩處,也不能説孔疏破注。因此,我們可以説,孔疏基本上貫徹不破注的原則。

竹添光鴻《左氏會箋》論五情説管窺

一、緒　　言

杜預(222—284)《春秋經傳集解序》(簡稱《春秋序》)有"五情"説,杜氏云:

> ……故發傳之體有三,而爲例之情有五:一曰"微而顯",文見於此,而起義在彼,"稱族尊君命,舍族尊夫人"、"梁亡"、"城緣陵"之類是也;二曰"志而晦",約言示制,推以知例,"參會不地"、"與謀曰及"之類是也;三曰"婉而成章",曲從義訓,以示大順,"諸所諱辟"、"璧假許田"之類是也;四曰"盡而不汙",直書其事,具文見意,"丹楹刻桷"、"天王求車"、"齊侯獻捷"之類是也;五曰"懲惡而勸善",求名而亡,欲蓋而章,"書齊豹盜"、"三叛人名"之類是也。①

① 《十三經注疏》本《左傳注疏》(臺北:藝文印書館景印清嘉慶二十年〔1815〕南昌府學重刊本,1973 年 5 月)卷一頁 16—17。

杜氏蓋謂《左傳》爲《春秋經》發例,其爲例之情有五,即"微而顯"、"志而晦"、"婉而成章"、"盡而不汙"、"懲惡而勸善"云云。竹添光鴻(1842—1917)《左氏會箋》於"五情"説,所見與杜氏不盡相同,謹述評如下。

二、微 而 顯

"五情"者,殆出自成公十四年九月《左傳》:

> ……故君子曰:"《春秋》之稱,微而顯,志而晦,婉而成章,盡而不汙,懲惡而勸善,非聖人誰能脩之!"②

《左氏會箋》釋"《春秋》之稱,微而顯"曰:

> "稱"……言其屬文。《易》曰:"其稱辭也小,其取類也大。"此爲的證。"微"者,文字希少之謂也。"微而顯",蓋指"書齊豹盜",一字而義著。如"稱族"、"舍族",亦一字、二字而義則廣涉,故曰"微而顯"。"與謀曰及"、"參會不地",亦當是例。③

案:《左氏會箋》所引《周易》,蓋出自《繫辭》,原文作"其稱名也小,其取類也大",④與竹添光鴻所引者小異。韓康伯(332—380)注曰:"託象以明義,因小以喻大。"⑤《正義》曰:"其稱名

---

② 同上,卷二七頁 19。
③ 竹添光鴻《左氏會箋》(臺北:古亭書屋,1969 年 12 月)卷一三頁 22。
④ 《十三經注疏》本《周易注疏》(臺北:藝文印書館景印清嘉慶二十年〔1815〕南昌府學重刊本,1973 年 5 月)卷八頁 16。
⑤ 同上。

也小者,言《易》辭所稱物,名多細小,若‘見豕負塗’、‘噬腊肉’之屬,是其辭碎小也;其取類也大者,言雖是小物,而比喻大事,是所取義類而廣大也。"⑥是《周易》《注》、《疏》皆不以"文字希少"釋"微"。⑦竹添氏之釋,亦與《左傳》杜《注》、孔《疏》異,杜《注》釋"微而顯"曰:"辭微而義顯。"⑧《左傳》昭公三十一年孔《疏》申之曰:"微而顯者,據文雖微隱,而義理顯著。"⑨皆以"微隱"釋"微"。案《説文·彳部》:"微,隱行也。"⑩雷浚(1814—1893)《説文引經例釋》於"隱行也"下曰:"引申爲凡隱匿之稱。"⑪又《説文·人部》有"散"字,段玉裁(1735—1815)《説文解字注》曰:"散,眇也。"又云:"眇,各本作妙。……凡古言散眇者,即今之微妙字。眇者,小也。引申爲凡細之偁。"⑫細小,故微隱,其義相因。上引《左傳》昭公三十一年孔《疏》以"微隱"釋"微",可謂得之。董仲舒(公元前176—公元前104)《春秋繁露》云:"《春秋》記天下之得失,而見所以然之故,甚幽而明。"⑬"幽而明",殆即"微而顯"之意。"幽"、"微"未必與"文字希少"全同也。

　　至於"微而顯"之例,竹添氏所舉者,亦與杜預《春秋序》大

---

⑥　同上。
⑦　高本漢(1889—1978)、楊伯峻(1909—1992)説則與竹添氏略同。高本漢釋"微而顯"曰:"(微—微小═)簡潔但是却明白。"楊伯峻曰:"言辭不多而意義顯豁。"參高本漢《高本漢左傳注釋》(臺北:中華叢書編審委員會,1972年2月)頁340及楊伯峻《春秋左傳注》修訂本(以下簡稱楊《注》)(北京:中華書局,1990年5月)頁870。
⑧　《左傳注疏》卷二七頁19。
⑨　同上,卷五三頁20。
⑩　見《説文解字詁林》(臺北:商務印書館,1970年1月臺3版)頁816a。
⑪　同上,頁816b。
⑫　同上,頁3548b。
⑬　董仲舒《春秋繁露》,載《景印文淵閣四庫全書》第181冊(臺北:臺灣商務印書館,1983年)卷二頁5。

異。杜預所舉者,爲"稱族尊君命,舍族尊夫人"、"梁亡"、"城緣陵";[14]竹添氏所舉者,爲"稱族尊君命,舍族尊夫人"、"書齊豹盜"、"與謀曰及"、"參會不地",所同者僅"稱族尊君命、舍族尊夫人"而已。

(一)稱族尊君命,舍族尊夫人

"稱族尊君命,舍族尊夫人"一例,蓋出自《春秋》成公十四年,其文曰:"秋,叔孫僑如如齊逆女。"[15]又曰:"九月,僑如以夫人婦姜氏至自齊。"[16]《左傳》曰:"秋,宣伯如齊逆女,稱族,尊君命也。"[17]又曰:"九月,僑如以夫人婦姜氏至自齊,舍族,尊夫人也。"[18]杜《注》曰:"舍族,謂不稱叔孫。"[19]《集解序》孔《疏》曰:

> 叔孫,是其族也。褒賞稱其族,貶責去其氏。銜君命出使,稱其族,所以爲榮;與夫人俱還,去其氏,所以爲辱。出稱叔孫,舉其榮名,所以尊君命也;入舍叔孫,替其尊稱,所以尊夫人也。族自卿家之族,稱舍別有所尊,是文見於此,而起義在彼。[20]

"文見於此,而起義在彼",故孔《疏》認爲"據文雖微隱,而義理顯著"。[21]

---

[14]　詳參拙著《論〈春秋〉"五情"——兼論"五情"與詩學之關係》,《2008 年中國古典文學國際學術研討會論文集》(馬來西亞:新紀元學院中國語言文學系,2009 年 8 月)頁 136—147。
[15]　《左傳注疏》卷二七頁 17。
[16]　同上,頁 18。
[17]　同上,頁 19。
[18]　同上。
[19]　同上。
[20]　同上,卷一頁 16。
[21]　同注 9。

　　堯案:宣公元年《春秋》曰:"公子遂如齊逆女。三月,遂以夫人婦姜至自齊。"[22]《左傳》曰:"春,王正月,公子遂如齊逆女,尊君命也。三月,遂以夫人婦姜至自齊,尊夫人也。"[23]此與"叔孫僑如如齊逆女"、"僑如以夫人婦姜氏至自齊"同例,孔《疏》:"公子亦是寵號,其事與族相似。"[24]是也。惟《公羊傳》及何休(129—182)則以此爲省文,《公羊傳》曰:"遂以夫人婦姜至自齊,遂何以不稱公子? 一事而再見者,卒名也。"[25]何休《注》云:"卒,竟也;竟但舉名者,省文。"[26]後世學者,贊同《公羊傳》而懷疑《左傳》説者甚夥,如劉敞(1019—1068)《春秋權衡》云:

　　　　十四年,叔孫僑如如齊逆女,九月,僑如以夫人婦姜氏至自齊。《左氏》曰:"稱族尊君命也,舍族尊夫人也。"非也,一事而再見者,卒名之,此《春秋》之常耳,非爲尊君命,故舉氏,尊夫人,故舍族也。[27]

胡安國(1074—1138)、[28]葉夢得(1077—1148)、[29]戴溪(宋人,生卒年不詳,淳熙十六年〔1215〕任浙江湖州府學教授)、[30]馬永卿(1109 年進士)、[31]張洽(1161—1237)、[32]黄仲炎(宋人,生卒

---

[22] 《左傳注疏》卷二一頁 1。
[23] 同上,頁 3。
[24] 同上。
[25] 《十三經注疏》本《春秋公羊傳注疏》(臺北:藝文印書館景印清嘉慶二十年〔1815〕南昌府學重刊本,1973 年 5 月)卷一五頁 1。
[26] 同上。
[27] 劉敞《春秋權衡》,《景印文淵閣四庫全書》第 147 册卷六頁 1。
[28] 胡安國《胡氏春秋傳》,《景印文淵閣四庫全書》第 151 册卷二十頁 10。
[29] 葉夢得《葉氏春秋傳》,《景印文淵閣四庫全書》第 149 册卷十四頁 20。
[30] 戴溪《春秋講義》,《景印文淵閣四庫全書》第 155 册卷三上頁 57。
[31] 馬永卿《嬾真子》,《景印文淵閣四庫全書》第 863 册卷四頁 10。
[32] 張洽《張氏春秋集注》,《景印文淵閣四庫全書》第 156 册卷七頁 20。

年不詳,《春秋通説》成於紹定三年〔1230〕)、㉝黄震(1213—1280)、㉞趙鵬飛(宋人,生卒年不詳,其所著《經筌》刊於度宗咸淳八年壬申〔1272〕)、㉟吕大圭(1227—1275)、㊱俞皋(南宋進士,入元不仕,生卒年不詳)、㊲吴澄(1249—1333)、㊳程端學(1278—1334)、㊴陳深(1293—1362)、㊵汪克寬(1304—1372)、㊶熊過(明世宗嘉靖〔1522—1566〕時人,生卒年不詳)、㊷高攀龍(1562—1626)、㊸卓爾康(1570—1644)、㊹顧炎武(1613—1682)、㊺張尚瑗(1688 年進士)、㊻何焯(1661—1722)、㊼嚴啟隆(清人,生卒年不詳)、㊽傅恒(?—1770)、㊾劉文淇(1789—1854)㊿等,亦贊同何休、劉敞之説。陳澧(1810—1882)更謂:"此乃文法必當如此耳,左氏豈不知文法者乎!"(51)陳槃(1905—1999)《左氏春秋義例辨》於此有詳細辨

㉝ 黄仲炎《春秋通説》,《景印文淵閣四庫全書》第 156 册卷九頁 15。
㉞ 黄震《黄氏日抄》,《景印文淵閣四庫全書》第 707—708 册卷十一頁 26。
㉟ 趙鵬飛《春秋經筌》,《景印文淵閣四庫全書》第 157 册卷十頁 65。
㊱ 吕大圭《吕氏春秋或問》,《景印文淵閣四庫全書》第 157 册卷十六頁 14。
㊲ 俞皋《春秋集傳釋義大成》,《景印文淵閣四庫全書》第 159 册卷八頁 33。
㊳ 吴澄《春秋纂言》,《景印文淵閣四庫全書》第 159 册卷八頁 36。
㊴ 程端學《三傳辨疑》,《景印文淵閣四庫全書》第 161 册卷十四頁 12。
㊵ 陳深《讀春秋編》,《景印文淵閣四庫全書》第 158 册卷八頁 20。
㊶ 汪克寬《春秋胡傳附録纂疏》,《景印文淵閣四庫全書》第 165 册卷二十頁 31—32。
㊷ 熊過《春秋明志録》,《景印文淵閣四庫全書》第 168 册卷八頁 37。
㊸ 高攀龍《春秋孔義》,《景印文淵閣四庫全書》第 170 册卷八頁 18。
㊹ 卓爾康《春秋辯義》,《景印文淵閣四庫全書》第 170 册卷十九頁 12
㊺ 顧炎武《日知録》,《景印文淵閣四庫全書》第 858 册卷四頁 31。
㊻ 張尚瑗《三傳折諸·左傳折諸》,《景印文淵閣四庫全書》第 177 册卷十三頁 10。
㊼ 何焯《義門讀書記》,《景印文淵閣四庫全書》第 860 册卷十頁 3。
㊽ 嚴啟隆《春秋傳注》,《續修四庫全書》第 138 册(上海:上海古籍出版社,1995 年)卷二十頁 14—17。
㊾ 傅恒《御纂春秋直解》,《景印文淵閣四庫全書》第 174 册卷八頁 30。
㊿ 劉文淇《春秋左氏傳舊注疏證》(香港:太平書局,1966 年)頁 903。
(51) 陳澧《東塾讀書記》(上海:世界書局,1936 年 12 月)頁 109。

析,可參。[52] 是《左傳》"稱族尊君命"、"舍族尊夫人"云云,未必即書《經》之意。竹添光鴻以此爲"微而顯"之例,則仍本《左傳》。

（二）書齊豹盜

杜預《春秋序》以"書齊豹盜"爲"懲惡而勸善"之例,竹添光鴻則以之爲"微而顯"之例。案:《左傳》所載昭公二十年《春秋》曰:"秋,盜殺衛侯之兄縶。"[53]《左傳》曰:

> 衛公孟縶狎齊豹,[54] 奪之司寇與鄄。[55] 有役則反之,[56] 無則取之。公孟惡北宮喜、褚師圃,欲去之。公子朝通於襄夫人宣姜,懼,而欲以作亂。故齊豹、北宮喜、褚師圃、公子朝作亂。……公孟有事於蓋獲之門外,[57] 齊子氏帷於門外,而伏甲焉。使祝鼃寘戈於車薪以當門,使一乘從公孟以出,使[58]華齊御公孟,宗魯驂乘。及閎中,[59] 齊氏用戈擊公孟,宗魯以背蔽之,斷肱,以中公孟之肩。皆殺之。[60]

《集解序》孔《疏》曰:"齊豹,衛國之卿。《春秋》之例,卿皆書其名氏。齊豹忿衛侯之兄,起而殺之,欲求不畏彊禦之名。

52　參陳槃《左氏春秋義例辨》(上海:商務印書館,1947 年 8 月)卷一頁 30—34 及《綱要》頁 61—62。
53　《左傳注疏》卷四九頁 1。
54　杜《注》:"公孟,靈公兄也。齊豹,齊惡之子,爲衛司寇。狎,輕也。"
55　杜《注》:"鄄,豹邑。"
56　杜《注》:"縶足不良,故有役則以官邑還豹使行。"
57　杜《注》:"有事,祭也。蓋獲,衛郭門。"
58　孔《疏》:"諸本皆'華'上有'使'字,計華齊是公孟之臣,自爲公孟之御,非齊氏所當使,必不得有使字。學者以上文有'使祝鼃'、'使一乘',下有'使華寅乘貳車'、使華寅執蓋,因以此妄加'使'字。今定本有'使',非也。"
59　楊《注》:"杜《注》謂'閎,曲門中'。蓋祝鼃以薪車當門,故從曲門出。"
60　《左傳注疏》卷四九頁 5—6。

《春秋》抑之,書曰'盜'。盜者,賤人有罪之稱也。"⑥案孔《疏》所言,蓋釋"求名而亡"。"書齊豹盜",固爲"懲惡而勸善"之例;惟竹添光鴻以之爲"微而顯"之例,亦未嘗無理,竹添氏云:

"微而顯",蓋指"書齊豹盜",一字而義著。⑥

余嘗於《論〈春秋〉"五情"——兼論"五情"與詩學之關係》一文曰:

竊以爲"微而顯"等五者可分三層看,"微而顯,志而晦",主要謂字面之效果;"婉而成章,盡而不汙",主要謂書寫之態度;"懲惡而勸善",主要謂記載之作用,三者不必互相排斥,如"書齊豹盜",既可歸"微而顯"(詞微而義顯),亦可歸"盡而不汙"及"懲惡而勸善"。⑥

(三) 與謀曰及

杜預《春秋序》以"與謀曰及"爲"志而晦"之例,竹添光鴻則以之爲"微而顯"之例。案:"志而晦",杜《注》釋之云:"志,記也。晦,亦微也。謂約言以記事,事敘而文微。"⑥"與謀曰及"者,宣公七年《春秋》曰:"夏,公會齊侯伐萊。"⑥《左傳》曰:"夏,公會齊侯伐萊,不與謀也。凡師出,與謀曰'及',不與謀曰'會'。"⑥杜《注》云:

⑥ 同上,卷一頁18。
⑥ 《左氏會箋》卷一三頁22。
⑥ 《2008年中國古典文學國際學術研討會論文集》頁176。
⑥ 《左傳注疏》卷二七頁19。
⑥ 同上,卷二二頁4。
⑥ 同上。

與謀者,謂同志之國,相與講議利害,計成而行之,故以相連及爲文。若不獲已,應命而出,則以外合爲文。⑥⑦

《集解序》孔《疏》曰:

義之所異,在於一字。約少其言,以示法制;推尋其事,以知其例。是所記事有敘,而其文晦微也。⑥⑧

考《左傳》之説,前人頗有疑之者,如王晢(宋人,生卒年不詳)《春秋皇綱論》云:

《左氏》曰:凡師出,與謀曰及,不與謀曰會。而桓十六年,春,魯、宋、蔡、衛會于曹;夏,伐鄭,言會不言及,杜氏遂以爲諱,納不正故,從不與之例。又見伯主侵伐,亦有與謀而書會者,遂以爲盟主之命,則上行乎下,雖或先謀,皆從不與之例,此蓋傅會《傳》文,實非通論。案《經》稱"會"、"及",則其與謀也,從可知矣,豈有不與乎?果若本非期約,則當書曰:某侯來會公,如定十四年,邾子來會公,此例是也。《公羊》曰:會,猶聚也;及,我欲之也。又曰:汲汲也。《穀梁》曰:會者,外爲主;及者,內爲主也。二傳文雖不同,義亦相近。案:僖四年,及江人、黄人伐陳,是時齊桓帥諸侯伐楚,執袁濤塗,遂命魯伐陳,豈是我欲之乎?又桓十七年,公與邾儀父盟,至秋,及宋人、衛人伐邾,此乃宋志,豈是內爲乎?莊八年,夏,師及齊師圍郕,郕降于齊師，又豈是內爲主，而我欲之乎？由是觀之，則三傳之説，俱不通矣。杜氏又曰：《傳》唯以師出爲例，而劉、賈、許、穎濫以《經》諸“及”字爲義，欲以彊合，所以多錯亂也。愚案：《經》凡盟會戰伐俱言“會”、“及”，而《左氏》唯以師爲義，則仲尼何故於盟會亦分“會”、“及”乎？諸儒自不通《春秋》制文之體，遂紛亂爾。謹詳此“會”、“及”之例，凡盟與伐並皆通用。蓋“及”者，魯先至；“會”者，彼先至，而魯往會爾。何者？若首止之會，公己先至，諸侯在後，即不可以言公會諸侯，故以公及之。若諸侯有一人先至，即公在後，不可言公及諸侯，故以公會之。又以公之寡，則公先至者少，故書及者少也。以諸侯之衆，則公後至者多，故書會者多也。義既當然，仍有明據，若雉門及兩觀災，亦以先後而言，與此同也。況凡及盟、及伐之類，諸侯一心，善惡同之，故止以先後爲義，唯戰及則異於是，以兩相仇敵，須分曲直輕重，故變其例，以直及不直，以罪輕及罪重，若以先及後，則當以客及主，蓋不可通之於《經》，況此義亦有據焉，若宋督弑其君與夷及其大夫孔父，是以尊及卑也，尊卑曲直之義，亦相類也。其有已書會例于上，下欲明魯與諸侯盟，則但書“及”，以我及外且不嫌也，若定四年，公會諸侯于召陵，書公及諸侯盟于皋鼬，襄三年，公會諸侯同盟于雞澤，書叔孫豹及諸侯之大夫及陳袁僑盟是也，義例昭然，無足疑矣。[69]

劉敞《春秋權衡》亦云：

⑥⑨　王皙《春秋皇綱論》，《景印文淵閣四庫全書》第 147 册卷四頁 3—5。

　　七年,公會齊侯伐萊,《左氏》曰:凡師出與謀曰及,不與謀曰會,非也。古者行師,非無奇術秘策以給人者也,諸侯相率而討罪伐畔,則是與謀已,焉有連兵合衆,人君親將,而曰不與謀者哉? 且用《左氏》考之,凡先謀而後伐者,稱會多矣,不必云及也,此其自相反者,吾既言之矣。⑦

又葉夢得《春秋三傳讞·春秋左傳讞》云:

　　霸主徵兵於諸侯,而相與應命,不過曰:以某事討某人,此即謀也,何"與"、"不與"之有? 使不與謀,則何名爲會乎? 凡言會者,以會禮合諸侯也,此蓋與會盟、及盟同義。《左氏》既不得於盟,故併伐失之,而妄爲此義。⑦

郝敬(1558—1639)《春秋非左》曰:

　　《經》書"會"多矣,同伐、同盟皆稱"會"。是役也,公夏往秋歸,焉得不與謀! 凡《傳》例之無端,類此。⑦

徐庭垣(清人,生卒年不詳)《春秋管窺》曰:

　　愚謂師出,必先要約,而後舉兵會之,安有不與謀者! 非主兵,而又分與謀、不與謀,書法不已瑣乎! 按桓十七年,《經》書及宋人、衛人伐邾。《傳》曰:宋志也。既曰宋

⑦　《春秋權衡》卷五頁14。
⑦　葉夢得《春秋三傳讞·春秋左傳讞》,《景印文淵閣四庫全書》第149册卷四頁5。
⑦　郝敬《春秋非左》(光緒辛卯〔1891〕三餘艸堂藏板)頁28—29。

志,明非魯謀矣,何以書"及"? 哀十一年,《經》書公會吳子伐齊,明魯志也。既爲魯志,豈不與謀乎? 何以書"會"?《左氏》不且自爲矛盾乎? 歷觀《春秋》,師出,書"會",必稱公與大夫;書"及",皆不言公與大夫。是"會"與"及",乃公與大夫書不書之分,非與謀不與謀之謂也。[73]

是諸家皆以《左傳》之説爲非,"會"、"及"之别,殆與"與謀"、"不與謀"無涉。所異者爲何,諸家説各不同,其義不顯,似不宜以之爲"微而顯"之例,竹添光鴻之説殆非。

(四) 參會不地

杜預《春秋序》以"參會不地"爲"志而晦"之例,竹添光鴻則以之爲"微而顯"之例。案:桓公二年《春秋》曰:"公及戎盟於唐。冬,公至自唐。"[74]《左傳》曰:"特相會,往來稱地,讓事也。自參以上,則往稱地,來稱會,成事也。"[75]杜《注》云:

> 特相會,公與一國相會也。會必有主,二人獨會,則莫肯爲主,兩讓,會事不成,故但書地。[76]

《集解序》孔《疏》曰:

> 其意言會必有主,二人共會,則莫肯爲主,兩相推讓,會事不成,故以地致。三國以上,則一人爲主,二人聽命,會事有成,故以會致。[77]

---

[73] 徐庭垣《春秋管窺》,《景印文淵閣四庫全書》第 176 册卷七頁 7。
[74] 《左傳注疏》卷五頁 5。
[75] 同上,頁 18。
[76] 同上。
[77] 同上,卷一頁 17。

歷來言《春秋》所記魯桓公與戎盟事,專論稱地、不地者
尠。《左傳》之説,陸淳(？—805)引趙匡之言非之,其《春秋集
傳辨疑》云:

> 趙子曰:按成會而歸,即非止於讓;以會告廟,有何
> 不可?此不達内外異辭之例,妄爲異説爾。且諸書至
> 自會者,所會悉非魯地,故知四處至稱地,皆魯地
> 故也。[73]

呂本中(1084—1145)《呂氏春秋集解》亦引孫覺之言補充曰:

> 高郵孫氏曰:《春秋》書至者,皆志其所出之事,以地
> 至者四而已,此年公至自唐,文十七年公至自穀,定八年公
> 至自瓦,十年夏公至自夾谷,四處爾。趙子以爲魯地,則至
> 自地,此説是也。[79]

家鉉翁(1213—？)、[80]王樵(1521—1599)[81]亦贊同是説。至於
《左傳》謂"特相會,往來稱地,讓事也",則贊同者寡,似爲
非是。

"參會不地",即如趙匡之説,亦與孔《疏》所謂"義理顯
著"[82]無關,竹添光鴻以之爲"微而顯"之例,似非的論。

---

[73]　《春秋集傳辨疑》卷二頁 5。
[79]　呂本中《呂氏春秋集解》,《景印文淵閣四庫全書》第 150 册卷三頁 19—20。案:
　　　孫覺所論,未見所著《孫氏春秋經解》,呂氏所引,未知所本。
[80]　《春秋集傳詳説》卷三頁 15。
[81]　《春秋輯傳》卷二頁 14。
[82]　同注 9。

三、志 而 晦

五情之二爲"志而晦"，杜《注》釋之云："志，記也。晦，亦微也。謂約言以記事，事敍而文微。"[83]竹添光鴻則曰："志者，微之反，具其辭也；晦者，顯之反，言義不可以辭而已矣。"[84]案：竹添氏以"文字希少"釋"微"，[85]則"微之反"，殆謂文字不尠也。惟"志"但當訓"記"，文字不必多也。姚文田（1758—1827）、嚴可均（1762—1843）所著《說文校議》曰："志，大徐新修十九文也。《周禮·保章氏》：'以志星辰。'鄭云：'志，古文識。識，記也。'"[86]杜《注》但訓"志"爲"記"，似勝於竹添氏。

至於"志而晦"之例，竹添光鴻曰：

> 如"鄭伯克段于鄢"、"會于稷以成宋亂"、"晉趙盾弒其君夷臯"之類是也。"梁亡"、"城緣陵"亦當是例。[87]

（一）鄭伯克段于鄢

竹添光鴻以"鄭伯克段于鄢"爲"志而晦"之例。案：隱公元年《春秋》曰："夏五月，鄭伯克段于鄢。"段欲謀反，舉國皆欲討之，何以不稱國討而言鄭伯？[88] 段既爲鄭莊公同母之弟，何

---

[83]　《左傳注疏》卷二七頁 19。
[84]　《左氏會箋》卷一三頁 22—23。
[85]　參本文"二、微而顯"節。
[86]　《說文解字詁林》頁 4652b。
[87]　《左氏會箋》卷一三頁 23。
[88]　案：《春秋》莊公二十二年："陳人殺其公子御寇。"杜《注》於"公子御寇"下云："宣公太子也。陳人惡其殺太子之名，故不稱君父，以國討公子告。"（《左傳注疏》卷九頁 22）以此例之，若《春秋》隱公元年用國討例，則不稱"鄭伯"而曰"鄭人"。

以不言弟?⑧⑨ 以君討臣，何以用二君之例而曰“克”?⑨⓪ 段實出奔共，何以不言“出奔”？凡此皆晦而不明，故竹添光鴻以之爲“志而晦”之例。

惟“微而顯”之“微”，亦有“微隱”、“晦微”之意。孔《疏》釋“微而顯”曰：“據文雖微隱，而義理顯著。”⑨①《左傳》釋“鄭伯克段于鄢”曰：

> 書曰：“鄭伯克段于鄢。”段不弟，故不言弟；如二君，故曰克；稱鄭伯，譏失教也；謂之鄭志。不言出奔，難之也。⑨②

其非“據文雖微隱，而義理顯著”邪？以之爲“微而顯”之例，不亦勝於以之爲“志而晦”之例邪！且“鄭伯克段于鄢”之“辭微而義顯”，與“盜殺衛侯之兄縶”無異。竹添光鴻以“鄭伯克段于鄢”爲“志而晦”之例，則又爲何以“書齊豹盜”爲“微而顯”之例邪？

（二）會于稷以成宋亂

竹添光鴻《左氏會箋》“志而晦”之次例爲“會于稷以成宋亂”。案：桓公二年《春秋》曰：“三月，公會齊侯、陳侯、鄭伯于

---

⑧⑨　案：《左傳》宣公十七年：“冬，公弟叔肸卒，公母弟也。……凡稱弟，皆母弟也。”（《左傳注疏》卷二四頁18）又昭公元年《春秋》曰：“夏，秦伯之弟鍼出奔晉。”（《左傳注疏》卷四一頁2）以此例之，若《春秋》隱公元年用母弟例，則當言“鄭伯之弟段出奔共”。

⑨⓪　案：《左傳》莊公十一年：“得儁曰克。”杜《注》：“謂若大叔段之比，才力足以服衆，威權足以自固，進不成爲外寇敵敵，退復狡壯，有二君之難，而實非二君，克而勝之，則不言彼敗績，但書所克之名。”（《左傳注疏》卷九頁2）曰“鄭伯克段于鄢”，即用“如二君”之得儁例。

⑨①　同注9。

⑨②　《左傳注疏》卷二頁18—19。

稷,以成宋亂。"杜《注》:"成,平也。宋有弑君之亂,故爲會欲以平之。"⑨³桓公二年《左傳》曰:"會于稷以成宋亂,爲賂故,立華氏也。"杜《注》:

> 經稱平宋亂者,蓋以魯君受賂立華氏,貪縱之甚,惡其指斥,故遠言始與齊、陳、鄭爲會之本意也。傳言"爲賂故,立華氏",明經本書平宋亂,爲公諱,諱在受賂立華氏也。猶璧假許田爲周公祊故。所謂婉而成章。⑨⁴

杜《注》謂此處經文書平宋亂,乃爲魯桓公諱,此五情之"婉而成章"。竹添光鴻以此爲"志而晦"之例,似不如杜《注》合理。

(三)晉趙盾弑其君夷皋

竹添光鴻《左氏會箋》"志而晦"之第三例爲"晉趙盾弑其君夷皋"。案:宣公二年《春秋》曰:"秋,九月,乙丑,晉趙盾弑其君夷皋。"杜《注》:"靈公不君,而稱臣以弑者,以示良史之法,深責執政之臣。"⑨⁵《左傳》言晉靈公不君及被弑事甚詳,茲引述靈公被弑《左傳》之記載如下:

> 乙丑,趙穿攻靈公於桃園。宣子未出山而復。大史書曰"趙盾弑其君",以示於朝。宣子曰:"不然。"對曰:"子爲正卿,亡不越竟,反不討賊,非子而誰?"宣子曰:"烏呼!'我之懷矣,自詒伊慼。'其我之謂矣。"孔子曰:"董狐,古之良史也,書法不隱。趙宣子,古之良大夫也,爲法受惡。

---

⑨³ 同上,卷五頁 4。
⑨⁴ 同上,頁 6。
⑨⁵ 同上,卷二一頁 6。

> 惜也,越竟乃免。”(96)

是弑晉靈公者,爲趙穿而非趙盾。太史書“趙盾弑其君”,蓋因趙盾爲執政之正卿,出亡未越晉境,君臣之義未絶,返國又不討弑君之賊,故《春秋》本良史之意,不赦其罪,不言趙穿弑其君,而曰“晉趙盾弑其君夷皐”,深責執政大臣,似與“志而晦”無涉。

(四) 梁亡

竹添光鴻《左氏會箋》“志而晦”之第四例爲“梁亡”。案僖公十九年《春秋》載:“梁亡。”《左傳》云:

> 梁亡,不書其主,自取之也。初,梁伯好土功,亟城而弗處。民罷而弗堪,則曰:“某寇將至。”乃溝公宫,曰:“秦將襲我。”民懼而潰,秦遂取梁。(97)

杜《注》釋“不書其主”曰:“不書取梁者主名。”(98)僖公十九年孔《疏》曰:“不書所取之國,以爲梁國自亡,非復取者之罪,所以深惡梁耳,非言秦得滅人國也。”(99)

又《公羊傳》云:

> 此未有伐者,其言梁亡何?自亡也。其自亡奈何?魚爛而亡也。(100)

---

(96) 同上,頁11—12。
(97) 同上,卷一四頁23。
(98) 同上。
(99) 同上。
(100) 《春秋公羊傳注疏》卷一一頁19。

《穀梁傳》曰：

> 自亡也。洇於酒，淫於色，心昏，耳目塞。上無正長之
> 治，大臣背叛，民爲寇盜。梁亡，自亡也。如加力役焉，洇
> 不足道也。梁亡，鄭棄其師，我無加損焉，正名而已矣。梁
> 亡，出惡正也。鄭棄其師，惡其長也。[101]

是三《傳》皆云梁自取滅亡，故不言秦人滅梁，而以自亡爲文。

《集解序》孔《疏》曰："秦人滅梁，而曰'梁亡'，文見於此。梁亡，見取者之無罪。"[102]此《春秋序》所謂"文見於此，而起義在彼"也，故當屬"微而顯"之條，而非"志而晦"之例。

（五）城緣陵

竹添光鴻《左氏會箋》"志而晦"之第五例爲"城緣陵"。案僖公十四年《春秋》曰："諸侯城緣陵。"[103]《左傳》曰："春，諸侯城緣陵而遷杞焉。不書其人，有闕也。"[104]杜《注》："緣陵、杞邑。辟淮夷，遷都於緣陵。"[105]又曰："闕，謂器用不具，城池未固而去，爲惠不終也。"[106]案僖公元年《春秋》曰："齊師、宋師、曹師城邢。"[107]僖公十四年孔《疏》曰：

> 元年："齊師、宋師、曹師城邢。"《傳》稱"具邢器用而
> 遷之，師無私焉"，是器用具而城池固，故具列三國之師，

---

[101] 《十三經注疏》本《春秋穀梁傳注疏》（臺北：藝文印書館景印清嘉慶二十年〔1815〕南昌府學重刊本，1973 年 5 月）卷九頁 1—2。
[102] 《左傳注疏》卷一頁 16。
[103] 同上，卷一三頁 21。
[104] 同上。
[105] 同上。
[106] 同上。
[107] 同上，卷一二頁 1。

詳其文以美之也。今此揔云“諸侯城緣陵”，不言某侯、某侯，與“城邢”文異；不具書其所城之人，爲其有闕也。[108]

《集解序》孔《疏》曰：

> 齊桓城杞，而書“諸侯城緣陵”，文見於此。城緣陵，見諸侯之有闕，亦是文見於此，而起義在彼。皆是辭微而義顯。[109]

是據《左傳》之説，[110]“城緣陵”亦當屬“微而顯”之條，而非“志而晦”之例。

四、婉 而 成 章

五情之三爲“婉而成章”，杜《注》釋之曰：“婉，曲也。謂屈曲其辭，有所辟諱，以示大順，而成篇章。”[111]竹添光鴻《左氏會箋》謂“章”非“篇章”，其言曰：

> “成章”，言文章順序也，曰“斐然成章”，曰“不成章不達一意”。“諸所諱避”、“璧假許田”之類是也，非“篇章”之謂也。昭三十一年所謂“婉而辨”者，成辭婉而義卻判然有別也，與“微而顯”對；“而”者，反應之辭也。此則與

---

[108]　《左傳注疏》卷一三頁22。
[109]　同上，卷一頁16。
[110]　其他説法請參拙著《論〈春秋〉“五情”——兼論“五情”與詩學之關係》，《2008年中國古典文學國際學術研討會論文集》頁145—147。
[111]　《左傳注疏》卷二七頁19。

"盡而不汙"對,"而"字順應,不可牽合。[112]

竹添氏所舉"諸所諱避"、"璧假許田"二例,[113]與杜預《春秋序》同。

五、盡而不汙

五情之四爲"盡而不汙",杜《注》釋之曰:"謂直言其事,盡其事實,無所汙曲。"[114]竹添光鴻則曰:

> 汙,穢也。洒濯其事,無所隱諱,故曰不汙。"丹楹刻桷"、"天王求車"、"齊侯獻捷"之類是也。杜以曲解汙,則讀汙爲迂,恐非。[115]

案:杜以曲解汙,謂其讀汙爲迂,或讀汙爲紆,均可。《説文》:"迂,避也。"[116]段《注》:"迂曲、回避,其義一也。"[117]又"紆"字,《説文》云:"紆,詘也。"[118]段《注》:"詘者,詰詘也。今人同屈曲字,古人用詰詘,亦單用詘字。……亦或叚汙爲之,《左傳》曰:'盡而不汙。'"[119]竹添氏之意,殆以"汙"爲"污穢"字。"汙",今或書作"污"。竹添氏蓋謂洒濯其事,使之不污穢也。高本漢

---

[112] 《左氏會箋》卷一三頁23。
[113] 參拙著《論〈春秋〉"五情"——兼論"五情"與詩學之關係》,《2008年中國古典文學國際學術研討會論文集》頁151—156。
[114] 《左傳注疏》卷二七頁19。
[115] 《左氏會箋》卷一三頁23。
[116] 《説文解字詁林》頁797b。
[117] 同上。
[118] 同上,頁5812a。
[119] 同上。

説與竹添氏略同,高本漢曰:

> 杜預是把"汙"字講成"汙曲"。好像他把"汙"看作"迂"(或"紆")(*·i̯wo)的假借字。"迂"(紆)的意思是"彎曲"、"曲折"、"偏歪",而陸德明也就把"汙"字讀成"憂于反"(*·i̯wo)。顧偉 Couvreur 以爲,杜注説:"謂直言其事,盡其事實,無所汙曲。"那麽杜氏的意思是要把這句話講成:"它是詳盡不遺的(説出了所有的事實),是没有(偏差的=)遁辭的(謂没有委婉曲折的説法)。"但是,這種理論絶無成立之可能,因爲如果這樣講,在"盡"與"不汙"之間就必須要形成意義上的對比才可以(就像"微而顯、志而晦"那句話裏"微"與"顯";"志"與"晦"之間的那種關係)。……其實"汙"字並不需要用假借來講。"汙"字另外有一個讀法作"乂"(*·wo)。這一讀的基本意思是"不純"、"骯髒"、"污穢",如:宣公十五年《左傳》云:"川澤納汙。"也時常與其他的字構成複詞,如:"汙濊"(見《韓非子》),"汙垢"(見《儀禮》);又可以當動詞來用,如:《荀子·儒效篇》云:"行不免於汙漫。"所以,這句話就是説:"它是詳盡的(記載了所有的細節),但是却不(玷污=)毁損(人的名譽)。"[120]

堯案:"微而顯"與"志而晦",句意相反;"婉而成章"與"盡而不汙",句意亦相反。故杜預以"曲"訓"汙",蓋以"汙"爲"紆"或"迂"之假借。"盡而不曲",句意與"曲而成章"正好相反。竹添光鴻與高本漢以"汙"爲"污穢"字,殆非。至於竹添氏所

---

(120) 《高本漢左傳注釋》頁 341。

舉"丹楹刻桷"、"天王求車"、"齊侯獻捷"三例,[121]則與杜預《春秋序》相同。

六、懲惡而勸善

竹添光鴻説"懲惡而勸善"曰:"此總上四者言之。杜《序》以爲五體,非矣。上四者此所以懲惡而勸善也。……《春秋》外上四者,而別有勸懲之書法乎?"[122]其説是也。錢鍾書先生(1910—1998)謂"'五例'之一、二、三、四示載筆之體,而其五示載筆之用",[123]與竹添氏説略同。杜預《春秋序》將"微而顯"、"志而晦"、"婉而成章"、"盡而不汙"、"懲惡而勸善"平列爲五項,似有可商。竊以爲"微而顯"等五者可分三層看,"微而顯"、"志而晦",主要謂字面之效果;"婉而成章"、"盡而不汙",主要謂書寫之態度;"懲惡而勸善",主要謂記載之作用,三者不必互相排斥,如"書齊豹盜",既可歸"微而顯"(詞微而義顯),亦可歸"盡而不汙"及"懲惡而勸善"。

七、結　論

竹添光鴻《左氏會箋》於"五情"説,其最大之貢獻,在指出"微而顯"、"志而晦"、"婉而成章"、"盡而不汙"四者,均所以"懲惡而勸善"。其餘則多有可商,如論"微而顯"、"志而晦"、"盡而不汙",以及所舉"微而顯"、"志而晦"諸例,其異於杜預者,多有待斟酌,上文論之已詳,茲不贅。

---

[121]　同注 113,頁 158—165。
[122]　《左氏會箋》卷 13 頁 23。
[123]　錢鍾書《管錐編》(北京:中華書局,1979 年 8 月)頁 162。

錢鍾書先生與《春秋》“五情”

　　錢鍾書先生(1910—1998)《管錐編》，談及《左傳正義》者凡67則，其首則題爲“杜預序”，主要論《春秋》“五情”。余嘗撰《錢鍾書〈管錐編〉杜預〈春秋序〉札記管窺》、①《讀杜預〈春秋經傳集解序〉五情説補識》、②《論〈春秋〉“五情”——兼論“五情”與詩學之關係》、③《“五情”之相關問題》④四文，皆涉及錢先生與《春秋》“五情”，今試作一總結，謹綜述如下：

一、“五情”——《春秋》實不足語於此

　　杜預(222—284)《春秋經傳集解序》(簡稱《春秋序》)云：

---

① 收錄於拙著《左傳學論集》(臺北：文史哲出版社，2000年)頁96—110。
② 此文未刊，筆者嘗據之於中研院文哲研究所作演講。
③ 發表於《2008年中國古典文學國際學術研討會論文集》(吉隆坡：新紀元學院中國語言文學系，2009年8月)頁134—184。
④ 發表於《2010年中國經學國際學術研討會論文集》(南京：南京師範大學文學院，2010年11月)頁511—519。

　　……故發傳之體有三，而爲例之情有五：一曰微而
顯，文見於此，而起義在彼，稱族尊君命、舍族尊夫人、梁
亡、城緣陵之類是也；二曰志而晦，約言示制，推以知例，參
會不地、與謀曰及之類是也；三曰婉而成章，曲從義訓，以
示大順，諸所諱辟、璧假許田之類是也；四曰盡而不汙，直
書其事，具文見意，丹楹刻桷、天王求車、齊侯獻捷之類是
也；五曰懲惡而勸善，求名而亡，欲蓋而章，書齊豹盜、三叛
人名之類是也。⑤

杜氏蓋謂《左傳》爲《春秋經》發例，其爲例之情有五，即“微而
顯”、“志而晦”、“婉而成章”、“盡而不汙”、“懲惡而勸善”。錢
鍾書先生《管錐編》曰：

　　竊謂五者乃古人作史時心嚮神往之楷模，殫精竭力，
以求或合者也，雖以之品目《春秋》，而《春秋》實不足語
於此。⑥

案：所謂五情者，“微而顯”云云，蓋出自成公十四年九月《左傳》：

　　……故君子曰：“《春秋》之稱，微而顯，志而晦，婉而
成章，盡而不汙，懲惡而勸善，非聖人誰能脩之！”⑦

是君子所讚譽《春秋》者，錢先生則認爲“《春秋》實不足語於

---

⑤　《十三經注疏》本《左傳注疏》（臺北：藝文印書館景印清嘉慶二十年〔1815〕南
　　昌府學重刊本，1973 年 5 月）卷一頁 16—17。
⑥　《管錐編》（北京：中華書局，1979 年 8 月）頁 161。
⑦　《左傳注疏》卷二七頁 19。

此”,蓋君子之“微而顯,志而晦,婉而成章,盡而不汙,懲惡而
勸善”,非徒錢先生所謂“古人作史時心嚮神往之楷模”也。

如五情之首“微而顯”,杜預《春秋序》舉“梁亡”爲例,案
僖公十九年《春秋》載:“梁亡。”《左傳》云:

> 梁亡,不書其主,自取之也。初,梁伯好土功,亟城而
> 弗處。民罷而弗堪,則曰:“某寇將至。”乃溝公宮,曰:“秦
> 將襲我。”民懼而潰,秦遂取梁。⑧

杜《注》釋“不書其主”曰:“不書取梁者主名。”⑨孔《疏》曰:“不
書所取之國,以爲梁國自亡,非復取者之罪,所以深惡梁耳,非
言秦得滅人國也。”⑩

據一般史例,當言“秦人滅梁”。不言“秦人滅梁”,而以梁
國自亡爲文,若衡之以史學,則僖公十九年《春秋經》“梁亡”一
語,洵爲“斷爛朝報”,⑪使人茫然而不知其所云。杜預《春秋
序》所以稱之者,乃因其“文見於此,而起義在彼”,能“發大
義”,“指行事以正褒貶”。⑫

又如桓公元年《經》曰:“三月,公會鄭伯於垂,鄭伯以璧假
許田。”⑬《左傳》曰:“三月,鄭伯以璧假許田,爲周公、祊故
也。”⑭鄭加璧以祊田易魯之許田,兩國私易天子所賜之地,而
《春秋》謂鄭“以璧假許田”,何如實之有?⑮

---

⑧　同上,卷一四頁23。
⑨　同上。
⑩　同上。
⑪　錢氏《管錐編》頁161即引此語議《春秋》載事不如《左傳》。
⑫　皆《春秋序》語,見《左傳注疏》卷一頁12—17。
⑬　《左傳注疏》卷五頁1。
⑭　同上,頁2。
⑮　參《左傳學論集》頁81—82。

又如隱公三年《經》:"三月庚戌,天王崩。"⑯《左傳》曰:
"三月壬戌,平王崩,赴以庚戌,故書之。"⑰杜《注》:"實以壬
戌崩,欲諸侯之速至,故遠日以赴。《春秋》不書實崩日,而書
遠日者,即傳其僞,以懲臣子之過也。"⑱孔《疏》:"仲尼脩經,
當改正真僞,以爲褒貶。周人赴不以實,孔子從僞而書者,周
人欲令諸侯速至,故遠其崩日以赴也。不書其實,而從其僞,
言人知其僞,則過足章矣。故即傳其僞,以懲創臣子之過。"⑲
案隱公三年三月庚戌爲三月十二日,三月壬戌爲三月二十四
日,赴日較實崩日早十二日。爲懲臣子之過,天子駕崩日期,
尚且不如實記載。錢先生以一般史學觀點論之,似未得《春
秋》要旨。

皮錫瑞(1850—1908)《經學通論》云:"經史分別甚明,讀
經者不得以史法繩《春秋》,脩史者亦不當以《春秋》書法爲史
法。"⑳是也。

《春秋序》總結"微而顯"等五情曰:"推此五體,以尋
《經》、《傳》,觸類而長之,附于二百四十二年行事,王道之正、
人倫之紀備矣。"㉑所持者即爲經學觀點。君子盛推《春秋》,
謂:"非聖人誰能脩之!"所持者亦爲經學觀點也。㉒ 錢先生則
以一般史學觀點論之,故謂"五情""乃古人作史時心嚮神往之
楷模……雖以之品目《春秋》,而《春秋》實不足語於此"。

---

⑯ 《左傳注疏》卷三頁 2。
⑰ 同上,頁 4。
⑱ 同上,頁 2。
⑲ 同上。
⑳ 皮錫瑞《經學通論》(臺北:河洛圖書出版社,1974 年 12 月)卷四頁 77。
㉑ 《左傳注疏》卷三頁 18。
㉒ 參《左傳學論集》頁 96—110。

二、"五情"與"五例"

如上所云,"五情"一詞,蓋出於杜預《春秋序》,杜氏云:

> 其(指《左傳》——引者)發"凡"以言例,皆經國之常
> 制、周公之垂法、史書之舊章,仲尼從而脩之,以成一經之
> 通體。其微顯闡幽,裁成義類者,皆據舊例而發義,指行事
> 以正褒貶,諸稱"書"、"不書"、"先書"、"故書"、"不言"、
> "不稱"、"書曰"之類,皆所以起新舊,發大義,謂之變例。
> 然亦有史所不書,即以為義者,此蓋《春秋》新意,故《傳》
> 不言"凡",曲而暢之也。其《經》無義例,因行事而言,則
> 《傳》直言其歸趣而已,非例也。故發《傳》之體有三,而為
> 例之情有五:一曰微而顯,文見於此,而起義在彼,稱族尊
> 君命、舍族尊夫人、梁亡、城緣陵之類是也;二曰志而晦,約
> 言示制,推以知例,參會不地、與謀曰及之類是也;三曰婉
> 而成章,曲從義訓,以示大順,諸所諱辟、璧假許田之類是
> 也;四曰盡而不汙,直書其事,具文見意,丹楹刻桷、天王求
> 車、齊侯獻捷之類是也;五曰懲惡而勸善,求名而亡,欲蓋
> 而章,書齊豹盜、三叛人名之類是也。推此五體,以尋
> 《經》《傳》,觸類而長之,附于二百四十二年行事,王道之
> 正、人倫之紀備矣。[23]

孔穎達(574—648)疏曰:

---

[23] 《左傳注疏》卷一頁12—18。

上云情有五，此言五體者，言其意謂之情，指其狀謂之體，體、情一也，故互見之。"一曰微而顯"者，是夫子脩改舊文以成新意，所脩《春秋》以新意爲主，故爲五例之首。"二曰志而晦"者，是周公舊凡、經國常制。"三曰婉而成章"者，夫子因舊史大順，義存君親，揚善掩惡，夫子因而不改。"四曰盡而不汙"者，夫子亦因舊史有正直之士，直言極諫，不掩君惡，欲成其美，夫子因而用之。此婉而成章、盡而不汙，雖因舊史，夫子即以爲義。總而言之。亦是新意之限，故《傳》或言"書曰"，或云"不書"。"五曰懲惡而勸善"者，與上"微而顯"不異。但勸戒緩者，在"微而顯"之條；貶責切者，在"懲惡勸善"之例。故"微而顯"居五例之首，"懲惡勸善"在五例之末。㉔

杜預《春秋序》言"發《傳》之體有三，而爲例之情有五"。體者，體例也，言發《傳》之體例有三，即"正例"（又稱"舊例"、"凡例"）、"變例"（又稱"新例"）、"非例"是也。至若"情"，《春秋序》孔《疏》云："言其意謂之情。"㉕"五情"者，殆孔子修《春秋》情意之所託也。杜預《春秋序》"爲例之情有五"下云："一曰微而顯，文見於此，而起義在彼……二曰志而晦，約言示制，推以知例……三曰婉而成章，曲從義訓，以示大順……四曰盡而不汙，直書其事，具文見意……五曰懲惡而勸善，求名而亡，欲蓋而章……""微而顯"、"志而晦"、"婉而成章"、"盡而不汙"、"懲惡而勸善"，皆與"情"、"意"相關，故杜《序》謂《左傳》"爲例之情有五"。

㉔　同上，頁18。
㉕　同上。

　　杜預《春秋序》於闡釋"五情"後曰："推此五體，以尋《經》、《傳》，觸類而長之，附于二百四十二年行事，王道之正、人倫之紀備矣。"㉖孔《疏》曰："上云情有五，此言五體者，言其意謂之情，指其狀謂之體，體、情一也，故互見之。'一曰微而顯'者，是夫子脩改舊文以成新意，所修《春秋》以新意爲主，故爲五例之首。……故'微而顯'居五例之首，'懲惡勸善'在五例之末。"杜預以"五體"與"五情"互見，孔穎達疏解"五體"，遂有"五例"之稱，錢鍾書先生倣而效之，改稱"五情"爲"五例"，㉗影響所及，學者從之者甚夥，如1993年版之敏澤《中國文學理論批評史》、㉘1994年出版之張高評《左傳之文韜》、㉙1999年發表之陳恩林《評杜預〈春秋左傳序〉的"三體五例"問題》、㉚2005年6月出版之張高評《春秋書法與左傳學史》、㉛2005年11月出版之周振甫《周振甫講古代文論》，㉜皆改稱《春秋》"五情"爲"五例"。惟"例"者，體例也。趙友林《〈春秋〉三傳書法義例研究》釋"例"云：

　　　　甚麼是"例"呢？最早對"例"作出規定的大概是北宋時期的程頤。他說："《春秋》大率所書事同則辭同，後人因謂之例。"程頤的這種界定，應是代表了當時人的一種

㉖　同上。
㉗　見《管錐編》頁161—162。
㉘　見敏澤《中國文學理論批評史》（長春：吉林教育出版社，1993年3月）上册頁108。
㉙　見張高評《左傳之文韜》（高雄：麗文化事業股份有限公司，1994年10月）頁165。
㉚　見《史學集刊》1999年第3期頁64—69。
㉛　見張高評《春秋書法與左傳學史》（上海：上海古籍出版社，2005年6月）頁14、136、138。
㉜　見《周振甫講古代文論》（南京：江蘇教育出版社，2005年11月）頁38—79。

普遍認識,而這種認識在某種程度上影響了後人對"例"的理解。元俞皋在程頤理解的基礎上,對"例"又作了重新界定。他說:"愚今遵程子說,以事同義同辭同者,定而爲例十六條。凡書經之事義如此而其辭例如此者,是所謂例也。"這裏,俞皋又在程頤之說的基礎上,增加了"義"這一規定,即事同辭同且義同者,即爲"例"。後來,清代的鍾文烝乾脆說:"例者,義而已矣。"對此,趙伯雄先生總結說:"'例'其實就是一些記事的規則,同一類的事,用相同的手法記下來,這就構成了例。""而《春秋》的'義'往往就存在於對這些書法與例的遵循與違背之中。"[33]

《春秋序》言"例"者,皆爲義例、體例,如言"其例之所重",[34]謂其體例之所重也;又曰"其發凡以言例",[35]蓋謂其體例以"凡"字發始者;又曰"皆據舊例而發義",[36]謂皆據舊有之體例而闡發《經》義也;又曰"謂之變例",[37]言謂之已改變之體例也;又曰"其《經》無義例",[38]殆謂《經》無闡明義理之體例;又曰"非例也",[39]謂非褒貶之體例也;又曰"爲例之情有五",[40]言爲《經》創發體例之情意有五;又曰"推以知例",[41]謂推尋其事,以知其體例也;又曰"《傳》之義例",[42]言《傳》中闡發義理之體例也;

---

[33] 《〈春秋〉三傳書法義例研究》(北京:人民出版社,2010 年 8 月)頁 20—21。
[34] 《左傳注疏》卷一頁 11。
[35] 同上,頁 12。
[36] 同上,頁 13。
[37] 同上,頁 14。
[38] 同上,頁 15。
[39] 同上。
[40] 同上,卷一頁 16。
[41] 同上。
[42] 同上,卷一頁 20。

又曰"又別集諸例及地名、譜第、厤數",[43]謂又別集衆體例及地名、譜第、厤數也。是"例"爲體例,有別於"情","爲例之情有五",蓋謂孔子修《春秋》之情意有五,易"五情"爲"五例",猶言"爲例之例有五",其不辭也甚矣!

三、盡而不汙

五情之四爲"盡而不汙",杜《注》釋之曰:"謂直言其事,盡其事實,無所汙曲。"[44]惟竹添光鴻(1842—1917)云:"汙,穢也。洒濯其事,無所隱諱,故曰不汙。……杜以曲解汙,則讀汙爲迂,恐非。"[45]案:杜以曲解汙,謂其讀汙爲迂,或讀汙爲紆,均可。《説文》:"迂,避也。"[46]段《注》:"迂曲、回避,其義一也。"[47]又"紆"字,《説文》云:"紆,詘也。"[48]段《注》:"詘者,詰詘也。今人同屈曲字,古人用詰詘,亦單用詘字。……亦或叚汙爲之,《左傳》曰:'盡而不汙。'"[49]竹添氏之意,殆以"汙"爲"污穢"字。"汙",今或書作"污"。竹添氏蓋謂洒濯其事,使之不污穢也。高本漢(Klas Bernhard Johannes Karlgren,1889—1978)説與竹添氏略同,高本漢曰:

　　杜預是把"汙"字講成"汙曲"。好像他把"汙"看作"迂"(或"紆")(*·į wo)的假借字。"迂"(紆)的意思是

㊸　同上,頁21。
㊹　同上,卷二七頁19。
㊺　《左氏會箋》(臺北:古亭書屋,1969 年 12 月)卷一三頁23。
㊻　《説文解字詁林》(臺北:商務印書館,1970 年 1 月臺 3 版)頁 797b。
㊼　同上。
㊽　同上,頁 5812a。
㊾　同上。

“彎曲”、“曲折”、“偏歪”，而陸德明也就把“汙”字讀成
“憂于反”（＊· įwo）。顧偉Couvreur以爲，杜注説：“謂直
言其事，盡其事實，無所汙曲。”那麼杜氏的意思是要把這
句話講成：“它是詳盡不遺的（説出了所有的事實），是没
有（偏差的＝）遁辭的（謂没有委婉曲折的説法）。”但是，
這種理論絶無成立之可能，因爲如果這樣講，在“盡”與
“不汙”之間就必須要形成意義上的對比才可以（就像“微
而顯、志而晦”那句話裏“微”與“顯”；“志”與“晦”之間的
那種關係）。……其實“汙”字並不需要用假借來講。
“汙”字另外有一個讀法作“ㄨ”（＊·wo）。這一讀的基本
意思是“不純”、“骯髒”、“汙穢”，如：宣公十五年《左傳》
云：“川澤納汙。”也時常與其他的字構成複詞，如：“汙濊”
（見《韓非子》），“汙垢”（見《儀禮》）；又可以當動詞來用，
如：《荀子·儒效篇》云：“行不免於汙漫。”所以，這句話
就是説：“它是詳盡的（記載了所有的細節），但是却不（玷
污＝）毁損（人的名譽）。”⑩

錢鍾書先生論“微”與“顯”、“志”與“晦”之關係，意見與高本
漢略同，惟以“汙”爲“夸”之假借，錢先生《管錐編》曰：

> “微”之與“顯”，“志”之與“晦”，“婉”之與“成章”，
> 均相反以相成，不同而能和。“汙”、杜註：“曲也，謂直言
> 其事，盡其事實，而不汙曲。”杜序又解爲“直書其事”。則
> 齊此語於“盡而直”，頗嫌一意重申，駢枝疊架，與前三語
> 不倫。且也，“直”不必“盡”（ the truth but not the whole

---

⑩　《高本漢左傳注釋》（臺北：中華叢書編審委員會，1972年2月）頁341。

truth），未有“盡”而不“直”者也。《孟子·公孫丑》章：
“汙不至阿其所好。”焦循《正義》：“‘汙’本作‘洿’，蓋用
爲‘夸’字之假借，夸者大也。”《荀子·大略》篇稱《小雅》
“不以於汙上”，亦即此“汙”字。言而求“盡”，每有過甚
之弊，《莊子·人間世》所謂“溢言”。不隱不諱而如實得
當，周詳而無加飾，斯所謂“盡而不汙”（ the whole truth，
and nothing but the truth）耳。[51]

案：“微”與“顯”，“志”與“晦”，謂之相反尚可；“婉”與“成
章”，則非相反。杜《注》釋“婉而成章”曰：“婉，曲也。謂屈曲
其辭，有所辟諱，以示大順，而成篇章。”[52]是“婉”謂如何“成
章”也。既可言“婉而成章”，亦可言“直而成章”。“直”與“成
章”，固非相反；“婉”與“成章”，亦非相反也。錢先生但注重同
句中字義之關係，而忽略上下句之關係。“微而顯”與“志而
晦”，句意相反；“婉而成章”與“盡而不汙”，句意亦相反。故杜
預以“曲”訓“汙”，蓋以“汙”爲“紆”或“迂”之假借。言“盡而
不汙”，主要爲照顧句式，使之與“婉而成章”相若。（“盡而不
曲”，句意與“曲而成章”正好相反。竹添光鴻與高本漢以“汙”
爲“污穢”字，殆非。）“盡”與“不汙”（不紆、不迂），意雖相關，
但尚不至於“駢枝疊架”。錢先生以“汙”爲“夸”之假借，謂
“不隱不諱而如實得當，周詳而無加飾，斯所謂‘盡而不汙’”。
其所言固史家之懸鵠，惟《春秋》重於褒貶，不重於如實。如隱
公三年《經》：“三月庚戌，天王崩。”《左傳》曰：“三月壬戌，平
王崩，赴以庚戌，故書之。”杜《注》：“實以壬戌崩，欲諸侯之速

[51]　《管錐編》頁 162—163。
[52]　《左傳注疏》卷二七頁 19。

至,故遠日以赴。《春秋》不書實崩日,而書遠日者,即傳其僞,以懲臣子之過也。"隱公三年三月庚戌爲三月十二日,三月壬戌爲三月二十四日,赴日較實崩日早十二日。爲懲臣子之過,天子駕崩日期,尚且不如實記載。錢先生以一般史學觀點論之,謂"不隱不諱而如實得當,周詳而無加飾,斯所謂'盡而不汙'",似非《左傳》所引"君子曰"之原意。

四、"載筆之體"與"載筆之用"

錢先生《管錐編》云:

> 就史書之撰作而言,"五例"之一、二、三、四示載筆之體,而其五示載筆之用。[53]

錢先生認爲"微而顯"、"志而晦"、"婉而成章"、"盡而不汙"四者示載筆之體,"懲惡而勸善"示載筆之用,其説與竹添光鴻略同。竹添氏説"懲惡而勸善"曰:

> 此總上四者言之。杜《序》以爲五體,非矣。上四者此所以懲惡而勸善也。……《春秋》外上四者,而別有勸懲之書法乎?[54]

堯案:竹添光鴻與錢先生之説,似尚可細析。竊以爲"微而顯"等五者可分三層看,"微而顯"、"志而晦",主要謂字面之

---

[53] 《管錐編》頁 162。
[54] 《左氏會箋》卷一三頁 23。

效果;"婉而成章"、"盡而不汙",主要謂書寫之態度;"懲惡而
勸善",主要謂記載之作用,三者不必互相排斥,如昭公二十年
《春秋》曰:"秋,盜殺衛侯之兄縶。"[55]《左傳》曰:

> 衛公孟縶狎齊豹,[56]奪之司寇與鄄。[57]有役則反之,[58]
> 無則取之。公孟惡北宮喜、褚師圃,欲去之。公子朝通於
> 襄夫人宣姜,懼,而欲以作亂。故齊豹、北宮喜、褚師圃、公
> 子朝作亂。初,齊豹見[59]宗魯於公孟,爲驂乘焉。[60]將作
> 亂,而謂之曰:"公孟之不善,子所知也,勿與乘,吾將殺
> 之。"對曰:"吾由子事公孟,子假吾名焉,故不吾遠也。[61]
> 雖其不善,吾亦知之;抑以利故,[62]不能去,是吾過也。今
> 聞難而逃,是僭子也。[63]子行事乎,吾將死之,以周事子;[64]
> 而歸死於公孟,其可也。"丙辰,衛侯在平壽。公孟有事於
> 蓋獲之門外,[65]齊子氏帷於門外,而伏甲焉。使祝鼃寘戈
> 於車薪以當門,使一乘從公孟以出,使[66]華齊御公孟,宗魯

---

[55] 同上,卷四九頁1。

[56] 杜《注》:"公孟,靈公兄也。齊豹,齊惡之子,爲衛司寇。狎,輕也。"

[57] 杜《注》:"鄄,豹邑。"

[58] 杜《注》:"縶足不良,故有役則以官邑還豹使行。"

[59] 楊《注》:"見音現,推薦也,介紹也。"

[60] 楊《注》:"杜《注》:'爲公孟驂乘。'馬宗璉《補注》:'《月令》鄭《注》:"人君之車
必使勇士衣甲居右而參乘,備非常也。"宗魯爲公孟驂乘,亦是取其有勇力。'"

[61] 楊《注》:"假吾名猶言借我以善名譽,即爲我宣揚。不吾遠,不遠吾,即公孟親
近我。"

[62] 楊《注》:"抑猶但也。"

[63] 杜《注》:"使子言不信也。"

[64] 杜《注》:"周猶終竟也。"孔《疏》:"杜意終不泄子言,是終事子,即謂殺公孟之
言。"楊《注》:"俞樾《平議》引《說文》,解'周'爲密,不泄言,亦通。"

[65] 杜《注》:"有事,祭也。蓋獲,衛郭門。"

[66] 孔《疏》:"諸本皆'華'上有'使'字,計華齊是公孟之臣,自爲公孟之御,非齊氏
所當使,必不得有使字。學者以上文有'使祝鼃'、'使一乘',下有'使華寅乘貳
車'、'使華寅執蓋',以此妄加'使'字。今定本有'使',非也。"

驂乘。及閎中，⑥齊氏用戈擊公孟，宗魯以背蔽之，斷肱，以中公孟之肩。皆殺之。⑥

此述公孟縶被殺始末，然《春秋》經文何以書"盜殺衛侯之兄縶"，《左傳》於此未有言及。其後於魯昭公三十一年冬，《春秋》載"黑肱以濫來奔"，⑥《左傳》始追釋曰：

> 齊豹爲衛司寇，守嗣大夫，作而不義，其書爲"盜"。⑦

《集解序》孔《疏》曰："齊豹、衛國之卿。《春秋》之例，卿皆書其名氏。齊豹忿衛侯之兄，起而殺之，欲求不畏彊禦之名。《春秋》抑之，書曰'盜'。盜者，賤人有罪之稱也。"⑦

書齊豹"盜"，既可歸"微而顯"（詞微而義顯），亦可歸"盡而不汙"及"懲惡而勸善"，故謂"五情"之中，（一）"微而顯"、"志而晦"——字面效果，（二）"婉而成章"、"盡而不汙"——書寫態度，（三）"懲惡而勸善"——記載作用，三者不必互相排斥。

五、"五情"與詩學

敏澤先生（1927—2004）曰：

> 錢鍾書先生在 1980 年曾指示我：漢代對後世文學理

---

⑥　楊《注》："杜《注》謂'閎，曲門中'。蓋祝鼃以薪車當門，故從曲門出。"
⑥　《左傳注疏》卷四九頁 5—6。
⑥　同上，卷五三頁 17。
⑦　同上，頁 19。
⑦　同上，卷一頁 18。

論批評影響最大的,並非《詩大序》等等,而是"春秋筆法"問題。這一問題前人從未提及,我開始也不大理解,後經長期思考,終於醒悟,設專節做了論述。⑫

由於錢鍾書先生之啟悟,敏澤先生於《中國文學理論批評史》一書,設專節以論《春秋》筆法對後世文論之影響;⑬周振甫先生(1911—2000)著書講談古代文論,亦設專節釋《春秋》筆法。⑭ 近世以《春秋》筆法言詩者,實始自錢鍾書先生。錢先生《管錐編》曰:

> 古人論《春秋》者,多美其辭約義隱,通識如劉知幾,亦不免隨聲附和。《史通·敘事》篇云:"《春秋》變體,其言貴於省文。"省文之貴,用心是否欲寡辭遠禍,"辟當時之害",成章是否能"損之又損而玄之又玄",姑不具論。然有薄物細故,爲高睨大談者所勿屑着眼掛吻,可得而言也。春秋著作,其事煩劇,下較漢晉,殆力倍而功半焉。文不得不省,辭不得不約,勢使然爾。孫鑛《月峯先生全集》卷九《與李于田論文書》:"精腴簡奧,乃文之上品。古人無紙,汗青刻簡,爲力不易,非千錘百鍊,度必不朽,豈輕以災竹木?"章學誠《乙卯劄記》曰:"古人作書,漆文竹簡,或著縑帛,或以刀削,繁重不勝。是以文詞簡嚴,取足達意而止,非第不屑爲冗長,且亦無暇爲冗長也。後世紙筆作書,其便易十倍於竹帛刀漆,而文之繁冗蕪蔓,又遂隨其人之

---

⑫　敏澤《中國文學理論批評史》(長春:吉林教育出版社,1993 年)上冊《序》頁 2 注 1。
⑬　同上,頁 102—111。
⑭　見《周振甫講古代文論》頁 38—39。

所欲爲。作書繁衍,未必盡由紙筆之易,而紙筆之故,居其強半。"阮元《揅經室三集》卷三《文言説》亦曰:"古人無筆硯紙墨之便,⋯⋯非如今人下筆千言,言事甚易也。"雖皆不爲《春秋》而發,而《春秋》固不能外此。然則五例所讚"微"、"晦",韓愈《進學解》所稱"謹嚴",無乃因區以爲恭,遂亦因難以見巧耶? 古人不得不然,後人不識其所以然,乃視爲當然,又從而爲之詞。於是《春秋》書法遂成史家模楷,而言史筆幾與言詩筆莫辨。楊萬里《誠齋集》卷一一四《詩話》嘗引"微而顯"四語與《史記》稱《國風》二語而申之曰:"此《詩》與《春秋》紀事之妙也!"因舉唐宋人詩詞爲例(參觀卷八三《頤菴詩稿序》),是其驗矣。《史通·敍事》一篇實即五例中"微"、"晦"二例之發揮。有曰:"敍事之工者,以簡要爲主,簡之時義大矣哉! ⋯⋯晦也者,省字約文,事溢於句外。然則晦之將顯,優劣不同,較可知矣。⋯⋯一言而鉅細咸該,片語而洪纖靡漏,此皆用晦之道也。⋯⋯夫《經》以數字包義,而《傳》以一句成言,雖繁約有殊,而隱晦無異。⋯⋯雖發語已殫,而含意未盡,使夫讀者望表而知裏,捫毛而辨骨,覩一事於句中,反三隅於字外,晦之時義大矣哉!"《史通》所謂"晦",正《文心雕龍·隱秀》篇所謂"隱","餘味曲包","情在詞外";施用不同,波瀾莫二。劉氏復終之曰:"夫讀古史者,明其章句,皆可詠歌";則是史是詩,迷離難別。老生常談曰"六經皆史",曰"詩史",蓋以詩當史,安知劉氏直視史如詩,求詩於史乎?[75]

案:錢先生謂《春秋》文字簡約,殆因漆文竹簡繁重不勝之故。

---

[75] 《管錐編》頁 163—164。

惟沈玉成先生等則謂《左傳》、《國語》所載甚詳,必有所據,春秋之世,當已有記載詳細之史籍,不必盡如孔子《春秋》之簡奧也。⑰ 趙伯雄先生則認爲綱要式之大事記,乃春秋時代各國史官記事之常法。⑰ 趙先生之説,似與沈先生不同。惟趙先生亦僅謂綱要式之編年大事記,爲當時各國史册記事之通例;至於當時是否有記載詳細之文字,趙先生亦無全然否定也。

錢先生又認爲《春秋》文字簡約,"微"、"晦"、"謹嚴",乃不得不然。後人不知,遂以《春秋》書法爲史家之楷模,復以史筆與詩筆並論,如楊萬里(1127—1206)即引"微而顯"四語,認

---

⑰ 沈玉成、劉寧合著之《春秋左傳學史稿》曰:"《春秋》不僅文字簡約,而且僅記事而不記言,更不發表任何議論。這個問題是不能用當時書寫工具不方便來作解釋的,因爲在《春秋》之後不久,就出現了《左傳》、《國語》這樣洋洋灑灑的史册,而《左傳》、《國語》如果没有國家檔案作爲依據,不論左丘明或者其他甚麽人都是決不可能編寫出來的。而《墨子·明鬼》所載四國'春秋',文字風格近於戰國後期的著作,可見出於《墨子》作者據所聞而改寫,不過内容情節卻完全不像《春秋》而近於三傳叙事。根據《墨子》中引録'齊之春秋',比較今傳的《春秋》,衛聚賢先生在《古史研究·春秋的研究》中得出結論説,原來的'魯之春秋'原是很詳細的記載,如《左傳》、《國語》一樣,後經孔子用歸納法把它提綱挈領摘要録出,如《通鑑綱目》的綱一樣。即《史記》所説的"約其辭文,去其煩重。'雖然是大膽的假設而缺乏小心的求證(由於史料缺乏,實際上無法找到更多的證據),但並不能否認其中的合理因素"。參《春秋左傳學史稿》(南京:江蘇古籍出版社,1992年6月)頁21。

⑰ 趙伯雄《春秋學史》曰:"《春秋》中的一條記事,少則幾個字,多者也就是三四十個字,一般只記時、地、人、事,絕無枝蔓描寫,絕無人物對話,也極少解釋性的、説明因果的文字,幾乎全不帶感情色彩。這種記事方法,可能是當時各國史册記事的通例。晉國的靈公被大夫趙盾的族人殺死,晉國的太史就在國史上記下了'趙盾弒其君';齊國發生了莊公在崔杼家被殺的事件,齊國的太史就直接記爲'崔杼弒其君';還有前面提到的載在'諸侯之策'的'孫林父、寧殖出其君',都説明當時各國史官記事,確有一種我們今日在《春秋》中所見到的記事法。這種綱要式的、編年大事記式的史書,在晉朝太康年間汲冢出土的戰國簡策中也可以看到,這就是作爲晉魏史的《竹書紀年》。東晉杜預是親眼見到過這批簡策的,他在談到《竹書紀年》時説:'(是書)蓋魏國之史記也。……其著書文意大似《春秋經》,推此足見古者國史策書之常法。'杜預此語是用《竹書紀年》印證《春秋經》,指出從春秋至戰國,那種綱要式的大事記是各國史官記事的常法,並非晉國或魯國所獨有的。"參《春秋學史》(濟南:山東教育出版社,2004年)頁4—5。

爲此乃《春秋》紀事之妙,並舉唐宋詩詞爲例論之,以爲《春秋》
與詩詞,皆言有盡而意無窮。案:楊萬里《誠齋詩話》云:

> 太史公曰:"《國風》好色而不淫,《小雅》怨悱而不
> 亂。"《左氏傳》曰:"《春秋》之稱,微而顯,志而晦,婉而成
> 章,盡而不汙。"此《詩》與《春秋》紀事之妙也。近世詞人,
> 閒情之靡,如伯有所賦,趙武所不得聞者,有過之無不及
> 焉,是得爲好色而不淫乎?惟晏叔原云:"落花人獨立,微
> 雨燕雙飛。"可謂好色而不淫矣。唐人《長門怨》云:"珊瑚
> 枕上千行淚,不是思君是恨君。"是得爲怨悱而不亂乎?
> 惟劉長卿云:"月來深殿早,春到後宮遲。"可謂怨悱而不
> 亂矣。近世陳克《詠李伯時畫寧王進史圖》云:"汗簡不知
> 天上事,至尊新納壽王妃。"是得謂爲微、爲晦、爲婉、爲不
> 汙穢乎?惟李義山云:"侍宴歸來宮漏永,薛王沈醉壽王
> 醒。"可謂微婉顯晦,盡而不汙矣。⑱

楊萬里盛推李商隱(813—858)《龍池》詩末二句,以爲能盡"微
婉顯晦,盡而不汙"之妙。案:李商隱《龍池》詩曰:

> 龍池賜酒敞雲屏,羯鼓聲高衆樂停。夜半宴歸宮漏
> 永,薛王沉醉壽王醒。⑲

羅大經(1196—1242)謂此詩"詞微而顯,得風人之旨",⑳蓋唐

---

⑱ 楊萬里《誠齋詩話》載《景印文淵閣四庫全書》第 1480 冊(臺北:臺灣商務印書
館,1983 年)頁 5—6。

⑲ 劉學鍇、余恕誠合編《李商隱詩歌集解》(北京:中華書局,1988 年)頁 1514。

⑳ 羅大經《鶴林玉露》(北京:中華書局,1983 年)頁 143。

玄宗既納壽王妃楊玉環,其後龍池賜酒,衆人皆醉,壽王獨醒,以愛妃被奪故也。詩曰:"夜半宴歸宮漏永,薛王沉醉壽王醒。"醉醒對照,沉醉者不必薛王,偶舉作襯而已;惟壽王則宮漏夜永,輾轉無眠。吳喬(清人,生卒年不詳)謂其有含蓄不盡之意。[81]

楊萬里所謂"微婉顯晦,盡而不汙"者,當爲"微而顯,志而晦,婉而成章,盡而不汙"之提要鈎玄。楊氏如何理解"微婉顯晦",似難確考;惟張高評先生於《春秋》"五情"及"微婉顯晦",則有詳細之探討。張先生曰:

《左傳》成公十四年載:"《春秋》之稱,微而顯,志而晦,婉而成章,盡而不汙,懲惡而勸善,非聖人孰能修之。"此即所謂"《春秋》五例"。前四例側重《春秋》之遣辭用筆,屬修辭學範圍;最後一例著重倫理教化,社會功能,後世皆尊崇之,稱爲《春秋》書法,或史家筆法,簡稱爲書法或史筆。蓋《春秋》書法在修辭方面,講究措辭簡要,而旨趣顯豁;明載史實,而意蘊深遠;委婉曲折,而順理成章;周賅盡致,而不歪曲事理,此四者之語言結構特色,在用晦、尚簡、崇虛、貴曲;而晦、簡、虛、曲之風格,最易形成含蓄美與朦朧美之詩美趣味。就比較而言,運用微婉顯晦之史筆,其意象組合有意破棄常識邏輯之關聯、過渡、轉折和交代,於是語境剝離、變形,文意斷裂、跳躍,此與宋代詩話標榜之"詩家語"、"詩家三昧"的變形結構有異曲同工之妙。而其含蓄美、朦朧美,則與"溫柔敦厚"、"主文譎諫"之傳

[81]　吳喬《圍爐詩話》,《續修四庫全書》第 1697 冊(上海:上海古籍出版社,1995年)卷一頁 8。

統詩教近似；章學誠所謂"通六藝比興之旨，而後可以講春王正月之書"，比興之旨，即言婉多風之詩教，此與"甚幽而明，無傳而著"之筆削大義，"旁見側出，未敢斥言"之《春秋》之教，豈非貌異而心同？……至於"懲惡勸善"之褒貶使命，等同於詩教之美刺功能，又可與"興觀群怨"之"言志"教化相發明，更與屬辭比事、筆削見義之《春秋》之教"相融通，此皆顯而易見者，不必辭費。⑧②

堯案：張先生稱"《春秋》五例"，而不言"《春秋》五情"，蓋即承自錢鍾書先生。張先生謂"前四例側重《春秋》之遣辭用筆，屬修辭學範圍"，此猶錢先生所謂"載筆之體"，惟張先生之分析，似較錢先生更進一境。張先生又曰："《春秋》書法在修辭方面，講究措辭簡要，而旨趣顯豁；明載史實，而意蘊深遠；委婉曲折，而順理成章；周賅盡致，而不歪曲事實，此四者之語言結構特色，在用晦、尚簡、崇虛、貴曲。"觀其所言，似爲錢先生"辭約義隱"之進一步申衍，而其所指斥者，即"微而顯，志而晦，婉而成章，盡而不汙"四情。張先生又以"微婉顯晦"爲標題，就"四情"分別言之。張先生曰：

　　《春秋》五例中的"微而顯"，猶詩論家所謂"文約義豐"。⑧③

　　堯案：杜《注》釋"微而顯"曰："辭微而義顯。"昭公三十一年孔《疏》曰："微而顯者，據文雖微隱，而義理顯著。"⑧④竹添光

---

⑧②　張高評《春秋書法與左傳學史》(上海：上海古籍出版社，2005 年)頁 126—127。
⑧③　《春秋書法與左傳學史》頁 138。
⑧④　《左傳注疏》卷五三頁 20。

鴻則以"文字希少"釋"微",⑧⑤高本漢、楊伯峻(1909—1992)說
與竹添氏略同。高本漢釋"微而顯"曰:"(微—微小=)簡潔但
是却明白。"⑧⑥楊伯峻曰:"言辭不多而意義顯豁。"⑧⑦案:三家之
說,似有可商。《說文·彳部》:"微,隱行也。"⑧⑧雷浚(1814—
1893)《說文引經例釋》於"隱行也"下曰:"引申爲凡隱匿之
稱。"⑧⑨又《說文·人部》有"散"字,段玉裁(1735—1815)《說文
解字注》曰:"散,眇也。"又云:"眇,各本作妙。……凡古言散
眇者,即今之微妙字。眇者,小也。引申爲凡細之偁。"⑨⓪細小,
故微隱,其義相因。上引昭公三十一年孔《疏》以"微隱"釋
"微",可謂得之。董仲舒(公元前176—公元前104)《春秋繁
露》云:"《春秋》記天下之得失,而見所以然之故,甚幽而
明。"⑨①"幽而明",殆即"微而顯"之意。"幽"、"微"未必與"文
字希少"、"言辭不多"、"簡潔"全同也。周振甫先生釋"微而
顯"曰:"光看文字看不出它的用意,叫微;把同類的寫法一對
照,就明白了,叫顯。"⑨②似得其意。張高評先生所謂"文約"、
"措辭簡要",未必是也。若溯其源,"文約"、"措辭簡要"二
語,似即承自錢鍾書先生之"辭約"、"簡要"。

　至於"志而晦",張先生以"明載史實,而意蘊深遠"釋之,
又謂"即是詩家之'蘊藉隱秀'"。⑨③杜《注》釋"志而晦"曰:

---

⑧⑤　《左氏會箋》卷一三頁22。
⑧⑥　《高本漢左傳注釋》頁340。
⑧⑦　楊伯峻《春秋左傳注》修訂本(北京:中華書局,1990年5月)頁870。
⑧⑧　見《說文解字詁林》頁816a。
⑧⑨　同上,頁816b。
⑨⓪　同上,頁3548b。
⑨①　董仲舒《春秋繁露》,《景印文淵閣四庫全書》第181冊卷二頁5。
⑨②　《周振甫講古代文論》頁38。
⑨③　《春秋書法與左傳學史》頁138。

“志,記也。晦,亦微也。謂約言以記事,事敘而文微。”⑭杜
《注》以“微”釋“晦”,微者,微隱也,此即周振甫先生所謂“隱
晦”。⑮　周先生之“隱晦”,所言者爲史書記載之法,與杜《注》
同。惟錢鍾書先生則引《史通》曰:“晦也者,省字約文,事溢於
句外。……雖發語已殫,而含意未盡,使夫讀者望表而知裏,捫
毛而辨骨,覘一事於句中,反三隅於字外,晦之時義大矣哉!”
又認爲“《史通》所謂‘晦’,正《文心雕龍·隱秀》篇所謂‘隱’,
‘餘味曲包’,‘情在詞外’;施用不同,波瀾莫二。……則是史
是詩,迷離難別。”是張高評先生所言“詩家之‘蘊藉隱秀’”,實
受錢先生之影響。《春秋》微隱之情,似不必等同於詩家之“蘊
藉隱秀”也。

　　又“婉而成章”,杜《注》釋之曰:“婉,曲也。謂屈曲其辭,
有所辟諱,以示大順,而成篇章。”至若“盡而不汙”,杜《注》曰:
“謂直言其事,盡其事實,無所汙曲。”⑯孔《疏》云:“直書其事,
不爲之隱,具爲其文,以見譏意,是其事實盡而不有汙曲也。”
“婉而成章”所重者,在“有所辟諱,以示大順”;“盡而不汙”所
重者,在“直書其事,不爲之隱,具爲其文,以見譏意,是其事實
盡而不有汙曲”。張高評先生以“委婉曲折,而順理成章;周賅
盡致,而不歪曲事理”釋之,輕重之際,似不盡相同。

　　綜上所論,張先生於“微而顯”、“志而晦”、“婉而成章”、
“盡而不汙”四情之闡釋,實有所申衍。而其申衍之方向,與錢
鍾書先生略同。張先生進而論之曰:“此四者之語言結構特
色,在用晦、尚簡、崇虛、貴曲;而晦、簡、虛、曲之風格,最易形成
含蓄美與朦朧美之詩美趣味。……而其含蓄美、朦朧美,則與

---

⑭　《左傳注疏》卷二七頁 19。

⑮　《周振甫講古代文論》頁 38。

⑯　竹添光鴻、高本漢、錢鍾書先生有關“盡而不汙”之解釋,請參本文第三節。

'溫柔敦厚'、'主文譎諫'之傳統詩教近似。"此又爲進一步之申衍矣。

堯案:《春秋》"五情"所重,本在經學。"微而顯"、"志而晦"、"婉而成章"、"盡而不汙"四者,與詩詞之言有盡而意無窮,性質究竟不同。觀杜預所舉稱族尊君命、舍族尊夫人、梁亡、城緣陵、參會不地、與謀曰及、諸所諱辟、璧假許田、丹楹刻桷、天王求車、齊侯獻捷諸例,⑰皆無詩意詩味,知不可以《春秋》爲詩也。

---

⑰ 參《讀杜預〈春秋經傳集解序〉五情說小識》,收錄於《左傳學論集》頁 73—95。

饒宗頤教授古文字書藝管窺

饒公選堂固庵教授,博撢群藝,精研小學,甲骨、金石、簡帛、篆籀,無所不窺,燭幽抉微,多所創獲,[①]蜚聲中外,實至名歸。饒公於文字之學,既已窮原竟委,學藝雙攜,其書風亦戞戞獨造。今謹就饒公之古文字書藝,賞覽所得,略陳管見,以就正於方家,以就教於固庵教授。

一

饒公論"學書歷程",謂"須由上而下",以爲"不從先秦、漢、魏植基,則莫由渾厚"。[②] 今日所見文字,以甲骨文爲最古。由於這些龜甲、獸骨上的文字,是用刀契刻而成,因此,顯得特別剛勁有力。此外,甲骨文仍帶有圖畫性質,一字多形,自然活

---

① 參《饒宗頤二十世紀學術論文集》全 20 册(臺北:新文豐出版股份有限公司,2003 年)。
② 見《論書十要》,收入《饒宗頤二十世紀學術論文集》第 18 册頁 124。

潑,饒有古趣(參圖一③)。

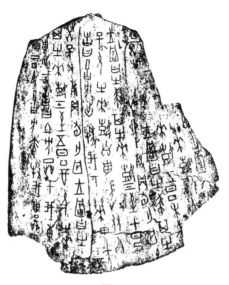

圖一

　　自 19 世紀末契文出土以來,治甲骨學者,世稱四堂,即羅
雪堂(振玉,1866—1940)、王觀堂(國維,1877—1927)、郭鼎堂
(沫若,1892—1978)及董彥堂(作賓,1895—1963)。契學四堂
之中,王觀堂、郭鼎堂之契文書法,甚難得見。羅雪堂、董彥堂
二氏,則傳世作品較多。羅氏喜以金文、小篆入甲骨④(參圖

③　羅振玉《殷虛書契菁華》(1914 年刊本)第 2 片,原書無出版地及頁碼。
④　林公武以爲"羅振玉所書寫的甲骨文,其筆法、體勢,都極似金文",詳見《潘主
　　蘭甲骨文書法》(福州:福建美術出版社,2002 年)頁 5。張俊之則以爲"羅氏甲
　　骨文書法,是吸收篆意而雅化了",見《羅振玉對甲骨文書法的貢獻》,《書法》
　　1998 年第 3 期(1998 年 5 月)頁 43—44。有關羅氏契文書法較全面之論析,可
　　參考賈書晟、張鴻賓合著之《漢字書法通解·甲骨文》(北京:文物出版社,
　　2005 年)頁 72—74。此書第七章(頁 72—85)詳論甲骨文書家十五人,圖文並
　　茂,足資參看,以見諸家之風格特色。

二⑤)，董氏則善於展現契文刀刻之剛健⑥（參圖三⑦）。

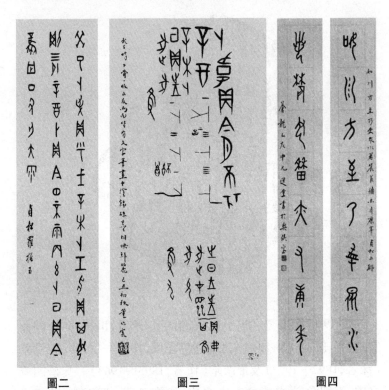

圖二　　　　　　　圖三　　　　　　　圖四

選堂教授精研卜辭，其《殷代貞卜人物通考》一書，1959 年由香港大學出版社付梓，深受學者重視，或以之合四堂而成五堂。選堂教授之契文書法，風格多樣。圖四⑧爲其所書羅雪堂集甲骨聯，

---

⑤　見許禮平主編之《羅振玉法書集》（香港：翰墨軒出版有限公司，1998 年）頁 5。
⑥　詳參張道森《從美術角度看董作賓的甲骨文書法》，載郭新和主編之《董作賓與甲骨學研究》（開封：河南大學出版社，2003 年）頁 188—189。
⑦　見《董作賓與甲骨學研究》頁 194。
⑧　見鄧偉雄主編之《選堂書法叢刊Ⅱ·聯書相暎·對聯》（香港：港澳發展有限公司，2005 年）頁 10。

成於 1995 年,風格亦與雪堂相近,屬清逸一路,且頗多篆筆。圖
五⑨亦爲選堂教授所書羅雪堂集殷契聯,成於 1996 年,落筆厚重,
與雪堂之清麗風格頗有不同(雪堂原作,參圖六⑩)。至於圖七⑪之
契聯,則稍瘦硬。饒公之甲骨文書法,由早期至近期,多喜展現筆
墨乾濕變化之意趣(參圖八⑫及圖九⑬),圖八用筆尤見流麗。圖
十⑭爲饒公以懸針篆筆作契聯,風格獨特。圖十一⑮則爲饒公以茅
龍筆書甲骨體"長樂康寧"四字,筆墨淋漓,形神俱妙,堪稱傑作。

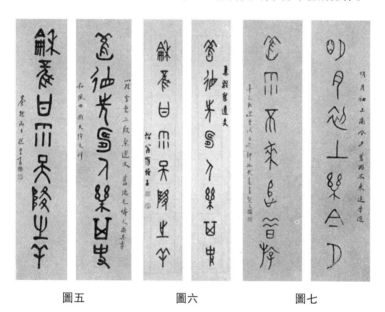

圖五　　　　　圖六　　　　　圖七

⑨　同上,頁 9。
⑩　同注 5,頁 29。
⑪　同注 8,頁 12。此聯寫於 2001 年。
⑫　同注 8,頁 8。此聯乃饒公六十年代所書。
⑬　同注 8,頁 13。此聯寫於 2005 年。
⑭　同注 8,頁 11。
⑮　見鄧偉雄主編之《選堂書法叢刊I・雅言雋句・匾額》(香港: 港澳發展有限公司,
　　2005 年)頁 93。

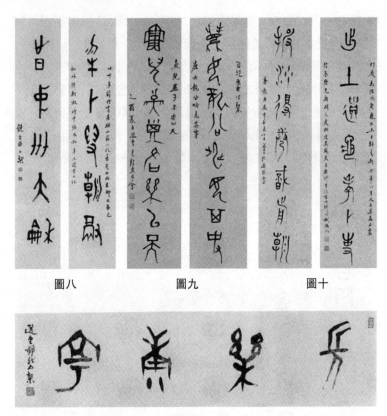

圖八　　　　　圖九　　　　　圖十

圖十一

二

卜辭以外,固庵教授亦精研三代吉金之學,⑯所書金文,古

---

⑯　饒公八十年代與曾憲通教授合撰《隨縣曾侯乙墓鐘磬銘辭研究》(香港:中文大
學出版社,1985 年)。近年復於《華學》、《九州學林》、《文物》等刊物,發表多篇
論文,於吉金之學多所抉發,皆已收入沈建華女士主編之《饒宗頤新出土文獻論
證》(上海:上海古籍出版社,2005 年)頁 49—66、138—140。

趣盎然。觀乎選堂教授所書樂書缶銘,原拓片之字,線條粗細均勻,結體取圓勢,用筆流麗婉轉(見圖十二[17]);饒教授則以瘦硬之筆爲之,筆法靈動,別具韻致(參圖十三[18])。屈志仁教授指出:

圖十二　　　　　　　　圖十三

　　在饒教授的其中一個藝術領域之中,學問的表現是明顯的,那就是他的書法。他在古文字方面的卓越知識,除了確保他各種書體寫法無誤之外,還使他能夠在一定的可接受的範圍內創造出自己的體格來。[19]

---

[17]　見沃興華《金文書法》(上海:上海人民出版社,2004 年)頁 20。

[18]　見鄧偉雄編述《通會之際:饒宗頤書法集》(香港:港澳發展有限公司,2003 年)頁 75。

[19]　《引言》,《選堂雅聚:饒宗頤書畫藝術》(澳門:澳門藝術博物館,2001 年)頁 11。

　　1977 年,饒公最少把曾姬無卹壺銘寫了兩次(曾姬無卹壺
原拓片見圖十四,[20]饒公寫本見圖十五、[21]圖十六[22])。曾姬無

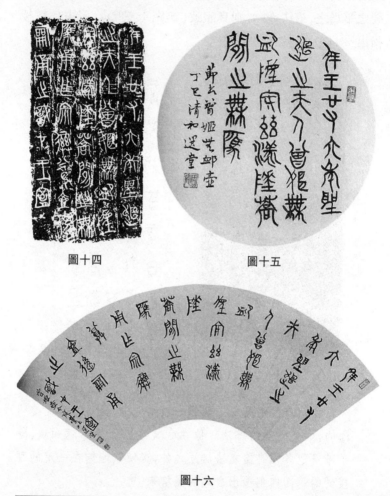

圖十四　　　　　　　　　　圖十五

圖十六

---

[20]　同注 17,頁 83。

[21]　見鄧偉雄主編之《選堂書法叢刊Ⅳ・惠風和暢・成扇、紈扇》(香港:香港大學
　　　饒宗頤學術館,2006 年)頁 112。

[22]　同上,頁 78。

卹壺原文圓轉流暢,用的是典型的金文線條。圖十六的饒公寫本,用的是相對乾筆,對原拓本已有所演繹,但二者相距還比較接近;圖十五的寫本,用的是濕筆,較多呈現草書線條。由此可見,饒公摹寫金文,往往不斤斤於形似。

正如屈志仁教授所説,饒公往往"在一定的可接受的範圍内創造出自己的體格來",在摹寫朱爲弼集金文聯時,饒公引入隸筆(朱爲弼原作見圖十七,[23]饒公寫本見圖十八[24])。鄭德坤教授曰:

> 他(引者案:指固庵教授)的書法自殷墟卜辭至明末高賢各種書體,隨意寫來,神韻超逸,用筆渾厚華滋,自具面目,可見本根既立,則無往而不利。……金文筆法,亦具特色,以隸入篆,以方爲圓,不拘形迹,而古意渾穆。九尺立軸楹聯,氣魄雄偉,有非清代諸家所能者。[25]

圖十九[26]是饒公以隸勢入金文的另一例子。

饒公嘗於一扇之上,並書齊、楚二國文字(見圖二十[27])。齊、楚書風迴異,沃興華先生曰:

> 公元前 489 年,齊國的田乞……發動政變……齊國自從田氏掌權以後,書法風格發生了新的變化……豎畫都逐漸垂直,向勁挺峭拔的方向發展,這是齊國金文進入東周

㉓　見《中國書法大成》第 8 册(北京:中國書店,1991 年)頁 149。
㉔　見鄧偉雄主編之《饒宗頤藝術創作匯集Ⅸ·翰逸神飛·各體書法》(香港:香港大學饒宗頤學術館,2006 年)頁 126。
㉕　見《選堂書畫集·序》(香港:香雪莊,1978 年)。
㉖　同注 8,頁 24。
㉗　同注 8,頁 112。

圖十七　　　　圖十八　　　　圖十九

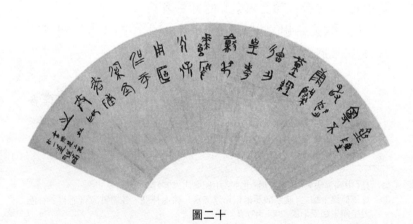

圖二十

　　以後的一大轉變;尤其是陳曼簠……橫平豎直,線條剛勁,
　　與楚國截然不同,成為一種以遒美勝的新穎書風。㉓

饒公所書扇面,前段寫陳曼簠銘,結字硬朗;後段則盡顯楚
文字之遒媚多姿。饒公書寫古文字,風格多樣,於斯可見
一斑。

　　圖二十一㉙爲饒公集中山王譽器字七言聯,風格一如原
器,工整挺勁。圖二十二㉚爲固庵教授以趙寒山法寫金文聯
語,墨氣淋漓,宛轉流麗,與圖二十一形成強烈對比。

圖二十一　　　　　　　圖二十二

㉓　同注 17,頁 18。
㉙　見《澄心選萃:饒宗頤的藝術》(香港:中國健康工程引發基金會,1999 年)
　　頁 99。
㉚　同注 18,頁 32。

圖二十三、[31]二十四、[32]二十五[33]爲饒公所書金文橫額，揮灑
自如，極具創意。圖二十六、[34]二十七[35]四字全同，風格相近，其
變化微妙處，尤堪賞玩。

圖二十三

圖二十四

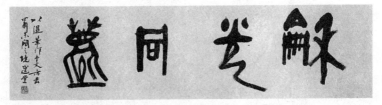

圖二十五

---

[31] 同注 15，頁 95。
[32] 同注 24，頁 90。
[33] 同注 15，頁 12。
[34] 同注 18，頁 61。
[35] 同注 15，頁 78。

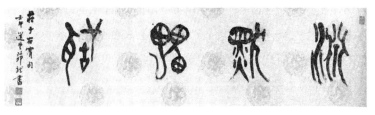

圖二十六

圖二十七

三

固庵教授以爲：“新出土秦漢簡帛諸書，奇古悉如椎畫，且皆是筆墨原狀，無碑刻斷爛、臃腫之失，最堪師法。”[36]又云：

> 中國的書法研究有三個階段：帖學，碑學，第三就是今天的簡帛學。竹簡、帛、馬王堆的帛，這已是一大堆東西……書法程式化以後，就很難突破了，沒有新意可言，等於科舉。但是簡帛上的字基本上沒有程式化，有很多創意，而且都是筆墨原狀，絕無碑刻折爛臃腫的缺點，以此爲師是最好的了。……21世紀的書法是簡帛學，許多寫書法的人不懂簡帛。我是研究這一部分的人……可以把我

[36]　同注2，頁124—125。

的餘年放在這方面做些創作。不是回到碑，而是回到簡帛。這個"回"不是回頭，而是借舊的東西來創新，因爲缺乏舊的延承，首創很難。這是簡帛的時代，我願意獻身，把重點擺在這上面。㊲

饒公於楚系簡帛研究，早著先鞭，20 世紀 50 年代已發表專文，多所論述。㊳ 八十年代與曾憲通教授合著《楚帛書》（香港：中華書局，1985 年），乃治楚文字者案頭必備之重要讀物。文字考釋以外，固庵教授亦曾就繒書之書法特色詳加論述：

> 帛書結體，在篆、隸之間，形體爲古文，而行筆則開隸勢，所有橫筆，微帶波挑，收筆往往稍下垂……帛書橫畫起筆，多先作一縱點，然後接寫橫筆。此法在吳天發神讖碑亦擅用之。……帛書通篇以此取態，起筆重而住垂縮，橫畫故意不平不直，而挺勁秀峻。……張懷瓘《六體書論》稱："隸書程邈所造，字皆真正，故曰真書。"按分、隸之興，非自秦始，此特指秦隸耳。今觀楚帛書已全作隸勢，結體扁衡，而分勢開張，刻意波發，實開後漢中郎分法之先河，孰謂隸書始於程邈哉？惟帛書用圓筆而不用方，以圓筆而取衡勢，體隸而筆篆也；若吳天璽碑則作方筆，以方筆而取縱勢，體篆而筆近隸也。此爲二者之異趣。至於行筆之起訖……楚帛書用筆渾圓無所謂懸針，而起訖重輕，藏鋒抽穎，風力危峭，於此可悟隸勢寫法之所祖。……楚帛書亦

㊲　見林在勇主編之《饒宗頤學述》（杭州：浙江人民出版社，2000 年）頁 102。

㊳　固庵教授早於 1954 年，已發表《長沙楚墓時占神物圖卷考釋》一文，刊《東方文化》第 1 卷第 1 期頁 69—84。及後又撰成《長沙出土戰國楚簡初釋》（1954 年，香港大學馮平山圖書館藏油印本）及《長沙出土戰國繒書新釋》（1958 年，香港大學馮平山圖書館藏油印本），於簡帛文字，窮源稽討，建樹良多。

傾向於外拓,分勢特多,具有褚之神理,體爲古文,其實即
當日之真書,真書由八分變來,亦帶波挑,由帛書可追尋分
勢之所始……況出於寫本真跡,不更可寶貴也耶?!③

饒公謂楚帛書全作隸勢,結體扁衡,惟用圓筆而不用方,體隸而
筆篆。固庵教授寫楚帛書,則參用楚簡文字,稍加演繹,個別文
字結體較楚帛書原文略長,間中用隸筆和乾筆,故另有一番味
道(楚帛書原文見圖二十八,④饒公寫本見圖二十九④)。

圖二十八　　　　　圖二十九

③　《楚帛書之書法藝術》,載《楚地出土文獻三種研究》(北京:中華書局,1993
　　年)頁341—342。又參 Jao Tsung-i, " The Calligraphic Art of the Chu Silk
　　Manuscript", *Orientations*, Vol.18 No.9 (September, 1987), pp.79–84。
④　見饒宗頤、曾憲通合著《楚帛書》(香港:中華書局,1985年)圖版頁20—21。
④　見《饒宗頤書畫集》(香港:中文大學出版社,1989年)頁61。

再看圖三十一、㊷三十二、㊸三十三㊹所載饒公節錄楚帛書,部分文字全同,我們可以欣賞到固庵教授如何以不同方式演繹楚繒文字(楚帛書原文見圖三十㊺)。

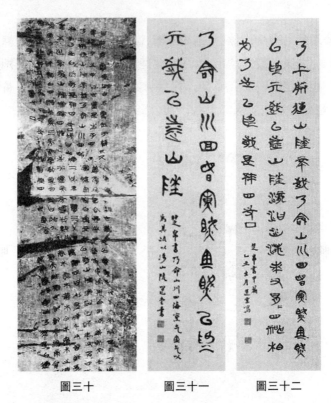

圖三十　　　　圖三十一　　　　圖三十二

㊷　見鄧偉雄主編之《選堂書法叢刊Ⅲ・意愜神飛・條幅》(香港:香港大學饒宗頤學術館,2006 年)頁 21。此條幅寫於 2001 年。
㊸　見鄧偉雄主編之《饒宗頤藝術創作匯集Ⅹ・通會今古・擬古書法》(香港:香港大學饒宗頤學術館,2006 年)頁 21。此條幅寫於 1985 年。
㊹　同注 21,頁 77。此扇面寫於 1977 年。
㊺　見《中國法書選 10——木簡・竹簡・帛書(戰國・秦・漢・晉)》(東京:二玄社,1990 年)頁 2。

圖三十三

固庵教授寫字,喜博參眾體。圖三十四[46]之饒公楚帛書對聯,即參用懸針篆筆法,蓋饒公認爲帛書筆勢乃"懸針之稍變者也"。此對聯之風格,又與圖三十一至三十三之饒公帛書文字書法頗有不同,足見固庵教授書風之變化萬千。圖三十五[47]之匾額,"萬民有福"四字,在圖三十四亦曾出現,其中異同,頗堪咀嚼。

至於楚簡書風,日人江村治樹以爲重圓勢、露鋒。[48] 福田哲之進一步指出:

圖三十四

　　右邊上揚的橫畫、向下方捲入的收筆、向左傾斜的文字結構,這樣的特徵雖然有程度上之差別,卻可以認定

---

[46] 同注 18,頁 10。
[47] 同注 15,頁 14。
[48] 詳參《戰國秦漢時代の簡牘文字の變遷》,載《春秋戰國秦漢時代出土文字資料の研究》(東京:汲古書院,2000 年)頁 554—630。

圖三十五

幾乎是全部楚簡的共同特色,顯示以右廻旋爲基調的運筆
乃是楚簡文字之主要樣式。⑭

　　饒公所書楚簡文字,則稍減圓勢,收筆間中呈現波磔,不盡向下
方捲入,然論起筆之奇崛,以及體勢之渾重淳蓄,嶄絕多姿,⑩
則饒公所書,絕不在原簡之下(郭店楚簡原文見圖三十六、⑪三
十八,⑫饒公寫本見圖三十七、⑬三十九⑭)。

　　上文提到,饒公寫楚帛書,喜參用楚簡文字。事實上,饒公
寫楚簡文字,有時也參用楚帛書,圖四十⑮之對聯,即爲一例,饒
公題款云:"以新出土楚簡筆法,參繒書體勢。"觀其書法,奇縱恣
肆,實有出楚簡筆法及繒書體勢以外者。饒公又書"壽而康"三
字,題款云:"荆楚簡文別出新樣。"(見圖四十一⑯)案荆楚簡文,
固然別出新樣;饒公所書,遒勁躍動,渾然天成,更是別出新樣。

⑭　見《戰國簡牘文字之兩種樣式》,載佐藤將之、王綉雯合譯之《中國出土古文獻
　　與戰國文字之研究》(臺北:萬卷樓圖書股份有限公司,2005 年)頁 165。
⑩　參圖三十七饒公題款語。
⑪　見《郭店楚墓竹簡》(北京:文物出版社,1998 年)頁 7。爲方便讀者,簡文起迄,
　　曾加剪接,與原簡略異。圖三十八亦然。
⑫　同上注,頁 18—19。
⑬　同注 43,頁 22。
⑭　同注 43,頁 9。
⑮　同注 18,頁 18。
⑯　同注 15,頁 71。

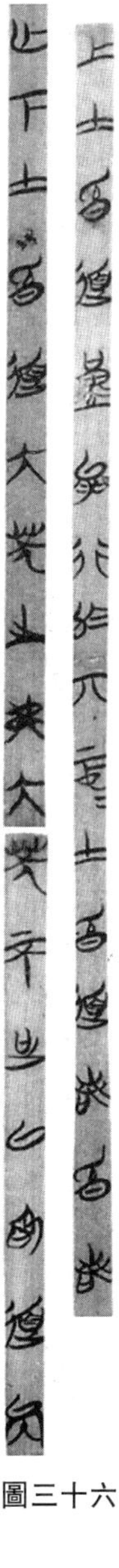

圖三十六

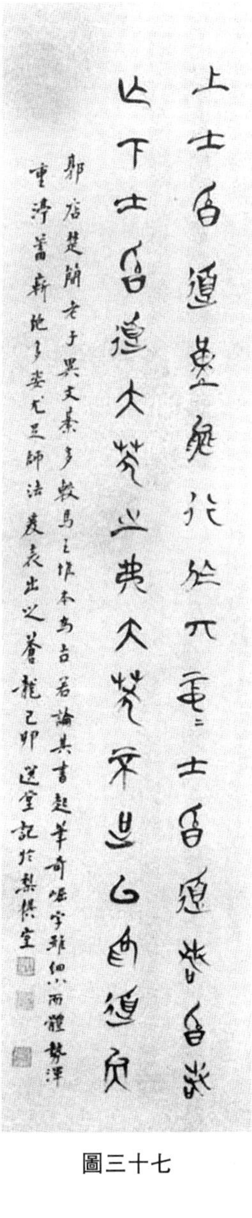

圖三十七

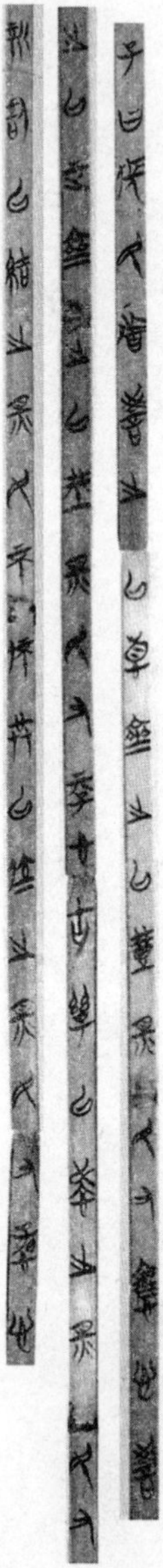

圖三十八

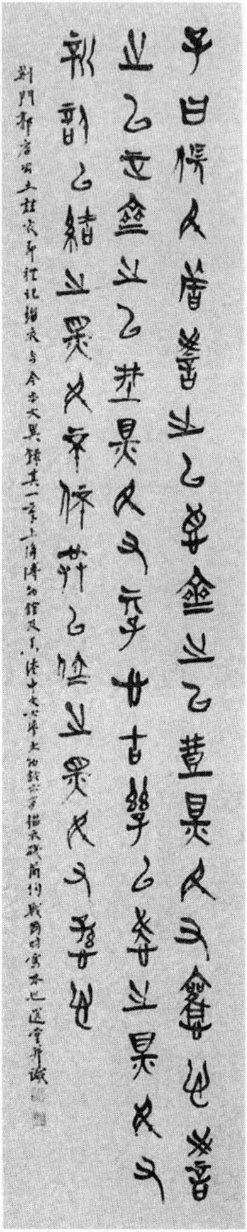

圖三十九

圖四十

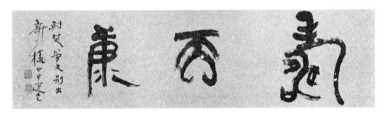

圖四十一

　　今天能見到的早期簡書,除楚簡外,還有秦簡。相對而言,楚簡靈動,而秦簡質實。圖四十二[57]是 1975 年湖北雲夢城西睡虎地出土的秦簡《爲吏之道》,簡文樸茂穩實,線條圓潤寓方,

⑤ 同注 45,頁 29。

用筆頓挫顯著,實開漢隸蠶頭燕尾、一波三折之先河。饒公所
書《爲吏之道》(圖四十三[58]),則較多篆筆,挺勁高古,筆力雄健。

圖四十二　　　　　　圖四十三

　　1972—1974 年,湖南長沙馬王堆出土了大批簡牘與帛書。
帛書的書體與雲夢秦簡的書體屬同一系統。帛書之中,《老
子》甲本篆意頗濃,風格古厚,比較突出右下側的波磔(參圖四
十四[59])。饒公有不只一個寫本,圖四十五[60]的寫本較接近《老

⑧　同注43,頁26。此條幅寫於 1997 年。

⑨　見傅舉有、陳松長合編之《馬王堆漢墓文物》(長沙:湖南出版社,1992 年)頁 129。

⑩　同注43,頁9。此條幅寫於 2000 年。

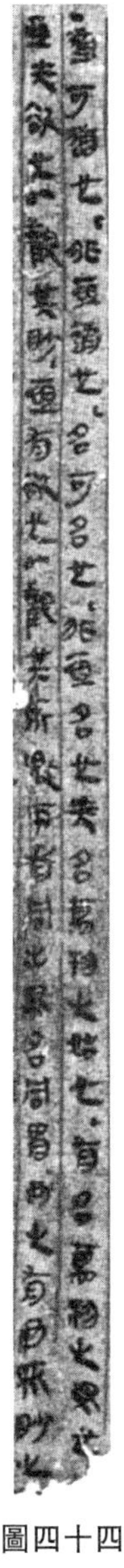

圖四十四

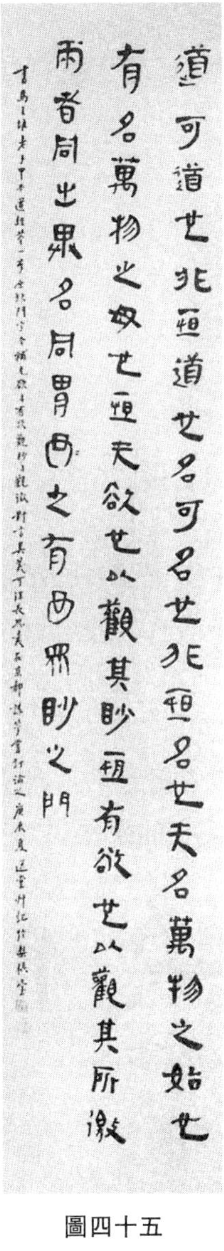

圖四十五

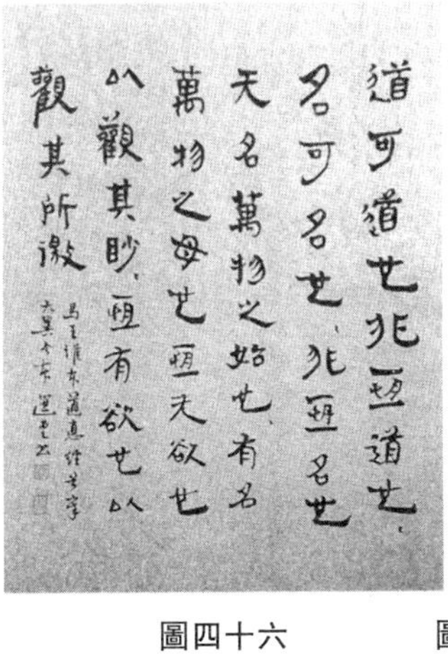

圖四十六

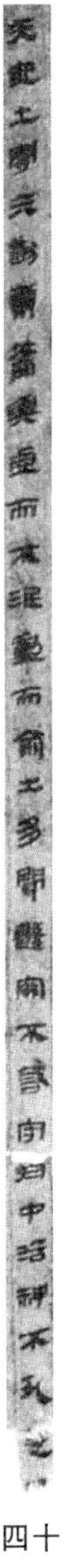

圖四十七

圖四十八

子》甲本原文,圖四十六[61]的寫本則較自由,甚至有一些後世行書的筆法,不拘法度,寫來灑脫自然。

至於《老子》乙本(參圖四十七[62]),則隸意較濃,大多數字較扁,少部分字體勢縱長,末筆如果向右下伸展,往往特別肥厚。饒公寫本(參圖四十八[63])末筆則稍減肥厚,剛健挺勁,與《老子》乙本原文風格相近而不盡相同。

圖四十九[64]的匾額,饒公題款謂依馬王堆帛書法,但細觀其運筆,似乎也參用了馬王堆遣策文字的筆法。"解衣磅薄"

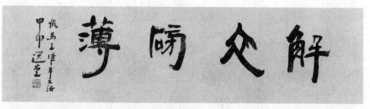

圖四十九

---

⑥ 同注43,頁8。此水墨銀咭寫於2001年。
⑥ 同注59,頁130。
⑥ 同注21,頁82。
⑥ 同注15,頁29。

四字,饒公寫來,風格蒼勁,氣勢磅薄。

　　上述馬王堆漢墓中作爲陪葬品目錄的遣策,饒公也經常書寫。試比較圖五十[65]和五十一[66]、圖五十二[67]和五十三[68]以及圖五十四[69]和五十五[70],便可看到饒公如何演繹馬王堆遣策之雄偉縱逸書風。馬王堆漢簡文字甚小,饒公拓爲大字,更顯得氣魄雄渾,圖五十六[71]之匾額及圖五十七[72]之對聯,可爲明證。

圖五十　　　　　　　圖五十一

[65]　見劉正成主編之《中國書法全集》(北京：榮寶齋出版社,1997 年)第 5 卷頁260。

[66]　同注 43,頁 27。

[67]　同注 65,頁 261。

[68]　同注 21,頁 102。

[69]　同注 65,頁 253、255。

[70]　同注 24,頁 8。

[71]　同注 18,頁 50。

[72]　同注 24,頁 116。

圖五十二　　　　　　　　圖五十三

圖五十四　　　　　　　　圖五十五

圖五十六

圖五十七

四

固庵教授於篆法極爲重視,以爲:

　　寫字宜先習篆,從一畫做起,反覆練習,以養其力,以培其勢。一畫分橫筆、豎筆;方圓,由此而生。一生二,二生三,故篆法爲一切書之母。不從此門入者,筆不能舉,力不能貫,氣不能行。石濤論畫,起於一畫,書法之理亦有同然,切不可忽。……字的外形是"勢",而内在條件卻是"力"。勢是文,而力是質,文與質兩不可廢。力的養成,"順篆"正是關鍵工夫,有勢無力,只是虚有"字樣"而已……[73]

2006 年 7 月,鄧偉雄先生主編之《選堂書法叢刊Ⅳ·惠風和暢·成扇、紈扇》出版,饒公以"篆法爲書道根基"爲題,再次强調篆法之重要,並以此代序。饒公説:

> 寫字當以篆法植基。五代、北宋人多致力於此。徐鉉小篆,畫的中心有一縷濃墨,可見行筆用力之直,北宋書法家章友直(伯益)工篆法,爲太學篆石經,執筆由高處直落到地如引綫,傳於其女。王荆公稱其塼"與斯、冰上下"。[74]

試觀圖五十八[75]之匾額,以及圖五十九[76]、六十[77]之對聯,可見饒公所書篆體,意態渾重、力透紙背。

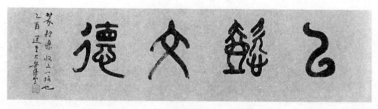

圖五十八

---

[73] 《關於中國書法的二三問題》,載《饒宗頤二十世紀學術論文集》第 18 册頁 86—87。

[74] 同注 21,頁 8。

[75] 同注 15,頁 99。

[76] 同注 8,頁 27。

[77] 同注 8,頁 35。

圖五十九　　　　　　　圖六十

　　上面的匾額及對聯，寫的基本是玉箸篆。饒公寫的更多的是懸針篆。饒公説：

　　　　篆書一般老生常談的是玉箸篆，體瘦長而筆畫首尾勻
　　　　稱……東漢以來，篆書尚有上肥下細的懸針體。[78]

　　圖六十一[79]是饒公以懸針篆寫前人所集石鼓文聯，用筆瘦勁，筆姿灑脱。圖六十二[80]中饒公的懸針篆，與圖六十一的同

─────────────

[78]　同注 73，頁 84。
[79]　同注 8，頁 21。
[80]　同注 8，頁 30。

寫於 1999 年,但兩者頗有不同,足見饒公書法的善於變化。

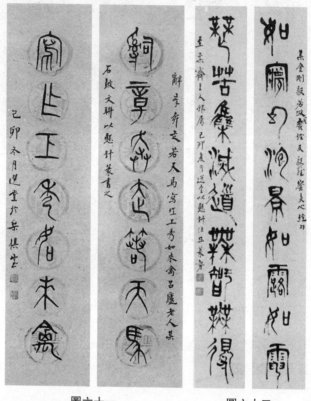

圖六十一　　　　　　　圖六十二

　　饒公指出,一般人都說懸針篆是東漢曹喜所作,但近年出土文物足以使人了解懸針篆非創始於曹喜,他以春秋時晉國的《侯馬盟書》爲例,指出六國前後,此類首粗末細的懸針型筆畫已甚流行。[31] 圖六十三[32]爲 1965 年山西侯馬晉國遺址出土的

[31]　同注 73,頁 84—85。

[32]　見劉正成主編之《中國書法全集》(北京:榮寶齋出版社,1996 年)第 4 卷頁 144。

侯馬盟書,圖六十四⑧為饒公集侯馬盟書字所寫的對聯,圖六十五⑧為饒公參侯馬盟書筆意所寫的懸針篆,與圖六十四集侯馬盟書字所寫的風格有同有異,與圖六十一、六十二的懸針篆風格也不盡相同,由此可見饒公善於攝取各種書體的筆意,而不斷形成新的風格。

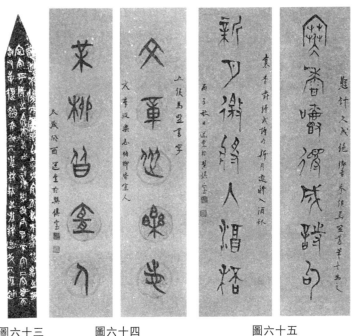

圖六十三　　　　圖六十四　　　　　　　圖六十五

　　饒公善於攝取筆意,從其所寫天發神讖碑體,亦可見一斑。天發神讖碑刻於三國時吳天璽元年(267),風格獨特,筆畫起訖皆用方筆,兩頭粗中間細,成內擫狀;結體亦化圓為方,化轉為折,雄肆角出,四周邊線極力向字心彎曲成內擫狀,勁峭奇

⑧　同注18,頁24。
⑧　同注8,頁20。

圖六十六

崛；豎畫多上粗下細，如劍倒懸，凜威森嚴[85]（見圖六十六[86]）。康有爲（1858—1927）《廣藝舟雙楫》譽之爲"筆力偉健冠古今"，又謂其"奇偉驚世"。[87] 以書天發神讖碑著稱的，清代有徐三庚（1826—1890），徐氏極力誇張天發神讖碑的特點，突出橫豎起筆和橫劃收筆的方折、斬切，縱筆的彎轉和細長，以及轉折處的方折，誇大橫粗縱細的對比，緊縮同一方向筆劃的距離，使疏密的變化更爲劇烈；但有時徐氏把疏密、飄逸强調太過，反而造成牽强、尖新、刻意，有裝飾化之嫌。[88] 圖六十七[89]爲徐氏所書對聯，其風格從中可見一斑。饒公亦好寫天發神讖碑，圖六十八[90]之天發神讖碑體對聯，即爲饒公所書，題款云："近賢書吳天璽碑字，徐三庚爲其巨擘，此稍變其體勢。"饒公此聯，以渴筆焦墨寫成，稍減徐氏之刻意與妍麗，[91]寫來相對渾樸自然。

---

[85] 參沃興華《書法觀止：圖說中國書法史》（上海：上海人民出版社，2002 年）頁 39。

[86] 見陳振濂《品味經典——陳振濂談中國書法史》（杭州：浙江古籍出版社，2006 年）頁 149。

[87] 祝嘉編《廣藝舟雙楫疏證》（香港：中華書局，1979 年）頁 84、107。

[88] 參史仲文主編《中國藝術史（書法篆刻卷）》（石家莊：河北人民出版社，2006 年）下册頁 1867。

[89] 見《明清名家書法大成》第六卷《清代書法（四）》（上海：上海書畫出版社，1994 年）圖 22，原書無頁碼。

[90] 同注 18，頁 25。

[91] 同注 90，參編者案語。

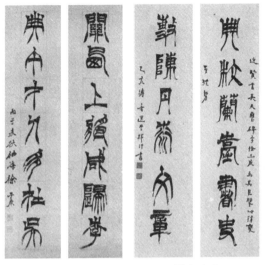

圖六十七　　　　　圖六十八

圖六十九⑫之對聯,亦爲饒公所寫,進一步改變天發神讖碑體之風格,用筆放逸。⑬　圖七十⑭之饒公對聯,寫的仍是天發神讖碑體,但以石鼓圓轉之勢參入,⑮寫來別具新意。圖七十一⑯本爲金文聯語,饒公以天發神讖之意爲之,然變其方筆爲圓轉,⑰遂成新貌。於圖七十二⑱之對聯中,饒公以楚簡入天璽筆法,寫來又與其他采天發神讖筆法之對聯異趣,於此可進一步印證饒公書法之善於變化。

---

⑫　同注 8,頁 40。
⑬　同上,參編者案語。
⑭　同注 8,頁 29。
⑮　同上,參編者案語。
⑯　同注 8,頁 25。
⑰　同上,參編者案語。
⑱　同注 8,頁 42。

圖六十九　　　　　　　圖七十

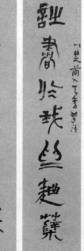

圖七十一　　　　　　　圖七十二

　　饒公法書,風格多樣,圖七十四⑨之對聯,蓋仿楊法(楊法聯見圖七十三⑩),此聯風格與饒公其他篆書對聯頗爲不同。饒公題款云:"楊法雜篆隸爲一,以澀筆出之,古意盜然,獨異於衆。"試觀饒公所寫對聯,尤其是下聯,的確古意盜然,在楊法之上。

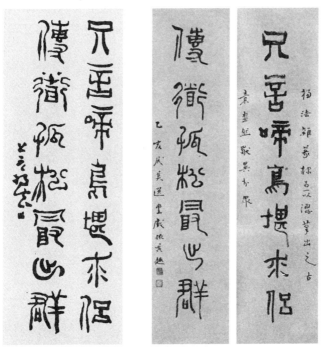

圖七十三　　　　　　　圖七十四

　　圖七十五⑩、七十六⑩的篆書聯,又有很不同的風格。圖七

⑨　同注 8,頁 28。
⑩　見韋明鏵《風塵未歸客:邊壽民、陳撰、楊法、李葂、閔貞合傳》(上海:上海人民出版社,2001 年)頁 180。
⑩　同注 8,頁 32。
⑩　同注 8,頁 33。

十五的篆書聯,用筆頗帶草法,但屬於靜態的草法。圖七十六
的篆書聯,則爲動態的草法,饒公自稱爲"狂篆"。圖七十七[103]
"形神妙合"四字,屬趙宧光體草篆,動靜介乎圖七十五與圖七
十六之間。圖七十八[104]亦爲"形神妙合"四字,雞毛朱書,味道
又與圖七十七不同。圖七十九[105]"去駐隨緣"四字,則爲淡墨銀
箋,懸針篆而偶帶隸筆。至於圖八十,[106]也是"去駐隨緣"四字,
寫來"放而不狂,豪而不逾矩",[107]草篆而帶隸筆,風格又有所不
同,於此見饒公書法風格之繁富。

圖七十五

圖七十六

---

[103]　同注 15,頁 57。

[104]　同注 15,頁 74。

[105]　同注 15,頁 77。

[106]　同注 18,頁 57。

[107]　同上,參編者案語。

圖七十七

圖七十八

圖七十九

圖八十

　　正如鄭德坤教授所說,饒公的書法,自殷墟卜辭至明末高賢各種書體,隨意寫來,神韻超逸,用筆渾厚華滋,自具面目。由於篇幅和時間所限,本文僅談及饒公的古文字書法,至於其隸、楷、行、草書藝之研討,則有待他日。

　　附言:本文資料之搜集,得仁棣黄志强、謝向榮二君之助,謹此誌謝。

後　　記

　　本書集稿於 2012 年初。同年四月，首屆禮學國際學術研討會於清華大學舉行，得晤李學勤教授，遂懇請賜序。李教授爲當今學術泰斗，蒙其撥冗多番爲拙著寫序，至感榮幸。當時準備一起出版者，本尚有一大型工具書，後以種種緣故，終不果。本書亦受影響而延遲出版。

　　十數年前，饒公選堂教授題寫一橫額賜贈，蒙其以"揚搉今古"相期許，此四字十多年來，一直懸掛於本人之辦公室，朝夕相伴。今饒公壽逾期頤，再以"揚搉今古"題一直幅相贈，壽人壽字，彌足珍貴！謹於此向選堂教授致以最深謝意，並敬祝壽比南山。

　　本集之出版，得中華歷史文化獎勵基金贊助，高誼隆情，特此再謝。

　　書中論文，多由仁棣謝向榮博士協助打字，謹於此致以謝意。

　　上海古籍出版社常德榮先生負責本書之編輯，其辨瞀毫釐之深厚功力及一絲不苟之工作態度，本人既佩且感，亦謹於此誌謝。

2017 年 9 月文農單周堯謹識